Début d'une série de documents en couleur

SOCIÉTÉ DES ARCHIVES HISTORIQUES DU MAINE

ARCHIVES HISTORIQUES DU MAINE

I

CARTULAIRE DE L'ÉVÊCHÉ DU MANS

(936-1790)

PUBLIÉ PAR

Le Comte Bertrand de Broussillon

AVEC UNE TABLE ALPHABÉTIQUE DES NOMS
DRESSÉE PAR
Eugène Vallée

AU MANS
AU SIÈGE DE LA SOCIÉTÉ
1900

MAMERS. — TYP. G. FLEURY ET A. DANGIN. — 1900.

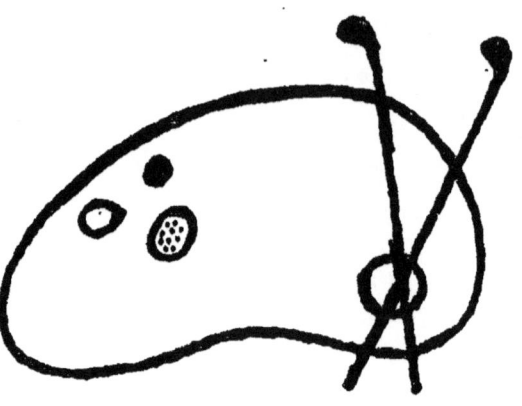

Fin d'une série de documents en couleur

ARCHIVES HISTORIQUES DU MAINE

I

CARTULAIRE DE L'ÉVÊCHÉ DU MANS

Tiré à deux cents exemplaires

No

SOCIÉTÉ DES ARCHIVES HISTORIQUES DU MAINE

ARCHIVES HISTORIQUES DU MAINE

I

CARTULAIRE DE L'ÉVÊCHÉ DU MANS

(936-1790)

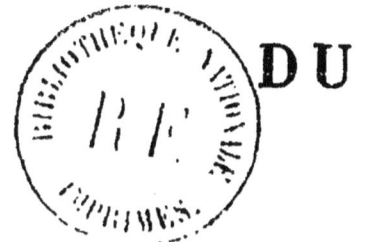

PUBLIÉ PAR
Le Comte Bertrand de Broussillon

AVEC UNE TABLE ALPHABÉTIQUE DES NOMS
DRESSÉE PAR
Eugène Vallée

AU MANS
AU SIÈGE DE LA SOCIÉTÉ
1900

INTRODUCTION

Après avoir eu cette année la bonne fortune d'aider à la publication de la *Table alphabétique du Cartulaire du Ronceray*, table par laquelle M. Eugène Vallée couronnait enfin l'important volume commencé par Marchegay il y a cinquante-quatre ans (1), on est heureux de mettre au jour le présent volume intitulé *Cartulaire de l'Évêché du Mans* (2), et destiné à pourvoir le *Liber Albus Capituli Cenomanensis* de l'indispensable complément qu'il attend depuis plus de trente ans.

On dira plus loin quelles sortes de lacunes il est appelé à combler ; mais avant tout il importe de restituer à son véritable auteur la paternité du volume anonyme, paru en 1869, et qui déjà a rendu des services signalés à l'histoire du Maine.

Institut des Provinces de France. — 2º série, tome II. — *Chartularium insignis Ecclesiæ Cenomanensis, quod dicitur Liber Albus Capituli.* — *Imprimé aux frais du département de la Sarthe.* — *Le Mans, Edmond Monnoyer, imprimeur de la*

---

(1) *Cartulaire de l'abbaye du Ronceray d'Angers*, 1023-1184, de xv-496 pages, orné d'une planche. Paris et Angers, 1900.

(2) Ce titre nous a été suggéré par celui de *Cartulaire de l'Archevêché de Tours*, dont est revêtu le recueil de chartes publié par M. Louis de Grandmaison, aux tomes XXXVII et XXXVIII des *Mémoires de la Société de Touraine*.

Préfecture, M DCCC LXIX. Tel est, dans toute son étendue, le titre du bel in-4° de 445 et 88 pages, qui, en les classant sous sept cent vingt-deux numéros, contient les chartes du Chapitre de la cathédrale du Mans, relatives aux années écoulées entre 936 et 1287.

Ce n'est pas sans stupéfaction qu'en lisant ce titre on y remarque l'absence de tout nom d'auteur ; ce n'est pas sans un vif étonnement qu'en ouvrant le volume on y constate l'absence de toute note relative à cette suppression. De toutes les personnes qui, en 1869, ont pu prendre part à la confection du titre et assumer la responsabilité de dissimuler le nom de l'auteur du volume, il n'en est plus aucune qui soit en vie et qui puisse faire connaître les motifs de ce singulier silence. On est donc en droit de déplorer cette omission difficile à justifier et on est heureux ici de le dire bien haut : le *Liber Albus* est l'œuvre de M. l'abbé Lottin, et il a été publié avec un soin suffisant pour que sa mise au jour soit à l'éternel honneur de la mémoire du savant chanoine du Mans (1).

M. l'abbé René-Jean-François Lottin est né à Vimarcé (Mayenne), le 12 janvier 1793. Ordonné prêtre le 11 août 1816, il débuta dans le ministère en qualité de vicaire à Château-du-Loir. Le 31 décembre 1818 il fut nommé curé de Luceau, qu'il quitta dès septembre 1819 pour venir au Grand Séminaire du Mans, où il professa l'Écriture Sainte jusqu'en 1830. A partir

---

(1) Voir sur l'abbé Lottin : *Semaine du Fidèle du diocèse du Mans*, année 1868, page 123 et F. Legeay, *Nécrologie et Bibliographie contemporaines de la Sarthe*, 1844-1880, Le Mans, 1881, page 282.

Voici au *Catalogue de la Bibliothèque du Mans — Ouvrages relatifs au Maine —* comment a été réglée la question de paternité du *Liber Albus* : « Le texte a eu pour éditeur M. l'abbé Lottin ; les tables, faites par M. Bonneserre de Saint-Denis, ont été publiées par M. Bellée, sur une copie fournie par M. G. Esnault. »

de 1830 et jusqu'en 1840 il exerça les fonctions de secrétaire de l'évêché ; dans l'intervalle, le 31 juillet 1831, il avait été nommé chanoine prébendé et devint plus tard chanoine titulaire de la cathédrale.

Tous ses loisirs furent consacrés à l'étude de l'histoire locale et de la sainte liturgie. Il travailla à la rédaction et à la publication du propre du diocèse, qui, au Mans, fut adopté conjointement avec la liturgie romaine. Pendant de longues années c'est par lui que fut rédigé l'*Ordo* du Mans.

Trésorier de l'Institut des Provinces de France, membre et plusieurs fois vice-président de la Société d'Agriculture, Sciences et Arts de la Sarthe, il publia un certain nombre de travaux, mais aucun n'a l'importance du *Liber Albus*, lequel, bien que son texte eût été complètement imprimé dès 1848, bien que vers 1854 le département eût payé huit cents francs pour la confection de la table, était encore en feuilles dans les magasins de son imprimeur, le jour du décès de l'abbé Lottin, le 20 janvier 1868. C'est seulement après sa mort qu'on imprima la quadruple table que M. Bonneserre de Saint-Denis avait dressée sous son inspiration et qu'en même temps on donna au volume le titre qui a été transcrit tout à l'heure.

Il est certain que ce ne fut pas la bourse du savant chanoine qui fit tous les frais du volume ; sa mise au jour fut aidée par les subventions votées à diverses reprises par le conseil général de la Sarthe (1) ; mais la publication d'un cartulaire ne requiert pas autant de sacrifices d'argent que de science acquise et de travail

---

(1) Voici au sujet de la publication du *Liber Albus* les renseignements que fournissent les *Procès-verbaux du Conseil général de la Sarthe*, sessions de 1868 et de 1869. Dans chacune des sessions de 1844, 1845, 1846 et 1847, le Conseil général avait voté une somme de cinq cents francs, soit en tout

continu. Ni la science ni la puissance de travail n'ont fait défaut à l'abbé Lottin, si bien que les chartes imprimées par lui ont mérité cet éloge qu'on est heureux de copier chez M. Léopold Delisle : « Le texte est correctement établi ; les dates ont été déterminées avec méthode et exactitude ; les notes sont suffisantes, quoiqu'un peu rares... La publication fait honneur à la mémoire de M. l'abbé Lottin. »

Cependant, tout en rendant à l'abbé Lottin l'hommage qui lui est si légitimement dû, on est bien obligé de constater que son œuvre, telle qu'il l'avait conçue, était imparfaite, car elle comportait l'omission d'un certain nombre de documents contenus dans le manuscrit du Mans, dont il avait entrepris la publication. Elle présente en outre le grave défaut de ne pas donner les documents relatifs aux archidiaconés de Laval, de Passais et de Sablé, qui figurent au manuscrit *latin* 17754 de la Bibliothèque Nationale.

Pour faire connaître ce qui en est, il n'est besoin que de redire ce qui a été constaté par M. Léopold Delisle, dans un travail qui peut tenir lieu d'introduction au *Liber Albus* : *Notice sur le Livre Blanc de l'Église du Mans* (1).

Le texte du *Liber Albus* a été fourni à l'abbé Lottin par un

---

deux mille francs, applicables à l'impression des chartes. Plus tard, vers 1854, le préfet, pour payer la confection de la table, préleva huit cents francs sur le crédit mis à sa disposition pour encouragements aux publications scientifiques. Enfin, en 1868, l'année même du décès de l'abbé Lottin, l'impression de la table fut effectuée, grâce à un don de cinq cents francs, fait par M. de Caumont, et à une souscription de sept cents francs du Ministre de l'Instruction publique.

Sur un tirage à trois cents exemplaires, M. de Caumont en reçut cinquante et le Ministère soixante-dix.

(1) Voir la *Notice sur le Livre Blanc de l'Église du Mans* dans la *Bibliothèque de l'École des Chartes*, t. XXXI, p. 194-209, et en tirage à part.

manuscrit unique, qui porte à la Bibliothèque du Mans le numéro 259 (1). C'est un volume sur parchemin de 269 folios, plus un folio 76 *bis*, haut de 0,34 et large de 0,25, dont il s'est borné à éditer les textes des folios 21 à 223 et une pièce contenue aux folios 263 à 269.

Les documents des folios 21 à 223 se divisent en deux séries distinctes : la première, celle des folios 21 à 68, contient un recueil d'une écriture plus ancienne que la suite et qu'on peut qualifier : vieux cartulaire ; il renferme deux cent trente chartes des années 936 à 1237 (i à ccxxx du *Liber Albus*). Les copies en ont été faites au plus tard l'année 1236 du vieux style ; aussi, conformément aux indications données par M. Delisle dans son travail précité, faut-il rectifier les dates assignées par le *Liber Albus* à deux d'entre elles : la charte LX datée : ante 1280, et la charte CLXXXIX, datée : ab anno 1238 ad 1254, sont incontestablement l'une et l'autre antérieures à 1237.

La seconde série a pris place aux folios 69 à 223 ; elle constitue un deuxième cartulaire, contenant quatre cent quatre-vingt-onze chartes (numéros CCXXXI à DCCXXI du *Liber Albus*), dont plusieurs copies font double emploi. L'acte le plus récent est du 11 janvier 1287 (n. s.) et tout autorise à fixer à l'année 1286 du vieux style le travail de confection et de transcription de ce second recueil, dans lequel les chartes sont rangées suivant l'ordre géographique de façon à constituer les sept chapitres suivants :

I. — Privilèges et chartes de la cathédrale.
II. — Chartes de la cité du Mans.

(1) Par une singulière erreur, qui s'est propagée de page en page dans toute l'étendue du *Cartulaire de l'Évêché*, le manuscrit y est partout désigné sous le numéro 245, au lieu de 259.

III. — Chartes de la rue Saint-Vincent et du faubourg.

IV. — Chartes de la Quinte du Mans.

V. — Chartes de l'archidiaconé du Mans.

VI. — Chartes de l'archidiaconé de Montfort.

VII. — Chartes de l'archidiaconé de Château-du-Loir.

Quant au numéro DCCXXII du *Liber Albus* il a été fourni par les folios 263 à 269 et contient un état des redevances affectées au pain du Chapitre, qui étaient assises sur la Quinte et sur les six archidiaconés.

L'abbé Lottin a donc négligé les pièces fournies par les folios 1 à 20 et 224 à 262. Les folios 3 et 4, 8 à 14 et 240 ne contiennent que des tables ; mais, 1 à 7 ne renferment pas moins de douze actes, 15 à 20 dix-huit actes, 224 à 239 différents actes écrits aux XVe et XVIe siècles, 241 à 244 des actes écrits aux XIVe et XVe siècles, 245 à 262 des actes écrits au XIIIe siècle par des mains diverses. Comme l'a constaté M. Delisle, l'omission au *Liber Albus* des documents qu'ils contiennent a été regrettable et appelle la mise au jour d'un supplément.

Ce supplément, voici de longues années que nous nous efforçons d'en obtenir la publication. Il a été bien près de voir le jour à la suite de l'impression du *Cartulaire de Saint-Calais*, et dans des conditions identiques : M. Duchemin tenait des copies toutes prêtes, que bien volontiers il aurait envoyées à l'impression au lieu de les déposer aux Archives de la Sarthe. Il pouvait être dès lors le tome second d'une série qu'on a tuée dès son début et qui revit aujourd'hui, grâce à la constitution de la SOCIÉTÉ DES ARCHIVES HISTORIQUES DU MAINE. Le premier souci de la nouvelle Société est de compléter autant que possible les instruments de travail restés jusqu'ici imparfaits.

Le supplément au *Liber Albus*, en tant qu'il porte sur les

pièces laissées systématiquement de côté par l'abbé Lottin, est moins important que ne semble le comporter la quantité de folios négligés par lui : cela tient au nombre assez élevé des documents qui y ont pris place et qui figurent en même temps parmi les textes imprimés déjà ; il en est qui, fournis par le vieux cartulaire, non seulement sont aussi insérés au nouveau, mais qui même y sont répétés deux et jusqu'à trois fois ; d'autres, qui n'ont pris place qu'au nouveau cartulaire, y figurent deux, trois et même quatre fois ; consciencieusement l'abbé Lottin a mentionné à son rang chacune de ces copies en la numérotant en conséquence (1). Au *Cartulaire de l'Évêché du Mans* au contraire, estimant leur énumération inutile, on les a écartées de la publication ; aussi les textes empruntés au manuscrit du Mans s'y réduisent-ils à cinquante et un, datés depuis l'an 1200 jusqu'à 1595. Les folios 1 à 7 en fournissent onze, numérotés : 361, 562, 641, 680, 715, 754, 759, 797, 798, 808, 881 ; les folios 15 à 20 sept : 118, 389, 500, 507, 511, 518, 520 ; les folios 224 à 239, dix : 369, 827, 850, 891, 894, 902, 919, 922, 936, 941 ; les folios 241 à 244, sept : 769, 770, 816, 817, 818, 823, 890 ; enfin les folios 245 à 262, quinze : 119, 157, 169, 465, 472, 478, 547, 676, 737, 738, 740, 753, 811, 812, 837. Malheureusement la plupart d'entre eux ont souffert de l'humidité, et ce qui en reste ne permet pas d'en rétablir les textes entiers. On les a néanmoins donnés tels quels ; et la mise au jour du numéro DCCXXIII du *Liber Albus* et des cinquante et une pièces qui viennent d'être énumérées ne laisse plus rien à prendre dans le manuscrit du Mans.

Quant au manuscrit *latin* 17754, son contingent est encore d'une

(1) Dans le présent volume chaque document occupe un numéro unique, sous lequel on trouvera groupées les diverses mentions dont il a été l'objet dans le *Liber Albus*.

importance supérieure. M. Léopold Delisle l'a très nettement établi, et « surabondamment démontré »; le manuscrit 17754 est un fragment que le hasard des temps a détaché du manuscrit du Mans, de telle sorte que, pour rétablir celui-ci dans son intégrité, il faudrait y intercaler à la suite du folio 223, les folios 49 à 67 du 17754, puis les folios 38 à 47 et 16 à 18, puis les folios 1 à 15 et enfin les folios 19 à 37, qui le terminaient.

En effet, une fois le 17754 ainsi ajouté au manuscrit du Mans, celui-ci serait complet et sans aucune lacune; il répondrait absolument à la description qui en est donnée en tête de sa table, en son folio 8. On a énuméré déjà les sept parties qui ont pris place au volume de l'abbé Lottin, on trouve au 17754 les quatre dernières, qui, annoncées à sa table, font défaut au manuscrit du Mans :

VIII. — Chartes de l'archidiaconé de Laval.

IX. — Chartes de l'archidiaconé de Passais.

X. — Chartes de l'archidiaconé de Sablé.

XI. — Actes divers (Multa varia instrumenta ecclesie et capitulo necessaria, prout in sequentibus apparebit).

On peut donc établir ainsi le tableau du second cartulaire, tel qu'il a été constitué en l'année 1286 :

I à IV. — Les actes relatifs à la cathédrale, à la cité du Mans, à ses faubourgs et à sa quinte. Ils sont imprimés sous les numéros CCXXXI à CCCCLXI du *Liber Albus*.

V. — Actes relatifs à l'archidiaconé du Mans. Ils sont imprimés sous les numéros CCCCLXII à DXXXIII du *Liber Albus*.

VI. — Actes relatifs à l'archidiaconé de Montfort. Ils sont imprimés sous les numéros DXXXIV à DCLI du *Liber Albus*.

VII. — Actes relatifs à l'archidiaconé de Château-du-Loir. Ils sont imprimés sous les numéros DCLII à DCCXXI du *Liber Albus*, auxquels il convient d'ajouter les numéros 293 et 299 du présent volume, qu'une erreur de copie avait amené l'abbé Lottin à omettre dans son édition.

VIII. — Les chartes de l'archidiaconé de Laval qui, au nombre de quarante-trois, figurent au présent volume sous les numéros : 44, 53, 65, 74, 97, 103, 104, 105, 178, 179, 208, 217, 231, 349, 351, 362, 375, 404, 418, 475, 483, 498, 499, 515, 519, 522, 529, 543, 545, 591, 613, 614, 621, 622, 623, 640, 673, 674, 675, 747, 750, 761, 778.

IX. — Les chartes de l'archidiaconé de Passais qui, au nombre de vingt-huit, figurent au présent volume, sous les numéros : 102, 160, 258, 441, 486, 487, 512, 546, 584, 608, 610, 612, 615, 653, 655, 657, 661, 694, 735, 742, 743, 744, 745, 762, 772, 773, 805.

X. — Les chartes de l'archidiaconé de Sablé qui, au nombre de vingt-trois, figurent au présent volume sous les numéros : 7, 616, 617, 629, 630, 632, 633, 647, 656, 658, 659, 660, 662, 665, 666, 667, 671, 683, 684, 796, 799, 809, 810.

XI. — Enfin, les actes divers qui, au nombre de trente-cinq, figurent au présent volume sous les numéros : 94, 141, 164, 168, 232, 233, 246, 247, 270, 278, 311, 324, 343, 350, 360, 366, 391, 406, 430, 455, 466, 504, 540, 599, 627, 634, 654, 685, 751, 765, 766, 767, 768, 771, 779.

Les chartes du nouveau cartulaire, ainsi rétabli dans son intégrité, ajoutées à celles du vieux cartulaire, constituent un ensemble de huit cent cinquante-deux numéros, sur lesquels un certain nombre sont des doubles emplois, et dont cent vingt-neuf voient ici le jour pour la première fois.

En outre des cinquante et un documents inédits fournis par le manuscrit du Mans et des cent vingt-neuf empruntés au 17754, on trouvera ici quarante-quatre pièces de provenances diverses et inédites pour la plupart; parmi elles on en remarquera vingt-six empruntées aux Archives du Parlement de Paris; toutes celles-ci, sauf trois, ont été fournies par la série des accords (X^{1c}) dont le classement est en cours et qui ne peut être explorée qu'au fur et à mesure de la reliure des volumes. Jamais avant notre époque cette série n'avait été consultée. Malgré l'intérêt que présentent ces quarante-quatre documents, il ne faut pas voir en eux le résultat de dépouillements systématiques, ayant pour objectif l'histoire de l'évêché du Mans, ce sont au contraire des épaves saisies au passage tandis qu'on s'efforçait de constituer les cartulaires des Craon, des Laval, des vicomtes de Beaumont et d'autres maisons féodales. Il était d'autant plus utile de les faire imprimer que, trouvées par hasard, ces pièces pouvaient échapper à des recherches régulières, et que leur existence dans de grands dépôts parisiens ne les mettait guère à la portée des érudits de la province.

C'est dans l'ordre absolument chronologique qu'on a établi le *Cartulaire de l'évêché du Mans*. On lui a donné pour cadre général une table chronologique de toutes les pièces imprimées au *Liber Albus*; dans cette table on a inséré à leur rang les documents inédits dont l'énumération vient d'être donnée, et enfin on y a ajouté la mention des pièces rentrant dans le cadre du cartulaire et qui ont été imprimées dans divers ouvrages (1).

On espère donner ainsi un tableau complet des sources

---

(1) On a donné l'indication des documents contenus dans l'*Histoire de l'Église du Mans* de dom Piolin. Les pièces justificatives de cet ouvrage y sont publiées sans avoir été l'objet d'un classement préalable et sans qu'une table chronologique soit venue remédier à ce désordre. En outre presque tous les textes en sont défectueux.

actuellement imprimées de l'histoire de l'évêché du Mans, de son chapitre et de sa cathédrale (1). On ne pouvait songer à y comprendre aussi l'indication des sources manuscrites : celles-ci eussent exigé des dépouillements d'une durée de plusieurs années.

Le présent volume n'est donc que le premier tome d'une série appelée à se développer. Avant tout paraîtront probablement les *Actus pontificum Cenomannis in urbe degentium*, connus seulement par l'édition donnée par Mabillon, au tome III des *Vetera Analecta* (2) ; M. l'abbé Busson et M. l'abbé Ledru travaillent depuis quelque temps déjà à une édition critique, qui sera l'un des documents les plus précieux pour l'histoire de l'Église du Mans. Un jour, sans doute, on y ajoutera le texte si curieux de cette longue enquête, faite en 1245 sur les droits de juridiction appartenant au Chapitre ; puis on ne tardera guère à mettre sous presse l'important *Martyrologe* de la cathédrale, qui renferme tant de notices sur les personnages des trois derniers siècles du Moyen-Age qui ont figuré parmi les bienfaiteurs de l'église.

En terminant, on est heureux de remercier M. l'abbé Ledru, qui, en qualité de commissaire responsable du présent volume, a pris la peine d'en revoir toutes les épreuves ; on est heureux de remercier aussi M. Eugène Vallée, qui a rédigé la très bonne table alphabétique des noms qui couronne l'ouvrage, et sans laquelle l'œuvre serait restée à peu près inutile.

(1) Voir cependant à la bibliothèque du Mans, parmi les *ouvrages relatifs au Maine*, les numéros 416 à 430, où sont énumérés un certain nombre de volumes relatifs eux aussi au Chapitre, et les numéros 374 à 400, qui renferment un certain nombre de mandements des évêques.
(2) Et aussi par les fragments épars dans les divers volumes des *Historiens des Gaules*.

CARTULAIRE

DE

L'ÉVÊCHÉ DU MANS

---

1. — 936 ou 937 = CLXXXIV[1].
2. — 969 = CVIII.
3. — Vers 969 = CXX.
4. — 955-1035 = CXXI.
5. — 1012-1038 = XXXVII[2].
6. — 1028, 19 juin = CLXXXI[3].
7. — 1039, 11 novembre, Château-du-Loir. — CHARTE PAR LAQUELLE GUY I, SEIGNEUR DE LAVAL, AVANT DE PARTIR POUR JÉRUSALEM, RENONCE AU PROFIT DU CHAPITRE DE LA CATHÉDRALE

---

(1) Les documents représentés par une seule ligne sont ceux auxquels M. l'abbé Lottin a donné place dans le *Chartularium insignis ecclesie Cenomanensis, quod dicitur Liber Albus Capituli* ; après avoir été publiés dans son livre suivant l'ordre géographique, ils sont classés ici dans l'ordre chronologique, de telle sorte qu'en isolant du volume les mentions qui les concernent, on obtient la table chronologique du *Livre Blanc*.

(2) Cet acte appartient à l'époque où le Chapitre eut pour doyen un nommé Guillaume.

(3) La date de cette pièce repose uniquement sur la concordance du 19 juin avec le vingt-deuxième jour de la lune ; ce qui, pour la période du règne de Robert le Pieux (996-1031), ne se rencontre que deux fois : en 1009 et 1028. Cauvin, qui le premier a publié ce document (*Géographie*, LXXI des *Instrumenta*), avait opté pour 1028 ; depuis lui, l'abbé Lottin (CLXXXI du *Livre Blanc*) et les Bénédictins de Solesmes (*La Couture*, n° VII) ont choisi 1009. La date de 1028 semble la plus probable, car Guillaume, qui figure dans l'acte comme doyen du chapitre, possédait encore ce titre en 1038 (*Cartulaire de la Trinité de Vendôme*, n° XIV); et quoiqu'il fût doyen déjà en 1015 (*Cartulaire de Saint-Vincent*, n° 186), il ne semble guère probable que sa prise de possession ait été antérieure à 1009. Dom Briant (*Cenomania*) adopte 1028.

DU MANS, AUX COUTUMES MISES PAR LUI SUR LA PAROISSE D'ASNIÈRES[1]. LA CHARTE EST SUIVIE D'UNE NOTICE POSTÉRIEURE A L'AN 1064 DE LA RATIFICATION DE L'ACTE PAR HAMON, FILS DE GUY I. (B. N., latin 17754, 6.)

Cum priscorum pia necnon et sequenda monstrentur benefecta virorum, nostrorum videlicet antecessorum, qui Deum timentes, ecclesias ipsius de suis facultatibus, pro suarum animarum redemptione, honorasse videntur, nos hujus seculi divites appellati, qui sanctis nil concessimus, sed etiam sua abstulimus, iram Dei pro certo incurrimus, nisi penitentes in hac vita emendare studuerimus.

Quapropter ego Voido, de Domini misericordia non diffidens, sed ipsius indulgentiam consequi desiderans, Jherosolimam peregre profecturus, omnes costumas quas in terra Sancti Juliani, quam Asinerias nominant, injuste quidem quorumdam perverso consilio miseram, pro mei animi salute, necnon domni Gervasii episcopi et beati Juliani canonicorum deprecatione, faventibus meis filiis atque fidelibus cunctis, amodo relinquo, ea videlicet racione quo nullus meorum succedentium aliquando eorum quemlibet repetere audeat.

Si quis autem quandoque noxio cupiditatis ardore inflammatus, hujusce nostre actoritatis testamentum violare presumpserit, ab omni electorum societate segregatus, cum ipso mortis principe inferni penas perhenniter cogas solvere.

Quatinus vero hec nostre devocionis scripta permaneant inconvulsa eorum qui adfuerunt subnotata sunt nomina: Gervasius, episcopus, Raginaldus, Inguinus, Hisbertus, Hubertus, Geroyus, Hyldebertus, Ebrardus, Voydo, Nato, Raherius, Halbertus, Lonus, Yvo de Cripta, Fulcolinus, Theszelinus, Gauzbertus.

Actum hoc apud Castrum Lith, Hainrico rege, Gervasio Ceno-

[1] Ce document a pris place au *Livre Blanc* sous le n° XLVIII; mais le texte que M. l'abbé Lottin avait sous les yeux était défectueux et tronqué; celui-ci a été imprimé déjà à trois reprises différentes : d'abord par dom Piolin, avec son laisser-aller ordinaire, qui, au sixième alinéa, lui a fait imprimer *Hance* au lieu de *Haimo* (*Eglise du Mans*, III, 147); puis par M. L. Delisle (*Bibl. de l'Ecole des Chartes*, XXXI, 205) et enfin dans la *Maison de Laval* (I, 21).

mannorum pontifice, Harberto locum comitis obtinente, III idus novembris, die festivitatis santi Martini, luna XXI.

Hujus etiam testamenti cartulam corroboravit postea atque in perpetuum stabilem et inconvulsam permanere concessit Haimo, suprascripti Guidonis filius, et uxor ejus, Hersendis, filiique eorum, Guido scilicet atque Hugo.

His audientibus et videntibus quorum nomine huic pagine in memoriam subnotavimus : Ivo Francus, Lysiardus de Arqueneyo, Vivianus de Monte Frotinerii, Fulcodius Rufus, Geffridus de Roseto, Hugo Crispus, Araldus Hosa, Hugo frater ejus, Ysembardus Ragottus, Rychardus, filius Goscelini senescali, Vivianus de Fougerolis, Guarinus de Briscia, Hugo de Orenga, Roschelinus frater ejus, Fulcherius frater ejus, Fulcherius de Asinariis, Robertus, filius Erchenulphi, Hugo vicarius, Rannulphus vicarius.

8. — 1040-1047 = CLXXVII.
9. — 1036-1055, un 3 janvier = CLXXXII.
10. — 1036-1055 = CLXXIX [1].
11. — 1055-1063 = CLXXXIII.
12. — 1056, 10 août — 1065, 10 mai = CXI [2].
13. — 1056, 10 août — 1065, 10 mai = CXV.
14. — 1067-1070 = CXII.
15. — 1067-1070 = CXIII.
16. — 1067-1070 = CLXXX [3].
17. — 1066-1082 = I [4].
18. — 1067- 1081 = CXIV.
19. — Peu avant 1075 = XXXVI.
20. — 1080. — LETTRE PAR LAQUELLE L'ÉVÊQUE DU MANS,

(1) Il y a lieu de rétablir dans cet acte le nom du chantre du chapitre : *Rainardus*, qu'une erreur de copiste a transformé en Ebrardus.

(2) Période de l'épiscopat de Vulgrin.

(3) Au lieu de 1067-1076, date adoptée par M. Lottin, il faut limiter sa période de rédaction comme pour les numéros CXII et CXIII qui possèdent les mêmes synchronismes.

(4) M. l'abbé Lottin, ayant cru voir un G dans l'initiale du nom de l'évêque destinataire de cet acte, l'avait daté : vers 1082. M. Delisle a constaté que cette initiale était un E et restitué le document à l'époque où Arnaud (Ernaldus) était évêque du Mans. (*Bibl. de l'Ecole des Chartes*, t. XXXI, p. 204.)

ARNAUD, CHARGE FOULQUES, DOYEN DU CHAPITRE, DE RÉPANDRE L'EAU BÉNITE ET DE PLANTER LA CROIX SUR L'ORATOIRE CONSTRUIT A SABLÉ PAR LES MOINES DE MARMOUTIER. (Imprimé, *Historiens des Gaules*, XIV, 669.)

Ernaldus, Cenomanensis episcopus, et Guandalbertus Fulconi decano salutem.

Abbas Majoris-Monasterii et monachi ejus conquesti sunt de me apud Lugdunensem primatem, et ceteros primores Pictavensis concilii quod eorum oratoriam capellam apud Sabolium ædificare prohibemus. At illi rationem ostendentes quod id fieri non deberet, rogaverunt ut eis edificandi licentiam tribuerem ; quorum auctoritati non obedire irreligiosum ducens, quod petebant benigne concessi.

Mandamus itaque tibi et ex nostra auctoritate jubemus, ut cum domno Hilberto, Sancti Martini monacho, per quem episcopalem aquam et altare et crucem ferream misimus, Sabolium usque pergas, et in loco quem ostenderit, aquam spargas et crucem figas. Vale.

21. — 1085-1095 = CLXXVIII.
22. — 1096, 25 juillet = CXC.
23. — 1096-1099, un 21 décembre = II [1].
24. — Après 1096 et jusque vers 1120 = CLXXII [2].
25. — Vers 1100 = CLXXIII.
26. — Vers 1100 = CLXXIX.
27. — Vers 1100 = CLXXV.
28. — Vers 1100 = CXLII [3].
29. — 1097-1102 = CXVII [4].

(1) M. Delisle a constaté que dans cet acte il fallait lire, non pas G. de Lusoriis, mais C. de Lusoriis. (*Bibl. de l'Ecole des Chartes*, XXXI, 201.)

(2) Période pendant laquelle Fulcradus fut chantre du chapitre.

(3) Au *Livre Blanc* cette pièce ne porte aucune date. On peut l'attribuer à l'époque où, sous la pression des papes, le clergé français multiplia ses efforts pour retirer des mains laïques les produits des cures dont elles s'étaient emparées lors de la restauration des paroisses dans le courant du X° siècle. (Voir entre autres la charte DCCCCX du *Cartulaire de Saint-Aubin d'Angers*.)

(4) On donne ici aux numéros 29 et 30 les dates adoptées par les éditeurs

30. — 1097-1106 = CXVI.

31. — Avant 1111 = CIX.

32. — Avant 1111 = CLXXVI.

33. — 1111 = CX.

34. — 1097-1125 = CCXVIII.

35. — 1111-1120. — ACTE CAPITULAIRE PAR LEQUEL LE CHAPITRE DE LA CATHÉDRALE DU MANS, AYANT FAIT ADMETTRE AU RONCERAY AGATHE, FILLE DE GUILLAUME DE RUILLÉ, ABANDONNE A L'ABBAYE LES CENS QU'ELLE LUI DEVAIT SUR MAREUIL, AINSI QUE DEUX SOUS SUR SEPT A BEAUCHAMP. IL CONSTATE EN MÊME TEMPS L'UNION DE PRIÈRES ÉTABLIE ENTRE EUX [1]. (Imprimé, *Cartulaire de Ronceray*, CCCCV.)

Sacris peticionibus effectum non denegare, et divini muneris est et studii servorum Dei. Quod dum venerabilis abbatissa Theburgis, una cum sibi commissis filiabus, Christi devoto sectaretur affectu, his que ab eis in Christo postulavimus celerem in Christo prebuerunt assensum.

Ex nostra siquidem peticione, puellulam quandam, nomine Agatham, filiam Guillermi de Ruiliaco, in suo suscepere conventu in sanctimonialem, Deo actore, consecrandam. Quarum videlicet beneficio ne nos ingrati videremur, de septem solidis cenomannensium monete quos ecclesia de Malo Campo velud annuum censum, pro dimittenda relevatione quam dudum solvere solebat, nobis et nostre debebat ecclesie, duos solidos decrevimus in perpetuum relaxandos. De tribus quoque solidis ejusdem monete qui, pro simili ratione, de ecclesia de Marolio quotannis ecclesie nostre solvebantur, totum relaxavimus quicquid earum partem contingebat.

du *Cartulaire de Saint-Vincent*, où ils occupent les numéros 87 et 88.

(1) Bien que ce document ne soit pas inédit, il figure ici de nouveau. Marchegay, dans sa table analytique de Ronceray, ayant relevé le nom de l'abbesse Hichilde, au lieu de celle de Tetburgis, a assigné à cette pièce la date : *vers 1100*, au lieu de celle : 1111-1120, laquelle est désignée par la présence simultanée de l'abbesse Tetburgis et du doyen du chapitre du Mans, Hugues. En outre, grâce à des virgules mal placées dans le cinquième alinéa, Marchegay a attribué aux membres du chapitre des titres autres que ceux leur appartenant. Ici l'acte est rectifié quant à sa date et à sa ponctuation.

Suscepimus insuper prefatas sanctimoniales in beneficiis et orationibus nostre matris ecclesie, in monasterio earum similem ab eis recipientes fraternitatem monasterio ipsarum et auxilio affuturi et consilio.

Ut autem prefatorum censuum relaxatio inviolabilem obtineret firmitatem, eam in nostro corroboravimus capitulo, presentibus et prestantibus assensum tam ecclesie nostre personis quam reliquis canoniciis quos etiam decrevimus adnotandos.

Prestitit igitur assensum : Hugo decanus, Guido precentor; archidiaconi : Fulgerius, Gervasius, Gradulfus ; archipresbiteri : Orricus, Hamelinus, Fulcoius, Paganus ; presbiteri : Arnaldus, Ivo, Paganus ; diacones : Martinus, Petrus, Guillermus ; subdiacones : Guido, Ansgerius, Albericus ; inferiores ordine : Stephanus, Guillermus de Belesmo, Guillermus alter, Radulfus, Garnerius. Frogerius et reliqui.

Porro ne quis perverse mentis vel minuere, quod absit, vel adnullare prefata statuta presumeret, ea cyrographo premunienda disposuimus : anathemate percutientes eas omnes personas quas prescripte deliberationi constiterit adversari.

36. — 1126-1135 = CCXIX [1].
37. — 1133, v. s., janvier = III.
38. — 1140, 15 août = CXIX.
39. — 1136-1144 = CCXX.
40. — 1136-1144 = CCXXIV.
41. — 1140-1144 = CLVI [2].
42. — 1140-1154 = CLXXXVII [3].
43. — 1145-1160 = CXXXII et CCCCLXIII [4].

(1) Période de l'épiscopat de Guy d'Etampes.

(2) Période de l'épiscopat de Hugues de Saint-Calais pendant laquelle Hardouin fut doyen de la Cathédrale.

(3) La date assignée à ce document doit être fixée par la présence simultanée de l'abbé Robert, de Saint-Aubin d'Angers (1127-1154) et du doyen du Chapitre, Hardouin (1110-1160).

(4) Période de l'épiscopat de Guillaume de Passavant pendant laquelle Hardouin fut doyen du Chapitre.

Les actes objets de renvois multiples ont été publiés plusieurs fois au *Livre Blanc*. Il faut toujours se reporter à chacun d'eux, parce que souvent

44. — **1142-1160.** — ACTE PAR LEQUEL LE CHAPITRE AUTORISE ROBERT « DE FOLLIS », CURÉ DE NOTRE-DAME DE MAYENNE, A ASSOCIER A SES FONCTIONS SON NEVEU, DANIEL, LEQUEL SERA INVESTI DE LA CURE AU DÉCÈS DE SON ONCLE. ROBERT ET DANIEL DOIVENT SERVIR AU CHAPITRE UNE RENTE DE DIX LIVRES. (B. N., latin 17754, 51.)

Universis catholice fidei cultoribus qui litteras viderint presentes vel audierint, Halduinus, Cenomanensis ecclesie decanus, cum toto Beati Juliani capitulo, salutem in Domino.

Noverit caritas vestra, quia nos donno Roberto de Follis, presbitero Beate Marie de Meduana, pro Dei amore et ejus benignitate, concessimus ut Danielem, nepotem suum, in partem sue reciperet ecclesie, scilicet ecclesie Beate Marie de Meduana, que ad nostrum pertinet dominium.

Concessimus etiam ut, si idem Robertus jam dictam ecclesiam vivens dimitteret, vel vitam finiret, Daniel predictam possideret ecclesiam. Hoc tamen in eadem retinuimus ecclesia, ut et donnus Robertus et Daniel decem solidos Cenomanensium monete nobis et capitulo nostro singulis annis redderent.

Donnus vero Robertus, quoniam ejus voluntati satisfecimus, decimas et alia que ipse emerat, post decessum suum et Danielis, nepotis sui, nostre donavit ecclesie.

Ad hujus vero rei munimentum, litteras presentes fieri et sigillo nostro roborari precepimus.

45. — 1150, 28 octobre = VI.
46. — 1150 = CXXX et CCCCLXIV.
47. — 1150 = CXXIX et CCLXV.
48. — 1151, 25 mai = CXXXI.
49. — 1145-1162 = CXXIII [1].
50. — 1145-1186 = LXXXV.
51. — 1145-1186 = CLXVII.
52. — 1145-1186 = DCLII.

le dernier texte donné par l'abbé Lottin est plus exact et surtout plus complet que le premier.

(1) Période de l'épiscopat de Guillaume de Passavant antérieure à la bulle publiée sous le n° CXXV du *Livre Blanc*.

53. — **1145-1187.** — ACTE PAR LEQUEL GUILLAUME DE PASSAVANT DÉCLARE RENONCER, AU PROFIT DES CHANOINES, A SES DROITS SUR L'ÉGLISE DE CHARNÉ. SA VIE DURANT ILS EN RECEVRONT UNE RENTE DE CENT SOUS, QUI SERVIRA A FAIRE LES FRAIS DES ANNIVERSAIRES DE SON PÈRE, GUILLAUME, DE SA MÈRE, LUCIE, ET DE SON COUSIN, FEU RENAUD DE MARTIGNÉ, ARCHEVÊQUE DE REIMS. APRÈS SON DÉCÈS ILS RECEVRONT CENT SOUS EN SUS. (B. N., latin 17754, 59.)

Ego Guillelmus, Dei gratia Cenomannorum episcopus, universis fidelibus.

Quoniam homines et actus sui senio confecti citius a memoria elabuntur, nisi per aliquod memoriale in cujusdam novitatis recentia conserventur, notum fieri curavimus nos ecclesiam de Charné fratribus et concanonicis nostris ecclesie Beati Juliani in capitulo, salvo jure episcopi Cenomanensis et archidyaconi et archipresbiteri terre, hac dispositione dedisse et concessisse. Si illius ecclesie persona decederet, a capitulo ibi persona eligeretur, ab eo per manum decani archipresbitero presentabitur, archipresbiter archidiacono, archidiaconus nobis aut successori nostro eamdem presentabit.

A tempore hujus donationis nostre supradicti canonici de ecclesia illa singulis annis habebunt centum solidos Cenomanensium sub hac participatione :

In vigilia beati Martini hyemalis, celebrabunt anniversarium patris nostri Guillermi, tunc habituri trigenta solidos Cenomanensium.

In crastino festi beati Hilarii, anniversarium consobrini nostri pie recordationis archiepiscopi Remensis, Raginaudi, et matris nostre Lucie, tunc similiter habituri trigenta solidos. Reliqui quadraginta solidi communiter toti capitulo dividentur.

Post decessum nostrum, idem fratres nostri alios centum solidos Cenomanensium, quos de illa ecclesia habebamus, singulis annis inde habebunt, et eo amplius juxta capituli providentiam de illis centum solidis, sexaginta ad nostrum anniversarium assignavimus. Reliqui quadraginta toti capitulo communiter dividentur.

54. — 1140-1160 = CCXIII.

55. — 1155-1160 = IV [1].

56. — 1158, 21 septembre = XXI et CCCCLXVII.

57. — 1159, 19 octobre. — LETTRE PAR LAQUELLE GUILLAUME DE PASSAVANT, CHARGÉ PAR LE PAPE ADRIEN IV DE TRANCHER LE LITIGE QUI EXISTAIT ENTRE LE PRIEURÉ DE LA ROCHE-BEAUCOURT ET LE CLERGÉ DU PÉRIGORD AU SUJET DE LA POSSESSION DE L'ÉGLISE DE CE NOM [2], FAIT CONNAITRE AU PRIEUR HÉLIE LA SENTENCE RENDUE PAR LUI EN FAVEUR DES MOINES ; SUB PRESENTIA ET TESTIMONIO ISTORUM FRATRUM NOSTRORUM, ROBERTI ABBATIS SANCTI VINCENTII, HARDUINI DECANI, IVONIS MAGISTRI SCOLARUM, ESGARETI CAPELLANI NOSTRI, MAGISTRI HERBERTI, GUILLELMI BURELLI, SIMONIS DE LOCHIS. (Imprimé, *Historiens des Gaules*, XV, 692.)

58. — 1159, 19 octobre. — LETTRE PAR LAQUELLE GUILLAUME DE PASSAVANT REND COMPTE AU PAPE ADRIEN IV, DE LA SENTENCE RENDUE PAR LUI DANS LE LITIGE RELATIF A L'ÉGLISE DE LA ROCHE-BEAUCOURT. (Imprimé, *Historiens des Gaules*, XV, 693.)

59. — Vers 1161 = VII.

60. — 1162, 23 octobre = CXXV.

61. — 1160-1165 = CXXXIV et DXIX.

62. — 1166 = XXVII et DXXXIV.

63. — 1167, 13 décembre = CCCCXCII.

64. — 1161-1186 = VIII.

65. — 1170, avant le 17 juillet. — ACTE PAR LEQUEL GUY V DE LAVAL CONSTITUE LE CHAPITRE DE SON CHATEAU DE LAVAL, ET EN FIXE LA DOTATION [3]. (B. N., latin 17754, 49.)

Ratum habeant universi me Guidonem de Lavalle duodecim

---

(1) Dans cet acte il faut lire à la ligne 6 : *quod predictus Herbertus*, au lieu de *quam predictus Herbertus*, et ligne 16 : *post cum* au lieu de : *prius cum* (Delisle, dans *Bibl. de l'École des Chartes*, XXXI, 201).

(2) On trouve dans *Historiens des Gaules* (XV, 691) le texte des lettres par lesquelles Adrien IV, le 27 février 1159, avait remis la solution de cette affaire à Guillaume de Passavant et de celles par lesquelles il avait informé de ce choix les moines de la Roche-Beaucourt.

(3) Cette charte n'est pas datée. L'époque à laquelle elle appartient est

canonicos, quorum episcopus Cenomanensis unus est et in perpetuum erit, in capella mea Lavallis constituisse, et eam capellam cum eisdem possessionibus capelle pertinentibus, quas scilicet Guihomardus et Ruellonus usque ad hanc diem tenuerunt, ipsis canonicis dedisse.

Insuper tres arpennos vinee et centum solidos in molendis meis, subtus pontem Meduane sitis, festo Epyphanie quotannis reddendos, necnon triginta solidos apud Lavallem, et decem apud Gravellam, decem quoque apud Monseur, de censibus meis, festo sancti Johannis Baptiste singulis annis persolvendos, dedi et concessi.

Preterea in dicto pasnagio mearum forestarum, porci canonicorum, sive communes, sive cujusque proprii, sine commercio pasnagii libere et quiete in forestis meis percursus habebunt, sed et canonicis ad omnia necessaria mortuum nemus mearum forestarum concessi. Cum autem in forestis meis exartorium fieri precepero ad seminandum sex sextarios, in eisdem forestis canonicis exartare licebit et insuper decimam annone mee partis exartorii ipsi canonici habebunt.

Statutum est preterea, quatinus ex duodecim canonicis, quinque semper sacerdotes erunt, videlicet successores Guihomardi et Ruelloni, illi quoque quibus tres prebende date fuerint, quarum ego ipse pro Mabone de Boz unam, et mater mea aliam, Herbertus vero de Boz terciam constituimus.

Numerum vero canonicorum augeri vel minui, vel etiam in alium ordinem commutari absque communi assensu totius capituli nunquam licebit [1].

facile à établir grâce au décret de Guillaume de Passavant, qui, en la ratifiant, reproduit toutes ses dispositions. (Voir Isidore Boullier *Recherches sur la Trinité de Laval*, Laval, in-8°, 1845, p. 320.)

(1) Comme on le voit, cette charte est absolument étrangère au chapitre de la cathédrale du Mans. Il est heureux néanmoins que le copiste du *Livre Blanc* nous en ait conservé le texte introuvable ailleurs. M. l'abbé Boullier, dans ses *Recherches sur la Trinité*, a longuement parlé (p. 203-229), de la fondation de Guy V, devenue un jour le puissant chapitre de Saint-Tugal; et il a publié (p. 329-353) divers documents relatifs au chapitre de Laval et entre autres le décret de Guillaume de Passavant du 17 juillet 1170 et la bulle de Lucius III, du 25 mai 1183, relatifs l'un et l'autre à l'acte de Guy V.

66. — 1154-1189 = xx et ccccxcvi [1].
67. — 1154-1189 = xix.
68. — 1158-1184. — CHARTE DANS LAQUELLE LE ROI D'ANGLE-
TERRE HENRI II ÉNUMÈRE LES FAVEURS ACCORDÉES PAR LUI AUX
HABITANTS DE BEAUVOIR. (Imprimé *Livre Blanc*, p. 11 en note.)
69. — 1180 = cxlviii.
70. — 1181, n. s., 4 mars = cxlix.
71. — 1182, 27 septembre = cl.
72. — 1182-1186 = cxxviii et ccccxcv.
73. — 1182-1187 = clviii et ccccl.xvii.
74. — Vers 1185. — ACTE QUI RELATE L'ACCORD ÉTABLI ENTRE
LE CHAPITRE ET HERBERT RUSSEL D'ASSÉ LE BÉRENGER, AU
SUJET DE LEURS DROITS LITIGIEUX. (B. N., latin 17754, 49.)

R[aginaldus], dignatione divina Cenomanensis precentor, et totum capitulum universis ad quos presens scriptura pervenerit, salutem in perpetuum.

Notum fieri volumus tam presentibus quam futuris, quod inter nos et Herbertum Russel de Aceyo, hominem nostrum, diu litigatum est super duodecim denariis, quos nobis annuatim super villicatione debebat, et etiam super costuma rerum in domo sua venditarum, quam ad nos de consuetudine spectare constabat, quod totum cum inficiatus fuisset, post multas tandem disceptationes, in hunc modum compositionis devenimus, quod ipse, ad festum sancti Gervasii hyemalis, illos duodecim denarios nobis annuatim persolveret, et nos preciperemus a mercatore costumam rerum venditarum, a predicto H[erberto] terra nostra, unde mercatores costumam reddere tenerentur.

Nos autem ei concessimus, quod, quamdiu nobis pelsolveret supradictos denarios, nichil ulterius exigeremus ab eo sub nomine villicationis.

Quod ut permaneat inconcussum, sigilli nostri munimine fecimus confirmari.

75. — Vers 1185 = v [2].

(1) La liste des témoins, incomplète au numéro xx, doit être cherchée au numéro ccccxcvi.

(2) Cet acte émane d'un chantre, dont le nom commence par R ; on le date

76. — 1186, 17 avril = XXVIII et DXXXV.
77. — 1186 = CXXII.
78. — Vers 1186 = CXXXIX [1].
79. — Vers 1186 = XLV et CCCCXVIII.
80. — Vers 1186 = XLVI.
81. — Vers 1186 = XLVII et CCCCXIX.
82. — Vers 1186 = DLI.
83. — 1187 = CLXXXVIII
84. — 1187 = CCCCLXVIII [2].
85. — 1188 = LXVIII.
86. — 1188 = CLXXXVI.
87. — 1188. — LETTRES PAR LESQUELLES L'ÉVÊQUE DU MANS, D'UNE PART, ET LE CHAPITRE, DE L'AUTRE, ABANDONNENT A L'ABBAYE DE LA TRINITÉ DE VENDOME TOUS LEURS DROITS DE PATRONAGE SUR LA PAROISSE DE TRÉHET. (Note, *Cartulaire de la Trinité de Vendôme*, n° DXCIII.)
88. — 1189. = XLIII.
89. — Vers 1190 = CLXV [3].
90. — Vers 1190. = LXX [4].
91. — Vers 1191 = XXXIX.
92. — Vers 1191 = XL.
93. — 1192, 6 avril = CCVII.

vers 1185 comme le numéro DCCXXVIII, au lieu de l'attribuer, comme l'abbé Lottin, soit au XII° siècle, soit au XIII°. Lorsqu'en 1187, Renaud fut appelé à succéder à Guillaume de Passavant comme évêque du Mans, il était chantre de la cathédrale depuis un petit nombre d'années.

(1) A la ligne 2 de cet acte lire non pas : Amarumchaym, mais : *Amarricum Chaym*. (Delisle, *Bibl. de l'Ecole des Chartes*, XXXI, 204).

(2) Dom Piolin (IV, 65) fait très justement observer que, contrairement à l'opinion émise par dom Briant, Le Paige (I, 371), Pesche (V, 248), cet acte établit que c'est en 1187, et non en 1137, que le Chapitre recouvra ses droits sur Saint-Germain-de-la-Coudre. Dans cet acte l'initiale L représente le nom de Lisiardus.

(3) Par erreur M. Lottin avait daté cette pièce de l'an 1102 ; M. Delisle, constatant que les formules qui y figurent ne sont pas celles du début du XII° siècle, estime que l'acte est de l'année 1100 ou environ. (Delisle, *Bibl. de l'Ecole des Chartes*, XXXI, 204.)

(4) Il y a lieu de rectifier l'initiale du nom du chantre du chapitre, lue L par M. Lottin, alors que le manuscrit porte P. Pierre de Vendôme a été

94. — **1190-1197.** — Lettres par lesquelles Raoul de Beaumont, évêque d'Angers, fait connaître que Geoffroy de la Motte a renoncé au patronage de la cure de la Motte, laquelle a été conférée a son frère. (B. N., latin 17754, 29.)

R[adulfus], Dei gratia Andegavensis episcopus, omnibus tam presentibus quam futuris ad quos littere iste pervenerint, salutem in Auctore salutis.

Veritatis ratio nos invitat vobis facere manifestum quod cum olim, vacante ecclesia de Mota, inter venerabilem dominum Hamelinum, Cenomanensem episcopum, et Gaufridum de Mota, militem, super donatione ipsius ecclesie contentio perdurasset, tandem W. de Mota, clericus noster, frater dicti G[aufridi], de manu memorati domini Cenomanensis episcopi ecclesie illius personatum et investituram accepit, hac inter eos conditione statuta quod, nisi infra annum unum dictus G[uillelmus] miles, jus quod in ecclesia illa se habere dicebat, esset cum effectu debito prosequtus, idem W. frater ejus, ex dono tantum dicti episcopi ecclesiam illam sibi de cetero vendicaret et ipsum episcopum pro patrono ecclesie illius haberet.

Postmodum elapso anno, cum idem dominus episcopus ad villam nostram, que dicitur Vicus Episcopi[1], sui gratia divertisset, W. de Mota, tunc presens, conventionem istam et facti tenorem coram nobis publice recognovit, et quia jam integer annus abierat, concessit quod ecclesiam illam advocaret sibi deinceps ex donatione domini dicti et non habito respectu ad fratres suos ipsum haberet de cetero pro patrono.

Testes hujus rei sunt : W[illelmus] decanus, G. canior, R. Grillo, canonicus Andegavensis, Philippus de Bosco, canonicus Andegavensis, Guiter, presbiter, et alii plures.

Valete.

95. — **1193** = cxxxiii et ccccxciii.

chantre à partir de 1187, époque à laquelle Renaud, son prédécesseur, est devenu évêque du Mans.

(1) Villévêque, canton d'Angers, à seize kilomètres de la ville. (Port, III, 734.)

96. — 1194 = CXCIX et CCCCXCIV.

97. — 1194. — ACTE PAR LEQUEL HAMELIN, ÉVÊQUE DU MANS, D'ACCORD AVEC EUDE, SON NEVEU, FAIT DON A ROBERT DE SAINT-GERMAIN D'ANXURRE, DE L'ÉGLISE DU DIT SAINT-GERMAIN, SOUS LA RÉSERVE D'UNE RENTE DE QUINZE SOUS. ROBERT DEVRA CHAQUE ANNÉE SERVIR A EUDES UNE RENTE DE DEUX CENTS SOUS. (B. N., latin 17754, 59.)

H[amelinus], Dei gratia Cenomanensis episcopus, omnibus ad quos littere iste pervenerint, salutem.

Notum fieri volumus quod nos, presente et concedente Odone, nepote nostro, Roberto de Sancto Germano super Anxuram tradidimus, per manum ipsius Odonis, ecclesiam Sancti Germani super Anxuram ad annuam firmam quindecim librarum Andegavensium, cumque perpetuum vicarium constituimus quicquid de prefato Odone contingat et quisquis ei in personatu ecclesie illius succedat.

Idem vero Robertus, juramento prestito, tenetur eidem Odoni de firma illa annuatim reddere centum solidos Andegavensium in synodo omnium Sanctorum, centum solidos in synodo Penthecostes, centum solidos in festo Nativitatis Beate Marie. Tenetur eidem Odoni firmam istam, vel procuratori suo, apud Cenomanum reddere, et in virtute prestiti juramenti pactionem istam fideliter servare et in omnibus ecclesie illi fidelis existere.

Actum hoc apud Ebriacum.

Huic rei interfuerunt : Rogerus decanus Meduane, W. decanus Lavallis, magister Hamericus de Parcen., cancellarius noster, Matheus notarius noster, Garinus et W. de Castro Giraudi, Galterus Flandrensis, servientes nostri, Hamelinus de Uxello nepos noster et multi alii.

Postmodum idem Robertus, apud Cenomanum, pactionem hanc publice recognovit et in manu karissimi socii nostri P[etri] precentoris Cenomanensis, pactionis hujus fidejussores constituit W. decanum Lavallis, Rogerum decanum Meduane, Raginaldum decanum Ernie, Michaelem priorem de Fonte Gehardi, Gaufridum de Javanderia, Matheum de Bienna.

Unusquisque autem de toto respondere tenetur, et idem Robertus, si aliquis istorum fidejussorum decesserit, alium statim, substituere prestito juramento tenetur.

Huic recognitioni et fidejussioni interfuerunt : Hamericus, archipresbiter de Monteforti, magister Johannes, archipresbiter de Troo, W. Botet, capellanus noster, Matheus, notarius noster, W. Renel, Dulanus et Cantor, clerici nostri et plures alii.

Nos vero prius receperamus ab eodem Roberto ejusdem pactionis fidejussores : Petrum, decanum Sabolii, Hamelinum, presbiterum de Changé, Petrum Barre.

Quod ut fidelius conservetur, litterarum nostrarum auctoritate sub cyrographi testimonio fecimus communiri.

Actum anno gratie MCXCIII.

98. — 1190-1202 = LXXVII et DCLIII.
99. — 1191-1202 = XXV.
100. — 1197, n. s , 13 février = CCXII.
101. — 1197 = CLXIII.
102. — 1197. — LETTRES PAR LESQUELLES JUHEL DE MAYENNE ENREGISTRE LA DÉCLARATION DE RANULPHUS, DOYEN DE JAVRON, DE HUGUES, FILS DE ROBERT, SON FRÈRE, DE GERVAIS ET DE GUÉRIN, SES AUTRES FRÈRES, ÉTABLISSANT QUE PAR SUITE DE L'ABANDON DE SES DROITS SUR SAINT-JULIEN-DU-TENET, AU PROFIT DU CHAPITRE, C'EST SANS PRÉSENTATION D'AUCUN LAÏC QUE RANULPHUS A ÉTÉ POURVU DE LA CURE. (B. N., latin 17754, 16.)

Omnibus ad quos presentes littere pervenerint, Juhellus de Meduana, salutem in Domino.

Notum fieri volumus quod dilectus noster Ranulphus, decanus Gevronensis apud Cenomanum, in capitulo ecclesie Beati Juliani, coram omnibus publice confessus est quod ipse, per manum felicis memorie Willelmi, quondam Cenomanensis episcopi, sine presentacione alicujus laici, de ecclesia Sancti Juliani de Teneto fuerat investitus. Hoc ipsum ibidem confessi sunt Hugo, nepos ipsius decani, heres quondam Roberti fratris ipsius decani, et Gervasius et Garinus, fratres ejusdem decani, publice confidentes resignationem presentationis ejusdem ecclesie a Roberto, quondam patre ejusdem decani, in manu episcopi Cenomanensis factam fuisse. Ad majorem etiam cautelam ecclesie Cenomanensis se unquam nichil reclamaturos in ecclesia illa juramento firmaverunt. Ad hoc idem decanus, dictis fratribus suis et nepote suo concedentibus, domum lapideam quam ad parietam ecclesie fecerat eidem ecclesie quiete et libere et perpetuo possidendam coram omnibus contulit et concessit, ita tamen quod sustituenda persona exitum reclamare non possit per plateam neque per portam lapideam, nec etiam aliquid reclamare possit in domo supra portam illam posita, que omnia pertinent ad domos ligneas quas possidet idem decanus, que debent ad dictum nepotem suum jure successionis devolvi.

Juraverunt autem tam dicti fratres quam nepos se nichil reclamaturos in domo illa, licet in feodo sit sita, eamque memorate ecclesie immunem ab omni servicio et consuetudine in perpetuum concesserunt.

Cetera viridaria que fecerat idem decanus in feodo prefati nepotis sui ad eundem nepotem suum cum adjacente bosco libere revertentur.

Quod ut firmum observetur sigilli mei auctoritate roboravi.

Actum anno gratie MCXCVII.

103. — Avant avril 1198. — LES ARBITRES CHARGÉS PAR LE SAINT-PÈRE DE TRANCHER LE LITIGE NÉ ENTRE L'ÉVÊQUE DU MANS, HAMELIN, ET MATHIEU, CHEVALIER, AU SUJET DE L'ÉGLISE DE SAINT-GEORGES-SUR-ERVE, MANDENT AU DOYEN D'ÉVRON D'ASSIGNER DEVANT EUX UN CLERC DU NOM D'HERBERT. (B. N., latin 17754, 59.)

Frater M[ainerius], humilis abbas Sancti Florentii, et J., subdecanus, et magister B[aldoinus], canonicus Beati Martini, H. decano Ebronensi, salutem.

Auctoritate apostolica qua fungimur in causa que vertitur inter dominum H[amelinum], Cenomanensem episcopum, et M[atheum], militem, super ecclesia Sancti Georgii super Arvam, tibi mandamus, quatinus diem peremptorium super eadem causa assignes Herberto clerico, et si predictum H[erbertum] non poteris invenire, dicto Matheo, crastinum scilicet diem post instantem festum sancti Marci Evangeliste, in qua veniat per se aut per sufficientem responsalem, quem coram te procuratorem constituat, prout actum est, responsurum, denuntians eis etiam quod si, die predicta, aut non venerint aut non miserint, nos nichilominus dante Domino, juxta forman canonicam procedemus.

Sub pena excommunicationis eis firmiter et districte precipias, quatinus possessionem predicte ecclesie quam domino Cenomanensi adjudicamus, ipsi vel persone quam in ea instituit non audeant perturbare.

Vale.

104. — 1198, 26 avril, Tours. — ACTE PAR LEQUEL LES JUGES DÉLÉGUÉS PAR LE PAPE CÉLESTIN III DÉCIDENT, CONTRAIREMENT AUX PRÉTENTIONS D'UN CHEVALIER NOMMÉ MATHIEU, QUE LE PATRONAGE DE LA CURE DE SAINT-GEORGES-SUR-ERVE APPARTIENT A L'ÉVÊQUE DU MANS. (B. N., latin 17754, 63 et imprimé *Gallia* XIV, Instrumenta 136.)

Pag[anus], subdecanus, et magister Baldoinus, canonicus Beati Martini, omnibus sancte Ecclesie filiis ad quos presens carta pervenerit, salutem in Eo qui est omnium vera salus.

Cum dominus papa bone memorie Celestinus nobis et venerabili viro M[ainerio], abbati Sancti Florentii, causam que inter venerabilem episcopum Cenomanensem, dominum Hamelinum, et Matheum, militem, vertebatur, super patronatu ecclesie Sancti Georgii super Arvam, de consensu utriusque partis appellatione remota, commisisset fine canonico terminandam, adjecto in fine commissionis quod si omnes interesse non possemus, duo nostrum eam nichilominus terminarent, et predictus judex noster ad quamlibet diem partibus assignatam, in qua cause presens non affuit, se interesse non posse litteratorie excusasset, lis, ex parte predicti militis, Herberto clerico ab predicto milite in eadem causa procuratore constituto, contestata fuit ante obitum delegantis. Cum igitur, litte pendente, contra predictum Herbertum coram nobis probatum fuisset ipsum oblationibus que in predicta ecclesia facte fuerant in Natali Domini, sacerdotem, nomine domini Cenomanensis, in ea ministrantem ausu temerario spoliasse, nos attendentes predictum episcopum ejusdem ecclesie possessorem esse, earum restitutionem ipsi pronunciavimus faciendam.

Cui sententie predictus Herbertus, ut visum est, humiliter adquiescens, partem earum, videlicet sex solidos et novem denarios Andegavensium, in jure restituit, residue vero quantitatis, videlicet quinque solidos et tres denarios, usque ad subsequentem terminum qui sibi fuerat assignandus, quia solvendo non erat, solvendi dilationem petiit et accepit, fidem insuper prestitit corporalem quod possessionem predicte ecclesie domino Cenomanensi adjudicatam nec per se nec per alium perturbaret, immo in ipso nomine domini Cenomanensis ministrari divina permitteret, donec controversia judicio vel concordia finiretur.

Cum igitur die jam tunc partibus assignata pendente, sepe dictus episcopus Gaufridum, decanum Ebroniensem, ad predictam ecclesiam destinasset, ut presbiterum introduceret nomine suo in ea celebraturum divina, tam presbiter quam decanus ab ingressu ecclesie per predictum militem sunt repulsi. Hanc itaque violentiam probaturus idem decanus, cum procuratore episcopi, die que partibus dicebatur prefixa, coram nobis apparuit. Sed quia Herbertus, procurator militis, occasione morbi diem demandaverat, nullam volumus contra ipsum recipere probationem, licet adversarius ejus excusationem ipsius assereret fraudulentam. Verumtamen parti militis per predictum decanum terminum fecimus assignari, crastinum scilicet diem sancti Marci Evangeliste, in qua coram nobis Turonis appareret, prout actum fuerat, responsurus. Per eundem decanum sibi factam contemnens, sicut nobis postmodum per testes omni exceptione majores claruit, in tam vesanam responsionem prorupit, quod nec pro summo pontifice, nec pro suis judicibus aliquem nunquam reciperet in possessionem ecclesie nomine episcopi venientem. Ad diem vero se missurum promisit. Cum igitur ejus procurator Herbertus ad diem illam coram nobis stetisset, et procurator episcopi restitui sibi residuum oblationum postulasset instanter, allegans quod miles, quia possessionem episcopi jus sibi dicendo turbaverat, a jure suo ceciderat. Predictus Herbertus restitutionem oblationum facere contempnens et turbationem possessionis a milite factam diffiteri non valens, excommunicato jam a nobis ipso Herberto, propter restitutionem quam facere negligebat, et milite propter violentiam super possessione illatam, tandem Herbertus causa subterfugii Romanam audientiam appellavit et a nobis contumax et rebellis discessit.

Nos autem, adjunctis nobis viris prudentibus, appellationem hujusmodi non tenere videntes, rationibus et allegationibus Cenomanensis episcopi diligenter inspectis, fame et consentientis ad hoc testimonium colligentes, finem controversie militis imposuimus et secundum formam quam legimus et attente inspeximus in auctenticis Romanorum pontificum bone memorie Alexandri, Clementis, Celestini, eandem ecclesiam pronuntiavimus ad donationem Cenomanensis episcopi pertinere.

Actum fuit [1] .. Turonis, anno gratie M[C]XCVIII, VI kalendas maii.

Presentibus : abbate de Cormere magistro Philippo, Gaufrido, decano Ebroni, Gaufrido de Monte Basonis, Gaufrido de Torigné, Buchardo, canonico Beati Martini, et pluribus aliis.

105. — **1191-1207.** — LETTRE PAR LAQUELLE GEOFFROY DE DOUVRE, ABBÉ DE SAVIGNY, CONFIRME A L'ÉVÊQUE HAMELIN LES ENGAGEMENTS DE CONFRATERNITÉ CONTRACTÉS AVEC L'ÉVÊQUE RENAUD ET LE CHAPITRE DU MANS, LORS DE L'ÉTABLISSEMENT DE L'ABBAYE DE CHAMPAGNE. (B. N., latin 17754, 64.)

Venerabili in Christo H[amelino], domino Cenomanensi, et Beati Juliani humili capitulo, G[uillelmus], dictus abbas Savigneii, totusque ejusdem loci conventus, salutem et fidelium orationum munimen [1].

Quoniam humana memoria labilis esse dinoscitur, nec valet in longinquum audita custodire, ideo litterarum custodie tradidimus que rata conservare et inconcussa volumus.

Igitur amicitiam illam et fedus in Christo laudabile, quod cum R[agidaldo], predecessore vestro, et Beati Juliani capitulo feci-

---

(1) Voir la charte numéro 106, laquelle, sauf quelques mots, est identique à celle-ci et la complète en y ajoutant la nomenclature des prières dites dans l'abbaye de Savigny, pour les défunts. Dans celle-ci on trouve en plus l'initiale du nom de l'abbé.

mus, quando conventum ecclesie Beate Marie de Campania Dei [1] et vestre tutele et custodie subventioni pariter et pietati commisimus, firmo tenore et integra custodia nos observare nullo modo dubitetis, scilicet quod vobis secundum Domini voluntatem a seculo migrantibus, tale impendimus servitium quale sumus et nostris impendere consueti, ita plane si nobis nuntiare omnino non negligatis. Vos autem si vultis inde habere fructum, fideliter observate condictum.

106. — 1199, après le 9 avril [2] = LXXXVIII.
107. — 1186-1214 = LXXXVI, DLXXXVIII et DCXLIX.
108. — Vers 1200 = CCIX.
109. — Vers 1200 = CCX [3].
110. — Vers 1200 = CCXIV.
111. — Vers 1200 = CCXV.
112. — Vers 1200 = CCXVI.
113. — Vers 1200 = CCXVII.
114. — Vers 1200 = CCXXIII.
115. — Vers 1200 = CIII.
116. — Vers 1200 = DCXCII.
117. — Vers 1200 = XXVI.
118. — Vers 1200. — RÈGLEMENT DES CHAPELAINS DU CHAPITRE DU MANS. (Bibl. du Mans, 245, 15.)

Hec est ordinatio quam capellani Cenomanensis ecclesie tenentur fideliter observare.

[De servitio chori.] — Tenentur beneficiati Cenomanensis ecclesie presbiteri et non presbiteri quolibet die, dum sint in villa et sani, interesse matutinis, vel misse, vel vesperis et dua-

(1) M. l'abbé Lottin, en imprimant son LXXXVIII a par erreur uni en un seul les mots *Dei* et *Campania*.
(2) A la ligne 11 il faut lire : in festo Magni martyris au lieu de in festo magni Martyris. (Delisle, *Bibl. de l'École des Chartes*, XXXI, 204.)
(3) Au *Livre Blanc*, les numéros CCX, CCXIV, CCXV, CCXVI, CCXVII, CCXXIII. sont publiés sans date ; on les groupe ici sous celle de vers 1200, époque très probable de leur rédaction, et on y ajoute le numéro 118, resté inédit jusqu'ici, et qui appartient au même ensemble que les règlements énumérés ci-dessus.

bus horis minoribus quas voluerint, ita tamen quod ter in ebdomada intererunt matutinis. Si vero defecerint aliquo die, in toto vel in parte, oportebit eos in crastino, si fuerint in villa, vel primo die quo redierint, interesse matutinis, misse et vesperis et duabus aliis horis, ut dictum est. Nec poterunt absentare se per tres septimanas vel ultra, nisi petita licencia a capitulo.

[De celebratione missarum.] — Terni habeant suum altare in quo una missa ad minus cotidie celebretur, ita tamen quod quilibet capellanus pro se, vel si causam habuit, per alium tres missas ad minus faciat in qualibet septimana, et ita tempestive celebrent missas suas quod, antequam pulsatio prime desierit, sint finite, ut post lecti requiem ad secularia nondum rapti, prius querant regnum Dei, et celebrantes non turbent eos qui psallunt in choro nec in missis suis a psallentibus perturbentur. Illi vero qui nundum sunt presbiteri, facient ter in ebdomada celebrari per ydoneos sacerdotes.

[De pena ordinationem non servancium supradictam.] — Presentes et futuri jurabunt se dictam ordinationem fideliter servaturos, tali modo quod si defecerint pro quolibet defectu, infra octo dies post ipsum defectum sex denarios Cenomanensium in capitulo apportabunt ad faciendum ex illis capituli voluntatem. Alioquin ex tunc si placuerit capitulo, incurrent perjurium et puniri poterunt tanquam perjurio irretiti.

119. — 1200, 27 décembre. — ACTE PAR LEQUEL UN CURÉ FAIT AMENDE HONORABLE AU CHAPITRE. (Bibl. du Mans, 245, 254, rogné sur le côté.)

Anno Domini MCC, die mercurii post nativitatem Domini, magister Guido, rector ecclesie . . . . . . peciit absolvi a nobis decano et capitulo pro offensa, et juravit . . . . . . nostro et emendare ad voluntatem nostram.

Presentibus : magistro Roberto . . . ., Roberto de Guerchia, capellano in ecclesia Cenomanensi, Petro Marques, Roberto de Cu . . . . . . pluribus aliis.

120. — 1200 = CCI.
121. — 1200 = CCII.

122. — 1200 = CCVI [1].
123. — 1201 = XLIX [2].
124. — 1201 = LI [3].
125. — 1201, 10 mai = CCV.
126. — Vers 1201, mai = CCIV.
127. — 1202 = DCXX.
128. — 1202 = DXXXVI.
129. — 1202 = XCII.
130. — 1191-1214 = LIII.
131. — 1191-1214 = LXVI.
132. — 1191-1214 = LXXXIX.
133. — 1191-1214 = XCI et CCCCXX.
134. — 1191-1214 = XCIX.
135. — 1191-1214 = CII.
136. — 1191-1214 = CXLI.
137. — 1191-1214 = CXLIV.
138. — 1191-1214 = CXLV.
139. — 1191-1214 = CCCLXXXI.
140. — 1191-1214 = DCXXXI.
141. — Vers 1203. — ACTE PAR LEQUEL LE PRIEURÉ DE CHATEAU-L'HERMITAGE RENONCE, AU PROFIT DU CHAPITRE, A TOUS LES DROITS SUR FOUCOGIER, QU'IL TENAIT DU DON A LUI FAIT PAR GUILLAUME DE MONCÉ [4]. (B. N., latin 17754, 35.)

Universis presens scriptum inspicientibus Aucherus, prior de Castellis, et totus ejusdem loci conventus salutem in Eo qui dat salutem omnibus diligentibus se.

Noverit universitas vestra quod, cum ego Aucherus, prior et frater M., cellarius, legatum illud quod nobis fecerat Willelmus

(1) Cet acte est imprimé aussi au *Cartulaire de Notre-Dame de Chartres*, t. II, p. 3-6.

(2) L'abbé Lottin avait daté cet acte : 1195-1210 ; grâce à l'enquête de février 1215 (voir numéro 376), il est possible de savoir que cet acte, ainsi que l'excommunication de Guy VI de Laval, appartiennent à l'année 1201.

(3) Cet acte, daté par l'abbé Lottin : 1186-1210, appartient, comme le précédent, à l'année 1201.

(4) La date approximative, assignée à cet acte, nous est fournie par la charte XXXVII du *Cartulaire de Saint-Victeur du Mans*, laquelle émane du même personnage.

de Monceio de rebus quas habebat apud Focogier[1] resignassemus, propter honera que nobis videbantur importabilia, et quod a nobis super hoc factum fuerat, fratribus nostris in capitulo, retulissemus, statim fratres nostri reclamaverunt, constanter asserentes quod dicte resignationi nostre numquam suum preberent assensum.

Postmodum vero, habita inter nos deliberatione, de communi fratrum assensu, dedimus et concessimus capitulo Beati Juliani totum illud juris quod nos habebamus, vel aliquando habituri eramus, ex donatione Willelmi de Monceio, bone memorie, in omnibus tenamentis que fuerunt Gaufridi Andegavensis aut Huberti Blancii, apud Focogier, in perpetuum possidendum.

142. — Avant 1204 = XXII, DXLVIII et DCLI.
143. — 1204, 3 novembre = XVIII.
144. — 1204, 5 novembre = C.
145. — 1204, 5 novembre = CI.
146. — Vers 1204 = XXIII, DXLVIII et DXLIX.
147. — 1205, n. s., 1er février = CV.
148. — 1205, n. s., 1er février = CVI.
149. — 1205, n. s., 3 février = CIV.
150. — 1205, 11 mai = XXIV.
151. — 1205, 15 mai = XXIX.
152. — 1205, 27 mai = XVI.
153. — 1205, 15 août = CXCVIII.
154. — 1205 = CCIII.
155. — 1205 = XCVII, DXXIII et DXC.
156. — 1205, v. s., 15 mars = DXXXIX.
157. — 1205, v. s., 27 mars. — NOTE RELATIVE A L'ÉGLISE DE SARGÉ-EN-VENDOMOIS. (Bibl. du Mans, 245, 260, en partie détruit.)

Die lune post Annunciationem Beate Marie, anno Domini MCCV, juravit . . . . ecclesie de Cergeio, presentibus magistris Guillelmo de Criagiis, Philippo Romano, presbiteris, Johanne de Cergeio, Guidone . . . . . . quod ecclesiam de Cergeio advocabit a capitulo et non ab alio, et quod porciones et res alias

---

(1) Moulin mentionné deux fois au numéro DCCXXII du *Livre Blanc*.

quas capitulum habet in dict . . . . . observabit et quod contra non veniet per se vel per alium ullo modo.

158. — 1206 = CLII.

159. — Vers 1206 = CCXXII.

160. — 1207, août, Évron. — LETTRES DANS LESQUELLES JUHEL DE MAYENNE CONSTATE QUE LA FAMILLE DE SAINT-LOUP RENONCE A TOUTES SES PRÉTENTIONS SUR LES DÎMES DE CHANTRIGNÉ. (B. N., latin 17754, 38.)

Universis Christi fidelibus presentes litteras inspecturis, Juhellus de Meduana, Dignanni dominus, salutem.

Noverit universitas vestra, G. de Sancto Lupo, militem, et Nicholaum, clericum, et G. laicum, filios ejus, in mea presentia abjurasse totum jus illud quod dicebant se habere in ecclesia Sancti Petri de Chantrineyo, sicut in litteris venerabilis patris Hamelini, Cenomanensis episcopi, et in litteris venerabilium virorum Jo[hannis], Dolensis episcopi, et de Veteri Villa et de Truncheto abbatum, super hoc judicum delegatorum a summo pontifice, continetur.

In cujus rei memoriam et testimonium, ut majus in posterum robur obtineat firmitatis, ad petitionem prefati G., militis, et filiorum ejus, presentem cartam feci sigilli mei munimine roborari.

Actum, anno gratie MCCVII. Apud Ebronium, mense augusto.

161. — 1208 = CLI.

162. — Vers 1208 = CCVIII.

163. — 1208, v. s., 9 février = CXCI et CCXXVII.

164. — 1209. — ACTE D'ACCORD ENTRE ERENBOURG DE MIRÉE, GEOFFROY, SON FILS, ET LE CHAPITRE AU SUJET DES DÎMES DE MIRÉE. (B. N., latin 17754, 34.)

Universis presentem paginam inspecturis, C. archidiaconus, officialis domini Cenomanensis, salutem in Auctore salutis.

Cum Beati Juliani capitulum in duabus meditariis de Mirré decimas, in altera vero earum tractum haberet, et tractum reclamaret in altera, tandem domina Erenburgis de Mirré et Gaufridus, illius suus primogenitus, miles, in capitulo Cenomanensi constituti coram nobis, recognoverunt quod decime duarum meditariarum, cum earum tractibus, dicti erant capituli, et si quid juris in eis habuissent, in manu nostra nomine elemosine ad opus capituli resignarunt, et nos eisdem jam dictum capitulum duximus investire.

Dicta etiam Eremburgis et Gaufridus, filius suus, miles, se fidejussores fecerunt, quod nec ipsi nec mater ejusdem Eremburgis, nec alii de genere, dictum capitulum super antea dictis decimis et tractibus de cetero molestarent.

Testibus, P[etro] cantore, magistro J[ohanne], de Roorta, magistro Hugone de Nandolio, M[ichaël de] Sabolio, R. Clarel, W. de Balgenciaco.

Quod ut firmius observetur, sigillo Cenomanensis curie presentes litteras fecimus roborari, anno gratie MCCIX.

165. — 1209, v. s., 27 janvier = CXLIII.
166. — 1210, 15 juin = LXIV.
167. — 1210 = CXL.
168. — 1210, v. s., janvier. — ACTE QUI RELATE L'ACCORD ÉTABLI ENTRE LE CHAPITRE ET HERBERT DU PAS, AU SUJET DE LEURS DROITS RÉCIPROQUES SUR LES DÎMES D'ÉPINEU-LE-CHEVREUIL. (B. N., latin 17754, 35.)

Nicholaus, decanus, et capitulum Cenomanense omnibus ad quos littere iste pervenerint in Domino salutem.

Universitati vestre volumus innotescat, quod est inter nos, ex una parte, et Herbertum do Pas, ex alia, super tractu decime quam habemus in parrochia de Espino, in terra ejusdem, questio verteretur, tandem post multas hinc inde habitas altercationes, compositum est inter nos in hunc modum : videlicet, quod idem Herbertus de cetero anno tractum decime que de terra ejusdem poterit provenire, nos vero successive duobus annis trahentes eandem in feodo suo, apud quemcumque voluerimus de legitimis hominibus suis, et ipse similiter tempore vicis sue tenebitur ad hec ipsum, donec de communi assensu partium grangia fabricetur ad conservandam decimam supradictam.

Ut autem ea que premissa sunt perpetuis temporibus debitam optineant firmitatem, ad petitionem sepedicti Herberti presentem cartulam conscribi fecimus, sigilli nostri munimine roboratam, anno gratie MCCX, mense januarii.

169. — 1210, v. s., mars. — DÉCISION CAPITULAIRE RELATIVE AUX CHAPELAINS DU CHAPITRE. (Bibl. du Mans, 245, 262, rogné sur le côté.)

...... et capitulum Cenomanense universis ad quos littere iste pervenerint in Domino.

... vestre volumus innotescat quod nos capellanis ecclesie nostre quorum electio ..... iere dignoscitur, concessimus ut anno vocationis sue fructus terrarum et vinearum ..... suas pertinentium vel expensas ejusdem anni libere percipiant et quiete .... volumus. In optione successoris, ut vel fructus illius anni percipiat, vel ...... oris mandato satisfaciat de expensis. Que si forte post fructuum collectionem ...... fuerint, nulli tenebitur respondere, sed ad successorem ipsum capellania cum omnibus pertinenciis devolvetur.

Ut igitur hec concessio nostra futuris temporibus perpetuam obtineat firmitatem, presentes inde litteras conscribi fecimus sigilli nostri munimine roboratas.

Actum anno gratie MCCX, mense marcii.

170. — 1211, 8 novembre = DXXXVII.
171. — 1211, novembre = DXXXVIII.
172. — 1211 = LVII.
173. — 1212 = CXXXVIII.
174. — 1212 = CXCVI.
175. — 1212 = DCLIV.
176. — 1212, v. s., janvier = CLIX.
177. — 1212, v. s., 22 mars = LVI et DCLV.
178. — 1212, v. s., mars. — LETTRES PAR LESQUELLES L'ÉVÊQUE HAMELIN CONFÈRE LA CURE DE CHARNÉ A MILON DE MERCÉ. (B. N., latin 17754, 63.)

Omnibus presentem paginam inspecturis, Hamelinus, divina permissione Cenomanensis ecclesie minister humilis, salutem in salutis Auctore.

Universitati vestre volumus innotescat, quod nos personam

ecclesie de Chimeriaco[1], que ad donationem nostram dinoscitur pertinere, dilecto clerico nostro magistro Miloni de Merceyo, divine miserationis intuitu contulimus, eidem curam animarum committentes et eum in corporalem dicte ecclesie possessionem ponentes.

Contradictores autem et perturbatores, si qui fuerint, et omnes qui eisdem in hac parte consilium vel auxilium vel assensum in animarum suarum detrimentum impedirent, auctoritate beati Juliani, patroni nostri, et nostra excommunicationis sententia innodavimus, terram juridictioni ipsorum submissam et omnes eorum homines districto supponentes interdicto.

Et hanc nostram sententiam volumus et petimus ab omnibus prelatis, decanis, presbiteris per Cenomanum constitutis, districte et inviolabiliter observari.

Ne vero ista nostra donatio alicujus malicia possit in posterum perturbari, hanc presentem paginam fecimus conscribi et sigilli nostri munimine roborari.

Actum anno gratie MCCXII, mense martio.

179. — 1213, Le Mans. — ACTE DANS LEQUEL L'OFFICIAL DU MANS DÉCLARE QUE SYLVESTRE DE ROUPÉROUX ET BÉATRIX, SA FEMME, AYANT ACHETÉ TOUT CE QUE GERVAIS D'ARON TENAIT D'EUX DANS LES PAROISSES DE VOUTRÉ ET D'ASSÉ, EN VENDIRENT MOITIÉ AU CHAPITRE POUR VINGT-SIX LIVRES ; ILS DÉCLARENT EN MÊME TEMPS, QUE LE TRONC MARTIN FAIT DEPUIS LONGTEMPS PARTIE DES DOMAINES DU CHAPITRE. (B. N., latin 17754, 60.)

Archidiaconus officialis Cenomanensis omnibus presentem paginam inspecturis salutem in Domino.

Noverit universitas vestra quod, cum Silvester de Rupperos, miles, et Beatrix, uxor ejus, titulo emptionis adquisissent quicquid Gervasius de Aron de feudo predicti Silvestri tenebat in parrochiis de Voutreyo et de Aceyo, medietatem omnium rerum dictarum capitulo Cenomanensi, ad opus luminaris ecclesie

---

(1) Cette forme n'a pas été relevée par Cauvin. C'est à la rubrique du compilateur du *Livre Blanc* que nous devons de savoir qu'il est ici question de Charné : Littere collationis ecclesie de Charneio.

Beati Juliani, pro viginti sex libris cenomanensium, vendiderunt et recognoverunt quod quedam pars illius emptionis, scilicet prata et terre de Trunco Martini, de feodo capituli Cenomanensis, erant, et de antiquo jure ad capitulum Cenomanense pertinebant. Concesserunt autem predictus Silvester et Beatrix, ejus uxor, quod predictam venditionem a servitio dominorum et pro capitulo omnia servitia dominorum exhiberent. Et de hac pactione, secundum quod jus dictabit, observanda, fidem in manu nostra corporalem prestiterunt, et terciam partem molendini de Perceyo capitulo in contraplegiationem prestiterunt.

Actum publice coram nobis in capitulo Cenomanensi, anno Domini MCCXIII.

180. — 1213, juillet = LXXVIII et CCCCXVII.
181. — 1213 = LIV et DCLVI.
182. — 1213 = LV et DCXCIII.
183. — 1213 = CXLVII et CCCCXVI.
184. — 1213 = CCXXIX.
185. — Avant 1214 = XLIV et CCCXXII.
186. — 1214, juin = XIV.
187. — 1214, après juin = XV.
188. — 1214, 28 décembre = CXCII et CCXXVIII.
189. — 1214 = XLI.
190. — 1214 = CLIII.
191. — Vers 1214 = CXCVII.
192. — 1215, 1er juin = LIX et DCLVII.
193. — 1215, août = XXX et DCXIX.
194. — 1215 = XLII.
195. — 1215, v. s., 27 janvier = CLXVIII.
196. — 1216 = LXIII.
197. — 1216 = LXXV et DXCII.
198. — 1216, v. s., mars = CLVII et CCCCXLIX.
199. — 1217, mai = CLXIV.
200. — 1217, 9 juillet = CLXI.
201. — 1217, septembre = XXXV et DLXIII.
202. — 1217, septembre = XXXIV.
203. — 1217, novembre = X.
204. — 1217, décembre = LXIX et DCLVIII.

205. — 1217, décembre = LXVII.
206. — 1218, mai = LXXIV.
207. — 1218, mai = LXXIII, DLXII et DCXXIV.
208. — 1218. — ACCORD ÉTABLI ENTRE LE CHAPITRE ET HERBERT BÉRANGER RELATIVEMENT AU PAIEMENT DE CERTAINS DROITS. (B. N., latin 17754, 60.)

Omnibus ad quos presens scriptum pervenerit officialis curie Cenomanensis salutem in Auctore salutis.

Notum sit omnibus tam presentibus quam futuris quod, cum inter capitulum Cenomanense, ex una parte, et Herbertum Berengerii, militem ex altera, super quibusdam forragiis contentio verteretur, predictus Herbertus concessit hoc, quod forragia sua alia die quam die dominica, post festum Sancti Remigii, et non alio tempore, eidem reddere tenebantur, eidem capitulo de cetero nequaquam prejudicium faceret vel hominibus ejus.

Recognovit enim hoc coram nobis quod homines forragia sua die dominica post festum sancti Remigii et non alio tempore eidem reddere tenebantur.

Quod ut ratum habeatur hoc, ad petitionem utriusque partis, fecimus sigillari.

Actum anno gratie MCCXVIII.

209. — 1218, 13 septembre = LVIII et DCLIX.
210. — 1218, v. s., janvier = CLXVI.
211. — 1218, v. s., mars = CLX.
212. — 1217-1221 = XII.
213. — 1219 = CLXII.
214. — 1219, v. s., janvier = CLXX.
215. — 1220, mai = XXXIII et DXCIII.
216. — 1220, 16 novembre = CXXIV.
217. — 1220, 17 novembre. — ACTE DANS LEQUEL L'OFFICIAL DU CHAPITRE CONSTATE QUE R. PORTE, CURÉ DE CHARNÉ, RECONNAIT QUE LA PAROISSE LUI A ÉTÉ CONFÉRÉE PAR FEU GUILLAUME DE PASSAVANT, MAIS QU'IL EST TENU DE PAYER AU CHAPITRE, VÉRITABLE PATRON DE L'ÉGLISE, UNE RENTE DE QUARANTE SOUS. (B. N., latin 17754, 54.)

Universis presentes litteras inspecturis officialis curie Cenomanensis, salutem.

Ad noticiam omnium volumus pervenire quod R. Porti, persona ecclesie de Charnea [coram] capitulo Cenomanensi constitutus, me aliisque cononicis presentibus, recognovit se ecclesiam de Charnea, ex donatione Willelmi, bone memorie Cenomanensis episcopi, absolute et libere possidere, recognoscens insuper dictam ecclesiam ad capitulum Cenomanense, tanquam ad verum patronum, ex collatione antedicti episcopi, pertinere eidem capitulo Cenomanensi, tanquam suo et vero patrono, pensionem annuam quadraginta librarum Cenomanensium, pro partibus quas capitulum percipit in ecclesia de Charnea in quinque magnis festivitatibus persolvendo, more illorum clericorum qui ecclesias possident ad donationem prefati capituli pertinentes, huic sue recognitionis adiciens, quod ecclesiam prelibatam tenebat a capitulo Cenomanensi eo quod ipsum capitulum plenum habet jus instituendi personam in ecclesia de Charnea, sacramentum fidelitatis more illorum clericorum qui ecclesias de donatione capituli Cenomanensis possident, dicto capitulo Cenomanensi faciens illa vice.

Actum anno gratie MCCXX, mense novembri, die lune octabarum beati Martini hyemalis.

Istis videntibus qui interfuerunt : P[etrus], cantor Cenomanensis, Benedictus archidiaconus, Cointorius archidiaconus, R. de Avaleria, P. Andegavensis, presbiteri; Willelmus Advernensis, Johannes de Roorta, Johannes Dazel, Henricus Clarel, dyaconi ; P. de Plesseit, Matheus de Pratis, Willelmus de Beaugencé, magister Henricus, Johannes de Biart, Stephanus Austrodorensis, Ragmaldus Clarel, subdiaconi.

218. — 1220 = CLXXI.
219. — 1220, v. s., février = LII.
220. — 1220, v. s., mars = CXLVI.
221. — 1221, 16-22 août = CXXVII.
222. — 1221, août = CXXXVI, CXXXVII et CCCCLXIX.
223. — 1222, mai. — CHARTE DANS LAQUELLE MAURICE, ÉVÊQUE DU MANS, RELATE L'ACCORD ÉTABLI ENTRE LUI ET SAINT-

VICTEUR DU MANS, POUR LIMITER A VINGT-CINQ SOUS CE QU'IL DOIT RECEVOIR DU PRIEURÉ, CHAQUE FOIS QU'IL Y EXERCE LE DROIT DE VISITE. (*Cartulaire de Saint-Victeur*, n° LXXIX.)

224. — 1223, mai = CLIV.
225. — 1223, novembre = XIII.
226. — 1223, novembre = XXXVIII.
227. — 1224, juillet = XXXI.
228. — 1224, décembre = LXI.
229. — 1224, v. s., janvier = LXII.
230. — 1224, v. s., janvier = DCLX.
231. — 1224, v. s., janvier. — CHARTE PAR LAQUELLE MAURICE, ÉVÊQUE DU MANS, RATIFIE LA REPRISE PAR ROBERT, ARCHIDIACRE DE MONTFORT, DE LA DÎME DE LA PAROISSE DE SAINT-MARTIN-DU-BOURGNEUF ET SON INCORPORATION AUX REVENUS DESTINÉS A PARFAIRE LES FRAIS DE L'ANNIVERSAIRE DE PHILIPPE D'YVRÉ, ÉVÊQUE DE BEYROUTH. (B. N., latin 17754, 54.)

Universis ad quos littere iste pervenerint Mauricius, Dei permissione Cenomanensis ecclesie minister indignus, salutem in Domino.

Cum dilectus filius Robertus, archipresbiter Montisfortis, quamdam decimam in parrochia Beati Martini de Burgo Novo, de assensu nostro, de manu redemerit laicali, eandem decimam capitulo Cenomanensi contulit, ad augmentationem anniversarii felicis recordationis Philipi de Yvreio, quondam episcopi Baruthensis, quam donationem ratam habentes, dicto Roberto et capitulo Cenomanensi, in signum rei geste, presentes litteras contulimus sigilli nostri munimine roboratas.

Actum anno gratie MCCXXIV, mense januarii

232. — 1225, avril. — ACTE PAR LEQUEL HERBERT DE CHASSILLÉ RENONCE, AU PROFIT DU CHAPITRE, A TOUTES SES PRÉTENTIONS SUR LES DÎMES D'ÉPINEU-LE-CHEVREUIL. (B. N., latin 17754, 27.)

Omnibus presentes litteras inspecturis, officialis Cenomanensis salutem in Domino.

Cum contentio verteretur inter J[uhellum], decanum, et capitulum Cenomanense, ex una parte, et Herbertum de Chassillé, ex altera, super decimis de Porrié et de terra Galerne, et de terra defuncti Morandi, et cunctis aliis decimis quas dictus Herbertus dicebat se habere in decimana de Spino, supradicta contentio, de prudentum virorum consilio, sopita est in hunc modum : videlicet, quod dictus Herbertus quitavit jamdictis Juhello, decano, et capitulo quicquid juris habebat in decimis supradictis, et super sanctum altare beatissimi Juliani juravit quod, in predictis decimis, nichil de cetero reclamabit.

In cujus rei testimonium presentibus litteris, ad peticionem partium, sigilli curie Cenomanensis robur apponi fecimus et munimen.

Actum, anno gratie MCCXXV, mense aprilis.

233. — **1225, 2 octobre.** — ACTE QUI ÉTABLIT COMMENT PIERRE DE VENDOME, CHANTRE DE LA CATHÉDRALE, AYANT ACHETÉ DU MAIRE D'ASNIÈRES UNE RENTE DE DIX-HUIT SOUS SEPT DENIERS ET DEMI, RÉSERVE QUINZE SOUS POUR L'ANNIVERSAIRE DE SON FRÈRE AIMERY. (B. N., latin 17754, 35.)

Universis ad quos littere iste pervenerint J[uhellus], decanus, et capitulum Cenomanense, salutem in Domino.

Noverit universitas vestra quod, cum dilectus in Christo Petrus, cantor ecclesie nostre, emisset a majore de Asneriis, in grangia nostra quam habemus in eodem loco, terciam partem locorum et medietatem milgranorum sive caudarum bladi que ibidem idem major percipiebat, [pro] decem et octo libris et septem solidis et dimidio, idem cantor anime sue saluti et Americi, fratris sui, consulens, quindecim solidos annue et perpetue pensionis in eadem grangia pro rebus ipsis retinuit ad anniversarium predicti fratris sui in ecclesia nostra perpetuo obsecrandum, quam pensionem tenemur persolvere die obitus ipsius Americi, et prebendarii ejusdem loci nobis nichilominus tenentur annis singulis sine contradictione aliqua eandem solvere pensionem, qui prebendarii ad opus suum et ad augmentum prebendarum suarum emptionem predictam perpetuo possidebunt.

Ut igitur ea que premissa sunt perpetuam obtineant firmitatem, ad peticionem ipsius cantoris nostri, presentes litteras conscribi fecimus sigilli nostri munimine roboratas.

Actum anno gratie MCCXXV, vigilia sancti Dyonisii.

234. — 1225, octobre = DCXXV.
235. — 1225, 22 novembre = LXXXIII.
236. — 1225, novembre = XC.
237. — 1225, novembre = CXXXV.
238. — 1225, novembre = LXXXIV.
239. — 1225, novembre = LXXXII.
240. — 1225, 25 novembre = LXXIX.
241. — 1225, 26 novembre = LXXX.
242. — 1225 = CCXXI.
243. — 1225 ou 1226 = CCLVII.
244. — 1225, v. s., 1er février = LXXXI.
245. — 1226, 12 juin = LXV et LXXVI.
246. — 1226, juin. — ACTE PAR LEQUEL GUILLAUME DE MONCRU-CHET VEND POUR UNE SOMME DE QUINZE SOUS, AU CHAPITRE, CE QU'IL POSSÉDAIT DE DÎMES A ÉPINEU-LE-CHEVREUIL. (B. N., latin 17754, 32.)

Universis presentes litteras inspecturis officialis Cenomanensis, salutem in Domino.

Noverint universi quod Guillelmus de Moncuchet, in nostra presentia constitutus, recognovit quod ipse vendiderat capitulo Cenomanensi totam decimam quam idem Guillelmus habebat in parrochia de Espino, tam in terra culta quam in inculta, pro quindecim solidis Cenomanensium, de quibus dictus Guillelmus coram nobis se tenuit pro pagato, habendam dicto capitulo in perpetuum et possidendam.

Preterea dictus Guillelmus dedit fidem in manu nostra quod in dicta decima nichil de cetero reclamabit.

Actum anno gratie MCCXXVI, mense junio.

247. — 1226, juin. — CHARTE DANS LAQUELLE LE DOYEN JUHEL DE MATHEFÉLON DÉCIDE EN FAVEUR DE PIERRE D'ÉPINEU, CHA-PELAIN DU CHAPITRE, POURVU DES DÎMES D'ÉPINEU-LE-CHEVREUIL ET DE LONGNES, QU'IL SERA AJOUTÉ VINGT-CINQ SOUS AUX

SOMMES DÉJA CONSACRÉES A SES ANNIVERSAIRES. (B. N., latin 17754, 24.)

Universis presentes litteras inspecturis J[ubellus], decanus, et capitulum Cenomanense, salutem in Domino.

Universitati vestre notum fieri volumus quod nos domino Petro de Espinoi, dilecto capellano nostro, qui firmam nostram in parrochia de Espinoi a nobis habet, et sextam partem de Loengne et decimam de Murre vita comite possidendas concessimus, quindecim solidos Cenomanensium ad opus concanonicorum nostrorum anniversarium dicti Petri celebrantium, et decem solidos ejusdem monete, ad opus clericorum ejusdem Petri anniversarium rite celebrantium, in illis decimis quas de novo in prefata parrochia de Espinoi multo labore et propriis stipendiis acquisivit. Et si quid residuum fuerit in illis acquisitionibus jam factis vel etiam ab eodem cetero faciendis, totum in anniversarium canonicorum refundetur.

Et jam nominatus Petrus, ad repositionem nostrarum decimarum in parrochia illa existentium, edificare tenetur grangiam ad valorem et estimationem quindecim librarum monete Cenomanensis.

Quod ut inconcussum maneat et firmum, presentes litteras sigilli nostri munimine duximus roborandas.

Actum anno gratie MCCXXVI, mense junio.

248. — 1226, v. s., mars = CCCXLII.
249. — 1227, 29 octobre = CCCCLXII.
250. — 1227, 8 novembre. — ACTE DANS LEQUEL LE CHANTRE, L'OFFICIAL ET L'ARCHIPRÊTRE DE CAEN ENREGISTRENT UNE DÉCLARATION FAITE PAR GILLES DE CLÉCY AU PROFIT DE L'ABBAYE DE CLÉCY[1]. (Imprimé, P. de Farcy, *Abbayes du diocèse de Bayeux*, Fontenay, 95.)
251. — 1228, avant le 7 avril = LXXI et DCLXII.
252. — 1228, 7 avril = LXXII et DCLXIII.

(1) On signale ici cet acte étranger au Mans parce que, par une singulière erreur, M. Léchaudé d'Anisy, au tomio I, p. 370 de ses *Chartes Normandes*, ayant lu *Cenomanensis* là où il est écrit *Cadomensis*, a indiqué ce document comme émané de la chancellerie de la cathédrale du Mans.

253. — 1228, juin. — Lettres par lesquelles l'évêque Maurice fixe a trente sous le droit de procuration du par le prieuré de la Vaugonderie, pour la visite annuelle de l'évêque. (Imprimé, abbé Denis, *Cartulaire de Vivoin*, p. 209.)

Universis presentes litteras inspecturis Mauricius, divina permissione Cenomanensis ecclesie minister indignus, salutem in Domino.

Noveritis quod quotiens contigerit nos aut successores nostros visitare personaliter semel in anno ecclesiam de Vallegonderia, prioratus ejusdem loci tenetur nobis satisfacere in summa trigenta solidorum Turonensium pro procurationem, nec amplius possumus nos nec successores nostri ratione procurationis petere ab eodem.

Actum anno gratie MCCXXVIII, mense junii.

254. — 1228, 12 septembre = DXCIV.

255. — 1228, novembre = DCLXI.

256. — 1228, 13 et 21 décembre = CVII.

257. — 1228 = DXL.

258. — Vers 1228 = LXXI.

259. — 1228, v. s., mars = CLXIX et CCCCXXI.

260. — 1229, 28 avril = CCXXV.

261. — 1229, avril, après le 15, ou 1230, avril, du 1 au 6 = CCCCXXII.

262. — 1229, avril, après le 15, ou 1230, avril, du 1 au 6 = XVII et CCCCLXX.

263. — 1229, 21 juillet, Pérouse. — Bulle par laquelle Grégoire IX interdit a l'évêque du Mans de procéder au mariage de Pierre Mauclerc avec Alice, reine de Chypre, sa cousine au quatrième degré. (Imprimé, *Layettes du Trésor des Chartes*, II, n° 2014, d'après A. N., J 209.)

Gregorius episcopus, servus servorum Dei, venerabili fratri episcopo Cenomanensi, salutem et apostolicam benedictionem.

Ad audientiam nostram pervenit quod nobilis vir comes Britannie carissimam in Xristo filiam reginam Cypri, quarto ei consanguinitatis gradu conjunctam, intendit sibi matrimonio vel potius illicito contubernio copulare.

Quia vero hujusmodi morbo melius est occurre.e quam succurrere, fraternitati tue per apostolica scripta mandamus quatinus, si est ita, id fieri penitus interdicas, eos per censuram ecclesiasticam appellatione postposita, compescendo.

Datum Perusii, XII kalendas augusti pontificatus nostri anno tertio.

264. — 1229, 3 décembre = DCLXIV.
265. — 1229, 4 décembre = DCLXVI.
266. — 1229, décembre = DCLXV.
267. — 1229 = DCLXVIII.
268. — 1230, juin. — ACTE PAR LEQUEL GAUDIN DE LA PRAELLE RECONNAIT TENIR DU CHAPITRE, EN VIAGER, LES BIENS DE LA PRAELLE, AYANT APPARTENU A JEAN DE LA CHAPELLE, ET DEVOIR DE CE CHEF UNE RENTE DE SOIXANTE SOUS. (B. N., latin 17754, 38.)

Universis presentes litteras inspecturis officialis Cenomanensis salutem in Domino.

Noverint universi quod capitulum Cenomanense tradidit ad firmam Gaudino de la Praelle quoddam pressorium et vineas et terram cum pertinenciis, que fuerunt defuncti Johannis de Capella, sita apud la Praelle, vita comite possidenda et habenda tali modo, quod idem Gaudinus reddet singulis annis dicto capitulo sexaginta solidos Cenomanensium, scilicet triginta solidos Cenomanensium ad natale Domini et alios triginta solidos Cenomanensium ad Pascha, et tenebit dictus Gaudinus dictum pressorium et vineas et terram in bono statu, et fodiet dictas vineas tribus vicibus singulis annis, et faciet propagina competenter in vineis supradictis, et dictum capitulum reddet censūs dominis feodorum qui debentur de rebus supradictis. Et si duo magna ligna dicti pressorii fracta fuerint infra terminum, dictum capitulum alia ligna queret in dicto pressorio, et predictus Gaudinus illa ligna in dicto pressorio propriis sumptibus reparabit. Et si dictum Gaudinum mori contigeret ante vindemias, heredes ipsius Gaudini, vel mandatum ejus, redderent dicto capitulo dictos denarios, et haberent fructus rerum predictarum.

Et insuper dictus Gaudinus dedit dicto capitulo plegios, scilicet Girardum Aude, Hugonem le Baube, Guillelmum d'Auvilers, Johannem de Guirchia et Radulphum de Doit, de dicta pactione firmiter et fideliter observanda.

Et tenetur predictus Gaudinus, fide prestita corporali, de faciendo et observando dictam pactionem ut superius est notatum.

In cujus rei testimonium presentes litteras sigillo curie Cenomanensis fecimus roborari.

Actum anno Domini MCCXXX, mense junio.

269. — 1230, 3 octobre = CCXXXII.

270. — 1230. — ACTE PAR LEQUEL LE CHAPITRE, MOYENNANT UN CENS ANNUEL DE TRENTE-NEUF SOUS, ABANDONNE A DIVERS PERSONNAGES SES DIMES DE CHANGÉ ET D'AMIGNÉ. (B. N., latin 17754, 33.)

Universis presentes litteras inspecturis G[eoffridus], decanus et capitulum Cenomanense salutem in omnium salutari.

Noveritis quod nos tradidimus Gauguengno Crolois, Johanni de Amigneio, Gaufrido Morin et Herberto Bernardi, et eorum heredibus, decimas nostras de Changeio et medietariam nostram de Amigneio, cum omnibus pertinentiis suis, et quicquid habebamus in medietaria supradicta, ad annuum censum triginta et novem solidorum Cenomanensium reddendorum nobis annuatim ad festum beati Nicholai hyemalis, quorum denariorum quilibet predictorum hominum, vel ejus heredes tenebuntur nobis reddere novem solidos et novem denarios annuatim ad terminum supradictum, ita tamen quod predicti homines, vel eorum heredes, nichil reclamare poterunt in hoc quod Guillelmo Runce et Hardoino, fratri suo, tradideramus ad censum.

Quod ut ratum et stabile habeatur, presentes litteras sigilli capituli nostri duximus munimine roborandas.

Actum anno gratie MCCXXX.

271. — 1230, v. s., 6 avril = CXXVI.

272. — 1231, 9-26 juin = DXLI.

273. — 1231, juin = XCVI.

274. — 1231, 15 août, Tours. — LETTRE PAR LAQUELLE JUHEL, ARCHEVÊQUE DE TOURS, ANCIEN DOYEN DU CHAPITRE DU MANS, ATTESTE QUE GEOFFROY DE LAVAL, ÉLU ÉVÊQUE DU MANS, A ÉTÉ CONFIRMÉ PAR LUI ET DEMANDE A SAINT LOUIS DE REMETTRE EN SES MAINS LA RÉGALE DU DIOCÈSE. (Note, *Layettes du Trésor des Chartes*, II, n° 2147, d'après A. N., J. 346.)

Juhellus, archiepiscopus Turonensis, Ludovicum certiorem facit Gaufridum de Lavalle in episcopum Cenomanensem canonice electum, a se, auctoritate metropolitana, confirmatum fuisse; prefatum igitur regem deprecatur ut eidem episcopo dicte ecclesie regalia, quæ in custodia detinet, reddere velit.

Datum in festo Assumpcionis Beate Virginis, anno gracie MCCXXXI.

Bene et diu valeat regia excellencia vestra.

275. — 1231, 15 août, Tours. — LETTRE PAR LAQUELLE GEOFFROY DE LAVAL, ÉVÊQUE ÉLU DU MANS, DEMANDE A SAINT LOUIS QUE LA RÉGALE DE SON DIOCÈSE SOIT REMISE EN SES MAINS. (Imprimé, *Layettes du Trésor des Chartes*, II, n° 2146, d'après A. N., J. 346.)

Excellentissimo domino suo Ludovico, Dei gratia regi Francorum illustri, Gaufridus, miseratione divina Cenomanensis ecclesie electus confirmatus, salutem in eo per quem reges regnant et cui servire est regnare.

Mittimus ad regiam excellentiam karissimos concanonicos nostros, magistros Michaelem de Lavalle et Marchum, presentium portitores, regie majestati supplicantes attencius et orantes quatinus regalia nostre Cenomanensis ecclesie, que in manu vestra habetis, nobis benigne reddi et restitui faciatis.

Et quia nundum sigillum habebamus, sigillo reverendi patris Turonensis archiepiscopi presentes litteras fecimus sigillari.

Valeat diu et bene regia excellentia vestra.

Datum Turonibus, in festo Assumptionis gloriosissime Virginis, anno gracie MCCXXXI.

276. — 1231, 2 juillet = xcviii.

277. — 1231, septembre = xciv.

278. — 1231, novembre. — ACTE PAR LEQUEL IL EST DÉCIDÉ QUE LES DÎMES D'ÉPINEU-LE-CHEVREUIL, TOUT EN RESTANT PROPRIÉTÉ DU CHAPITRE, SERONT, MOYENNANT CERTAINES REDEVANCES, PERÇUES SA VIE DURANT PAR ROBIN DE MONTCRUCHET. (B. N., latin 17754, 27.)

Universis presentes litteras inspecturis officialis Cenomanensis salutem in Domino.

Noverint universi quod cum inter capitulum Cenomanense, ex una parte, et Robinum de Moncuchet, ex altera, contentio verteretur super decimam quam habebat in parrochia de Espino, in terra sua tam culta quam inculta, tandem mediante bonorum virorum consilio inter predictos capitulum et Robinum, fuit compositum in hunc modum : videlicet, quod dictus Robinus totam predictam decimam nomine dicti capituli, vita comite, possidebit, reddendo eis annuatim unum sextarium bone siliginis et unum sextarium bone avene, ad mensuram de Espino. Post mortem vero dicti Robini, dicta decima ad dictum capitulum quita et libera revertetur.

In cujus rei testimonium, ad peticionem dictorum capituli et Robini, presentes litteras sigillo curie Cenomanensis fecimus roborari.

Actum anno Domini MCCXXXI, mense novembri.

279. — 1231 = CCCLXXXII [1].

280. — 1231 = DXVII.

281. — 1232, n. s., 3 février = CCXXXII.

282. — 1232, 27 mai = CLV [2].

---

(1) Le début de cet acte doit être ainsi rectifié :
Universis sancte matris Ecclesie filiis presentes litteras inspecturis, officialis Cenomanensis salutem in omnium Salutari. (Delisle, *Bibliothèque de l'École des Chartes*, XXXI, 207.)

(2) Cette pièce est datée par erreur anno Domini MCCXIX et classée sous la rubrique : *probabiliter die 10 maii 1219*, tandis que le manuscrit (folio 50) porte : Actum anno Domini MCCXXXII, die jovis ante Pentecostem. Ce qui répond au 27 mai 1232. (Delisle, *Bibliothèque de l'École des Chartes*, XXXI, 200.)

283. — 1232, juillet = XI.
284. — 1232, 19 octobre = DXLII.
285. — 1232, novembre = CCLXIV, DLXV et DLXXXIX.
286. — 1232, novembre = CCXXXII.
287. — 1232 = CXCIII.
288. — Vers 1232 = CCLXII.
289. — Vers 1232 = CCLXIV.
290. — Vers 1232 = CCLXVI.
291. — Vers 1232 = CCLXVII.
292. — 1232, v. s., 4 mars = DCLXIX.
293. — 1232, v. s., mars. — ACTE PAR LEQUEL GUILLAUME BELOTIN, SUZERAIN DE GUILLAUME CALU, RATIFIE LA MISE EN GAGE PAR CE DERNIER AUX MAINS DU CHAPITRE, DE SES DÎMES DE VILLAVART, DONNÉES EN GARANTIE D'UN PRÊT DE QUINZE LIVRES. (Bibl. du Mans, 245, 211, et imprimé par M. Delisle dans la *Bibliothèque de l'École des Chartes*, t. XXXI, 209.)

Omnibus presentes litteras inspecturis, Guillelmus Belotim, miles, salutem in Domino.

Noverint universi quod, cum Guillelmus Calu, miles, pignori obligaverit decano et capitulo Cenomannensi quicquid habebat in decima parrochie de Villavart pro quindecim libris Cenomannensium, ego dominus illius feodi prefatam impignorationem gratam habeo et acceptam, et teneor garantizare dicto capitulo dictam decimam quamdiu durabit obligatio supradicta.

In cujus rei testimonium presentes litteras eidem capitulo concessi sigilli mei munimine roboratas.

Actum anno Domini MCCXXXII, mense marcio.

294. — 1232, v. s., mars = DCLXVII.
295. — 1233, avril du 4 au 30, ou 1234, avril du 1er au 22 = CCCLXXXIII.
296. — 1233, 30 septembre = CXCIV.
297. — 1233, novembre = DCLXX.
298. — 1233, 7 décembre = DCLXIV.
299. — 1233, décembre. — ACTE PAR LEQUEL PIERRE MAUGÉ, D'ACCORD AVEC SA FEMME ET AVEC MATHIEU, SON FILS, EN GARANTIE DU PRÊT D'UNE SOMME DE SEPT LIVRES ET DEMIE,

DONNE EN GAGE AU CHAPITRE SES DÎMES SISES SUR PONCÉ ET SUR LA CHAPELLE-GAUGAIN. (Bibl. du Mans, 245, 210; et imprimé par M. Delisle dans *Bibliothèque de l'École des Chartes*, XXXI, 208.)

Omnibus presentes litteras inspecturis officialis Cenomannensis, salutem in Domino.

Noverint universi quod Petrus Maugier, in nostra prescencia constitutus, recognovit in jure quod ipse pignori obligaverat capitulo Cenomannensi decimam vinearum suarum sitarum in parrochia de Penciaco et decimam bladi medietarie de la Rogeleire site in parrochia de Capella Gaugein, in feodo Girardi dicti Rubei, militis, ut dicebat, videlicet pro septem libris et dimidia Cenomannensium, de quibus coram nobis se tenuit pro pagato, renuncians excepcioni pecunie non numerate, ita quod dictus Petrus in hoc anno dictas decimas redimere non poterit; et si in aliis annis illas decimas redimere voluerit ante Pascha, idem Petrus habebit illas solvendo dicto capitulo septem libras et dimidiam supradictas; et si post Pascha illas redimere voluerit, dictum capitulum percipiet fructus illius anni decimarum predictarum.

Et tenetur dictus Petrus memoratum capitulum indempne reddere super decimis prenotatis.

Preterea, sicut nobis constitit per litteras decani de Trou, uxor dicti Petri et Matheus, eorum filius, juraverunt coram eodem decano quod in predictis decimis nomine dotalicii vel elemosine vel aliquo alio titulo sibi modo competenti nichil reclamabunt, quamdiu durabit obligacio dictarum decimarum.

Et quia dicto capitulo non constabat quod sigillum appositum in quibusdam litteris esset proprium dicti Girardi Rubei, militis, in quibus litteris continebatur quod ipse erat dominus feodi dictarum decimarum, et quia ipse tenebatur defendere et garantizare dicto capitulo contra omnes dictas decimas, quas dictus Petrus pignori obligaverat dicto capitulo, decanus de Trou nos certificavit quod dictus Girardus, miles, juravit coram dicto decano quod dictum sigillum erat ipsius proprium, et quod ipse Girardus non veniret contra dictam impignoracionem.

In cujus rei testimonium presentibus litteris sigillum curie Cenomannensis duximus apponendum.

Actum anno MCCXXXIII, mense decembri.

300. — 1233, décembre = DCLXXI.
301. — 1233 = CXCV.
302. — 1233 = CXCIII et CCXXXIII.
303. — 1233 = CCXXXV, CCLXV, DXCIV et DL.
304. — 1233, v. s., 9 avril = CCLXIII, DXLIII et DLXVI.
305. — 1232, novembre — 1234, janvier = CCXXXII.
306. — 1234, 24 avril = CCXXVII et DCLXXIII.
307. — 1234, juillet = CCXXXVI et CCLXX.
308. — 1234, juillet = DLXVII.
309. — 1234, juillet = DCXXII.
310. — 1234, 29 juillet = CCLXI et DLXVIII.
311. — 1234, septembre. — ACTE PAR LEQUEL HUGUES, FILS DE GEOFFROY LE MAIRE D'ASNIÈRES, VEND POUR VINGT-DEUX LIVRES UNE RENTE DE QUINZE SOUS. LA VENTE EST APPROUVÉE PAR GEOFFROY, PÈRE DE HUGUES, PAR GERVAIS ET JEAN, SES FILS, PAR ÉTIENNETTE, MATHURINE ET AVOISE, SES FILLES, ET PAR AGNÈS, SA FEMME, CELLE-CI AGISSANT TANT EN SON NOM PERSONNEL QU'AU NOM D'HERMENIARDE, SA PLUS JEUNE FILLE, ENCORE AU BERCEAU. (B. N., latin 17754, 26 et 32.)

Universis Christi fidelibus presentes litteras inspecturis officialis Cenomanensis, salutem.

Noverit universitas vestra quod Hugo, filius primogenitus Gaufridi majoris de Asneriis, vendidit quindecim solidos Cenomanensium annui redditus, scilicet decem solidos Guillelmo de Templo, archidiacono nostre ecclesie, ad anniversarium ejusdem Guillelmi, et quinque solidos Raginaldo Clarel, concanonico nostro, ad servitium ecclesie nostre, pro viginti duo libris Turonensium, de quibus coram nobis dictus Hugo se tenuit pro pagato. Assignavit autem idem Hugo predictum redditum percipiendum ab ipso et heredibus suis in perpetuum super terciam partem feodi patris sui, quam divisim ab alia pro portione sibi a patre assignata, tunc temporis possidebat et concessit dictus Hugo quod quandocumque et quocumque modo ad manum ipsius vel heredis ejus, pro parte vel pro toto, residuum de feodo deveniret quantumcumque de dicto feodo ipse vel heres ejus primogenitus possideret totum, obligaretur ad reddendam annuatim, ad diem Nativitatis Beate Marie Virginis, pecuniam supradictam, ita quod si eadem die non solveretur, quicumque primogenituram feodi possideret, et qui de primogenitura de Asneriis esset homo capituli, septem solidos et dimidium Cenomanensium pro emenda solvere teneretur et totidem pro unaquaque ebdomada, scilicet quinque solidos dicto archidiacono et duos solidos et dimidium capitulo, quamdiu solutio differetur.

Hoc autem pater ejusdem Hugonis et uxor ejus Agnes, et duo filii ejus, Gervasius et Johannes, et tres filie, Stephana, Mathea et Aaoisia, et mater pro Hermeniarde que in cunabilis adhuc erat, concesserunt.

Ipsa etiam mater spontanea fidem prestitit corporalem quod, ratione dotalicii vel alia ratione, contra hanc pactionem nichil aliquatenus attemptaret.

In cujus rei testimonium presentes litteras sigillo curie Cenomanensis fecimus sigillari.

Actum anno Domini MCCXXXIV, mense septembri.

312. — 1234, septembre. — LETTRE PAR LAQUELLE LE DOYEN DU CHAPITRE DU MANS ANNONCE A SAINT LOUIS L'ÉLECTION COMME ÉVÊQUE DE GEOFFROY DE LOUDUN, CHANTRE DU CHAPITRE. (Imprimé, *Layettes du Trésor des Chartes*, t. II, n° 2315.)

R[obertus], decanus et totum capitulum Cenomannensis ecclesiæ excellentissimum dominum suum Ludovicum, Francorum regem, certiorem faciunt a se Gaufridum, cantorem ecclesiæ suæ, virum utique discretum, providum et honestum, in episcopum et pastorem electum fuisse. Quapropter excellentiam regiam attentius exorant ut sua eidem regalia, in manu regia detenta, pacifice et quiete restituat.

Bene et diu valeat excellentia vestra.

Datum anno gracie MCCXXXIV, mense septembri.

313. — 1234, octobre = XCIII.

314. — 1234, octobre = xcv.
315. — 1234, 22 novembre = cc [1].
316. — 1234, novembre = ccxxxvii et dclxxii.
317. — 1234, novembre = dclxxv.
318. — 1234, novembre = xxxviii [2].
319. — 1234, novembre = dcxciv.
320. — 1234, 23 décembre = ccxxxviii.
321. — 1234 = dxlv.
322. — 1234 = l..
323. — 1234 = dclxvi.
324. — 1234. — Acte par lequel Liziard de Poillé, ayant abandonné au chapitre le lieu ou habitait feu Herbert Charpentier, celui-ci le concède a Guérin de Meslay, qui en servira une rente de deux sous. (B. N., latin 17754, 33.)

Universis presentes litteras inspecturis officialis Cenomanensis salutem in Domino.

Noveritis quod, in nostra presentia constitutus, Lysiardus de Poilleio, miles, dedit et quitavit capitulo beatissimi Juliani Cenomanensis plateam in qua defunctus Herbertus Carpentarius, dum viveret, manere solebat, sitam inter domum defuncti Bartholomei Orillon et fontem de Poilleio, et omne jus et dominium quod dictus miles habebat in platea supradicta ; quam plateam R[obertus] decanus, et capitulum supradictum tradiderunt Garino de Melleio et heredibus suis in perpetuum possidendam et tenendam de eodem capitulo ad fidem et hommagium, ad duos solidos Cenomanensium de servitio reddendos, ad festum Pentecostes, predicto capitulo annuatim sine alia redibicione.

(1) Dans cet acte, à la ligne 2, il faut supprimer les points entre *discretis* et *decano* ; à la ligne 3, il faut lire *prebendam nostram* au lieu de prebendam vestram. Cette pièce, qui se trouve aussi in extenso au *Martyrologe de la Cathédrale*, folio 206 (Bibl. du Mans, ms. 214), est curieuse, car elle nous montre Geoffroy de Loudun, ancien chantre de la cathédrale, devenu évêque du Mans, conférant à Gautier, archidiacre de Lisieux, la prébende qu'il avait comme chantre. Et en effet, dans la liste des chantres, Gautier prend place immédiatement après Geoffroy de Loudun.

(2) A la date, lire non pas Fontem Bellum, mais *Fontem Bliaudi* (Fontainebleau). (Delisle, *Bibliothèque de l'École des Chartes*, XXXI, 204.)

In cujus memoriam, presentibus litteris, ad petitionem prefati militis, sigillum curie Cenomanensis duximus apponendum.

Datum anno Domini MCCXXXIV.

325. — Vers 1234 = CCXXXV, CCLXV, DXLIV, DL et DXCV.
326. — Vers 1234 = CCLX.
327. — 1234, v. s., janvier = CCXXXIV et DLXIX.
328. — 1234, v. s., février = CCCXLIII.
329. — 1234, v. s., 24 mars = LXXXVII.
330. — 1235, avril du 9 au 30 = DXVIII.
331. — 1235, octobre = CCXXXIX et CCCCXXIV.
332. — 1235, 6 décembre = CCXL et CCCXLIV.
333. — 1235, décembre = CCCCXXIII.
334. — 1235 = CCCLXXXIV.
335. — 1236 au plus tard = LX [1].
336. — 1236 au plus tard = CLXXXIX [2].
337. — 1236, avril ou 1237 avril du 1er au 18 = CCCXIII.
338. — 1236, novembre = CCXLI.
339. — 1236 = CCXI et DXX.
340. — 1236, v. s., février = CCXXX.
341. — 1237, 4 novembre, Le Mans. — ACTE PAR LEQUEL LES ÉVÊQUES DE LA PROVINCE DE TOURS, RÉUNIS AU MANS, DONNENT UN VIDIMUS DE L'ACTE NUMÉRO CCXXXII DU LIVRE BLANC. (Imprimé, *Livre Blanc*, p. 136, sans numéro.)
342. — 1237 = CCCCXXV.
343. — 1238, 26 mai. — ACTE QUI RELATE PAR QUELS ACTES GUILLAUME COISNON S'EST ENGAGÉ A EXPIER LES VIOLENCES DONT IL S'EST RENDU COUPABLE ENVERS L'ARCHIDIACRE DE SABLÉ ET LE CLERC DE CELUI-CI, AINSI QU'ENVERS LE CURÉ D'AMNÉ. (B. N., latin 17754, 31.)

Noverint universi quod, cum Guillelmus Coisnon venerabili viro magistro Willelmo de Templo, archidiacono de Sabolio,

---

(1) Ce document a été publié par M. Lottin sous cette date : avant 1280. M. Delisle estime que, placé dans la première partie du Cartulaire, il ne saurait être postérieur à 1236. (Delisle. *Bibliothèque de l'École des Chartes*, XXXI, 206.)

(2) Ce document a été publié par M. Lottin comme appartenant à la période

graves injurias irrogasset in ipsum archidiaconum et Guillelmum, clericum ipsius, usque ad effusionem sanguinis, et in presbiterum de Amencio, socium ipsius, manus injiciendo nimis temere violentas.

Tandem, idem Willelmus Coesnon graavit in jure coram nobis quod, pro injuriis ipsi archidiacono illatis, eidem satisfaceret hoc modo, quod ipse quadam die dominica vel sollempni ab ecclesia Sancti Petri de Cultura per majorem suam viam nudusque camisia et braccis, tenens virgas in manu, usque ad ecclesiam beati Juliani veniet, et ibi verberabitur, et similiter alia die faciet ab ecclesia de Novo Vico usque ad ecclesiam de Berneio per viam in qua facinus perpetravit, et similiter faciat aliis tribus diebus villis Cenomanensis diocesis, prout eidem Willelmo a magistro Nicholao, canonico Cenomanensi, fuerit injunctum. Item, ipse Guillelmus ibit in subsidium Terre Sancte, ibidem per triennium moraturus, et inde nullatenus redditurus infra triennium, nisi cum litteris aliquo sigillo autentico sigillatis, quod ab hujusmodi honere a tali qui absolvere potuerit, fuerit absolutus.

Item, obligavit se ad penam decem librarum Turonensium ab ipso archidiacono levandam, si de cetero idem Willelmus de muliere occasione cujus hujusmodi fecit excessum, fuerit infamatus, nec potuerit super hoc legitime se purgare.

Item, pro injuria Guillelmo clerico illata, solveret eidem infra festum sancti Remigii centum solidos Turonensium, si tantum capere voluerit.

Super injuria vero presbitero de Amencio illata, stabit in omnibus dictis magistri Nicholai, canonici Cenomanensis, et Guillelmi de Bures, militis.

Item, pro injuria episcopo et capitulo et ecclesie Cenomanensi super hoc illata, solvet ipsi capitulo centum libras Turonensium, scilicet quindecim libras Turonensium, quolibet anno in octabis Omnium Sanctorum, quousque dicta summa fuerit persoluta, et non credetur ei de solutione, nisi facta fuerit coram nobis.

Et de hoc etiam tenendo obligavit coram nobis totam terram

écoulée entre 1238 et 1254. Placé dans la première partie du Cartulaire, il ne saurait être postérieur à 1236. (Delisle, *Bibliothèque de l'École des Chartes*, XXXI, 207.)

suam et omnia bona sua, et insuper de hoc dedit graatores coram nobis in jure constitutos, Guillelmum de Bures, Johannem de Essartis, Johannem de Roez, Gervasium filium Hugonis, milites, Gaufridum Tholomei, Robertum de Moncuchet, Petrum de Ogne et Gervasium Tholomei, clericum, qui graaverunt coram nobis per stipulationem legitimam quod satisfacerent capitulo Cenomanensi pro dicto Guillelmo de centum libris Turonensium, nisi idem Guillelmus satisfaceret capitulo de eisdem pro dictis injuriis ecclesie Cenomanensi ab eodem Guillelmo illatis, et debent satisfacere de predictis dicto capitulo quolibet anno de quindecim libris Turonensium in octabis festivitatis Omnium Sanctorum, quousque de predictis centum libris capitulo et ecclesie Cenomanensi integre fuerit satisfactum.

Et tenetur quilibet eorum insolidum et concesserunt quod non crederetur eis de solutione, nisi fieret coram nobis.

Verumptamen si dictus Willelmus a Petro dicto Barone, ballivo domini regis, litteras impetraverit, quod ecclesie Cenomanensi centum libras reddi faciet de proventibus terre dicti Guillelmi, terminis supradictis, predicti graatores ab hujusmodi obligatione liberi erunt penitus et immunes.

Et dictus Willelmus se et terram suam et omnia bona sua eisdem graatoribus obligavit, quod universos et singulos eorum super hoc indampnes reddet, et ad simplex sacramentum cujuslibet eorumdem omnia dampna et deperdita eis restituet que occasione graationis hujusmodi sustinebunt.

Et insuper ad hec omnia observanda fideliter et firmiter etiam tenenda se coram nobis, sacramento prestito, obligavit, et quod absolutionem suam quamcito poterit, impetrabit, et quod alicui persone, vel rebus, vel hominibus ecclesie Cenomanensis aliquo modo, nisi jus suum querendo, injuriosus non erit de cetero, vel molestus.

In cujus rei testimonium, ad peticionem dictorum Willelmi et graatorum, presentes litteras sigillo Cenomanensis curie dedimus sigillatas.

Actum anno Domini MCCXXXVIII, die mercurii proxima post Penthecosten.

344. — 1238, 2 décembre = CCXLII et DXCVI.
345. — 1239, avril ou 1240, avril du 1er au 14 = CCXLIV.
346. — 1239, juin = CCCCXXVII.
347. — 1239, juin = DCLXXVIII.
348. — 1239, juillet = CCXLV et CCXLVI.
349. — 1239, juillet. — CHARTE DANS LAQUELLE GAUDIN DE BRÉE RECONNAIT AVOIR VENDU POUR CENT LIVRES AU CHAPITRE, LES DÎMES QU'IL POSSÉDAIT SUR LES PAROISSES DE NOTRE-DAME DE MAYENNE, DE PARIGNÉ ET DE SAINT-BAUDELLE. (B. N., latin 17753, 53.)

Universis presentes litteras inspecturis, Gaudinus de Brac, miles, salutem in Domino.

Noveritis quod ego vendidi decano et capitulo Beatissimi Juliani Cenomanensis omnes decimas quas percipiebam in parrochiis Beate Marie de Meduana, de Parrignejo et de Sancto Baudello, pro centum libris Turonensium, de quibus me teneo pro pagato in denariis numeratis, renuntians exceptioni pecunie non numerate, et tam ego quam Ysabella, uxor mea, fidem dedimus quod in dictis decimis nichil de cetero reclamabimus, nomine dotalicii vel elemosine, vel aliquo alio titulo nobis modo competenti, et quod dictas decimas dictis decano et capitulo garantizabimus quantum jus et consuetudo dictabunt, et dictam venditionem concedi faciemus ab omnibus quorum consensus est requirendus.

In cujus rei testimonium presentes litteras sigilli mei munimine roboravi.

Datum anno Domini MCCXXXIX, mense julio.

350. — 1239, juillet. — CHARTE PAR LAQUELLE GUY DE MAUMUSSEAU ET GUY, SON FILS, VENDENT, POUR UNE SOMME DE VINGT-CINQ SOUS, AU CHAPITRE, LEURS DROITS SUR ASNIÈRES, PLACÉ DANS LE FIEF DU SEIGNEUR DE LAVAL. (B. N., latin 17754, 24.)

Universis presentes litteras inspecturis Guido de Maumouceaux, miles, salutem in Domino.

Noveritis quod ego Guido vendidi decano et capitulo beatissimi Juliani Cenomanensis omne jus quod ego habebam et antecessores mei habuerunt in costuma de Asneriis, quod jus adoptabam me tenere de domino de Lavalle, pro viginti et quinque solidis Cenomanensium, de quibus me teneo pro pagato.

Et tam ego quam Guido, filius meus, tenemur, prestita fide corporali, predictum jus prefatis decano et capitulo, quantum jus dictabit, defendere et garantizare.

In cujus rei testimonium presentes litteras sigilli mei munimine roboravi.

Actum anno Domini MCCXXXIX, mense julio.

351. — 1239. — SENTENCE ARBITRALE FIXANT LES DROITS RÉCIPROQUES DU CHAPITRE, D'UNE PART, ET DE GUILLAUME DE SILLÉ ET ROBERT, SON FILS, DE L'AUTRE, QUANT A L'USAGE DES GENS DU CHAPITRE, HABITANT ASSÉ-LE-BÉRANGER, SUR LA FORÊT DES COÉVRONS. (B. N., latin 17754, 51.)

In nomine Patris et Filii et Spiritus Sancti. Amen.

Cum in nos Guillelmum, archidiaconum Cenomanensis ecclesie, et M., magistrum scolarum Cenomanensium, compromissum fuisset super contentione que vertebatur inter capitulum Beatissimi Juliani Cenomanensis, ex una parte, et nobilem virum Guillermum, dominum Siliaci, et Robertum, ejus filium, ex altera, pro hominibus dicti capituli de Aceyo le Berengier, super nemore de Covron, ita quod de usu vel possessione utendi, et modo, et jure, et proprietate, vel altero eorum de quo nobis constare posset, possemus ferre sententiam et facere prout de jure videmus faciendum.

Nos, auditis confessionibus utriusque partis, visis et intellectis depositionibus testium hinc inde productorum et aliis que nos de jure movere possent, dicto capitulo adjudicavimus, quasi possessionem utendi quantum ad homines suos de Accio le Berengier in nemore supradicto, ita quod dare vel vendere non possent, quasi possessionem vero recipiendi pretium pannagii et herbagii et buschagii nemoris mortui ab hominibus antedictis, et scindendi ubi voluerit in nemore sententiando dicimus ad dominum Siliaci et Robertum, ejus filium et heredem, pertinere, salva questione proprietatis de nemore et aliis juris partibus.

Et cum vallatum sit arbitrium, fide hinc inde prestita corporali, nos sententiam nostram et dictum nostrum sub dicta fidei datione precepimus predictis partibus in futurum inviolabiliter observari.

Datum anno Domini MCCXXXIX.

352. — 1239 = CCLV.
353. — 1239, v. s., 3 mars = CCXLIII.
354. — 1239, v. s., 5 mars = CCCXLV.
355. — 1239, v. s., avril du 8 au 14 = DCLXXVII.
356. — 1240, 17 mai = DCXXVII.
357. — 1240, mai = DLXX.
358. — 1240 = DXCVII.
359. — 1240, v. s., janvier = CCCCXXXIV.
360. — 1241 = CCCCXXXIII.
361. — 1241. — ACCORD ÉTABLI ENTRE LE CHAPITRE ET HERBERT BÉRENGER, LIMITANT LES DROITS DES PARTIES SUR ASSÉ-LE-BÉRENGER. (Bibl. du Mans, 245, 6.)

Universis presentes litteras inspecturis officialis Cenomanensis, salutem in Domino.

Noverint universi quod, cum inter venerabiles viros R[obertum] decanum et capitulum Cenomanense, ex una parte, et Herbertum Berengier, militem, ex altera, in capitulo coram ipsis decano et capitulo, esset diucius questio ventilata, judicio seculari, super mutilatione duorum hominum quos sine judicio ipsorum decani et capituli mutilaverat et super viaria terre dicti militis sitte in villa ipsorum de Accio, mutilandi et suspendendi homines, quam dicebat se habere et tenere cum aliis feodis suis in fide et homagio a vicecomite Bellimontis, et ad petitionem dicti Herberti, terra inspecta habuisset multos terminos per curiam dictorum decani et capituli judicatos de habendo dicto vicecomite garantizatore et defensore coram ipsis viarie supradicte, iterum cum forragia que habuerat in terra decani et capituli predictorum et in hominibus suis et in hominibus sepedictorum decani et capituli, diceret se tenere in fide et homagio a Fulcone de Vaccio, milite, propter quod dicta forragia judicio curie ipsorum in manu sua ceperant decanus et capitulum sepedicti, cum non haberent neque recognoscerent de dicta terra dominum superiorem, et ad petitionem ipsius Herberti terra inspecta habuisset idem Herbertus multos terminos per curiam ipsorum judicatos de habendo dicto Fulcone garantizatore et defensore coram ipsis dictorum forragiorum, nec dictum vicecomitem vel dictum Fulconem garantizatores vel defensores potuisset aliquo modo habuisse. Tandem in capitulo in jure coram dictis decano et capitulo et eciam coram nobis officiale judice ordinario constitutus, voluit et concessit quod inquisitione a dicto decano super hiis facta gratanter absque contradictione aliqua reciperet vel dimitteret quicquid dictus decanus de premissis daret vel auferret eidem. Similiter de dampnis, expensis et de injuriis que passi fuerant in dicta causa, dicti decanus et capitulum et de emenda, graavit et noluit quod staret dicto dicti decani.

Et ne posset super hiis se dedicere, ad suam peticionem et voluntatem fuit per judicium ipsorum decani et capituli laicaliter judicatus, presentibus decano et capitulo sepedictis et eciam nobis officiale tamquam ordinario judice in capitulo assistentibus.

Dictus decanus, presente dicto Herberto et petente et volente, dictum suum super premissis protulit in hunc modum, videlicet quod super viaria mutilandi et suspendendi homines in dicta terra, nichil possit idem Herbertus et heredes sui de cetero petere et habere, et quod dicta forragia a capitulo tenebit et habebit de cetero in grangia capituli per manum canonicorum, ea eciam lege quod si ad constitutum terminum non fuerit sibi redditum forragium, idem Herbertus eos vel homines suos in causam vel emendam super hoc ponere non possit, sed tantum accipiat forragium suum, prout in litteris inclite recordationis Henrici, quondam regis Anglie, plenius continetur.

Et reddent iidem Herbertus et ejus heredes dicto capitulo pro dictis forragiis quinque solidos Turonensium in festo omnium Sanctorum annuatim. Pedagium levabit ubi solitus est levare in chemino per totam terram decani et capituli. Si multrum fieret, vel mesleia, vel occisio, vel ictus apparens, nichil poterunt iidem Herbertus vel heredes sui de cetero reclamare.

Et nos, de voluntate et assensu dicti Herberti, et ad petitionem ipsius et dictorum decani et capituli, omnia supradicta adjudica-

mus tenenda et ea sigillo curie Cenomanensis fecimus sigillari.
Datum anno gratie MCCXLI.

362. — 1241. — ACCORD ÉTABLI ENTRE LE CHAPITRE ET HERBERT BÉRENGER, LIMITANT LES DROITS DES PARTIES SUR ASSÉ-LE-BÉRENGER. (B. N., latin 17754, 50.)

Universis Christi fidelibus presentes litteras inspecturis R[obertus], decanus, et capitulum Cenomanense salutem in Domino.

Noverint universi quod, cum inter nos, ex una parte, et Herbertum Berengerii, militem, ex altera, coram nobis in capitulo esset diutius questio ventilata judicio seculari super mutilatione duorum hominum, quos sine judicio nostro mutilaverat, et super viaria terre dicti militis, site in villa nostra de Acccio, mutilandi et suspendendi homines, quam dicebat se habere et tenere cum aliis feodis suis in fide et homagio a vicecomite Belli Montis, et ad petitionem dicti Herberti, terra inspecta, habuisset multos terminos per curiam nostram judicatos de habendo dicto vicecomite garantizatore et defensore coram nobis viarie dicte; iterum, cum forragia que habuerat in terra nostra et sua in hominibus suis et nostris, diceret se tenere in fide et homagio a Fulcone Vaccio, milite, propter quod dicta forragia judicio curie nostre in manu nostra ceperamus, cum nos habeamus nec recognoscamus de dicta dominum superiorem, et ad petitionem ipsius, terra inspecta, habuisset multos terminos per curiam nostram judicatos, de habendo dicto garantizatore et defensore coram nobis dictorum forragiorum, nec dictum vicecomitem vel dictum Fulconem garantizatores vel defensores potuisset aliquo modo habuisse.

Tandem in capitulo, in jure coram nobis constitutus, graavit et voluit quod, inquisitione a me decano facta super hiis gratanter, absque contradictione aliqua reciperet vel dimitteret quicquid de premissis daremus vel auferremus eidem, similiter de dampnis, expensis et de injuriis que passi fueramus in dicta causa et de emenda graavit, et voluit quod staret dicto mei decani, et ne possit super hiis se dedicere, ad suam petitionem et voluntatem, fuit per judicium curie nostre judicatus.

Nos decanus dictum nostrum super premissis protulimus in

hunc modum, presente dicto Herberto et petente et volente, videlicet quod super viaria mutilandi et suspendendi homines in dicta terra nichil possint iidem Herbertus et heredes sui de cetero petere, percipere et habere, et quod dicta forragia a nobis et capitulo tenebunt et habebunt de cetero in grangia capituli per manum canonicorum, ea etiam lege quod si ad constitutum terminum non fuerit sibi redditum forragium, idem Herbertus nos et homines nostros in causam vel emendam ponere non possit super hoc, sed tantum accipiat forragium suum, prout in litteris inclite recordationis Henrici, quondam regis Anglie, plenius continetur. Et reddent iidem Herbertus nobis et capitulo et ejus heredes pro dictis forragiis quinque solidos Turonensium annui et perpetui redditus in festo Omnium Sanctorum annuatim, pedagium levabit ubi solitus est levare, et ab illis quibus solitus est levare in chemino per totam terram decani et capituli; si multrum fieret, vel melleia, vel ictus apparens, nichil poterunt iidem Herbertus vel heredes sui de cetero reclamare.

Quod ut ratum et firmum permaneat in futurum, presentes litteras sigilli nostri munimine roboravi.

Datum anno gratie MCCXLI.

363. — 1241, v. s., mars = DCXCV.
364. — 1242, décembre = CCCCXXXV.
365. — 1242 = DCXCVI.
366. — 1242, v. s., 23 mars. — ACTE PAR LEQUEL BOURGUIGNONNE, VEUVE DE RENAUD DE VAIGES, S'ENGAGE A RESTITUER AU CHAPITRE LES CENT LIVRES PRÊTÉES PAR LUI A RENAUD ET A HUGUES RENEL, SOUS LA GARANTIE DES DÎMES DE NOYEN ET DE FERCÉ. ELLE DONNE POUR CAUTIONS : JEAN DE LA SUZE, HENRI DE PRUILLÉ, PIERRE DE SOULIGNÉ, GUILLAUME ADE, TOUS CHEVALIERS, ET FOULQUES DE LA LANDE, SON PRÉVOST. (B. N., latin 17754, 27.)

Universis presentes litteras inspecturis officialis Cenomanensis, salutem in Domino.

Noveritis quod, cum decanus et capitulum Cenomanense mutuo tradidissent defuncto Raginaldo de Vegia, militi, quinquaginta libras Turonensium, et Hugoni Renel quinquaginta libras Turonensium, super quibusdam decimis sitis in parrochiis de Noemio et de Ferceio, et predicti decanus et capitulum peterent a relicta dicti defuncti Raginaldi, que habet heredem dicti defuncti in tutela, et a dicto Hugone summam peccunie supradictam. Tandem, post aliquos terminos, domina Burgondia, relicta defuncti Gaudini de Prulleio, militis, coram nobis in jure constituta, de dictis denariis principalem se constituit debitricem, et graavit in jure coram nobis se reddituram dictis decano et capitulo dictos denarios, videlicet quinquaginta libras Turonensium ad octabas Pentecostes proximo venturas et alias quinquaginta libras ad octabas Pentecostes proximo subsequentes, et de dictis denariis dictis decano et capitulo, vel eorum mandato, dictis terminis persolvendis, dedit dicta domina dictis decano et capitulo in jure coram nobis graatores, videlicet Johannem de Susa, dominum Henricum de Pruleio, dominum Petrum de Soligneio, dominum Guillelmum Ade, milites, et Fulconem de Landa, prepositum dicte domine, qui de dicto debito principales se constituentes debitores, graaverunt in jure coram nobis se reddituros unusquisque in solidum dictis decano et capitulo, vel eorum mandato, dictos denarios ad terminos supradictos, et de dictis denariis dictis decano et capitulo dictis terminis persolvendis, obligaverunt predicta domina et graatores predicti in jure coram nobis dictis decano et capitulo se et heredes suos et omnia bona sua mobilia et immobilia, presentia et futura, volentes et concedentes in jure coram nobis, quod nos a terminis in antea tantum de dictis bonis vendi et distrahi faciamus quousque dictis decano et capitulo de dictis denariis, dampnis et deperditis sumptibus et expensis, si que fecerint vel sustinuerint in placito vel extra placitum ob retardationem solutionum dicte peccunie dictis terminis minime faciendarum, ad plenum dictum procuratoris ipsorum post sacramentum, sine alia probatione, fiunt plenarie satisfactum.

Voluerunt etiam et concesserunt et ad hoc se obligaverunt predicti domina et graatores, quod non credatur eis de solutionibus, nisi facte fuerint coram nobis et nisi illas probare possint per litteras curie Cenomanensis probationi testium. Et omni dilationi et alii probationi per quam possent probari solutiones dictorum denariorum, et omni exceptioni per quam possent tolli solutiones dictorum denariorum vel etiam retardari, et auxilio Velleiani, et epistole divi Adriani, et novelle constitutioni et omni beneficio, auxilio et privilegio juris tam canonici quam civilis, et omnibus illis quorum ope vel auxilio ipsis posset subveniri ad solutiones dictorum denariorum minime faciendas, renuntiantes in jure coram nobis specialiter et expresse.

Preterea sciendum est quod per dationem hujusmodi terminorum dicti decanus et capitulum non renuntiant nec renuntiare intendunt aliquibus obligationibus decimarum predictarum et firme que eisdem pro dictis decimis reddebatur, nec poterunt dicti decanus et capitulum petere centum solidos Cenomanensium, quos de fama debent habere ad festum Omnium Sanctorum proximo venturum usque ad octabas Pentechostes secundo venturas, et tunc poterunt illos petere, si voluerint, vel eidem domine facere gratiam de eisdem, prout sibi videbitur expedire.

Et nos, de voluntate parcium, omnia supradicta adjudicamus tenenda, et ea sigillo curie Cenomanensis fecimus sigillari.

Actum anno gratie MCCXLII, die lune post *Letare Jerusalem*.

367. — 1243, 1er juillet = DCXXVIII.

368. — 1243. — ACTE PAR LEQUEL GERVAIS DE BRÉE ET AGNÈS, SON ÉPOUSE, D'ACCORD AVEC MATHIEU, LEUR FILS, ET LA FEMME DE CELUI-CI, VENDENT AU CHAPITRE POUR TROIS CENTS LIVRES LEURS DÎMES DE MESLAY. (B. N., latin 17754, 26.)

Universis presentes litteras inspecturis officialis Cenomanensis, salutem in Domino.

Noverit universitas vestra quod R[obertus], decanus et capitulum Cenomanense redemerunt a domino Gervasio de Bracio, milite, et domina Agnete, ejus uxore, omnes decimas bladi et vini, quas in parrochia Sancti Dyonisii de Mellaio ex parte dicte domine tenebant, et redemerunt dictas decimas et tractus earumdem pro trecentis libris Turonensium, de quibus dictus miles et ejus uxor se tenuerunt pro pagatis in denariis numeratis, exceptioni non numerate et non tradite peccunie renuntiantes in jure coram nobis specialiter et expresse, ita quod illam de cetero non poterint allegare.

Et de dictis decimis, et de omni jure et dominio que in eis habebant et habere poterant, desasierunt se predicti miles et ejus uxor, et dictos decanum et capitulum sasierunt de eisdem, omne jus, dominium, proprietatem, possessionem naturalem et civilem, actionem realem et personalem, que et quas habebant et habere poterant in dictis decimis, in dictos decanum et capitulum transferendo, nichil in eisdem penitus retinentes.

Dicte vero decime debent trahi et recipi, usque ad finem quatuor annorum, nomine decani et capituli per excultorem et tractorem fidelem et juratum dictis decano et capitulo et dictis militi et ejus uxori fideliter trahendo et servando decimas supradictas. Et si, blado dictarum decimarum appreciato, sextario frumenti, ad mensuram de Lavalle, ad tres solidos Cenomanensium, et sextario siliginis, ad eandem mensuram, ad duos solidos Cenomanensium, et sextario avene minute, ad eandem mensuram, ad duos solidos Cenomanensium, et sextario avene grosse ad tres solidos Cenomanensium ad eandem mensuram, et modio vini ad quindecim solidos Cenomanensium, elapso quadriennio perpendi poterit quod dicte decime non valeant viginti libras Turonensium de redditu annuatim in optione dictorum militis et ejus uxoris, elapso quadriennio, erit supplere quod deerit de dicto redditu de suo et in competenti loco alibi assignare vel prorata portionis que de dicto redditu deerit de precio dicte redemptionis, restituere decano et capitulo sepedictis. Pure vero palee dictarum decimarum per dictam redemptionem remanent dictis militi et ejus uxori, quas capere non poterunt quousque granum et omne commodum grani a paleis omnino fuerint separata.

Et si per negligentiam vel incuriam excultorum et tractorum, dicte palee amisse fuerint, vel etiam devastate seu deteriorate, dictus miles et ejus uxor a dictis decano et capitulo, vel ab eorum hominibus seu tractoribus et excultoribus, nichil propter hoc poterunt reclamare, cum ibi ad eas custodiendas possint habere proprium servientem. Dicti vero decanus et capitulum ubicumque voluerint in dicta parrochia trahi facient, contradictione dictorum militis et ejus uxoris vel eorum heredum aliquatenus non obstante.

Preterea cum dicte decime sint, ut dicitur, de maritagio dicte domine, et quedam terre sint empte de precio earumdem, videlicet medietaria de Lalcerie et medietaria de Nazei, site in parrochia de Argentré, et medietaria de Plana, et quicquid dictus miles tenet a Viviano dicto Infante, milite, in parrochia de Argentré et de Lovigné, et medietaria de la Chesnée, et terre de la Chevalerie, sicut G. de Mota eas tenebat, et si res predicte non valerent viginti libras Turonensium de redditu annuatim, dictus miles tenetur eas de suo perficere et ibi prope de suis rebus propriis dicte domine assignare, que res dicte domine pro dictis decimis in excambium remanebunt, de quo excambio dicta domina se tenuit pro pagata.

Preterea, Matheus, filius primogenitus et heres dictorum militis et ejus uxoris, omnia supradicta in jure spontaneus voluit et concessit.

Et, tactis sacrosanctis, juraverunt predicti miles et ejus uxor et eorum filius, quod in dictis decimis titulo maritagii, vel elemosine, vel aliquo alio titulo sibi modo competenti, nichil per se vel per alium de cetero reclamabunt, et quod dictas decimas liberas absque aliquo servitio vel reddibitione aliqua, seu exactione seculari, dictis decano et capitulo garantizabunt et defendent, quantum jus dictabit, preterquam contra dominum feodalem, erga quem dictus miles sine sua bona fide procurare tenetur quod dictis decano et capitulo habere permittat decimas supradictas.

Quod si forte non poterit procurare, elapso quadriennio, tenebuntur predicti miles et ejus uxor dictis decano et capitulo reddere et restituere integre dictas trecentas libras Turonensium cum interesse fructibus perceptis in sorte, nullatenus computandis, restitutis eisdem prius decimis supradictis.

Ad hoc enim se et heredes suos et omnia bona sua mobilia et immobilia, presentia et futura universaliter obligavit.

Et nos, de voluntate partium, omnia supradicta adjudicamus tenenda, et ea sigillo curie Cenomanensis fecimus sigillari.

Actum anno gratie MCCXLIII.

369. — 1243, v. s., 14 mars. — ACTE PAR LEQUEL LE CHAPITRE, MOYENNANT UNE RENTE DE QUARANTE SOUS, FAIT DON AUX

LÉPREUX DE LAVARDIN, DES DÎMES QU'IL POSSÉDAIT EN LA PAROISSE DE NOTRE-DAME DE VILLAVART[1]. (Bibl. du Mans, 245, 234.)

Universis presentes litteras inspecturis officialis Cenomanensis, salutem in Domino.

Noverint universi quod decanus et capitulum ecclesie Cenomanensis tradiderunt ad firmam certam decimam, quam habebant in parochia Beate Marie de Villavart, magistro domus Dei leprosarie de Lavardino, in decanatu de Troo, quem accepit pro se et suis successoribus in dicta leprosaria, pro qua sponte et stipulante promisit solvere quolibet anno, termino omnium Sanctorum, officio bursarii ecclesie Cenomanensis dictis decano et capitulo sommam quinquaginta solidorum annuatim.

Quod ut ratum et stabile permaneat, ad peticionem dicti capituli Cenomanensis et magistri domus dicte leprosarie de Lavardino, presentes litteras sigillo curie Cenomanensis fecimus sigillari.

Actum anno gratie Domini MCCXLIII, die lune post *Letare Jherusalem*.

370. — 1244, avril du 4 au 30 ou 1245, avril, du 1er au 15 = DLXXI.

371. — 1244, 27 juillet = CCCLXXXV.

372. — 1244, septembre = CCCLXXXVI.

373. — 1245, octobre = CCCCLXXI.

374. — 1245, décembre = CCCXII.

375. — 1245, v. s., janvier. — ACTE ÉTABLISSANT QUE LE CHAPITRE, MOYENNANT SEPT LIVRES ET DEMIE, DEUX SOUS ET DIX-HUIT DENIERS DE RENTE, A ABANDONNÉ A THOMAS, CURÉ DE LA DORÉE, LA JOUISSANCE VIAGÈRE DES DEUX TIERS DES DÎMES DE CETTE ÉGLISE. (B. N., latin, 17754, 60.)

Universis presentes litteras inspecturis officialis Cenomanensis, salutem in Domino.

Noveritis quod, cum decanus et capitulum Cenomanense haberent duas partes decimarum et primitiarum ecclesie de Doreta,

(1) Voir la charte n° 293.

postea dicti decanus et capitulum tradiderunt ad firmam Thome, persone dicte ecclesie, quamdiu ipse vixerit, et predictam ecclesiam tenebit, partem suam rerum omnium predictarum pro septem libris et dimidia Turonensium, et pro decem et octo denariis Cenomanensium de cercheia, et pro duobus solidis de synodo, annuatim reddendis decano et capitulo supradictis ; post obitum vero dicti Thome, dicte due partes decimarum et primiciarum ad decanum et capitulum Cenomanense libere revertentur.

In cujus rei testimonium presentibus litteris, ad petitionem partium, apponi fecimus sigillum curie Cenomanensis.

Datum anno Domini MCCXLV, mense januarii.

376. — 1245, v. s., février. — ENQUÊTE AU SUJET DU DROIT DE JURIDICTION DU CHAPITRE DU MANS SUR CEUX DONT IL AVAIT A SE PLAINDRE. (Imprimé en partie, B. de Broussillon, *Maison de Laval*, I, 241, et *Revue du Maine*, X, 361, d'après B. N., latin 5441 3, fol. 275-484, et Bibl. municipale du Mans, n° 845.)

377. — 1246, mai = CCXLVI.

378. — 1246, v. s., janvier = DCLXXX.

379. — 1247, avril, ou 1248, avril, du 1er au 18 = DLXXII.

380. — 1247, août = CCCCXXXVI.

381. — 1247 = DCXCVII.

382. — 1247, v. s., 5 janvier = CCCCXXVIII.

383. — 1248, juin = CCCCXXXVII.

384. — 1248, décembre = DCLXXXI.

385. — 1248, v. s., janvier = DXLVII.

386. — 1249, septembre = CCCLIV.

387. — 1250, avril ou 1251, avril du 1er au 15 = DLXXIII.

388. — 1250, septembre = CGLIX et CCCLV.

389. — 1250, octobre. — ACTE PAR LEQUEL RICHARD DOUILLET RECONNAIT TENIR DU CHAPITRE CERTAINES DÎMES SISES SUR ASNIÈRES, ET LUI DEVOIR DE CE CHEF UNE RENTE DE SOIXANTE SOUS. (Bibl. du Mans, 245, 16.)

Universis presentes litteras inspecturis officialis Cenomanensis, salutem in Domino.

Noveritis quod constitutus in jure coram nobis, Richardus Doillet recognovit se recepisse pro se et heredibus suis de matrimonio et recta linea descendentibus ab ipso, a decano et capitulo Cenomanensi decimam quam idem decanus redemit de bonis suis a Raginaldo Dyonisii, et peciam vinee, que vocatur les Planques, quam acquisivit idem decanus a relicta et gagiatoribus defuncti Guillelmi Agogue, et quoddam appenticium domus que fuit dicti defuncti Agogue, appendens domui dicti Richardi, quod dictus decanus emit cum predicta planta a relicta et gagiatoribus supradictis et etiam sex solidos et tres Cenomanensium annui et perpetui redditus, quos dictus decanus emit a Symone de Dobert, que omnia sitta sunt in parrochia de Aneriis, a dicto Richardo et ejus heredibus in perpetuum et hereditarie possidenda, pro sexaginta solidis Cenomanensium annui et perpetui redditus, solvendis dictis decano et capitulo a dicto Richardo et ejus heredibus singulis annis, videlicet medietate in synodo Omnium Sanctorum et alia medietate in synodo Pentecostes.

Et ad reddendos dictos denarios terminis supradictis dictis decano et capitulo obligavit idem Richardus se et heredes suos et omnia bona sua mobilia et immobilia, presentia et futura, ubicunque sint specialiter et expresse, et tenentur dicti Richardus et ejus heredes dictas res tenere in bono statu et competenti.

Et hec omnia ad petitionem dicti Richardi adjudicamus tenenda, et presentes litteras fecimus sigillari sigillo curie nostre in testimonium veritatis.

Datum anno Domini MCCL, mense octobris.

390. — 1250, décembre = CCXLVII.

391. — 1250. — ACTE PAR LEQUEL IL EST ÉTABLI QUE, MOYENNANT UN PRÊT DE TRENTE LIVRES FAIT A HERVÉ DE SOURCHES, LE CHAPITRE AURA LE DROIT DE PRENDRE DANS SON FIEF DE BERNAY - EN - CHAMPAGNE, TOUTES LES PIERRES NÉCESSAIRES AUX TRAVAUX DE LA CATHÉDRALE. (B. N., latin 17754, 33 et imprimé, *Gallia*, XIV, instrumenta, 139.)

Universis presentes litteras inspecturis officialis Cenomanensis, salutem in Domino.

Noveritis quod, cum contentio verteretur inter reverendum patrem episcopum, decanum et capitulum Cenomanense, ex una parte, et Herveum de Chaorciis¹, militem, ex alia, super hoc quod prefati episcopus, decanus et capitulum dicebant se habere jus scindendi, capiendi et asportandi petras de terra et feodis dicti militis, sitis in parrochia de Berneio, ad opus fabrice ecclesie Cenomanensis, dicto milite contrarium asserente. Tandem dicte partes in nostra presentia constitute, compromiserunt super dicta contentione, pena centum marcharum hinc inde apposita, rato nichilominus manente arbitrio, seu dicto in venerabilem virum dominum Jeremiam, canonicum Cenomanensem, qui, in nostra presentia constitutus, arbitrium suum protulit in hac forma : quod dicti episcopus, decanus et capitulum, de bonis ad fabricam predictam pertinentibus, darent mutuo predicto militi triginta libras Turonensium, de quibus denariis idem miles tenuit, se pro pagato coram nobis in pecunia numerata, exceptioni pecunie non numerate et non tradite renuncians in jure coram nobis specialiter et expresse, ita quod illam de cetero non poterit allegare, repetendas ab eisdem episcopo, decano et capitulo a dicto milite, vel ejus heredibus, quocienscumque sibi placuerit et viderit expedire, et quod dictus miles, vel ejus heredes, de cetero per se vel per alium non opponent se quominus dicti episcopus, decanus et capitulum scindant, capient et absportent, seu scidi, capi et absportari faciant petras ad opus fabrice supradicte, quantum opus fuerit et necesse, et quod contra hoc se opponentem quocumque tempore predictos episcopum, decanum et capitulum defendere, et indempnes teneatur servare, salvo jure suo dicto militi, si quod habet super hiis, soluta pecunia supradicta.

In cujus rei testimonium presentes litteras sigillo curie Cenomanensis cum sigillo dicti militis fecimus roborari.

Datum anno Domini MCCL.

392. — Vers 1250 = DCXXX ².
393. — Vers 1250 = CCLVIII.

(1) Sur Hervé de Sourches, voir abbé Ledru, *Château de Sourches*, p. 44-49.
(2) Au *Livre Blanc* ce document a été publié sans date. Il ne renferme, en effet, qu'un seul nom qui puisse servir à déterminer l'époque de sa rédaction : Pierre, abbé de Saint-Calais ; or la pièce est trop développée pour appartenir à l'époque de Pierre I qui vivait au milieu du XIIᵉ siècle (*Gallia*, XIV, 489) ;

394. — Vers 1250 = CCLXXIV.
395. — Vers 1250 = CCLXXV.
396. — 1251, mai = DCLXXXIII.
397. — 1251, 27 juin = DCLXXXII.
398. — 1251, juin = DCCI.
399. — 1251, 2 juillet = XCVIII et DCXXI.
400. — 1251, août = CCXLVIII.
401. — 1251, 11-18 novembre = CCLIII.
402. — 1251, v. s., 12 janvier = CCCCXXIX.
403. — 1252, mai = DCCX.
404. — 1252, 2 juillet. — ACTE PAR LEQUEL GEOFFROY DE LOUDUN RATIFIE L'ACCORD ÉTABLI ENTRE LE CHANOINE PHILIPPE ROMAIN, CURÉ D'IZÉ, ET ANDRÉ DE CORDOUAN, AU SUJET DES DÎMES DE CORDOUAN. (B. N., latin 17754, 51.)

Universis presentes litteras inspecturis Gaufridus, Dei gratia Cenomanensis episcopus, salutem in Domino.

Noverint universi quod, cum inter magistrum Philippum Romanum, canonicum Cenomanensem, rectorem ecclesie de Yzeio, ex una parte, et Andream de Cordoen, militem, ex alia, contentio verteretur super tracto et palea decime de Cordoen, et super sexta parte dicte decime, que omnia dictus miles dicebat ad feodum suum pertinere ad homagium, redditum et ad alia servitia ; quam decimam dictus magister Philippus redemerat a Huberto Boguer et heredibus defuncti Garnerii Perier, nomine ecclesie supradicte. Tandem post aliquas altercationes dicti magister Philippus et Andreas super premissis, de bonorum virorum consilio, in hunc modum pacis devenerunt ita videlicet, quod dictus Andreas et ejus heres quinque solidos Cenomanensium annui redditus, in festo apostolorum Petri et Pauli, apud Yzeium, super illa decima per manus persone ecclesie supradicte, percipiet et habebit in futurum semper, sub bonorum testimonio persolvendos. Et habebit etiam dictus miles et ejus heres stramina siliginis decime supradicte annuatim.

elle ne saurait être non plus du temps de Pierre II, que dom Briant signale en 1442. Il faut sans doute rattacher cel acte de confraternité à l'époque d'un abbé Pierre resté inconnu et qui doit prendre place dans la longue lacune, qui existe dans la liste d'Hauréau, entre 1219 et 1340.

Et voluit et concessit dictus miles quod dicta persona dicte ecclesie possit transferre grangiam, in qua dicta decima trahitur, a loco in quo modo sita est alibi in feodo dicti militis, invitis etiam sociis dicti militis, vel ad locum qui dicitur Elemosina, si socii dicti militis consenserint, ita quod dictus miles vel ejus heredes possint in illa grangia de blado vel de aliis que in illa grangia poterunt invenire, capere quolibet anno, ad valorem quinque solidorum Cenomanensium, et straminum siliginis predictorum, nisi illa persona dictos denarios et stramina reddiderit dicto militi et suis heredibus, ut superius est expressum, et ita dictus miles, vel ejus heredes, in illa decima nec homagium nec redditum nec alia aliqua servitia de cetero petere poterunt, nec reclamare, nisi quinque solidos et stramina siliginis, prout superius sunt expressa.

Et de premissis quinque solidis Cenomanensium et straminibus siliginis dicte decime, dictus miles et ejus heredes erunt homines ecclesie memorate sine fide et sine homagio, reddendo dicto festo apostolorum Petri et Pauli ecclesie memorate unum denarium Cenomanensium de servitio annuatim in futurum.

Et nos omnia predicta, de voluntate dictorum magistri et militis, aprobamus et adjudicamus tenenda, et auctoritate dyocesana confirmamus.

In cujus rei testimonium presentes litteras sigillo nostro fecimus sigillari.

Datum anno Domini MCCLII, die martis post festum apostolorum Petri et Pauli.

405. — 1252, 16 août. — ACTE PAR LEQUEL GEOFFROY DE LOUDUN CONSTATE QUE, D'ACCORD AVEC LUI, LE CHAPITRE, MOYENNANT LE PAIEMENT D'UNE SOMME DE DIX LIVRES, A ACCORDÉ A L'ABBAYE DE L'ÉPAU LE DROIT DE PRENDRE DANS SA CARRIÈRE DE BERNAY TOUTE LA PIERRE NÉCESSAIRE A LA CONSTRUCTION DU MONASTÈRE. (Imprimé, Ricordeau et Froger, *L'abbaye de l'Épau*, Mamers, 1894, in-4°, p. 7.)

406. — 1252, octobre. — ACTE PAR LEQUEL JEAN D'ASNIÈRES ET MATHURINE, SA FEMME, RECONNAISSENT TENIR DU CHAPITRE LES BIENS QUE HAMELIN HURTAUT LUI AVAIT DONNÉS POUR FONDER

SON ANNIVERSAIRE, ET LUI DEVOIR DE CE CHEF UNE RENTE DE VINGT SOUS. (B. N., latin 17754, 32.)

Universis presentes litteras inspecturis officialis Cenomanensis, salutem in Domino.

Noveritis quod, in nostra presentia constituti, Johannes de Asneriis, clericus, et Mathea, ejus uxor, recognoverunt in jure coram nobis, quod ipsi ceperant ad firmam annuam ipsis et superviventi ipsorum, a decano et capitulo Cenomanensi, de voluntate et assensu venerabilis viri G[aufridi][1], archidiaconi de Lavalle, quamdam domum cum vinea, prato et orto et pertinentiis ejusdem domus, que omnia defunctus Hamelinus Hurtaut decano et capitulo assignaverat pro anniversario suo faciendo, prout confessi fuerunt in jure coram nobis dicti Johannes et Mathea, pro viginti solidis Cenomanensium redditus annuatim reddendis dicto archidiacono, quamdiu vixerit, quolibet anno duobus terminis, videlicet medietatem ad synodum beati Luce et aliam medietatem ad synodum Penthecostes.

Et sciendum est quod dicti Johannes et ejus uxor, vel supervivens ipsorum, res predictas tenebunt et habebunt, prout superius dictum est, post decessum dicti archidiaconi, reddendo dictis decano et capitulo redditum supradictum, prout superius est expressum, terminis pro anniversario dicti defuncti faciendo.

Et tenentur dicti Johannes et ejus uxor res predictas excolere et in bono statu tenere quam vixerint, et reddere dictis decano et capitulo redditum supradictum, prout superius est expressum, se et heredes suos et omnia bona sua quo ad hoc obligando.

Et nos omnia ista adjudicamus tenenda, et ea sigillo curie Cenomanensis facimus sigillari.

Datum anno gratie MCCLII, mense octobri.

407. — Vers 1252 = CCLXIX.
408. — Vers 1252 = CCLXI.
409. — 1252, v. s., janvier = CCCCXXX.
410. — 1252, v. s., février = CCCXLVI.
411. — 1252, v. s., mars = DCXXXII.
412. — 1252, v. s., 9 avril = CCLXXII et DLII.

(1) Voir numéro 418.

413. — 1253, avril du 21 au 30, ou 1254, avril, du 1ᵉʳ au 11
= CCLXXIII et DCXXXIII.
414. — 1253, juillet = CCCLVI.
415. — 1253, juillet = DCXXXIV.
416. — 1253, septembre = DCLXXXIV.
417. — 1253, octobre = DCXXXV.
418. — 1253, novembre. — ACTE PAR LEQUEL MICHEL, DOYEN D'ERNÉE ET VICAIRE DE CHARNÉ, RECONNAIT TENIR EN VIAGER, DU CHAPITRE, AVEC L'ASSENTIMENT DE L'ÉVÊQUE ET MOYENNANT UNE RENTE DE QUARANTE-CINQ LIVRES, TOUS LES DROITS DU CHAPITRE SUR CHARNÉ. IL FOURNIT POUR CAUTION GEOFFROY, ARCHIDIACRE DE LAVAL, ET LE CHANOINE DENIS QUANTIN. (B. N., latin 17754, 58.)

Universis presentes litteras inspecturis officialis Cenomanensis, salutem in Domino.

Noveritis quod, in nostra presentia constitutus, Michael, decanus de Ernoia et vicarius ecclesie de Charné, recognovit in jure coram nobis, quod ipse acceperat ad firmam a venerabilibus viris decano et capitulo Cenomanensi, ad vitam ipsius Michaelis, quicquid iidem decanus et capitulum tunc habebant et percipiebant in ecclesia et parrochia de Charné, videlicet pro quadraginta quinque libris Turonensium annue firme, de quibus idem Michael tenetur reddere triginta quinque libras Turonensium in synodo Penthecostes, videlicet viginti quinque libras Turonensium ad servitium Cenomanensis ecclesie, et decem libras Turonensium argentariis ejusdem ecclesie, et alias decem libras Turonensium eisdem argentariis in synodo Sancti Luce annuatim, quamdiu vixerit Michael supradictus.

Et de dicta firma annuatim integre persolvenda, se astrinxit idem Michael coram nobis, sacramento prestito corporali, et de dicta firma solvenda dedit idem Michael graatores, magistros Gaufridum, archidiaconum de Lavalle, et Dyonisium Quentini, canonicos Cenomanenses, qui coram nobis graaverunt se redituros dictam firmam ad dictos terminos, nisi predictus Michael illam firmam redderet, prout superius est expressum.

Hanc vero traditionem voluit et concessit reverendus pater

Cenomanensis episcopus, et ratam habuit, et eam auctoritate dyocesana confirmavit.

Preterea sciendum est quod dicti decanus et capitulum percipiebant ab antiquo dictas viginti libras Turonensium annuatim, que debent reddi dictis argentariis super ecclesia supradicta.

In cujus rei testimonium, ad petitionem dicti Michaelis, presentes litteras [sigillo] curie Cenomanensis fecimus sigillari.

Actum anno Domini MCCLIII, mense novembri.

419. — 1253, décembre = CCCLVII.
420. — 1253, v. s., février = CCLXXVI, CCCCXCVII et DXXI.
421. — 1253, v. s., 8 avril = CCLXXIX.
422. — 1254, 4 août = CCLVI.
423. — 1254, novembre = CCLXXX.
424. — 1254, novembre = DLIII.
425. — 1254, v. s., janvier = CCLXXXI.
426. — 1254, v. s., janvier = CCLXVIII et CCLXXXII.
427. — 1255, 8 septembre. — LETTRE PAR LAQUELLE LE CHAPITRE DU MANS SOLLICITE DE SAINT LOUIS L'AUTORISATION DE PROCÉDER A L'ÉLECTION DU SUCCESSEUR DE GEOFFROY DE LOUDUN. (Imprimé, Baluze, *Miscellanea*, III, 101.)

Excellentissimo domino Ludovico, Dei gratia regi Franciæ illustri, Robertus, decanus, et capitulum Cenomanense salutem in Eo qui dat salutem regibus.

Dolentes non modicum dominationi vestræ denuntiamus bonæ memoriæ Gaufridum nuper episcopum nostrum viam universæ carnis ingressum, petentes a vobis licentiam eligendi.

Bene et diu vivatis et valeatis in Domino.

Datum in festo Nativitatis Beatæ Mariæ, anno Domini MCCLV.

428. — 1255, octobre = CCCXLVIII.
429. — 1255, octobre = CCCCXXXIX.
430. — 1255, v. s., 17 février. — ACTE PAR LEQUEL HUGUES DE MONTMORTIER FAIT DON AU CHAPITRE DES DÎMES QU'IL TOUCHAIT SUR LE FIEF DU HAZAY, EN SAINT-CHRISTOPHE-DU-JAMBET ; EN RETOUR, IL REÇOIT UNE SOMME DE TRENTE-SIX LIVRES. (B. N., latin 17754, 30.)

Universis presentes litteras inspecturis officialis Cenomanensis, salutem in Domino.

Noveritis quod, in nostra presentia constitutus, Hugo de Momortier dedit et concessit in jure decano et capitulo Cenomanensi totam decimam quam ipse habebat et percipere consueverat in parrochia Sancti Christofori in Jambeto, in feudo de Hasaido, cum tractu ipsius decime et cum omnibus aliis que habebat et percipiebat in eadem, ad ipsorum decani et capituli voluntatem in perpetuum faciendam.

Et tenetur idem Hugo garantizare et defendere dictis decano et capitulo dictam decimam cum tractu contra omnes, quantum jus dictabit, se et heredes suos et bona sua quo ad hoc specialiter obligando.

Et de hiis tenendis et firmiter observandis, et de nichil reclamando in dicta decima per se vel per alium, se astrinxit dictus Hugo, fide prestita corporali.

Dicti vero decanus et capitulum hujus beneficii non immemores, dederunt de bonis suis dicto Hugoni triginta sex libras Turonensium, de quibus idem Hugo coram nobis in jure se tenuit pro pagato, renuntians expresse exceptioni peccunie non numerate et non recepte.

Et nos predicta, ad petitionem ipsius, sententialiter adjudicamus tenenda, et ea sigillo curie Cenomanensis fecimus sigillari.

Actum die mercurii post *invocavit me*, anno Domini MCCLV.

431. — 1255, v. s., mars = CCL..
432. — 1255, v. s., mars = CCCXLVII.
433. — 1256, avril 17 au 30, ou 1257, avril, du 1ᵉʳ au 7 = CCLI et CCCLXXXVII.
434. — 1256, juillet = CCLXXXIII.
435. — 1256, juillet = CCLXXXIV et CCCXXIV.
436. — 1256, 25 août = CCCLXXXVIII.
437. — 1256, août = CCLXXXV et CCCCXXXII.
438. — 1256, septembre = DCCII.
439. — 1256, septembre = DCIII.
440. — 1256, 29 octobre = CCLXXXVIII.
441. — 1256, 10 novembre. — ACTE PAR LEQUEL HAMELIN BOUL,

POUR UNE SOMME DE VINGT-CINQ LIVRES, VEND AU CHAPITRE LES DIMES QU'IL POSSÉDAIT EN SOUGÉ-LE-GANELON. LES CHANOINES GEOFFROY FRESLON ET HAMELIN DE COURCERIERS ONT FAIT L'ACHAT AU PROFIT DE L'ŒUVRE DU PAIN DE LA CATHÉDRALE. (B. N., latin 17754, 42.)

Omnibus presentes litteras inspecturis officialis Cenomanensis, salutem in Domino.

Noveritis quod, in nostra presentia constitutus, Hamelinus Booul vendidit in jure decano et capitulo Cenomanensi viginti quinque solidos Cenomanensium annui et perpetui redditus, percipiendos et habendos super medietaria ipsius Hamelini, sita in parrochia de Sougeyo, in decanatu de Sabolio, ut dicebat, et super pertinenciis medietarie supradicte, quos denarios dictus Hamelinus et ejus heredes ad quascumque manus vel ad quemcumque statum devenerit dicta medietaria, tenentur reddere dictis decano et capitulo, vel eorum mandato, Cenomanis, in festo sancti Remigii de cetero annuatim, sub pena quinque solidorum Cenomanensium pro qualibet ebdomada solucionis dilate post terminum supradictum. Quam penam promisit idem Hamelinus se soluturum dictis decano et capitulo quociensconque commissa fuerit, rato nichillominus semper manente post penam solutam debito principali.

Et facta fuit hujusmodi vendicio pro viginti quinque libris Turonensium, de quibus dictus Hamelinus coram nobis in jure se tenuit pro pagato, renoncians expresse exceptioni peccunie non numerate et non recepte.

Et tenetur Hamelinus predictus garantizare et defendere dictis decano et capitulo dictam vendicionem contra omnes, quantum jus dictabit.

Et voluit idem Hamelinus quod non credatur sibi de solucionibus dicti redditus, vel suis heredibus, nisi facte fuerint coram nobis et nisi illas possint probare per litteras curie Cenomanensis.

Et de hiis omnibus et singulis tenendis et firmiter observandis, et quod contra non veniet, se astrinxerit dictus Hamelinus, fide prestita corporali.

Et ad hoc se et heredes suos et bona sua obligavit, et specialiter medietariam supradictam.

Et sciendum est quod magistri Gaufridus Freslon et Hamelinus de Curia Cesaris, canonici Cenomanenses, dictam emptionem fecerunt ad opus panis ecclesie Cenomanensis et dictam pecuniam solverunt.

Et nos predicta, ad peticionem dicti Hamelini sententialiter adjudicamus tenenda, et ea sigillo curie Cenomanensis fecimus sigillari.

Actum die veneris ante festum sancti Martini Yemalis, anno Domini MCCLVI.

442. — 1256, 14 novembre = CCLXXXVI et CCCCXXXI.
443. — 1256, 21 novembre = CCLXXXVII et CCCXIV.
444. — 1256, 20 décembre = CCCXLIX.
445. — 1256, 22 décembre = DCXXXVI.
446. — 1256, décembre = CCCCLXXII.
447. — 1256 = CCXCIII et DCXCVIII.
448. — 1256 = DXC.
449. — 1256, v. s., 22 janvier = CCLXXXIX.
450. — 1256, v. s., 10 février = CCXLIX.
451. — 1256, v. s., 10 février = CCLIV.
452. — 1256, v. s., février = CCXC.
453. — 1256, v. s., février = CCXCI.
454. — 1256, v. s., 10 mars = CCXCII et DCC.
455. — 1256, v. s., mars. — ACTE PAR LEQUEL PIERRE AHAN, SEIGNEUR DE LAMNAY, ET DENISE, FILLE D'AIMERY QUÉTRON, SON ÉPOUSE, VENDENT MOYENNANT SEIZE LIVRES, A GEOFFROY DE BADONRAI, DIVERS CENS ÉNUMÉRÉS DANS L'ACTE ; EN COMPENSATION DES DROITS PERDUS PAR DENISE, CELLE-CI EST INVESTIE DE DIVERS DROITS SUR L'HERMITAGE AHAN. (B. N., latin 17754, 20.)

Universis presentes litteras inspecturis officialis Cenomanensis, salutem in Domino.

Noveritis quod, cum prior de Loudon octo denarios Cenomanensium censuales, Domus Dei de Cauda Forti octo denarios Cenomanensium censuales, abbas Belliloci Cenomanensis quinque solidos Cenomanensium censuales, conventus de Cultura Cenomanensis duodecim denarios Cenomanensium censuales, Stephanus Langevin tres denarios Turonensium censuales, presbiter de Giordana duodecim denarios Cenomanensium censuales, heredes defuncti Rogeri de Argentonio novem denarios Cenomanensium censuales, Ardentes Cenomanenses duodecim denarios censuales, relicta defuncti Ade dicti Albi tres denarios Cenomanensium censuales, capitulum Cenomanense duos solidos Cenomanensium censuales de vineis de Crapaut, Sanctus Lazarus duodecim denarios Cenomanensium censuales de Insula, annuatim reddere tenerentur, ut dicitur, Petro Ahane[1], domino de Lamenaio et Dyonisie ejus uxori, filie Hamerici Quetron, et eorum heredibus, prout prefati Petrus et ejus uxor recognoverunt in jure coram nobis.

Tandem in nostra presencia constituti dictus Petrus Ahane et Dyonisia, ejus uxor, vendiderunt in jure coram nobis Gaufrido de Radonraio, civi Cenomanensi, et ejus mandato omnes predictos census superius nominatos cum omni juredicione, emendis, districtu, aliis pertinenciis dictorum censuum, pro sexdecim libris Turonensium, de quibus denariis dicti Petrus et ejus uxor coram nobis in jure se tenuerunt pro pagatis in peccunia numerata, exceptioni peccunie non numerate et non tradite renuntiantes in jure coram nobis specialiter et expresse.

Et tenentur dicti Petrus et ejus uxor dicto Gaufrido dictos census garantizare et defendere contra omnes, quantum jus dictabit, sine aliqua reddibitione, se et heredes suos et omnia bona sua mobilia et immobilia, presentia et futura, dicto Gaufrido et ejus mandato quo ad hoc penitus obligando.

Et de dictis censibus et de omni jure in dominio, que ipsi Petrus et ejus uxor in illis censibus habebant vel habere poterant, coram nobis in jure se desasierunt et dictum Gaufridum manualiter coram nobis de eisdem investierunt, omne jus, dominium, proprietatem, possessionem naturalem et civilem, actionem realem et personalem, que et quas in illis censibus habebant et habere poterant, coram nobis in jure in dictum Gaufridum transtulerunt, nichil juris sibi retinentes in eisdem. Et de hiis omnibus

---

(1) Pesche, *Dict.*, t. II, 585, l'appelle Pierre Rhanne.

fideliter et firmiter observandis, prout superius est expressum, et de non veniendo contra dictam venditionem racione dotalicii vel elemosine, vel aliqua alia ratione per se vel per alium in futurum, tenentur dicti Petrus et ejus uxor, fide in manu nostra prestita corporali.

Insuper idem Petrus dedit et assignavit in jure coram nobis dicte Dyonisie, ejus uxori, in excambium dictorum censuum ex parte dicte Dyonisie provenientium, ad voluntatem dicte Dyonisie ex nunc penitus faciendam, triginta solidos Turonensium annui et perpetui redditus, quos idem Petrus habet, ut dicitur, super medietaria que dicitur medietaria de Heremo Ahane, de quo excambio coram nobis se tenuit pro pagata.

Et nos, ad peticionem partium, omnia predicta adjudicamus tenenda, et ea sigillo curie Cenomanensis fecimus sigillari.

Datum anno Domini MCCLVII, mense marcii.

456. — 1256, v. s., mars = CCXCIV et DCXCIX.
457. — 1256, v. s., mars = DCLXXXV.
458. — 1257, 19 mai = CCXCVIII et DLXXV.
459. — 1257, 21 mai = DXCIX.
460. — 1257, 24 mai = CCXCVI et DLXXIV.
461. — 1257, mai = CCXCV et DC.
462. — 1257, mai = CCXCIX et CCCCXCVIII.
463. — 1257, 25 juin = DXXII.
464. — 1257, 5 juillet = CCCIV.
465. — 1257, 6 juillet. — DÉCISION CAPITULAIRE AU SUJET D'UNE PERSONNE SUSPECTE D'HOMICIDE ET DE PLUSIEURS AUTRES CRIMES. (Bibl. du Mans, 245, 260, en partie coupé.)

Anno Domini MCCLVII, die veneris in octabis apostolorum Petri et Pauli, in presencia capituli constitutus . . . . . . diffamatus de homicidio seu suspectus, et aliis criminibus, juravit spontaneus non coactus in con . . . . . . Cenoman. et ad Romanam curiam profecturum quamcitius comode poterit, non reversurus nec intraturus dictam . . . . . . et capitulum fuerit revocatus. Quod si presumeret intrare contra voluntatem dictorum decani et capituli, voluit et . . . . . . carcerari, et super hoc non impetrabit indulgenciam nec utetur impetrata.

Et hec omnia tactis sacrosanctis [jura]vit spontaneus se firmiter servaturum.

466. — 1257, 20 août. — ACTE PAR LEQUEL YVES GAUTIER RECONNAIT TENIR DU CHAPITRE LES DÎMES D'ÉPINEU-LE-CHEVREUIL ET LUI DEVOIR UNE RENTE DE VINGT-CINQ SOUS, POUR LAQUELLE PHILIPPE CORDIER SE PORTE CAUTION. (B. N., latin 17754, 31.)

Universis presentes litteras inspecturis officialis Cenomanensis, salutem in Domino.

Noveritis quod, constitutus in jure coram nobis, Yvo Gauter, de parrochia de Espineou, recognovit se cepisse in perpetuum possidendam quoad vixerit [decimam] quam capitulum Cenomanense habet in parrochia de Espineau, que vocatur decima novalium de Bassetel[1], quam decimam defunctus Hugo de Cote, miles, dedit capitulo supradicto pro viginti quinque solidis Cenomanensium, reddendis singulis annis capitulo supradicto ad octabas Beate Marie Assumptionis, et dedit dicto capitulo graatorem de dictis denariis reddendis singulis annis dicto capitulo, ad dictum terminum, Philippum Cordier, qui promisit et graavit se rediturum dictos denarios dicto capitulo ad dictum terminum, si contigerit quod non reddat eosdem dictus Yvo dicto capitulo ad terminum supradictum.

Obligavit etiam dictus Yvo dicto capitulo et dicto Philippo omnem hereditatem suam ubicumque sit, de reddendo dictos denarios ad terminum supradictum.

Et nos hec omnia, ad petitionem parcium, adjudicamus tenenda, et dicto capitulo presentes litteras sigillo curie nostre dedimus sigillatas, in testimonium veritatis.

Datum, de voluntate partium, die lune post Assumptionem Beate Marie, anno Domini MCCLVII.

467. — 1257, août = CCC et DCI.
468. — 1257, octobre = CCCI et CCCXXV.
469. — 1257, 8 décembre = CCCII et DCXXXVI.
470. — 1257, 24 décembre = CCCV et CCCCLXXIV.

(1) Peut-être la Hantelle, ferme à Épineu-le-Chevreuil.

471. — 1257, décembre = CCCIII.

472. — 1257, v. s., 17 janvier. — AMENDE HONORABLE POUR UN DÉLIT COMMIS CHEZ LE PRIEUR DE SAINT-OUEN, AU MANS. (Bibl. du Mans, 245, 260 en partie coupé.)

Anno Domini MCCLVII, die mercurii post festum beati Hylarii, adjuravit Symon, de parrochia Sancti Martini . . . . . . civitatem Cenomanensem pro quodam delicto quod perpetraverat in domo prioris Sancti Audoeni Cenomanensis . . . . . . quod delictum pertinebat ad villicariam capituli supradicti. Juravit eciam se de cetero non reversurum . . . . . . altare beatissimi Juliani.

Presentibus magistris Guillelmo de Criagiis, Hugone de Marceio, Hamelino de Ca . . . . . .

473. — 1257, v. s., février = CCCCLXXIII.
474. — 1257, v. s., mars = CCCCXXVI.
475 — 1257, v. s., mars. — ACTE PAR LEQUEL HAMELIN DE VISOUART ET MARGUERITE, SA FEMME, VENDENT POUR UNE SOMME DE QUARANTE-SIX SOUS AU CHANOINE PHILIPPE ROMAIN, LEURS DIMES DU FIEF DE CORDOUAN-EN-IZÉ. (B. N., latin 17754, 52.)

Universis presentes litteras inspecturis officialis Cenomanensis salutem in Domino.

Noveritis quod, cum Amelinus de Visouart et Margarita, ejus uxor, quamdam decimam bladi in feudo de Cordoen, in parrochia de Izeio, percipere et habere consueverant, ut ipsi asserebant coram nobis, tandem, in nostra presentia constituti, dicti Hamelinus et ejus uxor dictam decimam et omne jus et actionem, et quicquid juris in eadem habebant, vel habere poterant, magistro Philippo Romano, canonico Cenomanensi, et ejus mandato, dederunt, quitaverunt et omnino dimiserunt ad voluntatem dicti canonici penitus faciendam, se desesientes de illa decima coram nobis et ipsum canonicum coram nobis de eadem investientes.

Idem vero canonicus pro retractione illius decime seu redemptione eisdem Hamelino et ejus uxori dedit quadraginta et sex solidos Cenomanensium, de quibus denariis coram nobis se tenuerunt pro pagatis in pecunia numerata.

Et tenentur eidem canonico illam decimam garantizare et defendere contra omnes, quantum jus dictabit, et reddere eidem canonico ad dictum suum post sacramentum, sine alia probatione, omnia dampna et deperdita, si que haberet vel sustineret ob defectum garantizandi prefatam decimam, ut superius est expressum.

Ad que omnia tenenda et exequenda obligavit in jure coram nobis dicti Hamelinus et ejus uxor dicto canonico et ejus mandato se et heredes suos et omnia bona sua mobilia et immobilia, presentia et futura, specialiter et expresse.

Et de hiis tenendis et firmiter observandis, et de non veniendo contra per se vel per alium in futurum, tenentur dicti Hamelinus et ejus uxor, fide data. Et nos, ad petitionem dictorum Hamelini et ejus uxoris, hec omnia adjudicamus tenenda, et ea sigillo curie Cenomanensis fecimus sigillari.

Datum anno Domini MCCLVII, mense martio.

476. — 1258, 23 avril = CCCVI et CCCCLXXV.

477. — 1258, 1ᵉʳ mai = CCCCXL.

478. — 1258, 21 mai. — SENTENCE DE LA COUR DU CHAPITRE RENDUE CONTRE DES INDIVIDUS AYANT PÊCHÉ EN LIEU APPARTENANT A CE DERNIER. (Bibl. du Mans, 245, 260.)

Anno Domini MCCLVIII, die martis post Trinitatem, gagiavit Nicholaus de Rosperres, miles bo[na] . . . sua, ad voluntatem capituli penitus faciendam, propter sessinam capituli quam . . . . piscando in aqua de . . . . . et dicta die.

Impositum fuit sibi ne de cetero piscaret in dicta aqua, videlicet in dominio capituli . . . . . . Berengerii usque ad molendinum quod est commune dicto capitulo et dicto Nicholao. Mobilia vero taxantur . . . . . . turonensium quas tenetur reddere capitulo, nec poterit eas diminuere quin reddat eas quociensemque fuerit . . . . . Judicatus fuit judicio curie capituli dicta die, presentibus G[aufrido] archidiacono Cenomanensi, H. archidiacono Montisfortis, Johanne de Cerge, Hugone de . . . . . , Stephano Burgondione, Hamelino de Curia Cesaris, Gervasio de Logis . . . de mandato capituli et R . . . . qui erat ex parte dicti Nicholai.

479. — 1258, 3 juin = CCCXXVII.
480. — 1258, juin = CCCLI.
481. — 1258, 1er juillet = DLXXVI.
482. — 1258, 4 juillet = CCCVII.
483. — 1258, 15 juillet. — ACTE PAR LEQUEL LE CHANOINE PHILIPPE ROMAIN, POUR UNE SOMME DE SEPT LIVRES, FAIT ACQUISITION DES DÎMES D'IZÉ. (B. N., latin, 17754, 64.)

Universis presentes litteras inspecturis officialis Cenomanensis, salutem in Domino.

Noveritis quod, in nostra presentia constituti, Thomas de Nigro Fonte et Richeudis, ejus uxor, et Robinus Mercennarius recognoverunt in jure coram nobis, quod magister Philippus Romanus, canonicus Cenomanensis, rector ecclesie quondam de Yzeio, ab eisdem Thoma et ejus uxore et Robino infra metas parrochie ... et proventus omnium decimarum bladi quos ipsi Thomas et ejus uxor et Robinus infra metas parrochie de Yzeio consueverant detinere, pro septem libris Turonensium, de quibus denariis dicti Thomas et ejus uxor et Robinus coram nobis se tenuerunt pro pagatis in pecunia numerata, et dimiserunt, dederunt et omnino quitaverunt dicto magistro predicti Thomas et ejus uxor et Robinus omne jus et actionem, quod et quam habebant vel habere poterant in decimis supradictis ad voluntatem dicti magistri penitus faciendam, quas decimas dicti Thomas et ejus uxor et Robinus dicto magistro tenentur garantizare et defendere contra omnes, quantum jus dictabit, se et heredes suos et omnia bona sua mobilia et immobilia dicto magistro quoad hoc penitus obligando.

Et de hiis tenendis et firmiter observandis, de nichil petendo in illis decimis per se vel per alium in futurum, tenentur dicti Thomas et ejus uxor et Robinus, fide in manu nostra posita corporali.

Et nos, ad eorum petitionem, hec omnia adjudicamus tenenda, et ea sigillo curie Cenomanensis fecimus sigillari.

Datum mense julio, anno Domini MCCLVIII, die lune ante festum beate Marie Magdalene.

484. — 1258, 9 août = CCCVIII et CCCCXLI.
485. — 1258, août = CCCLXXXIX.

486. — 1258, septembre. — ACTE DANS LEQUEL IL EST SPÉCIFIÉ QUE GUILLAUME DE COURTIMONT ET ROBIN, SON FILS, S'ENGAGENT ENVERS LES EXÉCUTEURS TESTAMENTAIRES DE FEU GUILLAUME ROLLAND, A LEUR GARANTIR LE DOUZIÈME DES DIMES DE SAINT-GEORGES-LE-GAULTIER ACHETÉ PAR EUX ; GUILLAUME DE COURCHAMP A RATIFIÉ CETTE RENTE. (B. N., latin 17754, 18.)

En noustre présence establiz Guillaume de Cortimont et Robin, son fuiz, sunt tenuz garantir et deffendre as executours dou testament Guillaume, jadis evesque dou Mans, la douziesme partie de la desme de Saint Jorge le Gautier, et toutes les chouses qu'il avaint et poaint avair de droit en icele desme, contre touz, tant comme droit dourra, segont l'usage et la costume dou pais general.

Et à ce ont obigé eus et lors hairs et touz lour biens meubles et inmeubles.

Emprès establi par devant nous Guillaume de Couchamp, chevalier, voust et otraya la dite vention et que encontre ne vendra par nule raison dès ores en avant.

Et que ce sait ferm et estable, nos avons ces lestres saellées ou seau de la cort monsaingnor le comte d'Angeu.

Ce fut fait eu moys de septembre, en l'an de grâce mil dous cenz cinquante et oict.

487. — 1258, 14 décembre. — ACTE PAR LEQUEL GUILLAUME DE COURTIMONT ET ROBIN, SON FILS, VENDENT POUR VINGT-CINQ LIVRES, AUX EXÉCUTEURS DU TESTAMENT DE L'ÉVÈQUE GUILLAUME ROLLAND, LA DOUZIÈME PARTIE DES DIMES DE SAINT-GEORGES-LE-GAULTIER. (B. N., latin 17754, 17.)

Universis presentes litteras inspecturis officialis Cenomanensis, salutem in Domino.

Noveritis quod, in nostra presentia constituti, Guillelmus de Cortimont et Robinus, ejus filius, vendiderunt in jure executoribus testamenti bone memorie Guillelmi, quondam Cenomanensis episcopi, duodecimam partem decime bladi quam ipsi Guillelmus et ejus filius habebant et percipiebant in parrochia Sancti Georgii le Gautier, et quicquid ipsi Guillelmus et ejus filius percipiebant et habebant et percipere consueverant in decima dicte parrochie, tam in palea quam aliis rebus quibuscumque.

Et facta est ista vendicio pro viginti quinque libris Turonensium, de quibus dicti Guillelmus et ejus filius coram nobis se tenuerunt pro pagatis, renonciantes expresse exceptioni peccunie non numerate et non recepte.

Et tenentur iidem Guillelmus et ejus filius garantizare et defendere dictis executoribus, vel eorum mandato, dictam vendicionem contra omnes, quantum jus dictabit.

Et ad hec tenenda et exequenda obligaverunt dicti Guillelmus et ejus filius executoribus se et heredes suos et omnia bona sua.

Et de hiis tenendis, et quod contra non venient ratione minoris etatis vel alia ratione, et quod in dicta decima nichil de cetero reclamabunt, se astrinxerunt dicti Guillelmus et ejus filius, fide prestita corporali.

Nos vero predicta, ad petitionem ipsorum, sententialiter adjudicamus tenenda, et ea sigillo curie Cenomanensis fecimus roborari.

Actum, in crastino beati Gervasii hyemalis, anno Domini MCCLVIII.

488. — 1258, 27 décembre = CCCXC.
489. — 1258 ou 1259 = CCLXXVIII.
490. — 1258, v. s., 20 janvier = CCCIX.
491. — 1258, v. s., 26 janvier = CCCCXLII.
492. — 1258, v. s., mars = CCCX.
493. — 1258, v. s., 7 avril = DCXXXVII.
494. — 1258, v. s., 9 avril = CCCL.
495. — 1259, mai = CCCLIII.
496. — 1259, 10 juin = DCXXXVIII.
497. — 1259, 15 juin = DCXXXIX.
498. — 1259, juin. — ACTE PAR LEQUEL GUILLAUME, CURÉ DE LA CROIXILLE, RECONNAIT QUE, POUR UN PRIX ANNUEL DE HUIT LIVRES, IL A LOUÉ AU CHAPITRE LES DIMES DE LA CROIXILLE, ACHETÉES DU SEIGNEUR DU LIEU. (B. N., latin 17754, 54.)

Universis presentes litteras inspecturis officialis Cenomanensis, salutem in Domino.

Noveritis quod, constitutus in jure coram nobis, Guillermus, persona de Conca, recognovit se recepisse ad firmam a decano et capitulo Cenomanensi decimam bladi quam percipiunt dicti decanus et capitulum in parrochia de Conca, quam emerunt a domino de Conca, usque ad revolutionem sex annorum proximo venturorum, pro octo libris Cenomanensium annue firme, persolvendis dictis decano et capitulo vel eorum mandato, medietate in synodo Omnium Sanctorum et alia medietate in synodo Penthecostes, singulis annis, durante termino dicte firme, et ad hec obligavit dictus Guillelmus dictis decano et capitulo se et bona sua, ubicumque sint, specialiter et expresse.

Et hec omnia, ad petitionem dicti Guillelmi, adjudicamus tenenda.

Datum anno Domini MCCLIX, mense junio.

499. — 1259, juillet. — ACTE PAR LEQUEL PIERRE, DOYEN DE LAVAL, RECONNAIT AVOIR ÉTÉ INVESTI DE TOUS LES DROITS DU CHAPITRE SUR LA PAROISSE DE LA TRINITÉ DE LAVAL, ET LUI DEVOIR, EN RETOUR, UNE RENTE DE HUIT LIVRES QUINZE SOUS. (B. N., latin 17754, 62.)

Universis presentes litteras inspecturis officialis Cenomanensis, salutem in Domino.

Noveritis quod, in nostra presentia constitutus, Petrus, decanus de Lavalle, recognovit in jure coram nobis se accepisse, ad vitam suam, a viris venerabilibus et discretis R[oberto] decano et capitulo Cenomanensi quicquid ipsi decanus et capitulum habebant et percipiebant in ecclesia et parrochia Sancte Trinitatis de Lavalle, tam in decimis, oblationibus, quam in aliis, pro octo libris Turonensium et quindecim solidis Turonensium annui redditus, quos idem decanus graavit coram nobis et promisit se redditurum dictis decano et capitulo, aut eorum mandato, scilicet medietatem ad synodum Omnium Sanctorum, apud Cenomanum, et aliam medietatem ad synodum Pentecostes annuatim, quamdiu decanus vixerit supradictus.

Et obligavit coram nobis idem decanus dictis decano et capitulo se et omnia bona sua mobilia et immobilia, tam ecclesiastica quam mundana, ad valorem dicti redditus.

Et nos, ad petitionem dicti decani, hec omnia adjudicamus tenenda, et ea sigillo curie Cenomanensis fecimus sigillari.

Datum anno Domini MCCLIX, mense julio.

500. — 1259, septembre. — ACTE PAR LEQUEL PHILIPPE DE VALETES ET SON ÉPOUSE RECONNAISSENT TENIR DU CHAPITRE DEUX MAISONS SISES DANS LA RUE SAINT-VINCENT DU MANS, ET DEVOIR DE CE CHEF UNE RENTE DE DIX-HUIT SOUS. (Bibl. du Mans, 245, 16.)

Universis presentes litteras inspecturis officialis Cenomanensis, salutem in Domino.

Noveritis quod, constituti in jure coram nobis Philippus de Valetes et . . . ejus uxor, recognoverunt se recepisse ad perpetuam firmam sibi et suis heredibus a decano et capitulo Cenomanense duas domos quas dicti decanus et capitulum habent in vico Sancti Vincentii, cum ortis et pertinenciis dictarum domorum, prout durant usque ad vineam et usque ad motam de Monte Barbato, que domus fuerunt defuncti Petri Berardi, quarum altera sitta est in feodo dictorum decani et capituli et altera in feodo Ardencium, et altera pars dictarum pertinencium sitta est in feodo dictorum Ardentium, et altera in feodo comitis Cenomanensis, pro decem et octo solidis Cenomanensium dictis decano et capitulo, vel eorum mandato, reddendis singulis annis a dictis Philippo et ejus uxore et eorum heredibus, videlicet medietate ad festum sancti Martini hyemalis et alia medietate ad pascha Domini annuatim.

Et ad reddendos dictos denarios terminis supradictis decano et capitulo, vel eorum mandato, obligant se dicti Philippus et ejus uxor, et eorum heredes, et omnia bona sua ubicumque sint specialiter et expresse, et specialiter quamdam vineam quam habent in feodo episcopi, que vocatur vinea de Saltu Leporis.

Preterea dicti Philippus et ejus uxor et eorum heredes tenentur solvere dominis feodalibus census et reddevancias dictarum rerum consuetas.

Et hec omnia et singula ad petitionem dictorum Philippi et ejus uxoris et eorum heredum adjudicamus tenenda.

In cujus rei testimonium, presentes litteras sigillo nostro fecimus sigillari.

Datum anno Domini MCCLIX, mense septembris.

501. — 1259, septembre = CCCLXI.

502. — 1259, septembre = CCCCXLIII.

503. — 1259, septembre = CCCCXLIV.

504. — 1259, octobre. — ACTE PAR LEQUEL RICHARD DOUILLET RECONNAIT TENIR DU CHAPITRE UN CERTAIN NOMBRE DE DIMES SISES SUR ASNIÈRES ET LUI DEVOIR EN CONSÉQUENCE UNE RENTE DE SOIXANTE SOUS. (B. N., latin 17754, 29.)

Universis presentes litteras inspecturis officialis Cenomanensis, salutem in Domino.

Noveritis quod, constitutus in jure coram nobis, Ricardus Doillet recognovit se recepisse pro se et heredibus suis de matrimonio et recta linea descendentibus, ab ipso decano et capitulo Cenomanensi, decimam quam idem decanus redemit de bonis suis a Raginaldo Dionisii, et peciam vinee que vocatur les Plantes, quam acquisivit idem decanus a relicta et gagiariis defuncti Guillelmi Agogue, et quod appentitium domus que fuit dicti defuncti Agogue, appendens domui dicti Richardi, quod dictus decanus emit cum predicta planeta a relicta et gagiariis supradictis, et etiam sex solidos et tres [denarios] Cenomanenses annui et perpetui redditus, quos dictus decanus emit a Symone de Dobert, que omnia sitta sunt in parrochia de Aneriis, a dicto Richardo et suis heredibus in perpetuum et hereditarie possidendum, pro sexaginta solidis Cenomanensium annui et perpetui redditus, solvendis dictis decano et capitulo a dicto Richardo et ejus heredibus singulis annis, videlicet medietate in synodo Omnium Sanctorum et alia medietate in synodo Pentecostes.

Et ad reddendos dictos denarios terminis supradictis dictis decano et capitulo, obligavit idem Richardus se et heredes suos et omnia bona sua mobilia et immobilia, presentia et futura, ubicumque sint, specialiter et expresse.

Et tenentur dicti Richardus et ejus heredes dictas res tenere in bono statu et competenti.

Et hec omnia, ad petitionem dicti Richardi, adjudicamus tenenda, et presentes litteras fecimus sigillari sigillo curie nostre in testimonium veritatis.

Datum anno Domini MCCLIX, mense octobris.

505. — 1259, novembre = CCCXCII.

506. — 1259, novembre = DCLXXXVII [1].

507. — 1259, v. s., 15 janvier. — ACTE PAR LEQUEL BERTHOL. COCÉ ET SA FEMME, VENDENT POUR CINQUANTE SOUS AU CHAPITRE SIX SOUS ET DEMI DE RENTE ASSIS SUR LA VIGNE LARNÈTE, EN ASNIÈRES. (Bibl. du Mans, 245, 17.)

Universis presentes litteras inspecturis officialis Cenomanensis salutem in Domino.

Noveritis quod Berth[olius] Coce et ejus uxor in nostra presentia constituti recognoverunt in jure, coram nobis, quod ipsi vendiderant et adhuc vendebant venerabilibus viris decano et capitulo Cenomanensi sex solidos Cenomanensium et dimidium annui et perpetui redditus, ad opus panis capituli, pro defuncto Gaufrido quondam archidiacono de Lavalle, super quadam vinea quam dicti Berth[olius] et ejus uxor habent et possident in prato de Aneriis, que vinea dicitur vinea de Larnète, in feodo capituli, reddendos singulis annis Cenomanis dicto capitulo vel ejus mandato in festo beati Dyonisii sub pena sex denariorum Cenomanensium, pro qualibet die solutionis dilate; et garantisaverunt et promisserunt in jure se redditum predictum singulis annis dicti Berth[olius] et ejus uxor die et loco predictis et penam si committatur fide prestita corporali, obligantes ad hoc se et heredes suos et omnia bona sua mobilia et immobilia, presentia et futura, et specialiter vineam antedictam.

Fuit autem facta dicta vendicio pro quinquaginta solidis Cenomanensium de quibus recognoverunt sibi satisfactum fuisse in pecunia numerata, renunciantes in jure coram nobis exceptioni

---

(1) Une faute d'impression a transformé DCLXXXVII en DCXXXVII.

pecunie non numerate et non tradite, ita quod eam de cetero non poterunt allegare.

Dedit eciam fidem dicta uxor in manu nostra, quod contra premissa non veniet in futurum, nec per se nec per alium, nec ratione dotis nec dotalicii, nec aliqua alia ratione.

In cujus rei testimonium presentes litteras sigillo nostro fecimus sigillari ad instanciam dictorum Berth[olii] et ejus uxoris.

Datum, die mercurii post festum Sancti Hylarii, anno Domini MCCLIX, mense januario.

508. — 1259, v. s., janvier = CCCLII.
509. — 1259, v. s., février = CCCXCI.
510. — 1260, mai = DCXLI.
511. — 1260, v. s., 14 mars. — ACTE PAR LEQUEL LE CHAPITRE, POUR UNE SOMME DE SIX LIVRES DIX SOUS, ACHÈTE DE JEAN D'ASNIÈRES ET DE MATHURINE, SON ÉPOUSE, LE BORDAGE DE CONDRÉ ET LA VIGNE DE PERRAY, ET LES LEUR BAILLE A FERME MOYENNANT UN FERMAGE DE HUIT SOUS. (B. N., latin 17754, 23, et Bibl. du Mans, 245, 18.)

Universis presentes litteras inspecturis officialis Cenomanensis, salutem in Domino.

Noveritis quod, in nostra presentia constituti, Johannes de Asneriis, clericus, et Mathea, ejus uxor, vendiderunt in jure coram nobis venerabilibus viris et discretis decano et capitulo Cenomanensi herbergamentum ipsorum de Coudreto cum pertinenciis, et terram quam emerunt a Galtero Ranulphi, et vineam suam de Peiretis, quam emerunt ab Odone Guenart, ut dicitur, et hec omnia sita sunt in feodo capituli supradicti, in parrochia de Asneriis.

Et fuit facta ista venditio pro sex libris et decem solidis Turonensium, de quibus denariis coram nobis dicti Johannes et Mathea se tenuerunt pro pagatis in pecunia numerata, renunciantes expresse omni exceptioni pecunie non numerate et non tradite. Et[1] tenentur dicti Johannes et Mathea dictis venerabilibus viris decano et capitulo dictam vendicionem contra omnes garantizare et defendere secundum usum et consuetudinem

(1) On supprime ici un *non* ajouté par une erreur évidente du copiste.

patrie generalem, quantum jus dictabit, fide prestita corporali, se et heredes suos et omnia bona sua mobilia et immobilia, presentia et futura, quo ad hoc obligando.

Preterea coram nobis constituti dicti decanus et capitulum tradiderunt in jure coram nobis, ad firmam, dictis Johanni et ejus uxori et eorum heredibus, omnes dictas res venditas, perpetuo et hereditarie possidendas, pro octo solidis Cenomanensium annui et perpetui redditus, reddendis dictis decano et capitulo in festo beati Dyonisii annuatim, ad opus servitii beatissimi Juliani. Et tenentur dicti Johannes et Mathea et eorum heredes reddere domino feodali dictarum rerum servitia et redibiciones. Et nos omnia supradicta, de voluntate dictarum parcium, adjudicamus tenenda, et ea sigillo curie Cenomanensis fecimus sigillari.

Datum, die lune post *Invocavit me*, anno Domini MCCLX, mense marcii.

512. — 1260, v. s., 16 mars. — ACTE PAR LEQUEL VINCENT, CURÉ DE SAINT-GEORGES-LE-GAULTIER, RECONNAIT TENIR DU CHAPITRE UN CERTAIN NOMBRE DE DIMES POUR LESQUELLES IL LUI DOIT QUARANTE SOUS DE RENTE. (B. N., latin 17754, 39.)

Universis presentes litteras inspecturis P . . . . .[1], decanus Cenomanensis, salutem in Domino.

Noveritis quod, in nostra presentia constitutus, Vincencius, rector ecclesie Sancti-Georgii Galterii, recognovit in jure quod ipse recepit a nobis et capitulo Cenomanense, cum assensu et voluntate prebendariorum de Monte Raginaldi, terciam partem decime bladi cum pertinenciis, scilicet cum tractibus et paleis et locis qui ad dictos prebendarios, ratione prebendarum suarum, pertinet, pro octo libris Cenomanensium, reddendis annuatim, videlicet medietate ad synodum Omnium Sanctorum et alia medietate ad synodum Penthecostes, et decimam quam defunctus Robertus, quondam decanus Cenomanensis[2], emit a defuncto Hugone dicto Divite, milite, et a Robino de Plessiaco similiter, cum pertinenciis scilicet, tractibus et paleis et locis, pro quatuor

---

(1) On ignore le nom de ce doyen qui, nulle part, n'a été désigné autrement que par son initiale.

(2) Robert de Domfront, qui vivait encore en juillet 1259. (Voir n° 499.)

libris Cenomanensium annuatim persolvendis ad ....
servicii Cenomanensis ecclesie, et illam partem decime quam
executores testamenti bone memorie Guillelmi, quondam Cenomanensis episcopi, emerat a Guillelmo de Cortimont, cum pertinenciis, prout superius sunt expresse, pro quadraginta solidis
Cenomanensium, reddendis a dictis Vincentio et ejus successoribus ad octabas Nativitatis Beate Marie Virginis annuatim, ad
opus panis dicti defuncti episcopi, quam peccuniam graat idem
Vincentius se redditurum ad dictos terminos in forma predicta,
sub pena duodecim denariorum Cenomanensium pro quolibet
termino solutionis dilate, quam penam tenetur reddere sicut
debitum principale, rato manente principali post penam solutam,
nec credetur ei de solutione nisi facta fuit coram nobis, et dictam
graacionem adjudicamus tenendam.

Datum anno Domini MCCLX, die mercurii post *Invocavit me.*

513. — 1260, v. s., 26 mars = DCCIV.

514. — 1260, v. s., mars = DCLXXXIX.

515. — 1264, juillet. — ACTE PAR LEQUEL LE CHAPITRE PREND
POSSESSION DES DÎMES D'IZÉ, QUE HUBERT BOGUER LUI AVAIT
VENDUES DIX ANS AUPARAVANT, ET REMET A CELUI-CI LE PRIX
CONVENU TRENTE-DEUX LIVRES. (B. N., latin 17754, 61.)

Universis presentes litteras inspecturis officialis Cenomanensis,
salutem in Domino.

Noveritis quod, in nostra presentia constitutus, Hubertus
Boguer, de parrochia de Yzeio, recognovit in jure coram nobis,
quod magister Philippus Romanus, Cenomanensis canonicus, a
dicto Huberto, decem annis jam elapsis, acquisierat et retraxerat
omnes fructus, proventus et exitus totius decime bladi, quos
idem Hubertus in illa parrochia habere et detinere consueverat,
scilicet in parrochia de Yzeio, et quod idem Hubertus dicto canonico, omne jus, actionem et quicquid juris ipse Hubertus in illis
fructibus illius decime habebat vel habere poterat, dederat, concesserat et penitus quitaverat, et adhuc dat, concedit et penitus
quitat ad voluntatem dicti decani penitus faciendam.

Et de premissis idem Hubertus coram nobis se desesivit et
ipsum canonicum manualiter coram nobis investivit, omne jus,

dominium, proprietatem, possessionem naturalem et civilem, actionem realem et personalem, que et quas idem Hubertus in premissis fructibus dicte decime habebat vel habere poterat, in dictum canonicum transferendo ; pro qua retractione et concessione idem canonicus dicto Huberto dedit triginta et duas libras Turonensium, de quibus denariis dictus Hubertus coram nobis se tenuit pro pagato in pecunia numerata.

Et nos, ad petitionem dicti Huberti, hec omnia adjudicamus tenenda, et ea sigillo curie Cenomanensis fecimus sigillari.

Datum anno Domini MCCLXI, mense julio.

516. — 1261, 24 septembre. — LETTRES DANS LESQUELLES GEOFFROY FRESLON, ÉVÊQUE DU MANS, RATIFIE L'ACCORD ÉTABLI ENTRE LE CHAPITRE ET JEAN DU BOULLAY, AU SUJET DE LA PRÉSENTATION A LA CURE DE MADRÉ. (B. N., latin 17754, 18.)

Universis presentes litteras inspecturis Gaufridus, divina miseratione Cenomanensis episcopus, salutem in Domino.

Cum Guarinus de Mehodin, miles, asserens quod jus patronatus parrochialis ecclesie de Maydreio jure hereditario pertinebat ad ipsum, tandem ipsum jus patronatus venerabilibus viris decano et capitulo Cenomanensi in perpetuum contulisset, et quicquid juris in dicto patronatu habebat vel habere poterat nomine Cenomanensis ecclesie transferens in eosdem, ac Johannes de Boullayo dicte donationi se opponeret, dicens dicte ecclesie patronatum ad se jure hereditario pertinere.

Post multas altercationes inter dictos decanum et capitulum, ex una parte, et dictum Johannem, ex altera, compositio intervenit, quod dicta ecclesia de Maydreio prima vice qua vacabit a Johanne vel successore ipsius, in secunda vero vacatione a dictis decano et capitulo, et sic deinceps a dictis partibus alternatim, videlicet semel ab una partium et semel ab altera futuris temporibus conferetur, sicut per predictum Johannem et per procuratorem dictorum decani et capituli nobis legitime constitit de premissis.

Nos autem predictam composicionem ratam habentes, eamdem ad petitionem partium confirmamus.

In cujus rei testimonium presentes litteras sigillo nostro fecimus roborari.

Datum, die sabbati post festum beati Maurici, anno Domini MCCLXI.

517. — 1261, décembre = DLIV.

518. — 1261, 16 décembre. — ACTE PAR LEQUEL GUILLAUME LOUET, POUR QUATORZE LIVRES, VEND AU CHAPITRE UNE RENTE DE VINGT-CINQ SOUS, ASSISE SUR UN BORDAGE SITUÉ A COURGENARD. (Bibl. du Mans, 245, 19.)

Universis presentes litteras inspecturis officialis Cenomanensis salutem in Domino.

Noveritis quod, coram nobis in jure constitutus, Guillelmus Louet, clericus, vendidit in jure venerabilibus viris decano et capitulo Cenomanensi viginti quinque solidos Turonensium annui et perpetui redditus, percipiendos et habendos singulis annis a dictis decano et capitulo super quoddam herbergamentum quod habet in villa de Corgenart, et pertinenciis dicti herbergamenti, sita juxta aquam defluentem per villam predictam, ex una parte, et juxta domum Agullerii, ex altera, in festo Omnium Sanctorum singulis annis.

Et est facta ista venditio pro quatuordecim libris Turonensium, de quibus coram nobis dictus Guillelmus se tenuit pro pagato, renuncians expresse exceptioni pecunie non numerate et non tradite, ita quod eam de cetero non poterit allegare.

Et tenetur dictus Guillelmus dictam venditionem dictis decano et capitulo garantizare et defendere contra omnes.

Et ad reddendum dictos denarios dicto termino et ad garantizandum et defendendum dictam venditionem dictis decano et capitulo, obligavit dictus Guillelmus se et heredes suos et omnia bona sua mobilia et immobilia, presencia et futura, ubicumque sint specialiter et expresse.

Et si dictam domum seu herbergamentum comburi contingeret, seu devastari, vel penitus consumi, dicti decanus et capitulum dictos denarios perciperent super omnibus rebus suis immobilibus et habebunt, et ad hoc obligavit dictus Guillelmus se et heredes suos et omnes illos qui dictas res immobiles possidebunt.

Et tenetur dictus Guillelmus et ejus heredes dictum herbergamentum cum pertinenciis tenere in bono statu et competenti.

Preterea si dictus Guillelmus vel ejus heredes cessaverint in solutione dictorum denariorum per quindecim dies post terminum supradictum, dicti decanus et capitulum de dictis herbergamento cum pertinenciis supradictis facient suam plenariam voluntatem, et eadem tradent cum voluerint, non obstante contradictione Guillelmi supradicti.

Et tenetur dictus Guillelmus fideliter servare omnia supradicta et singula, et dedit fidem quod contra ea per se vel per alium non veniet in futurum.

Et hec omnia, de voluntate dicti Guillelmi et assensu, adjudicamus tenenda, et presentes litteras sigillo curie Cenomanensis fecimus sigillari in testimonium veritatis.

Datum, die veneris ante festum beati Thome apostoli, anno Domini MCCLXI, mense decembris.

519. — 1261, V. S., MARS. — ACTE DANS LEQUEL, APRÈS AVOIR RELATÉ LE DON FAIT AU CHAPITRE PAR LE CHANOINE PHILIPPE ROMAIN, DE CENT SOUS DE RENTE, DESTINÉS A COUVRIR LA MOITIÉ DES FRAIS DE LA SAINT-PIERRE, ET L'ASSIGNATION DE QUATRE LIVRES SUR LES DÎMES DE LA PAROISSE D'IZÉ, IL EST DIT QUE LES DIX SOUS RESTANT SONT ASSIGNÉS SUR LE BORDAGE DES ROCHES, EN SAINT-GERVAIS-EN-BELIN, ACHETÉ DE RICHARD GUIART ET LOUÉ A PHILIPPE CLAVIER. (B. N., latin 17754, 54.)

Universis presentes litteras inspecturis officialis Cenomanensis, salutem in Domino.

Noveritis quod, cum venerabilis vir magister Philippus Romanus, canonicus Cenomanensis, centum solidos Turonensium annui et perpetui redditus ecclesie Cenomanensi contulisset, pro dimidio festo in honore beatorum apostolorum Petri et Pauli, in festo eorumdem in illa Cenomanensi ecclesia annuatim faciendo, ac idem canonicus dicte ecclesie Cenomanensi de illis centum solidis Turonensium assignasset quatuor libras Turonensium annui redditus super quadam decima bladi, quam idem canonicus in parrochia de Yzeio, Cenomanensis dyocesis, a manu laicali retraxerat et acquisierat, tandem in nostra presencia constitutus, dictus canonicus dicte ecclesie Cenomanensi assignavit in jure coram nobis decem solidos Cenomanensium, residuos de illis centum solidis Turonensium, super bordagio dicti canonici sito in parrochia Sancti Gervasii in Belino, quod emit a Richard Guiart, quod vocatur bordagium de Rupibus, quod tenet, ut dicitur, dictus Philippus Claviger [1], scilicet quinque solidos Cenomanensium pro servitio et quinque solidos Cenomanensium pro luminari dicti dimidii festi, super quo bordagio idem canonicus et illi qui dictum bordagium in futurum tenebunt et possidebunt, decano et capitulo Cenomanensi ad Nativitatem Beati Johannis Bauthiste annuatim solvere tenebuntur pro dicto dimidio festo in illa ecclesia Cenomanensi, ut dictum est, annuatim faciendo.

Et ad reddendos dictos decem solidos Cenomanensium annui redditus in dicto festo, ut dictum est, obligavit dictus magister Philippus dictis decano et capitulo Cenomanensi dictum bordagium cum pertinentiis, ad valorem dictorum decem solidorum Cenomanensium redditus, specialiter et expresse.

Et nos, ad petitionem dicti canonici, hec omnia adjudicamus tenenda, et ea sigillo curie Cenomanensis fecimus sigillari.

Datum mense martio, anno Domini MCCLXI.

520. — **1262, 26 avril.** — ACTE PAR LEQUEL PHILIPPE LE FORESTIER, ODELINE, SA FEMME, GUILLAUME, RICHARD, BIENVENUE ET SCOLASTIQUE, SES ENFANTS, AFIN D'INDEMNISER LE CHAPITRE DU MAUVAIS ÉTAT DANS LEQUEL SE TROUVAIT LA VIGNE DE RIOLAIS, LUI ABANDONNENT DES RENTES DE FROMENT ASSISES A NEUVILLE-SUR-SARTHE. (Bibl. du Mans, 245, 19.)

Universis presentes litteras inspecturis officialis Cenomanensis salutem in Domino.

Noveritis quod, in nostra presencia constitutus, Philippus dictus Forestarius et Odelina, ejus uxor, Guillelmus et Richardus, Benevenuta et Scolastica, eorum filii et filie et heredes, dederunt, concesserunt et assignaverunt in jure, coram nobis, venerabilibus viris decano et capitulo Cenomanensi tria sextaria frumenti annui redditus, videlicet duo sextaria de redditu perpetuo, et tercium usque ad revolutionem sex annorum proximo venturorum, perci-

---

(1) Philippus Clavier. *Martyrologe de l'Église du Mans*.

pienda et habenda super medietaria ipsius Philippi de Lehart, sita in parrochia de Novilla super Sartam, in feodo Philippi de Milicia, militis, ut dicebant, et illa tria sextaria assignaverunt dictis decano et capitulo pro dampnis que iidem decanus et capitulum sustinuerant ratione quarumdam vinearum de Rioloys, quas dicto Richardo tradiderant ad firmam, pro quo Richardus dictus Philippus erat garantizator erga dictos decanum et capitulum, quas vineas ipse Richardus minus sufficienter excoluerat, ut dicebant.

Et tenentur dicti Philippus et ejus uxor et dicti heredes, seu dicte medietarie possessores, reddere dictis decano et capitulo dictum bladum, ut dictum est, Cenomanis, in festo beati Remigii, sub pena duodecim denariorum Cenomanensium pro qualibet ebdomada solutionis post terminum supradictum, quam penam tenebuntur reddere dicti Philippus et ejus uxor et eorum heredes dictis decano et capitulo quociensecumque commissa fuerit, rat.... nichilominus semper manente post penam solutam debito principali, et debet dictum bladum esse ita bonum et pulcrum sicuti melius quod poterit inveniri, ad vendendum ad portam Cenomanensem tempore solutionis faciende, duobus denariis de lasche de quolibet sextario dicti bladi.

Et si dictus Philippus et ejus uxor et eorum heredes dictum redditum eisdem decano et capitulo assignaverint competenter et in alio loco competenti, iidem decanus et capitulum illum redditum, prout dictum est, Cenomanis.

Dederunt insuper et assignaverunt dictis decano et capitulo pro dictis dampnis duos ortos et quamdam peciam vinee, sitam juxta pressorium de Rioloys, et quicquid dictus Philippus et ejus uxor et eorum heredes habent et habebant inter viam per quam itur ad pressorium et aquam de Rioloys usque ad cheminum de Guerchia, partim, et partim in feodo episcopi, et partim in feodo capituli, in perpetuum possidendum, quas res tenentur eisdem decano et capitulo garantizare et defendere contra omnes quantum jus dictabit.

Tenentur etiam dictus Philippus et ejus uxor et eorum heredes, quod in dictis rebus assignatis dictis decano et capitulo, ratione dotalicii vel alia ratione nichil de cetero reclamabunt. Et ad pre-

missa tenenda dictus Philippus et ejus uxor et eorum heredes
se et omnia bona sua obligant, et de premissis tenendis, et quod
contra non venient, se astrinxerunt dicti Philippus et ejus uxor
et eorum heredes, fide prestita corporali.

Nos vero predicta ad petitionem partium finaliter adjudicamus
tenenda.

Actum, die mercurii post festum beati Georgii, anno Domini
MCCLXII.

521. — 1262, 26 mai = CCCXCIII.

522. — 1262, 1ᵉʳ juin. — ACTE PAR LEQUEL GUILLAUME, CURÉ DE
LESBOIS, RECONNAIT TENIR DU CHAPITRE UNE DIME SUR LA
PAROISSE DE LA CROIXILLE [1]. (B. N., latin 17754, 64.)

Universis presentes litteras inspecturis officialis Cenomanensis,
salutem in Domino.

Noveritis quod Guillelmus, rector ecclesie de Lato Nemore,
coram nobis in jure constitutus, recognovit quod ipse acceperat a
decano et capitulo Cenomanensi decimam bladi quam dicti decanus et capitulum habent et percipere consueverunt in parrochia
de Concha, quam decimam dicti decanus et capitulum emerunt,
ut dicitur, a domino de Concha ultra aquam de Chaucèche, videlicet duas partes bladi et duas partes palearum et duas partes tractus, percipienda et habenda quamdiu vixerit Guillelmus supradictus, pro octo libris Cenomanensium annue firme, quas octo libras
Cenomanensium dictus Guillelmus tenebitur reddere singulis
annis dictis decano et capitulo aut eorum mandato ad duos terminos, scilicet octo [quatuor] libras Turonensium die synodi
Omnium Sanctorum et octo [quatuor] libras Turonensium die
synodi Penthecostes.

Et de reddendo dictis decano et capitulo dictas octo libras
Cenomanensium annis singulis ad terminos predictos, obligavit
idem Guillelmus dictis decano et capitulo se et heredes suos, et
bona sua mobilia et immobilia, presentia et futura, ad valorem
redditus supradicti.

Et voluit et concessit in jure coram nobis dictus Guillelmus,
quod si contigerit ipsum Guillelmum percepisse et habuisse dic-

(1) Voir le numéro 524.

tam decimam in Augusto et post dictum Augustum mori eumdem contigerit, quod heredes sui aut gagiarii dictis decano et capitulo dictam firmam reddere teneantur, de illo anno de quo perceperit decimam bladi supradicti, videlicet totas octo libras Cenomanensium de dictis duobus terminis sussequentibus Augustum supradictum.

Et nos omnia premissa adjudicamus tenenda et inviolabiliter observanda.

In cujus rei testimonium, ad petitionem dicti Guillelmi presentes litteras sigillo curie Cenomanensis fecimus sigillari.

Datum anno Domini MCCLXII, die jovis in synodo Penthecostes, mense junii.

523. — 1262, 2 juin = DCII.
524. — 1262, juin = CCCXXVIII.
525. — 1262, juin = CCCCIV.
526. — 1262, 2 décembre = DCII.
527. — 1262, v. s., 13 mars = CCCCXLV.
528. — 1263, 21 avril = CCCLXII.
529. — 1263, 22 mai. — ACTE PAR LEQUEL GUILLAUME DE LESBOIS RECONNAIT TENIR SA VIE DURANT, DU CHAPITRE, LES DIMES DE LA CROIXILLE ET LUI DEVOIR POUR CELA UNE RENTE DE HUIT LIVRES ET DEMIE[1]. (B. N., latin 17754, 64.)

Universis presentes litteras inspecturis officialis Cenomanensis, salutem in Domino.

Noveritis quod, constitutus in jure coram nobis, Gaufridus de Lato Nemore recognovit in jure se accepisse quoad vixerit a venerabilibus viris P. decano[2] et capitulo Cenomanensi decimam bladi quam dicti decanus et capitulum habent in parrochia de Concha, quam ipsi emerunt a domino de Concha, ultra aquam de Chaucéche, scilicet duas partes bladi et duas partes fracti, pro octo libris Cenomanensium et dimidia, persolvendis a dicto Gaufrido dictis decano et capitulo, videlicet medietate in synodo

---

(1) Voir le numéro 522.
(2) Il est fâcheux que le nom de ce doyen ne se trouve pas entier ici car M. Hauréau lui aussi ne l'a jamais trouvé désigné que par son initiale (*Gallia*, XIV, 423).

Omnium Sanctorum et alia medietate in synodo Pentecostes annuatim, et ad reddendos dictos denarios terminis supradictis obligavit se et omnia bona sua mobilia et immobilia, presentia et futura, ubicumque sint, et specialiter omnia bona que habet in parrochia de Concha.

Preterea constituti in jure coram nobis Guillelmus, persona de Lato Nemore, et Johannes, frater ejus, fratres dicti Gaufridi, constituerunt se graatores et principales debitores, et quilibet eorum insolidum, dictorum denariorum erga dictos decanum et capitulum, si eos non redderet ad terminos superius prenotatos Gaufridus supradictus, et ad reddendos dictos denarios ad dictos terminos superius prenotatos dictis decano et capitulo, obligaverunt dicti Guillelmus et Johannes se et omnia bona sua mobilia et immobilia, presentia et futura, ubicumque sint, specialiter et expresse.

Preterea dicti Gaufridus, Guillelmus et Johannes renuntiaverunt coram nobis in jure omni juris auxilio per quod possent solutiones dictorum denariorum retardari et dicta acceptio anullari.

Et hec omnia et singula, ad petitionem ipsorum, adjudicamus tenenda et fideliter observanda, et presentes litteras sigillo curie nostre fecimus sigillari in testimonium veritatis.

Datum die martis post Penthecosten, anno Domini MCCLXIII, mense mayo.

530. — 1263, 3 juillet = DLXXVII.
531. — 1263, 3 juillet = DLXXVIII.
532. — 1263, 3 juillet = DCIV.
533. — 1263, 14 juillet = DCXL.
534. — 1263, 5 novembre = DCCV.
535. — 1263, 3 décembre = CCCXXVI.
536. — 1263. — ACTE DANS LEQUEL LE CHAPITRE ÉNUMÈRE LES DROITS QU'IL POSSÈDE. (Imprimé, dom Piolin, *Église du Mans*, IV, 604.)
537. — 1263, v. s., 17 janvier = DCCVI.
538. — 1263, v. s., 28 janvier = DCCVII.
539. — 1263, v. s., 10 mars = CCCLIX.

540. — **1264, 7 juin.** — Accord établi entre le chapitre et le curé de Saint-Pierre-du-Bois au sujet de la restauration de la grange du dit lieu. (B. N., latin 17754, 34.)

Universis presentes litteras inspecturis officialis Cenomanensis, salutem in Domino.

Noveritis quod, cum decanus et capitulum Cenomanense habeant quandam grangiam in parrochia Sancti Petri de Inter Nemora, in area, seu in atrio rectoris ejusdem loci, in reparatione cujus grangie dicebant dicti decanus et capitulum dictum rectorem teneri ponere terciam partem, ea ratione quia tercia pars, quam idem rector percipit in decima dicte parrochie, trahitur in grangia supradicta, dictore rectore premissa negante, tandem dicti decanus et capitulum, et idem rector, unanimini consensu, pensata utilitate tam ecclesie Cenomanensis quam alterius ecclesie supradicte, in hunc modum pacis convenerunt sicut inferius exprimetur : videlicet, quod idem rector dictam grangiam de suo proprio de omnibus factionibus faciet ad presens reparari competenter ad decimam dictorum decani et capituli et suam de illa parrochia reponendam, et de cetero tam idem rector quam successores sui in dicta ecclesia, dictam grangiam de suo proprio in bono statu tenebunt et habebunt tractum, locum et duas partes, quo ad dictum capitulum palearum dicte decime, solvendo singulis annis viginti quinque solidos Cenomanensium propter hoc in synodo Omnium Sanctorum. Si vero contingeret quod dictus tractus, et palee, et locus dicte decime, videlicet pars dictorum decani et capituli ad majorem firmam quam viginti quinque solidorum Cenomanensium tradi possent, Raginaldus, modo rector dicte ecclesie Sancti Petri, vel rector qui pro tempore erit, in isto casu pro minori precio quam alius habebit dictum tractum et locum et paleas supradictas, videlicet partem dictorum decani et capituli. Verumptamen quamdiu idem Raginaldus erit rector dicte ecclesie, compelli non poterit ad solvendum aliquod ultra marcham, videlicet ultra dictam summam.

Si vero, pro defectu reparationis dicte grangie, vel pro eo quod in bono statu non esset, dampnum aliquod incurrere contingat decanum et capitulum supradictos, idem Raginaldus, vel ille qui pro tempore erit rector dicte ecclesie Sancti Petri, dampnum illud eisdem decano et capitulo restaurare tenebitur ad juramentum illius qui loco dictorum decani et capituli erit in grangia supradicta.

Dictus vero Raginaldus et successores sui in dicta ecclesia et omnes illi qui ex parte dicti rectoris ponentur ad trahenda, excucienda vel alio modo tractanda blada decime supradicte, intrabunt dictis decano et capitulo, vel mandato eorum, quod in premissis ipsis et dicto rectori fideliter se habebunt, et dicti decanus et capitulum ab illo quem ibi ponent loco sui recipient in presentia dicti rectoris juramentum de fidelitate facienda.

Et nos hec omnia, ad peticionem dicti rectoris adjudicamus tenenda, et presentes litteras sigillo curie Cenomanensis fecimus sigillari in testimonium veritatis.

Datum die sabbati ante festum beati Barnabe apostoli, anno Domini MCCLXIV, mense junio.

541. — 1264, juillet = CCCXCIV.

542. — 1264, août = CCCLXIII.

543. — 1264, 6 novembre. — ACTE PAR LEQUEL FOULQUES DE SACÉ, POUR QUARANTE LIVRES, VEND AU CHAPITRE LA DÎME QUI LUI APPARTENAIT SUR LA PAROISSE DE SAINTE-GEMMES, PRÈS ÉVRON, ET QUI PORTAIT LE NOM DU SEIGNEUR DU FIEF, PIERRE DE LA FONTAINE. (B. N., latin 17754, 65.)

Universis presentes litteras inspecturis officialis Cenomanensis salutem in Domino.

Noveritis quod, in nostra presentia constitutus, Fulco de Saceyo, armiger, vendidit in jure venerabilibus viris decano et capitulo Cenomanensi totam decimam quam idem Fulco percipiebat et percipere consueverat, tam in blado quam in aliis, in parrochia de Sancta Gemma juxta Ebronium, in feodo de Petra de Fonte, que decima de Petra de Fonte vulgariter appellatur, ut dicebat.

Et facta fuit ista venditio pro quadraginta libris Turonensium, de quibus dictus Fulco coram nobis se tenuit pro pagato, renuncians expresse exceptioni pecunie non numerate et non recepte.

Et tenetur idem Fulco garantizare et defendere dictis decano et capitulo, aut eorum mandato, dictam venditionem contra omnes, quantum jus dictabit.

Et ad hec tenenda et adimplenda dictus Fulco se et heredes suos et omnia bona sua mobilia et immobilia, presentia et futura, dictis decano et capitulo obligavit, et de premissis tenendis et adimplendis, et quod contra non veniet, se astringit dictus Fulco, fide prestita corporali.

Nos vero predicta, ad petitionem ipsius Fulconis, sententialiter adjudicamus tenenda, et ea sigillo curie Cenomanensis fecimus roborari.

Actum die jovis ante festum beati Gervasii iemalis, anno Domini MCCLXIV.

544. — 1264, novembre = DLXXIX.

545. — 1264, 12 décembre. — ACTE PAR LEQUEL FOULQUES DE SACÉ RECONNAIT TENIR DU CHAPITRE LES DÎMES DE PIERRE FONTAINE, EN SAINTE-GEMMES, PRÈS ÉVRON, ET DEVOIR DE CE CHEF UNE RENTE DE VINGT-CINQ SOUS. (B. N., latin 17754, 52.)

Establi en droit par devant nos, Fouque de Sazé, escuier, requenut en droit par devant nous que il doit et est tenu rendre au déen et au chapitre dou Mans à toz jourz mès vint et cinc sous de Mansois sur les fruiz de la desme de Pierre Fontaine, assise en la parroisse de Sainte Jame jouste Evron ; c'est à savoir vint et cinc souz de tornais en l'oitieve de la Saint Remme et vint et cinc souz de tornais ou seine de Touzsens.

Et à ce celui Fouque oblige sai et ses heirs et touz ses bienz mobles et non mobles, presenz et avenir.

Et est tenu feire oustage au Mans por chacun terme passé, c'il se défalloit des paiez, senz s'en partir duque à tant que il eust renduz les diz deniers.

Et nous ajujon ice à tenir.

Ce fut donné le vendredi emprès la Saint Nicholas d'iver, en l'an de graice mil dous cens cessante et quatre.

546. — 1264, 15 décembre. — ACTE PAR LEQUEL GUILLAUME DES VAUX, POUR UNE SOMME DE TRENTE LIVRES, VEND AU CHAPITRE

SES DÎMES D'ARON, AU FIEF DE MAYENNE. (B. N., latin 17754, 47.)

Establiz en droit par devant nous Guillaume des Vaus requenut que il a vendu au daien et au chapistre de monsaignor Saint Julien dou Mans une desme asise en la parroisse d'Aroon, ou fé au saingnor de Maenne, c'est assavair en blez, en chanvres et en lin, o tout le drait, juridicion et destrait, que il a et puet avair en la dite desme.

Et fut faite la vente por trente libvres de tornais, dont il se tint por paiez.

Et est tenuz garanter et deffendre au dit daien et au chapistre la dite vente contre touz, à touz jorz mès, lui et ses hairs, et touz ses biens meubles et immeubles, presenz et avenir, oblige quant à ce.

Et est tenu parensommet rendre au dit daien et au chapistre quinze souz de mansais de rente chascun an, à l'uytive de la Saint Rome, de la dite desme lui et ses airs, et tenir houstage au Mans por chascun terme passé sanz en partir jusques à tant que la dite rente fust rendue. Lui et ses hairs et touz ses biens, et fé et doumaine oblige quant à ce.

Et nous ajujon ice a tenir.

Ce fut fet le lundi après la Saint Gervese d'iver, en l'an de grace mil doucenz soixante et quatre.

547. — 1260-1268, 24 décembre. — ACTE PAR LEQUEL L'ÉVÊQUE GEOFFROY FRESLON, APRÈS AVOIR RÉGLÉ LA DIFFICULTÉ QUI EXISTAIT ENTRE LUI ET LE CHAPITRE AU SUJET DU DROIT DE PROCURATION DE L'ARCHEVÊQUE DE TOURS ET DES LÉGATS DU SAINT-SIÈGE, ABANDONNE AU CHAPITRE LA MOITIÉ DE LA DÎME DE LA CURE DE SAINT-VINCENT-DES-PRÉS ET EN REÇOIT CELLES DE SAINT-GEORGES-DU-ROSAY. (Bibl. du Mans, 245, 262 en partie coupé.)

Universis presentes litteras inspecturis Gaufridus, divina permissione Cenomanensis ecclesie minister humilis, salutem.

Noveritis quod cum inter nos, ex una parte, et venerabiles viros decanum et capitulum Cenomanense, ex altera, dissentio orta [esset], eo quod ipsi petebant a nobis, ut a procurationibus archiepiscoporum Turonensium et legatorum Sedis Apostolice quociens ..... guntur ab eis, liberaremus eosdem, asserentes nos et omnes episcopos Cenomanenses qui erunt pro tempore hec de .... [con]suetudine approbata teneri, nobis predicta negantibus ex adverso, tandem ad concordiam devenim .... tali modo quod quotienscumque de cetero archiepiscopus Turonensis qui erit pro tempore, vel legatus aliquis [sive] nuncius Sedis Apostolice, potestatem habens exigendi procurationes in regno Francie, vel saltem in prov[incia] Turonensi, exiget procurationem sibi debitam vel sibi competentem, a decano et capitulo supradictis, nos [vel] successores nostri qui erunt pro tempore ipsos a procurationibus hujusmodi liberabimus et tenebimur liberare in .... sive in victualibus, sive in peccunia numerata, sive in presencia, sive in absencia, fuerint persolvende ...

Cum nos, diu est, medietatem decime quam percipiebamus in parrochia Sancti Vivenciani [1] decano et [capitulo] .... misissemus eisdem, eo quod aliqui fide digni firmiter asserebant bone memorie Gaufridum Cenomanensem episcopum .... manu laicali ad augmentum sui anniversarii dictam decimam redemisse, nos aliam medietatem predicte [decime] dimittimus in perpetuum decano et capitulo supradictis, qui decanus et capitulum per compositionem hujusmodi nobis et suc[cessoribus] nostris dimittunt et quitant in perpetuum totam decimam quam habebant et percipiebant in parrochia Sancti Georgii de Roseto.

Preterea dicti decanus et capitulum nobis unanimiter concesserunt quod singulis diebus .... Cenomanis vel circa quatuor leucas a civitate Cenomanensi in aliquo manerio nostro panem capituli .... xerimus, habeamus quantum dabitur in die uni canonico residenti.

Et nos ad emendos red .... pane faciendo dedimus eis viginti libras Turonensium in peccunia numerata.

Ut autem premissa ...... [obti]neant in futurum, nos dictis decano et capitulo presentes dedimus litteras sigillo .... [ro]boratas.

Datum in vigilia Nativitatis Domini, anno ejusdem MCC sex. ....

(1) Actuellement Saint-Vincent-des-Prés.

548. — 1264, v. s., 4 février = DII.
549. — 1264, v. s., 5 février = CCCCLXXVI [1].
550. — 1264, v. s., 1er mars = CCCLX.
551. — 1264, v. s., 10 mars = CCCCXLVIII.
552. — 1265, 10 juin = CCCXCVI.
553. — 1265, 30 juin = CCCCLI.
554. — 1265, juin = CCCXCV.
555. — 1265, 3 juillet = CCCXCVII.
556. — 1265, 24 juillet = CCCCL.
557. — 1265, juillet = DCLXXXVIII.
558. — 1265, 27 septembre = DXXVI.
559. — 1265, 15 octobre = CCCCLV.
560. — 1265, octobre = DXXIV.
561. — 1265, novembre = CCCLXIV.
562. — 1265, 14 décembre = CCCLVIII.
563. — 1265, v. s., 5 février. — NOTE SUR L'HOMMAGE FAIT AU CHAPITRE PAR GUILLAUME LE MAIRE, DE CORMES. (Bibl. du Mans, 245, 2.)

Die veneris post purificationem Beate Marie, fecit homagium ligium decano et capitulo Cenomanensi Guillelmus Major de Cormis, miles, presentibus nobis N. decano, G. archidiacono, Roberto Infante, archidiacono de Passays, Aymerico de Naintre, Guillelmo Mocet, Hamelino de Curia Cesaris, Johanne de Meldis, G[aufrido] de Nannetis, Cenomanensibus canonicis, Nicholao de Rosperos, Odone de Lugis, militibus.

Actum in capitulo nostro dicta die, anno Domini MCCLXV, mense februarii.

564. — 1266, 22 mai = CCCCLXXVII.
565. — 1266, 23 mai, Viterbe. — BULLE PAR LAQUELLE CLÉMENT IV DONNE A SON LÉGAT SIMON, CARDINAL DE SAINTE-CÉCILE, LA MISSION DE METTRE FIN AU DISSENTIMENT QUI EXISTAIT AU MANS ENTRE LE CHAPITRE DE SAINT-PIERRE-DE-LA-COUR, D'UNE PART, L'ÉVÊQUE ET LE CHAPITRE, DE L'AUTRE, AU SUJET DE

---

[1] A la ligne 3, il y a lieu de lire *profet* au lieu de *prefet*. (Delisle, *Bibl. de l'École des Chartes*, XXXI, 208.)

DROIT D'INTERDIT. (Imprimé, dom Piolin, *Église du Mans*, IV, 594, d'après les archives de la Sarthe.)

566. — 1266, 29 mai = CCCLXVI.
567. — 1266, mai = CCCLXV.
568. — 1266, mai = CCCLXVIII.
569. — 1266, 8 juillet = CCCCLXXVIII.
570. — 1266, 7 octobre = CCCXCVIII.
571. — 1266, v. s., 8 janvier = DCCVIII.
572. — 1266, v. s., 13 janvier = CCCLXVII.
573. — 1266, v. s., mars = CCCCLII.
574. — 1266, v. s., mars = CCCCLIII.
575. — 1267, avril, du 18 au 30, ou 1268, avril du 1er au 7 = CCCXCIX.
576. — 1267, 21 mai = CCCCLXXIX.
577. — 1267, 22 mai = CCCCXCIX.
578. — 1267, 24 mai = D.
579. — 1267, mai = CCCCLIV.
580. — 1267, 25 juin = CCCCLXXX.
581. — 1267, 25 juin = DXXII et DXXIII.
582. — 1267, 5 juillet = CCCCLXXXI.
583. — 1267, 5 juillet = DI.
584. — 1267, juillet. — ACTE PAR LEQUEL HAMELIN BOUL, POUR LE PRIX DE SOIXANTE LIVRES, VEND A ROBERT, ARCHIDIACRE DE PASSAIS, AU PRIEUR DE CHATEAU-L'HERMITAGE ET A RAOUL D'ANJOU, TOUS TROIS EXÉCUTEURS TESTAMENTAIRES DE FEU JEAN DE SAINT-SAMSON, ARCHIDIACRE DE CHATEAU-DU-LOIR, UNE RENTE DE SEPT LIVRES SUR CHARTRIGNÉ. (B. N., latin 17775⁴, 17.)

Universis presentes litteras inspecturis, officialis Cenomanensis salutem in Domino.

Noveritis quod, in nostra presencia constitutus, Hamelinus Booul, armiger, vendidit in jure coram nobis venerabili viro Roberto, archidiacono de Passeio in ecclesia Cenomanensi, viro religioso priori de Castellis in Heremo et Radulpho de Andegavis, capellano in ecclesia supradicta, executoribus testamenti bone memorie Johannis de Sancto-Sansone, quondam archidiaconi Castri Lidi in ecclesia Cenomanensi, pro executione dicti testamenti defuncti facienda, septem libras Turonensium annui redditus, percipiendas et habendas super decimis et fructibus decime, tractibus, palleis et grangiis et locis aliis pertinentibus dicte decime, quas idem Hamelinus percipit in parrochia de Chartineyo et percipere consuevit, quas septem libras Turonensium dictus Hamelinus et heredes ejus tenentur reddere dictis executoribus vel eorum mandato, videlicet medietatem ad synodum Omnium Sanctorum et aliam medietatem ad synodum Penthecostes de cetero annuatim.

Et facta ista vendicio fuit pro sexaginta libris Turonensium, de quibus dictus Hamelinus in jure coram nobis se tenuit pro pagato, renoncians expresse exceptioni peccunie non numerate et non recepte. Et promittit dictus Hamelinus et tenetur garantizare, deffendere et liberare dictis executoribus, vel eorum mandato, dictam vendicionem contra omnes et reddere eidem . . . . redditus Cenomanis terminis supradictis, prout superius est expressum.

Et voluit idem Hamelinus quod non creditur ei vel heredi suo de solucionibus dicti redditus, nisi facte fuerint coram nobis et nisi illas possint probare per litteras curie Cenomanensis.

Et voluit et concessit idem Hamelinus quod si ipse, vel ejus heres, in fine septembris proximo venturi, dictis executoribus, vel eorum mandato, sexaginta libras Turonensium non solverint, quod ex tunc dicte decime cum omnibus pertinentiis nomine vendicionis dictis executoribus, vel eorum mandato, remaneant quiete et pacifice possidende in perpetuum et habende, contradicione dicti Hamelini et ejus heredis aliquatenus non obstante.

Et ad hec tenenda et adimplenda . . . .

Prefati vero executores volentes dicto Hamelino facere graciam specialem, voluerunt et concesserunt in jure coram nobis quod, si dictus Hamelinus vel ejus heredes solverent dictis executoribus, vel corum mandato, sexaginta libras in fine septempnii proximo venturi, quod ex tunc dicta venditio pro nulla penitus habeatur, et quod dictus Hamelinus et ejus heredes ex tunc a prestatione dicti redditus liberi sint penitus et immunes, et pactiones predicte penitus anullate.

Nos vero predicta, ad petitionem dicti Hamelini et dictorum executorum sententialiter adjudicamus tenenda, et ea sigillo curie Cenomanensis fecimus roborari.

Et sciendum est quod dictus defunctus legavit dictam summam pecunie ad emendum redditus ad servicium ecclesie Cenomanensis, videlicet cuidam clerico in perpetuum deservienti in ecclesia memorata.

Actum die sabbati ante festum Sancti Christofori, anno Domini MCCLXVII, mense julio.

585. — 1267, 8 septembre = CCCLXIX.
586. — 1268, avril, du 9 au 30 = DCCX.
587. — 1268, 4 juin = DCXC.
588. — 1268, 23 juillet = DCCIX.
589. — 1268, 1er décembre = DLXXX.
590. — 1268, 18 décembre = CCCXXXI.
591. — 1268, 24 décembre = DLXXXI.
592. — 1268, v. s., janvier. — ACTE PAR LEQUEL GERVAIS BÉRENGER VEND AU CHAPITRE UNE RENTE DE VINGT-CINQ SOUS, ASSISE SUR LE PRÉ DE LA PANTINIÈRE, EN ASSÉ-LE-BÉRENGER ; CET ACHAT EST PAYÉ QUINZE LIVRES PRISES SUR LES QUARANTE AFFECTÉES A L'ANNIVERSAIRE DE GUILLAUME DE CRAMAUT. (B. N., latin 17754, 51.)

Universis presentes litteras inspecturis officialis Cenomanensis salutem in Domino.

Noveritis quod, in nostra presentia constitutus, Gervasius Belengerii vendidit in jure venerabilibus decano et capitulo Cenomanensi viginti quinque solidos Turonensium in moneta currenti annui et perpetui redditus, percipiendos et habendos ab ipsis vel eorum mandato annuatim in perpetuum, super quoddam pratum de la Pantinière, situm in parrochia de Asceio le Belengier in feodo dictorum decani et capituli, per manum dicti Gervasii aut ejus heredum in festo beatorum Gervasii et Prothasii hyemali, sub pena duorum solidorum Turonensium pro qualibet ebdomada solutionis dilate post terminum supradictum.

Et facta est illa venditio pro quindecim libris Turonensium persolutis de quadraginta libris Turonensium collatis a venerabili viro magistro Guillermo de Cramaut, canonico Remensi, canonico Cenomanensi, ad emendum redditus ad hoc opus : videlicet, quod de illo redditu fiat in Cenomanensi ecclesia anniversarium dicti magistri Guillelmi post ipsius obitum, et, ipso vivente, una missa de Sancto-Spiritu pro ipso in Cenomanensi ecclesia celebretur semel in anno, ut dicitur.

Et de dictis quindecim libris Turonensium se tenuit idem Gervasius coram nobis in jure penitus pro pagato in pecunia numerata, exceptioni non numerate pecunie renuntians, et ad reddendum illum redditum in dicto termino et pena, si sit commissa, ut dictum est, obligat idem Gervasius se et heredes suos et omnia mobilia et immobilia, presentia et futura, et dictum pratum specialiter et expresse, et ad garantizandum, liberandum et defendendum eisdem et eorum mandato dictum redditum, quantum jus dictabit, contra omnes. Et de premissis tenendis et de non veniendo contra, astrinxit se idem Gervasius, fide prestita corporali.

Nos vero predicta, ad petitionem dicti Gervasii sententialiter adjudicamus tenenda, et ea sigillo Cenomanensis curie fecimus roborari.

Datum mense januarii, anno Domini MCCLXVIII.

593. — 1268, v. s., 26 février = CCCXXIX.

594. — 1268, v. s., 26 février = CCCXXX.

595. — 1268, v. s., 20 mars = CCCCLVI.

596. — 1269, 9 septembre = CCCLXX.

597. — 1269, v. s., 18 janvier = CCCC.

598. — 1269, v. s., 29 janvier, Tours. — LETTRE PAR LAQUELLE GEOFFROY D'ASSÉ DEMANDE AU ROI A ÊTRE MIS EN POSSESSION DE LA RÉGALE DE L'ÉVÊCHÉ DU MANS. (Imprimé, *Gallia*, XIV, instrumenta 140. Archives nationales, J 346, n° 49. Original scellé.)

599. — 1269, v. s., 13 mars. — ACTE PAR LEQUEL LE CHAPITRE, POUR UNE SOMME DE SOIXANTE-QUINZE LIVRES, ACHÈTE DE DIVERSES PERSONNES DES DROITS SUR LES MOULINS D'ASNIÈRES. (B. N., latin 17754, 23.)

Universis presentes litteras inspecturis, officialis Cenomanensis salutem in Domino.

Noveritis quod, in nostra prescencia constitutus, Johannes Jovel, Johannes Multor, Guillelmus et Johannes, filii defuncti Petri Multoris, Benedictus Boerel et Adelea, relicta defuncti Guillelmi Flori, vendiderunt venerabilibus viris decano et capitulo Cenomanensi quidquid juris ipsi habebant vel habere poterant ex quacumque causa in molendinis de Asneriis et pertinenciis eorumdem.

Et facta est illa venditio pro sexaginta et quindecim libris Turonensium, de quibus dicti venditores coram nobis in jure se tenuerunt penitus pro pagatis in pecunia numerata, exceptioni non numerate peccunie renunciantes specialiter et expresse.

Et graaverunt et promiserunt dicti venditores quod ipsi garantizabunt . . . .

Et de premissis tenendis, et de non veniendo contra ratione minoris etatis vel aliqua ratione, se astrinxerunt dicti venditores, fide prestita corporali.

Nos vero, ad eorum petitionem, predicta sententialiter adjudicamus tenenda, et ea sigillo Cenomanensis curie fecimus roborari.

Actum die jovis post *Reminiscere*, anno Domini MCCLXIX.

600. — 1269, v. s., 26 mars = CCCXXXII.
601. — 1270, 14 août = DLV.
602. — 1270, 25 août. — NOTE SUR LE DÉCÈS DE SAINT LOUIS. (Imprimée, *Livre Blanc*, p. 188, en note.)
603. — 1270, 28 octobre = CCCI.
604. — 1270, décembre = CCCII.
605. — 1271, 23 mai = CCCLXXI.
606. — 1271, 6 juin = CCCCIII.
607. — 1271, 23 juillet = DXXVII.
608. — 1271, 28 juillet. — ACTE PAR LEQUEL JEAN DE LONGUE ESNAITE, POUR UNE SOMME DE SOIXANTE LIVRES, VEND AU CHAPITRE LES DÎMES QU'IL POSSÉDAIT A LA CHAPELLE-AU-RIBOUL. (B. N., latin 17754, 40.)

Universis presentes litteras inspecturis, officialis Cenomanensis salutem in Domino.

Noveritis quod, in nostra presencia constitutus, Johannes de Longue Esneite recognovit in jure coram nobis quod venerabiles viri decanus et capitulum Cenomanense retraxerant ab ipso Johanne totam deciaam quam idem Johannes percipiebat et percipere consueverat in parrochia de Capella Horrici Booul, videlicet duas partes decime tocius bladi crescentis in dicta parrochia, exceptis decimis bladi crescentis in terris sitis inter aquam de Rafael et aquam de Coers, et in feodo de la Papinière, in feodo Blanc Vilain, in feodo Boutelou et de la Musengière, et in terris propriis dicte ecclesie, in quarum decimis dictus Johannes nichil percipit nec percipere consuevit.

Et quitavit idem Johannes dictis decano et capitulo quicquid juris habebat et habere poterat in decimis dicte parrochie et in tractibus et paleis earumdem, videlicet pro sexaginta libris Turonensium, de quibus dictus Johannes coram nobis se tenuit pro pagato, renoncians expresse excepcioni peccunie non numerate et non recepte.

Et promisit dictus Johannes garantizare, defendere et liberare dictis decano et capitulo et eorum mandato dictas decimas cum tractibus et paleis que ipse habebat in dicta parrochia contra omnes, quantum jus dictabit.

Et ad hec tenenda et adimplenda dictus Johannes se et heredes suos et omnia bona sua mobilia et immobilia, presentia et futura, dictis decano et capitulo obligavit.

Et de hiis tenendis et adimplendis, et quod contra ea non veniet, se astrinxit dictus Johannes, fide prestita corporali.

Nos vero predicta, ad peticionem dicti Johannis sentencialiter adjudicamus tenenda, et ea sigillo curie Cenomanensis fecimus roborari.

Actum die martis post festum sancti Christofori, anno Domini MCCLXXI.

609. — **1271, 28 juillet.** — FRAGMENT D'UNE CHARTE AYANT LE MÊME OBJET QUE LE NUMÉRO 608. (B. N., latin 17754, en partie détruite.)

Universis presentes litteras

[inspec]turis officialis Cenomanensis [salutem] in Domino.

Noveritis quod, in n. . . . . . .
. . . ram nobis constitutus, Johannes [de Lun-]
gue Esneyte recognovit . . . .
. . . acceperat sibi et suis heredibus . . . .
. . . um a venerabilibus viris de . . . .
. . . decano et capitulo Cenomanensi . . . .
. . . paleas et tractus, quas et quos . . . .
. . . Johannes solebat percipere in par[rochia Or-]
rici Boul, que predicta . . . .
. . . et capitulum ab ipso Johanne . . . .
. . . ut dicebat, videlicet pro . . . .
. . . in annui et perpetui red. . . . .
. . . dictis decano et capitulo . . . .
. . . dato Cenomanis in festo Sancti . . . .
. . . emalis de cetero annuatim . . . .
. . . dem Johannes et concessit . . . .
. . . ram nobis quod si ipse vel ejus . . . .
. . . int in solutione dicti . . . .
. . . ictis decano et capitulo dicto . . . .
. . . um est facienda quod ipsi . . . .
. . . capere in manu sua
. . . nam cum tractibus et pale
. . . dem suam facere penitus
. . . tradicione predicta non obs
. . . quod dictus Johannes et ejus here
. . . redditum dictis decano et
. . . tempore in quo cessare
. . . hillominus reddere teneatur
. . . tenenda et adimplenda
. . . se et heredes suos et omnia
. . . mobilia et immobilia, pre
. . decano et capitulo obli
. . . de hiis tenendis et ad
. . . is et quod contra non veniet
. . . dictus Johannes, fide prestita

. . . Nos vero predicta ad peti
. . . Johannis sententialiter adjudi
. . . cuenda, et ea sigillo curie
. . . cecimus roborari.
Actum
. . . in post festum sancti Christofori
. . . M° cc° septuagesimo [1].

610. — 1271, 31 août. — LETTRES PAR LESQUELLES L'ÉVÊQUE GEOFFROY D'ASSÉ RATIFIE L'ACCORD ÉTABLI ENTRE LE CHAPITRE ET L'ABBÉ DE LA COUTURE, AU SUJET DES DROITS DE PROCURATION DES PRIEURS DE PEZÉ-LE-ROBERT ET DE GREZ. CEUX-CI DÉSORMAIS, DEVRONT PAYER DIX SOUS TOURNOIS, LORS DE LA VISITE ANNUELLE DE L'ARCHIDIACRE DE PASSAIS. (B. N., latin 17754, 39.)

Universis presentes litteras inspecturis, Gaufridus, divina miseratione Cenomanensis ecclesie minister humilis, salutem in Domino.

Noveritis quod, cum contentio verteretur inter venerabilem virum archidiaconum de Passayo, ex una parte, et religiosos viros priores de Pezeyo et de Gressu Sancti Petri de Cultura, ex altera, super hoc quod prefatus archidiaconus a dictis prioribus petebat procurationem nomine suorum prioratuum quia habebat in dictis prioratibus visitationem et quia dicebat prioratuum redditus esse pingues et amplas, ut pretextu paupertatis ad prestationem procurationis minime poterant se tueri, dictis prioribus in contrarium se opponentibus, tandem, post multas altercationes, prefati archidiaconus et priores, de consensu et actoritate abbatis sui et procuratoris sui conventus, compromiserunt in nos et promiserunt stare ordinationi nostre super premissis, qui, auditis rationibus utriusque partis, in hunc modum protulimus dictum nostrum :

Videlicet, quod dicti priores, seu eorum successores qui pro tempore erunt in dictis prioratibus, vel qui dictos prioratus tenebunt, nomine suorum prioratuum teneantur reddere prelato

(1) Nous avons assigné à ce fragment une date identique à celle de la charte numéro 608.

archidiacono, vel successoribus in archidiaconatu predicto, quilibet decem solidos Turonensium, quando semel in anno dictum archidiaconum in dictis prioratibus per se vel per alium contigerit visitare, ita tamen quod si dicti priores, seu abbas eorum, voluerunt prefato archidiacono assignare viginti solidos Turonensium admortizatos annui redditus in suo archidiaconatu vel alibi competenter, dicti priores essent a predictis viginti solidis penitus liberati, facta ad plenum et libere assignatione predicta.

Et nos de consensu partium predictorum abbatis et conventus et procuratoris eorumdem, dictorum archidiaconi et priorum predictorum predicta adjudicamus tenenda, et pensata utilitate predictorum in premissis, necnon archidiaconi et prioratuum premissorum actorum ordinaria confirmamus.

Datum anno Domini MCCLXXI, mense augusti, die lune post Decollationem beati Johannis Baptiste.

611. — 1271, 18 septembre = CCCXXVIII.

612. — 1271, 21 octobre. — ACTE PAR LEQUEL MATHURINE, FEMME DE JEAN DE LONGUE ESNAITE, RATIFIE LA VENTE FAITE PAR CELUI-CI DE SES DIMES DE LA CHAPELLE-AU-RIBOUL. (B. N., latin 17754, 41.)

Universis presentes litteras inspecturis, officialis Cenomanensis, salutem in Domino.

Noveritis quod, in nostra presencia constituta, Mathea, uxor Johannis de Longue Esnaite, voluit et concessit in jure coram nobis retractionem quam venerabiles viri decanus et capitulum Cenomanense fecerunt ab eodem Johanne, de decima, paleis et tractibus, quas et quos idem Johannes solebat percipere in parrochia de Capella Orrici Booul, et quittationem quam eis fecerat de predictis, et dictas quiptacionem et retractionem ratas habuit et acceptas, et etiam quicquid iidem decanus et capitulum super premissis fecerant cum eodem.

Et dedit fidem dicta Mathea coram nobis, quod in predictis ratione dotis vel dotalicii, aut alia ratione, nichil de cetero reclamabit.

Nos vero predicta, ad peticionem dicte Mathee, sentempcialiter adjudicamus tenenda.

Actum mense octobris, die mercurii post festum sancti Luce, anno Domini MCCLXXI.

613. — 1271, v. s., 11 mars. — ACTE PAR LEQUEL JUHEL DE NEUVILLETTE ET MATHURINE, SON ÉPOUSE, POUR UNE SOMME DE CENT LIVRES, VENDENT AU CHAPITRE LES DÎMES QU'ILS POSSÉDAIENT SUR JUBLAINS ET COMMER. (B. N., latin 17754, 52.)

Universis presentes litteras inspecturis, officialis Cenomanensis, salutem in Domino.

Noveritis quod, in nostra presentia constituti, Juhellus de Novilleta, miles, et Mathea, ejus uxor, vendiderunt, quitaverunt et penitus dimiserunt in jure coram nobis viris venerabilibus decano et capitulo Cenomanensi omnem decimam quam habent et habere possunt in parrochia de Jublenz, in feodo dictorum militis et ejus uxoris predicte, vel alibi in dicta parrochia, scilicet medietatem omnium decimarum bladi, lini et canabi, cum medietate tractus et tricture, et omnibus paleis et bongrens dictarum decimarum, et jus pascendi, habendi et tenendi singulis annis quatuor porchos, quos dictus [Juhellus] et ejus uxor habent et pascuntur super dicta decima, quamdiu in jure coram nobis dicti Juhellus et Mathea, ejus uxor, dictis venerabilibus viris decano et capitulo omnem decimam quam habent et habere possunt in parrochia de Comez, in feodo suo, exceptis duodecim bossellis bladi dicte decime, quos rector dicte ecclesie de Comez debet habere et percipere quolibet anno de communi, ut dicitur, antequam . . . . dictus miles et Mathea, ejus uxor, predictis venerabilibus viris decano et capitulo Cenomanensi medietatem decimarum de Gémareé, que decime dividuntur, ut dicitur, in campis per gelimas inter dictum militem et ejus uxorem, ex una parte, et rectorem dicte ecclesie de Comez, ex altera, que quidem decime consistunt in blado, ut dicitur, cum paleis et bongrens, quas decimas dicti miles et ejus uxor estimant ad valorem decem librarum Turonensium annui et perpetui redditus.

Et graaverunt et promiserunt in jure coram nobis dicti miles et Mathea quod, si dicte maxime non valerent quolibet anno quod ipsi tenentur perficere et facere valere dictas decimas dictas decem libras annui et perpetui redditus.

Et fuit dicta venditio seu quitatio in perpetuum facta, possidenda a dictis decano et capitulo, pro centum libris Turonensium, de quibus predicti Juhellus et Mathea, ejus uxor, se tenuerunt in jure coram nobis pro pagatis in pecunia numerata, exceptioni non numerate pecunie, non tradite, non recepte, renunciantes penitus et expresse, omne jus, dominium et actionem tam realem quam personalem, proprietatem et possessionem, quod et quas habent et habere poterant in predictis, in dictos decanum et capitulum traditione presentium penitus in predictis.

Et tenentur dicti Juhellus et Mathea garantizare . . . .

Promiserunt etiam dicti Juhellus et Mathea, fide data, quod contra premissa vel aliquid premissorum non venient per se vel per alium in futurum.

Dedit etiam fidem dicta Mathea quod, ratione elemosine seu dotalis, donationis propter nuptias, aut dotaliciis, seu quacumque alia ratione in predictis nichil de cetero reclamabit.

Et si contigeret quod dictorum locorum persone aut alia aliqua persona, tam ecclesiastica quam secularis, dictos decanum et capitulum super premissis molestaret et in causam traheret, et ipsi ob hoc expensas facerent aut aliqua dampna sustinerent in judicio vel extra, ipsi Juhellus et Mathea, ejus uxor, promiserunt in jure coram nobis dictos decanum et capitulum se liberaturos et deffensuros super premissis.

Et promiserunt se reddituros procuratori dictorum decani et capituli post sacramentum suum, sine alia probatione.

Et ad hec omnia et singula tenenda . . . .

Nos omnia premissa et singula, ad petitionem dictorum Juhelli et Mathee, ejus uxoris, adjudicamus tenenda, et ea sigillo curie Cenomanensis fecimus roborari in veritatis testimonium premissorum.

Datum mense martio, die veneris post Cineres, anno Domini MCCLXXI.

614. — 1271, v. s., 11 mars. — ACTE PAR LEQUEL JUHEL DE NEUVILLETTE ET MATHURINE, SON ÉPOUSE, RECONNAISSENT QU'ILS TIENNENT DU CHAPITRE LES DÎMES DE JUBLAINS ET DE COMMER,

ET LUI DOIVENT POUR CELA UNE RENTE DE DEUX CENTS SOUS.
(B. N., latin 17754, 53.)

Universis presentes litteras, inspecturis officialis Cenomanensis, salutem in Domino.

Noveritis quod, in nostra presentia constituti, Juhellus de Novilleta, miles, et Mathea, ejus uxor, confessi sunt in jure coram nobis se recepisse a venerabilibus viris decano et capitulo Cenomanensi quasdam decimas dictorum decani et capituli consistentes in blado, lino, canabo et aliis, sitas in parrochia de Jublenz et de Comez, que decime fuerunt quondam dictorum Juhelli et Mathee, ut dicebant, habendas, possidendas et tenendas a dictis Juhello et Mathea, ejus uxore, et eorum heredibus in perpetuum, nomine dictorum decani et capituli, pro decem libris Turonensium, reddendis singulis annis, Cenomanis, a predictis Juhello et Mathea, vel eorum heredibus, dictis decano et capitulo supradictis, aut eorum certo mandato, videlicet centum solidis Turonensium in synodo Penthecostes et centum solidis Turonensium in synodo Omnium Sanctorum annuatim, quos denarios dicti Juhellus et Mathea promiserunt se reddituros singulis annis dictis decano et capitulo, vel eorum mandato, terminis antedictis, volentes et concedentes dicti Juhellus et ejus uxor, vel alter eorum aut eorum heredes, quod si deficerent in solutione dictorum denariorum alicujus termini per quindenam post dictum terminum .... quos dicti decanus et capitulum possunt dictas suas decimas auctoritate propria capere et de eis facere suam plenariam voluntatem, absque contradictione seu reclamatione Juhelli et Mathee predictorum, et quod in dicta decima ex tunc dicti Juhellus et Mathea, vel eorum heredes nichil ratione firme seu alia ratione, aut aliquo jure sive juris beneficio in dictis decimis seu in pertinenciis earumdem reclamabunt aut poterunt reclamare, et quod nichilominus tenebuntur ad solutionem dictorum denariorum pro tempore quo cessabunt, et fiet prima solutio in synodo Omnium Sanctorum primo venturo.

Actum est siquidem et concordatum inter dictos decanum et capitulum, ex una parte, et dictos Juhellum et Matheam, ex altera, quod ipsi aut alter eorum, aut eorum heredes, dictas decimas alteri non poterunt tradere aut extra manum suam ponere, seu in alium transferre, sine licentia et voluntate decani et capituli predictorum.

Et de omnibus premissis et singulis tenendis et inviolabiliter observandis, astrinxerunt se dicti Juhellus et Mathea, fide in manu nostra prestita corporali, renunciantes per dictam fidem juris beneficio et omnibus rationibus et deffensionibus que contra presens instrumentum possent obici vel opponi.

Et nos, ad petitionem partium predicta et singula adjudicamus tenenda.

In cujus rei testimonium sigillum curie Cenomanensis presentibus duximus apponendum.

Datum anno Domini MCCLXXI, mense martio, die veneris post Cineres.

615. — 1271, v. s., 31 mars. — ACTE PAR LEQUEL NICOLAS D'ARON VEND AU CHAPITRE, POUR LA SOMME DE CENT SOUS, UNE RENTE DE DIX SOUS, DUE PAR LE CURÉ DE LA CHAPELLE-AU-RIBOUL. (B. N., latin 17754, 45.)

Universis presentes litteras inspecturis, officialis Cenomanensis, salutem in Domino.

Noveritis quod, in nostra presentia constitutus, Nicholaus de Aronio, armiger, vendidit et in perpetuum concessit venerabilibus viris et discretis decano et capitulo ecclesie Cenomanensis decem solidos Turonensium annui et perpetui redditus, quos denarios rector ecclesie de Cappella Orrici Booul eidem Nicholao reddere tenebatur ad Nativitatem Beate Marie Virginis annuatim super feodo de Nemore Bovonis, sito in dicta parrochia in feodo ipsius Nicholai, ut dicebat.

Et facta est presens vendicio pro sexaginta solidis Turonensium, de quibus ipse Nicholaus in jure coram nobis se tenuit plenarie pro pagato in peccunia numerata. Omni excepcioni peccunie non numerate et non recepte renonciavit idem Nicholaus in jure coram nobis specialiter, et expresse, ita quod eam de cetero non poterit allegare, omne jus, dominium, proprietatem, possessionem et quicquid juris ipse Nicholaus habebat et habere poterat in dicto redditu, in dictos venerabiles viros, aut eorum procuratorem penitus transferendo, nichil juris sibi retinens in eisdem.

Et graavit et promisit in jure coram nobis ipse Nicholaus dictis venerabilibus viris dictum redditum garantizare. . . .

Et istam vendicionem debet idem Nicholaus facere concedi Juliane, uxori sue, et super hoc dare litteras curie decani Gabronensis.

Et de hiis tenendis et observandis se astrinxit idem Nicholaus, fide in manu nostra prestita corporali.

Nos autem omnia predicta sentencialiter adjudicamus tenenda, et ea sigillo curie Cenomanensis fecimus sigillari.

Datum die jovis post *Oculi mei*, mense marcio, anno Domini MCCLXXI.

616. — 1272, 23 mai. — ACTE PAR LEQUEL PHILIPPE DE LENIOBERT ET AGNÈS, SA FEMME, POUR CINQUANTE SOUS, VENDENT A GEOFFROY DE SAINT-BRICE, ARCHIDIACRE DE SABLÉ, UNE RENTE DE DEUX SOUS HUIT DENIERS QUI LEUR ÉTAIT DUE PAR JEANNE, VEUVE DE LAMBERT DU BOIS. (B. N., latin 17754, 4.)

Universis presentes litteras inspecturis, officialis Cenomanensis, salutem in Domino.

Noveritis quod, in nostra presentia constituti, Philipus de Leniobert, clericus, et Agnes, ejus uxor, de parrochia de Longne, vendiderunt in jure venerabili viro et discreto magistro Gaufrido de Sancto-Bricio, archidiacono de Sabolio, duos solidos et octo denarios Cenomanensium annui et perpetui redditus, quos denarios Johanna, relicta defuncti Lamberti de Nemore, eisdem Philipo et ejus uxori annuatim reddere tenebatur, ad octabas Nativitatis Beate Marie, racione tradicionis cujusdam vinee et cujusdam orti eidem relicte facte in anfiteosim, ut dicebant, que vinea et ortus site sunt in parrochia de Loongne in feodo dicti archidiaconi, ut dicebant.

Et facta fuit hujusmodi venditio pro quinquaginta solidis Turonensium, de quibus dicti Philipus et Agnes coram nobis in jure se tenuerunt integre pro pagatis in denariis numeratis, exceptioni non numerate peccunie et non tradite renuntiantes specialiter et expresse, ita quod eam de cetero non poterunt allegare.

Et graaverunt et promiserunt dicti Philipus et ejus uxor se reddituros dicto archidiacono vel ejus mandato ad dictis octabis annuatim denarios supradictos.

Tenentur eciam dicti Philipus et Agnes dictam relictam adjostare dicto archidiacono de dictis denariis reddendis archidiacono supradicto annuatim, volentes et concedentes quod non credatur eis de solucionibus nisi facte fuerunt coram nobis, transferentes in dictum archidiaconum omne jus et dominium, proprietatem et possessionem, que et quas habebant et habere poterant ad petendum et habendum a dicta relicta denarios antedictos annuatim, nichil sibi et suis heredibus retinentes in eisdem.

Tenentur eciam dictum redditum dicto archidiacono vel ejus mandato garantizare . . . .

Et nos omnia predicta, prout superius sunt expressa, adjudicamus tenenda.

Datum et actum die lune post *Cantate*, anno Domini MCCLXXII.

617. — 1272, 23 mai. — ACTE PAR LEQUEL PHILIPPE DE LENIOBERT ET AGNÈS, SA FEMME, POUR CENT LIVRES, VENDENT A GEOFFROY DE SAINT-BRICE, ARCHIDIACRE DE SABLÉ, UNE RENTE DE DEUX SETIERS DE BLÉ SUR LONGNE, QUI LEUR ÉTAIT DUE PAR GUILLAUME. (B. N., latin 17754, 3.)

Universis presentes litteras inspecturis officialis Cenomanensis, salutem in Domino.

Noveritis quod, in nostra presentia constituti, Philipus de Leniobert, clericus, et Agnes, ejus uxor, de parrochia de Loongnia, vendiderunt in jure venerabili viro et discreto magistro Gaufrido de Sancto-Bricio, archidiacono de Sabolio in ecclesia Cenomanensi, duo sextaria frumenti, ad mensuram de Loongne, annui et perpetui redditus, percipienda et habenda a dicto archidiacono vel ejus mandato annuatim super terras suas quas Guillelmus tenet a dicto Philipo ad frumentagium, ut dicebant iidem Philipus et ejus uxor, que terre site sunt in dicta parrochia in feodo dicti archidiaconi, ut dicebant.

Et facta fuit ista vendicio pro centum solidis Turonensium, de quibus denariis iidem Philipus et ejus uxor coram nobis in jure se tenuerunt integre pro pagatis in denariis numeratis, exceptioni non numerate peccunie et non tradite renontiantes specialiter et expresse.

Que duo sextaria frumenti boni et legalis, ad mensuram predictam, dicti Philipus et ejus uxor graaverunt et promixerunt se reddituros dicto archidiacono vel ejus mandato annuatim, ad octabas nativitatis Beate Marie Virginis, de meliori frumento quod poterat inveniri ad vendendum apud Loongne quodlibet sextarium duobus denariis minus de Iesta, volentes et concedentes quod non credatur eis de solucionibus nisi facte fuerint coram nobis et nisi eas possint probare per litteras curie Cenomanensis, omni exceptioni tam facti quam juris, et omni beneficio et auxilio, et constitucioni de duobus reis, lesionis, deceptionis, doli mali et omnibus aliis racionibus per quas soluciones dicti frumenti possent tolli vel retardari renonciantes specialiter et expresse, se et heredes suos et omnia bona sua mobilia et inmobilia, presencia et futura, quo ad hoc obligando, et specialiter dictas terras et omnes illos qui dictum frumentagium de cetero possidebunt.

Et de premissis omnibus tenendis et fideliter observandis, et de non veniendo contra premissa, vel aliquid de premissis, racione detis, seu dotalicii, vel elemosine, astrinxerunt se dicti Philipus et ejus uxor, fide in manu nostra prestita corporali.

Et nos omnia predicta, prout superius sunt expressa, adjudicamus tenenda, et ea sigillo curie Cenomanensis fecimus sigillari in testimonium veritatis.

Datum et actum die lune post *Cantate*, anno Domini MCCLXXVIII[1].

618. — 1272, mai = CCCCLXXXII.

619. — 1272, 7 juin = CCCCLXXXIII.

620. — 1272, juillet = DIII.

621. — 1272, 10 août. — ACTE PAR LEQUEL GUILLAUME PAUCET VEND AU CHAPITRE, POUR VINGT-CINQ LIVRES, TOUTES LES

(1) La date est ainsi écrite au manuscrit mais comme la pièce est certainement antérieure au numéro 647, daté du 21 décembre 1274, nous l'avons rectifiée dans notre notice en supposant l'acte passé le même jour que le numéro 616.

DÎMES QU'IL POSSÉDAIT DANS LES PAROISSES DE LA TRINITÉ DE LAVAL, DE CHANGÉ ET DE GRENOUX. (B. N., latin 17754, 55.)

Universis presentes litteras inspecturis et audituris, officialis Cenomanensis, salutem in Domino.

Noveritis quod, in nostra presentia constitutus in jure, Guillelmus dictus Paacet, de parrochia Sancte Trinitatis de La Valle Guidonis, vendidit et concessit in jure coram nobis viris venerabilibus et discretis decano et capitulo Cenomanensi totam decimam ipsius Guillelmi, quam ipse consuevit percipere et habere in parrochiis Sancte Trinitatis de Lavalle Guidonis, de Changeio et de Grenor in quibuscumque locis, tam in blado quam in vino et aliis quibuscumque rebus, et quicquid juris ipse habebit et habere poterat in dicta decima et pertinentiis ejusdem.

Et facta fuit dicta venditio pro viginti quinque libris Turonensium, de quibus dictus Guillelmus coram nobis in jure se tenuit integre pro pagato in pecunia numerata, renuntians in jure coram nobis exceptioni pecunie non tradite nec recepte, ita quod eam non poterit allegare.

Et promisit et graavit in jure coram nobis idem Guillelmus pro se et heredibus suis, quod ipse et ipsi heredes garantizabunt . . .

Et ad hec omnia predicta et singula tenenda . . .

Et renunciavit in jure . . .

Et dedit fidem in manu nostra . . .

Et nos omnia predicta, ad peticionem dicti Guillelmi, adjudicamus tenenda, et ea sigillo curie Cenomanensis fecimus sigillari.

Datum die mercurii ante Assumptionem Beate Marie Virginis, mense augusto, anno Domini MCCLXXII.

622. — 1272, 10 août. — ACTE PAR LEQUEL GUILLAUME PAUCET RECONNAIT TENIR DU CHAPITRE LA DÎME PORTANT SUR LES PAROISSES DE LA TRINITÉ DE LAVAL, DE CHANGÉ ET DE GRENOUX, ET S'ENGAGE A LUI SERVIR UNE RENTE ANNUELLE DE VINGT-CINQ SOUS. (B. N., latin 17754, 55.)

Universis presentes litteras inspecturis et audituris, officialis Cenomanensis, salutem in Domino.

Noveritis quod, in nostra presentia constitutus in jure, Guillelmus Paucel, de parrochia Sancte Trinitatis de Lavalle Guidonis, recognovit in jure se accepisse sibi et heredibus suis a venerabilibus viris decano et capitulo Cenomanensi hereditarie et in perpetuum possidendum totam decimam cum omnibus pertinentiis ejusdem, quam dicti decanus et capitulum habebant ratione emptionis in parrochiis Sancte Trinitatis de Lavalle Guidonis, de Changeio et de Grenor in quibuscumque locis, tam in blado, vino quam aliis quibuscumque, que fuit dicti Guillelmi, quam ipse vendiderat dictis decano et capitulo, ut dicebat.

Et recognovit etiam quod ipse acceperat dictam decimam cum pertinentiis, ut dictum est, pro viginti quinque solidis Cenomanensium annui et perpetui redditus, quem redditum dictus Guillelmus et ejus heredes tenentur reddere de cetero dictis decano et capitulo, vel eorum mandato, coram nobis ad duos terminos, videlicet medietatem ad festum Omnium Sanctorum et aliam medietatem ad Nativitatem Domini annuatim.

Et ad reddendum dictum redditum de cetero dictis decano et capitulo, vel eorum mandato, ad dictos terminos annuatim, ut dictum est, obligat dictus Guillelmus dictis decano et capitulo se et heredes suos et omnia bona sua mobilia et immobilia, presentia et futura, et etiam dictam decimam cum pertinentiis ejusdem.

Et voluit et concessit in jure idem Guillelmus, pro se et heredibus suis, quod si idem Guillelmus vel ejus heredes cessarent de cetero de solutionibus dicti redditus, vel de aliqua earum, faciendis ad dictos terminos vel ad aliquem de dictis terminis, et post mensem post dictos terminos vel aliquem de eisdem, quod dicti decanus et capitulum ex tunc possint auctoritate sua propria dictam decimam capere et etiam percipere et levare in perpetuum, et de ea suam penitus facere voluntatem, nonobstante traditione predicta et etiam nonobstante contradictione seu oppositione dicti Guillelmi vel ejus heredum, et nichilominus tenentur solvere id quod deberent tunc de dicto redditu de tempore retroacto.

Et nos omnia predicta, ad petitionem dicti Guillelmi, adjudicamus tenenda, et ea sigillo curie Cenomanensis fecimus sigillari.

Datum die mercurii ante Assumptionem Beate Marie, anno Domini MCCLXXII, mense augusto.

623. — 1272, 10 septembre. — ACTE PAR LEQUEL GILLETTE, ÉPOUSE DE GUILLAUME PAUCET, RATIFIE LA VENTE FAITE PAR SON MARI, AU CHAPITRE, DE LA DÎME QUI APPARTENAIT A CELUI-CI, SUR LES PAROISSES DE LA TRINITÉ DE LAVAL, DE CHANGÉ ET DE GRENOUX. (B. N., latin 17754, 56.)

Universis presentes litteras inspecturis, Guillelmus, decanus de Lavalle Guidonis, salutem in Domino.

Noveritis quod, coram nobis in jure constituta, Egidia, uxor Guillelmi de Paucett, de parrochia Sancte Trinitatis de Lavalle, venditionem factam a dicto Guillelmo, ejus marito, viris venerabilibus canonicis et capitulo Beatissimi Juliani Cenomanensis decimarum quas ipse Guillelmus et Egidia, ejus uxor, consueverant percipere et habere in parrochiis Sancte Trinitatis de Lavalle, de Changeio et de Grenor, que decime consistunt vino, blado, canabo et lino et rebus aliis, ut dicitur, ratam habuit et acceptam, et dedit fidem suam in manu nostra, quod contra dictam venditionem, per se nec per alios, non veniet in futurum, ratione dotalicii seu donationis propter nuptias, elemosine, nec e contra alia ratione, quam Egidiam presentem et consentientem ad hec in scriptis sententialiter condempnamus.

Datum anno Domini MCCLXXII, die sabbati post Nativitatem Beate Marie Virginis.

624. — 1272, vers le 24 novembre = CCCCLXXXIV.
625. — 1272, 26 novembre = CCCCLXXXV.
626. — 1272, v. s., 22 janvier = DCV.
627. — 1272, v. s., 27 janvier. — ACTE PAR LEQUEL PIERRE GROS PIED ET EREMBOURG, SA FEMME, VENDENT, POUR UNE SOMME DE QUATRE LIVRES, A GEOFFROY DE SAINT-BRICE, ARCHIDIACRE DE SABLÉ, UNE RENTE DE SIX SOUS ET D'UNE MINE DE FROMENT. (B. N., latin 17754, 22.)

Universis presentes litteras inspecturis, officialis Cenomanensis, salutem in Domino.

Noveritis quod, in nostra presentia constituti, Petrus dictus Grossus Pes et Erenburgis, ejus uxor, de parrochia de Luognia, vendiderunt et in perpetuum concesserunt in jure coram nobis venerabili viro magistro Gaufrido de Sancto-Bricio, archidiacono de Sabolio in ecclesia Cenomanensi, sex solidos Turonensium et unam minam frumenti, ad mensuram dicti loci, annui et perpetui redditus, percipiendos et habendos a dicto archidiacono aut ejus mandato de cetero annuatim super omnibus rebus immobilibus ipsorum Petri et ejus uxoris, in Nativitate Beate Marie, quem redditum, ut superius est expressum, dicti Petrus et ejus uxor graaverunt et promiserunt in jure coram nobis se reddituros dicto archidiacono aut ejus mandato super dictis rebus ad dictum terminum annuatim, sub pena quinque solidorum Cenomanensium pro quolibet termino solutionis dilate, quam penam dicti Petrus et ejus uxor graaverunt et promiserunt in jure coram nobis se reddituros dicto archidiacono et ejus mandato quociens-cumque commissa fuerint, rato manente nichilominus debito principali.

Et voluerunt et concesserunt in jure coram nobis dicti Petrus et ejus uxor quod si defecerint in solutione alicujus termini dicti redditus dicto archidiacono aut ejus mandato facienda, quod idem archidiaconus aut ejus mandatum ex tunc possint justiciare et namia ipsorum in dictis rebus capere seu capi facere propria auctoritate sua, nullo alio judice super hoc vocato vel expectato, et ea tenere quousque de dicto redditu et pena sit eidem archidiacono aut ejus mandato integre satisfactum, oppositione et contradictione dictorum Petri et ejus uxoris et eorum heredum aliquatenus non obstante.

Et ad hec tenenda, facienda et adimplenda, ipsi Petrus et ejus uxor obligaverunt dicto archidiacono et ejus mandato se et heredes suos et omnia bona sua mobilia et immobilia, presentia et futura, et specialiter et expresse prata et terras quas tenent a Philipo de Leniobert.

Et facta est presens venditio pro quatuor libris Turonensium, de quibus dicti Petrus et ejus uxor in jure coram nobis se tenuerunt plenarie pro pagatis in peccunia numerata. Omni exceptioni peccunie non numerate et non recepte renunciaverunt . . . .

Et de premissis tenendis fideliter et inviolabiliter observandis se astrinxerunt ipsi Petrus et uxor fide in manu nostra prestita corporali.

Nos autem omnia predicta, ad petitionem ipsorum, sententialiter adjudicamus tenenda, et ea sigillo curie Cenomanensis fecimus sigillari.

Datum mense januarii, datum die veneris ante festum purificationis Beate Marie Virginis, anno Domini MCCLXXII.

628. — 1272, v. s., février = CCCXXXIV.

629. — 1272, v. s., 3 mars. — ACTE PAR LEQUEL RENAUD DU BURET, POUR QUARANTE LIVRES, VEND AU CHAPITRE DE LA CATHÉDRALE, DES DÎMES ESTIMÉES QUATRE LIVRES ET SITUÉES SUR BEAUMONT-PIED-DE-BŒUF. (B. N., latin 17754, 8.)

Universis presentes litteras inspecturis, officialis Cenomanensis, salutem in Domino.

Noveritis quod, in nostra presentia constitutus, Raginaldus, de parrochia de Buaret, vendidit, quitavit et penitus dimisit viris venerabilibus et discretis decano et capitulo Cenomanensi omnem illam decimam quam habebat et habere poterat in parrochia de Bello-Monte juxta Sanctum-Lupum, in decanatu de Sabolio, videlicet mediam partem tercie partis bladi, vini et palearum et tercium dicte decime quando debet eidem evenire, habendam, tenendam et possidendam a dictis decano et capitulo in perpetuum ad suam voluntatem plenariam faciendam, quam quidem decimam, tam bladi, vini et palearum, dictus Raginaldus estimat ad valorem quatuor librarum Turonensium annui et perpetui redditus.

Et graavit et promisit in jure coram nobis quod, si dicta decima non valeret, quolibet anno in perpetuum dictas quatuor libras Turonensium annui et perpetui redditus, quod ipse tenetur perficere et facere valere dictas quatuor libras annui et perpetui redditus ad dictum unius canonici dictorum decani et capituli ad hoc specialiter electi.

Et fuit dicta venditio seu quitatio in perpetuum facta, possidenda a dictis decano et capitulo, pro quadraginta libris Sinomansium de quibus dictus Raginaldus se tenuit in jure coram nobis pro pagato . . . .

Et tenetur dictus Raginaldus garantizare . . . .

Et de hiis tenendis . . . .

In cujus rei testimonium presentes litteras, ad petitionem dictorum partium, sigillo curie Cenomanensis duximus sigillandas.

Datum die veneris post *Invocavit me*, anno Domini MCCLXXII, mense marcio.

630. — 1272, v. s., 3 mars. — ACTE PAR LEQUEL RENAUD DU BURET, INVESTI PAR LE CHAPITRE DE LA CATHÉDRALE, DES DIMES ASSISES SUR BEAUMONT-PIED-DE-BŒUF ET DESTINÉES A COUVRIR LES FRAIS DE L'ANNIVERSAIRE DU DOYEN AZO, S'ENGAGE A PAYER UNE RENTE DE QUATRE LIVRES. (B. N., latin 17754, 8.)

Universis presentes litteras inspecturis, officialis Cenomanensis, salutem in Domino.

Noveritis quod, in nostra presencia constitutus, Raginaldus de Buret confessus est in jure coram nobis se recepisse a venerabilibus viris decano et capitulo Cenomanensi quamdam decimam dictorum decani et capituli, deputatam ad anniversarium defuncti Azonis, quondam decani Cenomanensis, faciendum, consistentem, in parrochia de Bello-Monte in decanatu de Sabolio juxta Sanctum-Lupum, in blado, vino et paleis, a dicto Raginaldo et ejus heredibus in perpetuum nomine dictorum decani et capituli habendam, tenendam et possidendam, pro quatuor libris Turonensium reddendis singulis annis, Cenomanis, a predicto Raginaldo et ejus heredibus dictis decano et capitulo, vel eorum mandato, ad synodum Omnium Sanctorum annuatim, quos denarios dictus Raginaldus promisit se redditurum singulis annis dictis decano et capitulo, vel eorum mandato, ad terminum predictum, volens et concedens dictus Raginaldus quod, si ipse aut ejus heredes defecerent in solutione dictorum denariorum per quindenam post dictum terminum, quod dicti decanus et capitulum possint predictam suam decimam actoritate sua propria capere et de ea suam facere plenariam voluntatem absque contradicione seu reclamacione dicti Raginaldi et ejus heredum, et quod in dicta decima ex tunc dictus Raginaldus vel ejus heredes nichil racione firme seu alia racione . . . . . . jure sive juris beneficio in dicta decima seu pertinentia ejusdem, reclamabunt aut poterunt reclamare, et quod nichilominus tenebuntur a solutione dictorum denariorum pro tempore quo cessibunt, et fiet prima solutio in synodo Omnium Sanctorum proximo venturo.

Actum est siquidem et concordatum inter dictos decanum et capitulum, ex una parte, et dictum Raginaldum, ex altera, ut dicebat idem Raginaldus quod ipse et ejus heredes dictam decimam alii non poterunt tradere, aut entra manum suam ponere, seu in alium transferre, sine licentia et voluntate dictorum decani et capituli.

Et de omnibus premissis et singulis tenendis astrinxit se dictus Raginaldus . . . .

Et nos, ad petitionem parcium, omnia premissa adjudicamus tenenda.

In cujus rei testimonium presentibus litteris sigillum curie Cenomanensis duximus apponendum.

Datum anno Domini MCCLXXII, die veneris post *Invocavit me*.

631. — 1272, v. s., 14 mars = CCCLXXII.

632. — 1273, 14 avril. — ACTE PAR LEQUEL, D'ACCORD AVEC AGNÈS, SA FEMME, PHILIPPE DE LENIOBERT, CLERC, RECONNAIT DEVOIR SUR LES CENS QU'IL POSSÈDE A LONGNES, UNE RENTE DE VINGT-CINQ SOUS TOURNOIS A MAITRE GEOFFROY LE SÉNÉCHAL. (B. N., latin 17754, 1.)

Universis presentes litteras inspecturis, officialis Cenomanensis, salutem in Domino.

Noveritis quod, in nostra presencia constitutus, Philipus de Leniobert, clericus, de parrochia de Loongne, recognovit in jure, coram nobis, quod ipse vendiderat magistro Gaufrido dicto Senescalo, clerico, viginti quinque solidos Turonensium annui et perpetui redditus, habendos et percipiendos super censibus suis de Loongnia, et super omnibus aliis rebus quas ille Philipus habebat in illa parrochia de Loongnia, que res consistunt in terris, pratis et rebus aliis, ut dicebat, recognoscens quod dicta venditio facta fuit pro decem libris Turonensium, de quibus denariis dictus Philipus, in jure coram nobis, se tenuit pro pagato, renunciatis exceptioni non numerate et non tradite peccunie specialiter et expresse.

Et promisit et graavit se garantizare . . . .

Et si alique vende debeantur vel petantur racione dicte vendicionis, dictus Philipus tenetur et promisit dictum magistrum et ejus heredes et successores super hiis indempnes servare et penitus liberare, et restaurare eis ad dictum suum, post sacramentum suum, sine alia, dampna omnia probatione et deperdita, si que, ob defectum faciendi, hoc scilicet garantizandi eis dictam vendicionem, ut dictum est, aliquatenus sustinerent.

Promisit etiam et graavit ille Philipus, coram nobis, se rediturus dicto magistro vel ejus mandato, viginti quinque solidos Cenomanensium pro dampnis et interesse, si ita contingeret quod aliquis de genere ipsius Philipi retraheret dictum redditum ab eodem magistro, refundendo precium secundum precium consuetudinem patrie generalem.

Et ad hec omnia tenenda et exequenda, ut dicta sunt, obligavit idem Philipus dicto magistro et ejus heredibus et successoribus, se et heredes, et bona sua mobilia et immobilia, et specialiter res predictas, renuntians expresse omni allegationi lesionis et deceptionis, et omnibus racionibus facti et juris que sibi vel suis heredibus possent subvenire ad veniendum contra premissa vel aliquid de premissis.

Et de hiis omnibus et singulis omnibus tenendis et exequendis, ut dicta sunt, et quod contra non veniet per se vel per alium aliquo modo se astrinxit, fide in manu nostra prestita corporali.

Preterea Agnes, uxor hujus, omnia et singula concessit et rata habuit in jure coram nobis, et dedit fidem corporalem in manu nostra sponte sua, non coacta, quod contra non veniet ratione dotalicii, vel elemosine, vel alia ratione.

Nos vero, ad peticionem ipsorum Philipi et ejus uxoris, predicta omnia sententialiter adjudicamus tenenda et firmiter observanda, et ea sigillo curie Cenomanensis fecimus roborari in testimoninum veritatis.

Datum die veneris Sancti Thuribii, anno Domini MCCLXXIII, mense aprilis.

633. — 1273, 14 avril. — ACTE PAR LEQUEL, D'ACCORD AVEC AGNÈS, SA FEMME, PHILIPPE DE LENIODERT RECONNAIT DEVOIR

A GEOFFROY LE SÉNÉCHAL UNE RENTE DE VINGT-CINQ SOUS TOURNOIS SUR LES CENS DE LONGNES, POUR LAQUELLE IL A REÇU UN CAPITAL DE DIX LIVRES. (B. N., latin 17754, 1.)

Sachent touz qui verront et orront ces presentes lettres que, en noustre presence establi, Phelipe de Leniobert, clerc, requenut en droit par devant nous lui avoir vendu et ostraié à torjorz més héritaument à mestre Jeffray dit le Séneschal, clerc, et à ses hayrs vint et cinq souz de tornais de rente anuel et pardurable à avoir et à prendre don dit mestre et de ses hairs, ou de lour commandement, sus les cens au dit Phelipe, les quex il a en la parroisse de Loongne, et sus toutes les chouses que il a en icele parroisse, c'est assavair sus terres, sus prez et sus habergemenz, et sus toutes les autres chouses que il a et puet avair en la dite parroisse, laquele rente le dit Phelipe et ses hairs sunt tenuz au dit mestre et à ses hairs, ou à lour commandement, en lendemain de la feste Sain Christofle, dès ores en avant chasqun an, sus les cens et sus toutes les choses devant dites, à paine de dous souz de tornais por chaqune semaine passée emprés le dit terme, laquéle paine celui Phelipe est tenu rendre au dit mestre et à ses hairs, ou à lour commandement, ausi comme le principal de la dite rente, remaingnant le principal en sa fermeté, si la dite paine ert commise dou dit terme trespassé.

Et est tenuz en sorquetout le dit Phelipe tenir hostage, le terme au Mans, se il se deffayllait de rendre la dite rente au dit terme, sanz en partir jouque à tant que il ait fait gré au dit mestre ou à ses hairs, ou à son commandement, ou à ceux qui cause et action auront d'eux par raison deus de la dite payne, se le ert commise, et en sorquetout garantir et défendre la dite vention à yceux contre touz, tant comme drait donra.

Et fut faite la dite vention por dez libvres de tornais desquex deniers le dit Phelipe par devant nous en droit se tint por paiez en pécunne nombrée, renounçant à l'exception de pécune non nombrée et non receue et à toute allégation de décevance et de lésion, et à toute ayde de feit et de drait escript et non escript et à tout privelège de croiz prise et à prendre et de clerc, et à toutes autres privelèges empaitriez et à empaitrier de cort d'yglise et de cort laye, et à toutes autres raysons par lesquèles la dite vention peust estre rapelée ou en aucune menière empeschiée, graant et premestant le dit Phelipe en droit par devant nous luy à rendre au dit mestre, ou à son commandement, cinquante souz de tornays, si ainsi avenayt que la dite rente fust retraite par auqun dou lingnage à celuy Phelipe.

Et à toutes devant dites et chaqune par say tenir et garder et fermement, si comme ils sunt dites, oblige le dit Phelipe au dit mestre et à ses hairs, ou à cil qui cause auront d'eus say et ses hairs et touz ses biens meubles e inmeubles presenz et avenir, et especiaument les diz cens e toutes les chouses desus dites, et s'en estraint le dit Phelipe par la fay de son cors, donnée en noustre main, que il encontre ceste vention par say ne par autre jamès désore en avant ne vendra, ne la dite rente ne rapelera ne ne fera rapeler.

Après toutes ces choses, establie en drait par devant nous, Agnès, fame au dit Phelipe, voust et ostraya en drait par devant nous toutes les chouses devant dites et les ot fermes e estables, e si consentit de sa bonne volenté sanz en estre porforciée. Et donna la fay de son cors en noustre main que par raison de douaire ne de aumons, ne par nule autre raison, contre la dite vention jamès désore en avant ne vendra par say ne par autre, ne riens en la dite rente ne demandera ne ne reclemera.

Et veulent et ostraient le dit Phelipe et sa fame par devant nous que eus ne lors hairs ne saient creuz de la souste de la dite rente, se ele n'est faite par devant nous, et que il ne puissent icele prover fors par les lestres de nostre cort. Et nous toutes ces choses devant dites et chaqune par say sentenciaument ajujon à tenir, et à lour requeste avon fayt saeller ces presentes lestres ou sael de la cort monsaingnor le ray de Sezile, conte de Angeu.

Ce fut donné le vendredi emprès la rexurrection de Nostre Saingnor, en l'an de grâce MCCLXXIII.

634. — 1273, 5 juillet. — ACTE PAR LEQUEL HAMELIN, CURÉ DE SAINT-DENIS-DU-MAINE, ET GEOFFROY DE LA MOTTE, RECONNAISSENT QUE PENDANT DIX ANS ILS SONT TENUS DE PAYER AU

CHAPITRE UN FERMAGE DE DIX-HUIT LIVRES DU POUR LES DÎMES DE SAINT-DENIS. (B. N., latin 17754, 22.)

Universis presentes litteras inspecturis, officialis Cenomanensis, salutem in Domino.

Noveritis quod, in nostra presencia constituti, Hamelinus, rector ecclesie Sancti Dyonisii de Merleio, et Gaufridus de Mota, de parrochia Sancti Dyonisii, recognoverunt in jure quod ipsi tenentur reddere decano et capitulo Cenomanensi, vel eorum mandato, decem et octo libras Turonensium annuatim, videlicet medietatem ad octabas Purificationis Beate Marie et aliam medietatem ad octabas Penthecostes, usque ad revelationem decem annorum proximo venturorum, videlicet pro omnibus decimis, quas dicti decanus et capitulum habent in dicta parrochia Sancti Dyonisii, et quas ipsi Hamelinus et Gaufridus acceperunt ad firmam ab ipsis decano et capitulo, cum tractibus et locis et aliis pertinenciis ipsarum decimarum, usque ad revolutionem dictorum annorum, pro dictis decem et octo libris annue firme, quos denarios ipsi Hamelinus et Gaufridus promiserunt et graaverunt se reddituros dictis decano et capitulo, vel eorum mandato, videlicet medietatem ad quemlibet terminum dictorum terminorum annuatim, durante pactione predicta.

Et ad hec tenenda et exequenda, ut dicta sunt, obligant ipsis decano et capitulo se et heredes suos et omnia bona sua mobilia et immobilia, presentia et futura.

Et nos, ad eorum petitionem, predicta sententialiter adjudicamus tenenda, et ea sigillo curie Cenomanensis fecimus roborari.

Datum die mercurii post festum beatorum apostolorum Petri et Pauli estivalis, anno Domini MCCLXXIII.

635. — 1273, juillet = CCCXI.
636. — 1273, 10 août = CCCXXXV.
637. — 1273, 15 septembre = DCCXVII.
638. — 1273, 7 octobre = CCCXXXVI.
639. — 1273, 10 octobre = CCCCXLVI.
640. — 1273, 14 décembre. — ACTE PAR LEQUEL PIERRE DE RIDÉ ET THIÉPHAINE, SON ÉPOUSE, VEUVE DE JEAN DE NUILLÉ, VENDENT AU CHANOINE JEAN BÉRAUT, POUR VINGT-TROIS LIVRES,

UN BORDAGE SUR LA PAROISSE DE NOTRE-DAME DE GOURDAINE,
AU MANS, AU FIEF DU PRIEURÉ SAINT-MARTIN DE MARMOUTIER.
(B. N., latin 17754, 65.)

Universis presentes litteras inspecturis, officialis Cenomanensis, salutem in Domino.

Noveritis quod, in jure [coram] nobis constituti, Petrus de Rideio, clericus, notarius curie Cenomanensis, et Theophania, uxor ejus, relicta defuncti Johannis de Nuilleyo, clerici, vendiderunt magistro Johanni Beraut, canonico Cenomanensi, quoddam herbergamentum cum fundo, domibus, plateis et rebus aliis ad dictum herbergamentum pertinentibus, quod herbergamentum cum pertinentiis situm est in parrochia Beate Marie de Gordana, Cenomanis, in feodo prioris Sancti Martini Majoris Monasterii, Cenomanis, ut dicebant.

Et facta fuit ista venditio pro viginti tribus libris Turonensium, de quibus dicti venditores coram nobis se tenuerunt pro pagatis, renunciantes expresse exceptioni pecunie non numerate et non recepte.

Et promiserunt et graaverunt dicti venditores in jure coram nobis, quilibet insolidum, garantizare . . . .

Promiserunt insuper dicti venditores, quilibet insolidum, reddere et plenarie resartire dicto magistro et ejus successoribus, ad plenum dictum ipsorum post sacramentum suum, sine alia probatione, omnia dampna et deperdita, que ipsi ob defectum garantizandi et liberandi eis dictam venditionem, ut dictum est, incurrerent, vel haberent.

Et ad premissa omnia et singula tenenda et adimplenda, prout dicta sunt, obligant dicti venditores, quilibet eorum insolidum, magistro et ejus successoribus se et heredes suos et omnia bona sua mobilia et immobilia, presentia et futura, et specialiter demos suas de civitate Cenomanensi cum pertinentiis, sitas in feodo capituli, Cenomanis, et triginta solidos Cenomanensium annui redditus, quos dictus Petrus emit a Matheo dicto Cornule, super prata, vineas, herbergamentum, sita in parrochia de Pireto, et super terram sitam in parrochia Sancti Aniani ; ut dicebant, renunciantes epistole divi Adriani et novelle constitutioni de duobus reis, et de fidejussoribus, et omnibus hiis per que possent venire contra premissa vel aliquid premissorum, et de predictis tenendis et adimplendis, et quod contra non venient ratione dotalicii vel alia ratione, se astrinxerunt dicti venditores, fide prestita corporali.

Nos vero, ad eorum petitionem, predicta sententialiter adjudicamus tenenda.

Actum in crastino beati Gervasii estivalis, anno Domini MCCLXXIII.

641. — 1273, v. s., 4 mars, Courgenard. — NOTE SUR UN DUEL JUDICIAIRE ENTRE GUILLAUME DE POLLET ET BERTELOT CORDE, AYANT EU LIEU DEVANT LA COUR DU CHAPITRE. (Bibl. du Mans, 245, 1.)

Anno Domini MCCLXXIII, die sabbati post *Invocavit me*, apud Curiam Genardi fuit armatum duellum de multro inter Guillelmum de Pollet, appellatorem, et Berthelotum Cordem, defensorem, in curia decani et capituli Cenomanensis, et predicti duo armati postmodum composuerunt de consensu et voluntate predictorum decani et capituli, gagiatis emendis dictis decano et capitulo de utraque parte, post quam compositionem dicti duo armati jactaverunt ictus duelli predicti cum baculis non cornutis.

Hec acta fuerunt presentibus: magistris Guillelmo decano, Hamelino cantore, Hamerico archidiacono Montisfortis, domino P. de Eglis, canonico Cenomanensi, domino Johanne de Coranis et fratre suo, militibus, Guillelmo de Beor, Gervasio de Cherreau, milite, Richardo de Bray et aliis servientibus capituli et omnibus hominibus capituli supradicti in territorio de Cormis et de Corgenart.

642. — 1274, 3 juin = DCXCI.
643. — 1274, 8 juin = CCCCV.
644. — 1274, juillet = CCCCVI.
645. — 1274, 17 août = CCCCXC.
646. — 1274, novembre = CCCCLXXXIX.
647. — 1274, 21 décembre. — ACTE PAR LEQUEL PHILIPPE DE LENIODERT ET AGNÈS, SON ÉPOUSE, POUR CENT LIVRES VENDENT

A GEOFFROY DE SAINT-BRICE, ARCHIDIACRE DE SABLÉ, UNE RENTE DE DEUX SETIERS DE FROMENT, SOLDE DE CELLE QUE LEUR DEVAIT GUILLAUME HUREL, LAQUELLE SE TROUVAIT AINSI APPARTENIR TOUT ENTIÈRE A L'ARCHIDIACRE. (B. N., latin 17754, 3.)

Universis presentes litteras inspecturis, officialis Cenomanensis salutem in Domino.

Noveritis quod cum Guillelmus Hurel, de parrochia de Loongne, teneret a Philipo de Leniobert, clerico, et ejus uxore, quasdam terras ad annuum frumentagium, videlicet ad quatuor sextaria frumenti ad mensuram de Loogne, ut iidem Philipus et ejus uxor asserebant, et iidem Philipus et Agnes, ejus uxor, postea de illo frumentagio vendidissent venerabili viro et discreto magistro Gaufrido de Sancto-Bricio, archidiacono de Sabolio in ecclesia Cenomanensi, duo sextaria frumenti ad mensuram predictam, reddenda ad octabas Nativitatis Beate Marie annuatim, prout hec omnia in nostris litteris continentur, tandem in nostra presencia constituti dicti Philipus et Agnes ejus uxor vendiderunt in jure duo sextaria frumenti, residua de illo frumentagio, cum omni jure et districtu et dominio que habebant in dicto frumentagio et fondo terre, cujus dictum frumentagium debebatur Philipo et ejus uxori supradictis, dicto magistro vel ejus mandato seu illis ab ipso causam habentibus perpetuo possidenda.

Et facta fuit ista venditio pro centum solidis Turonensium, de quibus denariis dicti Philipus et ejus uxor coram nobis in jure se tenuerunt integre pro pagatis, exceptioni non numerate peccunie et non tradite renonciantes specialiter et expresse.

Et tenentur dicti Philipus et ejus uxor dicto magistro seu illis ab ipso causam habentibus dicta quatuor sextaria de annuo frumentagio cum fondo liberare, garantizare et defendere contra omnes, quantum jus dictabit, volentes et concedentes quod dictus Guillelmus Hurel, aut ejus heredes, dicta sextaria frumenti, ut dictum est, reddant dicto archidiacono seu illis causam habentibus annuatim, sicuti dictis Philipo et ejus uxori annuatim reddere tenebantur, cedentes dicti Philipus et ejus uxor in dictum archidiaconum et illis causam habentibus ab ipso, omne jus et dominium, proprietatem et possessionem, que et quas iidem Philipus et ejus uxor habebant et habere poterant ad petendum et habendum dictum frumentagium a dicto Guillelmo et ejus heredibus, et omne jus quod habebant in dicto frumentagio et fondo in dictum magistrum transferendo.

Et ad hec omnia tenenda et fideliter observanda, ut dicta sunt, dicti Philipus et ejus uxor se et heredes suos et omnia bona sua mobilia et immobilia, presencia et futura, quod ad hoc obligando, et specialiter medietariam ipsorum sitam in feodo archidiaconi supradicti.

Et de premissis omnibus tenendis . . . .

Et nos omnia predicta, prout superius sunt expressa, adjudicamus tenenda, et ea sigillo curie Cenomanensis fecimus sigillari, in testimonium veritatis.

Datum et actum die veneris ante Nativitatem Domini, anno Domini MCCLXXIV.

648. — 1274 = CCCLXXIII.
649. — 1274, v. s., 15 janvier = DCCXI[1].
650. — 1274, v. s., 29 janvier. (Acte donné à la page 53 du *Livre Blanc*, où il ne porte pas de numéro.)
651. — 1275, 10 juillet = DCVI.
652. — 1275, 10 juillet = DCVII.
653. — 1275, 26 juillet. — ACTE PAR LEQUEL ROBERT DU LAYEUL

(1) Il y a tout lieu de penser que cet acte, passé au profit de l'œuvre du pain de feu Pierre de Vendôme, chantre du Mans, regarde une fondation faite, non pas par Pierre de Vendôme, que les actes nous montrent en possession de l'office de chantre depuis 1187 jusqu'en 1220, mais en faveur d'un fils de Pierre, comte de Vendôme, et de Gervaise de Mayenne, dont l'existence, ignorée de tous les généalogistes, est révélée par la note ci-après extraite du *Martyrologe de l'église du Mans*, folio 244 : « XI kalendas julii. Sic » obiit Petrus de Vindocino, filius nobilis viri Petri, comitis Vindocinensis, » cantor hujus ecclesie Cenomanensis, qui dum esset canonicus Carnotensis » et utriusque ecclesie Turonensis, cupiens amore sciencie exsudare studio- » rum Bononiam profectus est. Ibidem, in flore juventutis diem clausit » extremum . . . »

Le décès de sa mère, fille du dernier Juhel de Mayenne, est ainsi mentionné sous la date du 11 avril : « III idus aprilis. Sic obiit nobilis domina » Johanna de Meduana, quondam comitissa Vindocinensis » etc.

RECONNAIT TENIR DU CHAPITRE LES DÎMES DE LA CHAPELLE-AU-RIBOUL ET LUI DEVOIR DE CE CHEF UNE RENTE DE HUIT LIVRES. (B. N., latin 17754, 42.)

Universis presentes litteras inspecturis, officialis Cenomanensis, salutem in Domino.

Noveritis quod, in nostra presentia constitutus, Robertus, dictus dou Layeul, armiger, recognovit in jure coram nobis se cepisse a venerabilibus viris decano et capitulo Cenomanensi omnes decimas ipsorum decani et capituli de parrochia de Capella au Riboul, habendas, tenendas et possidendas dicto Roberto et suis successoribus in perpetuum ad suam voluntatem plenarie faciendam, pro octo libris Turonensium annui et perpetui redditus annis singulis; quas octo libras dictus Robertus graavit et promisit se soluturum et redditurum dictis decano et capitulo in perpetuum annis singulis hiis terminis, ad synodum Omnium Sanctorum quatuor libras Turonensium, et alias quatuor libras Turonensium ad synodum Penthecostes Domini annuatim, Cenomanis.

Et fiet prima solutio dictorum denariorum in festo Omnium Sanctorum primo venturo.

Renunciavit etiam dictus Robertus omnibus exceptionibus . . .

Et de premissis . . . .

Et nos premissa adjudicamus tenenda . . . .

Datum die veneris post festum Sancti Christofori, anno Domini MCCLXXV.

In cujus rei testimonium presentes litteras sigillo nostre curie, ad peticionem dicti Roberti, fecimus sigillari.

Datum ut supra.

654. — 1275, 30 septembre. — ACTE PAR LEQUEL PATRICE DE SOURCHES, SEIGNEUR DE BRULON, D'ACCORD AVEC LUCIE, SON ÉPOUSE, VEND POUR LA SOMME DE DEUX CENT VINGT LIVRES, AU CHAPITRE DU MANS, UNE RENTE DE VINGT LIVRES, ASSISE SUR LA TERRE DE LONGUEFEVE. (B. N., latin 17754, 21.)

Universis presentes litteras inspecturis officialis Cenomanensis, salutem in Domino.

Noverint quod, in nostra presentia constitutus, Patritius de

Caduleiis, miles, dominus de Brulonio, vendidit in jure coram nobis et nomine vendicionis concessit venerabilibus viris decano et capitulo Cenomanensi viginti libras Turonensium annui et perpetui redditus, reddendos et solvendos singulis annis hiis terminis, videlicet decem libras Turonensium ad [1] ... Nativitatem Beate Marie Virginis in perpetuum singulis annis dictis decano et capitulo a dicto milite et ejus heredibus super terra sua de Longua Fuga, sita in feodo [archidiaconi] de Sibolio in ecclesia Cenomanensi. Et incipiet prima solutio dicti redditus in festo beati Albini primo venturo.

Et facta fuit dicta vendicio pro ducentis et viginti libris Turonensium, de quibus denariis dictus miles se tenuit plenarie pro pagato in peccunia numerata, renuncians exceptioni non numerate peccunie, et non tradite et non recepte.

Promisit eciam et tenetur dictus miles dictum redditum dictis decano et capitulo et eorum mandato reddere ad terminos antedictos, Cenomanis, ad proprias expensas suas, ad penam quinque solidorum Turonensium pro qualibet ebdomada post dilatam solutionem dicti redditus, rato manente nichilominus redditu principali.

Tenetur insuper et promittit dictus venditor dictis decano et capitulo et eorum mandato garantizare, ...

Et ad hec tenenda ....

Preterea, constituta in jure coram nobis, Lucia, uxor dicti militis, predictam vendicionem et omnia supradicta, non vi, non metu, nec dolo ducta, laudavit et approbavit et rata habuit.

Renuntiaverunt eciam dicti miles et ejus uxor predicta ....

Et pecierunt predicti miles et ejus uxor predicta, quod nos adjudicaremus per diffinitivam sententiam predicta omnia et singula fore tenenda, et ipsos ad premissa condampnaremus sententialiter, ipsis milite et ejus uxore predicta, a nobis de omnibus et singulis supradictis, certioratis et premissis eis expositis in vulgari.

Nos autem, ad petitionem ipsorum militis et ejus uxoris, omnia premissa et singula per universos et singulos articulos

(1) Le copiste du manuscrit 17754 a omis ici la mention du terme de la Saint-Aubin.

adjudicamus sententialiter tenenda, ipsos militem et ejus uxorem predictam presentes et premissa confitentes, ad premissa, fide ab eis super premissis prestita corporali, condampnamus.

In cujus rei testimonium presentes litteras sigillo curie Cenomanensis, ad petitionem partium, fecimus sigillari.

Datum et actum die lune ante festum beati Remigii, anno Domini MCCLXXV.

655. — 1275, 8 octobre. — ACTE PAR LEQUEL GUILLAUME GERÉ FAIT DON AU CHAPITRE DE SA PROPRIÉTÉ SITUÉE A AMBRIÈRES. (B. N., latin 17754, 41.)

Universis presentes litteras inspecturis, officialis Cenomanensis, salutem in Domino.

Noveritis quod, in jure coram nobis constitutus, Guillelmus dictus Geré, miles, dedit in jure coram nobis, concessit, venerabilibus viris decano et capitulo Cenomanensi et ecclesie Cenomanis, pro remedio anime sue et parentum suorum, unum clausum suum, situm ultra aquam de Varennia, in parrochia de Ambreriis, ad suam voluntatem plenarie faciendam, cum omnibus pertinentiis dicti clausi, nichil sibi nec suis heredibus retinens in eisdem, se et heredes suos et omnia bona sua mobilia et immobilia, presentia et futura, quo ad hoc obligando, fide data.

Datum et actum die martis, post festum beati Dyonisii, qua die adjudicamus omnia premissa et singula fore tenenda, et presentes litteras sigillo curie Cenomanensis fecimus sigillari in testimonium premissorum.

Anno Domini MCCLXXV.

656. — 1275, 11 octobre. — ACTE PAR LEQUEL, POUR TRENTE LIVRES, GEOFFROY DE BREUIL VEND AU CHAPITRE DE LA CATHÉDRALE TOUTES LES DÎMES QU'IL POSSÉDAIT SUR VAIGES. (B. N., latin 17754, 6.)

Universis presentes litteras inspecturis, officialis Cenomanensis, salutem in Domino.

Noveritis quod, in nostra presencia constitutus, Gaufridus, dictus de Brolio, vendidit et nomine vendicionis concessit venerabilibus viris decano et capitulo Cenomanensi omnes decimas suas quas habebat et habere poterat in parrochia de Vegya, in quibuscumque rebus, locis, dominiis et feudis consistant, habendas, tenendas et eciam possidendas in perpetuum a dictis decano et capitulo et eorum mandato ad suam voluntatem plenarie faciendam.

Et fuit facta dicta venditio pro tringinta libris Turonensium, de quibus dictus Gaufridus se tenuit coram nobis plenarie pro pagato in peccunia numerata, renontians exceptioni non numerate peccunie . . . .

Tenetur etiam et promittit dictus Gaufridus dictam venditionem et dictas decimas cum omni jure, juridictione, dominio et districtu, dictis decano et capitulo garantizare, liberare et deffendere contra omnes, quantum jus dictabit.

Renontiavit etiam dictus Gaufridus omni exceptioni . . . .

Et de premissis tenendis . . . .

Et nos omnia premissa et singula, prout superius sunt scripta, sentencialiter adjudicamus tenenda, dictum Gaufridum presentem et premissa confitentem ad premissa in hiis scriptis condampnantes.

Datum et actum die veneris post octabas beati Dyonisii, anno Domini MCCLXXV.

657. — **1275, 16 octobre.** — ACTE PAR LEQUEL GUILLAUME GERÉ VEND AU CHAPITRE, POUR UNE SOMME DE TROIS CENTS LIVRES, SES DÎMES D'AMBRIÈRES. (B. N., latin 17754, 41.)

Universis presentes litteras inspecturis officialis Cenomanensis, salutem in Domino.

Noveritis quod, in notra presencia constitutus, Guillelmus dictus Geré, miles, vendidit in jure coram nobis et nomine vendicionis concessit venerabilibus viris decano et capitulo Cenomanensi quicquid habet et habere potest et consuevit habere et ejus antecessores in decima parrochie de Ambreriis, videlicet terciam partem bladi qui consuevit trahi et tricturari in grangia presbiteri dicte parrochie, et terciam partem bladorum qui consueverunt trahi et tricturari ad la Perrigaudière, cum omnibus straminibus dicti tractus, et terciam bladorum partem qui consueverunt trahi et tricturari ad grangiam Guillelmi Cornillel, cum tercia parte straminis dicti tractus, et locum et tractum quos dictus Guillelmus et ejus ancessores consueverunt habere in dicta decima, habendum, tenendum et etiam possidendum a dictis decano et capitulo et causam habentibus ab eisdem in perpetuum, ad suam voluntatem plenarie faciendam, omne jus, dominium, proprietatem et possessionem naturalem et civilem, rationem realem et personalem, et quicquid juris habebat et habere poterat in premissis tradicione presentium in dictos decanum et capitulum transferendo.

Et fuit facta dicta venditio pro trecentis libris Turonensium seu monete currentis, de quibus denariis dictus miles se tenuit in jure coram nobis plenarie pro pagato in peccunia numerata, exceptioni non numerate peccunie, non tradite, non recepte, renuncians specialiter et expresse.

Et promisit in jure coram nobis dictus miles dictis decano et capitulo, et causam habentibus ab eisdem in premissis, dictas res garantizare, liberare et defendere contra omnes, quantum jus dictabit.

Renonciavit eciam in jure coram nobis dictus miles omni exceptioni . . . .

Et de premissis, ...

Et nos omnia premissa et singula, prout superius sunt scripta, ad peticionem dicti militis sentencialiter adjudicamus tenenda, dictum militem presentem et consencientem, et omnia premissa confitentem, ad premissa in hiis scriptis condampnantes.

In cujus rei testimonium presentes litteras sigillo curie Cenomanensis, ad petitionem partium, duximus sigillandas.

Datum et actum die mercurii post octabas festi beati Dyonisii, anno Domini MCCLXXV.

658. — 1275, 10 octobre. — ACTE PAR LEQUEL GEOFFROY DE BREUIL, PAROISSIEN DE VAIGES, AYANT VENDU AU CHAPITRE DE LA CATHÉDRALE DU MANS CERTAINES DIMES SUR VAIGES, S'ENGAGE A LUI PAYER POUR ELLES UNE RENTE DE TRENTE SOUS. (B. N., latin 17754, 5.)

Universis presentes litteras inspecturis officialis Cenomanensis, salutem in Domino.

Noveritis quod, in nostra presencia constitutus, Gaufridus, dictus de Brolio, de parrochia de Vegia, recognovit in jure coram nobis se cepisse a venerabilibus viris decano et capitulo Cenomanensi omnes decimas quas ipsi habebant et emerant ab ipso Gaufrido sitas in parrochia predicta in quibuscumque rebus et locis consistant, habendas, tenendas et eciam possidendas in perpetuum a dicto Gaufrido et ejus heredibus, pro triginta solidis Cenomanensium annui et perpetui redditus, reddendis et solvendis annis singulis dictis decano et capitulo et eorum mandato, Cenomanis, ad octabas Omnium Sanctorum annuatim a dicto Gaufrido et ejus heredibus, quem redditum triginta solidorum Cenomanensium dictus Gaufridus gravit et promisit in jure coram nobis se reddere et soluturum dictis decano et capitulo, aut eorum mandato, ad terminum antedictum annis singulis, quinque solidorum Turonensium solvendis pro qualibet ebdomade qua ipsi et ejus heredes defecerint in solutione dicti redditus, quam penam tenetur et promittit se redditurum dictis decano et capitulo, aut eorum mandato, rato manente nichilominus redditu principali.

Et tenetur et promittit dictas decimas facere valere redditum antedictum, et si non valerent, perficere quod deesset de redditu principali super aliis rebus suis in quibuscumque locis et rebus consistunt, renoncians omnibus exceptionibus deceptionis, lesionis, doli mali, actioni in factum, omnibus privilegiis indultis et indulgendis, et omnibus aliis exceptionibus facti et juris canonici et civilis, per quas seu per que posset venire contra premissa aut aliquid de premissis per se vel per alium in futurum.

Voluit etiam et concessit in jure coram nobis dictus Gaufridus, quod dicti decanus et capitulum per se vel per mandatum suum possint capere, vendere et distrahere dictas decimas ad valorem dicti redditus et pene predicte, si dictus Gaufridus aut ejus heredes defecerint in solutione redditus antedicti ad terminum antedictum.

Et de premissis tenendis . . . .

Nos vero omnia premissa et singula, prout superius sunt scripta, sententialiter adjudicamus tenenda, dictum Gaufridum presentem et premissa confitentem ad premissa in hiis scriptis condampnamus.

In cujus rei testimonium presentes litteras sigillo curie Cenomanensis, ad preces parcium predictarum duximus sigillandum.

Datum et actum die sabbati post festum beati Luce evangeliste, anno Domini MCCLXXV.

659. — 1275, 19 octobre. — ACTE PAR LEQUEL HAMELIN DU PLESSIS, DE VAIGES, AYANT VENDU AU CHAPITRE DE LA CATHÉDRALE CERTAINES DÎMES, S'ENGAGE, EN EN GARDANT LA JOUISSANCE, A LUI PAYER SIX SOUS DE RENTE. (B. N., latin 17754, 5.)

Universis presentes litteras inspecturis, officialis Cenomanensis, salutem in Domino.

Noveritis quod, in nostra presencia constitutus, Hamelinus dictus de Plessiaco, de parrochia de Vegia, recognovit in jure coram nobis se recepisse a venerabilibus viris decano et capitulo Cenomanensi omnes decimas suas quas emerant ab ipso Hamelino, sitas in parrochia de Vegya, habendas, tenendas et possidendas in perpetuum a dicto Hamelino, ut dicebat, et suis heredibus, pro sex solidis Cenomanensium reddendis singulis annis dictis decano et capitulo, aut eorum mandato, Cenomanis, ad octabas Omnium Sanctorum, quem redditum dictus Hamelinus promisit se soluturum et redendum annis singulis ad terminum antedictum, ad penam duodecim denariorum Turonensium pro qualibet septimana qua defecerint in solutione dicti redditus, rato manente nichillominus redditu principali.

Tenetur eciam dictus Hamelinus dictas decimas facere valere dictum redditum, alioquin perficere quod deerit de dicto redditu super rebus suis. Et incipiet prima solutio dicti redditus in octabis Omnium Sanctorum proximo venturis. Renonciavit etiam dictus Hamelinus exceptioni lesionis, deceptionis, doli mali, actioni in factum, omnibus privilegiis et indulgendis facti et juris canonici et civilis, per quas possent venire contra premissa aut aliquid de premissis per se vel per alium in futurum.

Et de premissis tenendis, ...

Et nos omnia premissa, ad petitionem ipsius Hamelini, adjudicamus tenenda, dictum Hamelinum presentem et consencientem ad premissa condampnamus.

In cujus rei testimonium presentes litteras sigillo curie Cenomanensis, ad peticionem partium, duximus sigillandum.

Datum et actum die sabbati post festum beati Luce evangeliste, anno Domini MCCLXXV.

660. — 1275, 25 octobre. — ACTE PAR LEQUEL HAMELIN DU PLESSIS, DE VAIGES, POUR SIX LIVRES, VEND AU CHAPITRE DE LA CATHÉDRALE TOUTES LES DÎMES QU'IL POSSÉDAIT SUR VAIGES. (B. N., latin 17754, 4.)

Universis presentes litteras inspecturis officialis Cenomanensis, salutem in Domino.

Noveritis quod, coram nobis constitutus, Hamelinus dictus de Pleseyaco, de parrochia de Vegia, vendidit in jure coram nobis et nomine vendicionis concessit venerabilibus viris decano et capitulo Cenomanensi omnes decimas quas habebat et habere poterat quaconque racione in parrochia de Veyge in quibuscumque rebus, locis et dominium consistant, habendas, tenendas et etiam possidendas in perpetuum a dictis decano et capitulo, ab eis causam habentibus, ad suam voluntatem libere faciendam.

Et fuit facta dicta vendicio pro sex libris Cenomanensium, de quibus dictus Hamelinus se tenuit plenarie pro pagato in peccunia numerata, exceptioni non numerate peccunie, non tradite, non recepte, renontians specialiter et expresse.

Tenetur etiam et promittit in jure coram nobis dictus Hamelinus dictas decimas dictis decano et capitulo et eorum mandato garantizare, ...

Renuntiavit etiam dictus Hamelinus omni exceptioni . . . .

Et de premissis tenendis . . . .

Et nos omnia premissa adjudicamus tenenda, dictum Hamelinum ad premissa condampnamus.

In cujus rei testimonium presentes litteras sigillo curie sigillavi, fide ab ipso Hamelino super premissis prestita corporali.

Datum et actum die veneris ante festum apostolorum Symonis et Jude, anno Domini MCCLXXV.

661. — 1275, octobre. — ACTE PAR LEQUEL MABILLE, ÉPOUSE DE GUILLAUME GERÉ, RATIFIE LES CONTRATS PASSÉS PAR CELUI-CI AVEC LE CHAPITRE, AU SUJET DE SES DÎMES D'AMBRIÈRES. (B. N., latin 17754, 42.)

Universis presentes litteras inspecturis, decanus de Passayo, salutem in Domino.

Noveritis quod, in jure coram nobis constituta Mabilia, uxor Guillelmi Geré dicti militis, venditionem factam a dicto Guillelmo, ejusdem marito, venerabilibus viris decano et capitulo Cenomanensi, de decimis quas habebant et habere poterant in parrochia de Ambreriis et in clauso sito in dicta parrochia, et omnes alios contractus inter dictos decanum et capitulum, ex una parte, et dictum militem, ex altera, prout in litteris domini officialis Cenomanensis super premissis confectis continetur, laudavit, approbavit et rata habuit et grata, et promisit in jure coram nobis quod contra premissam venditionem et contractus, ratione dotis, dotaliciis et donationis propter nuptias aut alia qualibet ratione per se nec per alium veniet in futurum, renuntians quo ad hoc omnibus exceptionibus et allegationibus facti et juris canonici et civilis, et legis Julie de fundo dotali non alienando, et omnibus aliis exceptionibus facti et juris ibi expressis, quas non expressas habuit pro expressis, se et heredes suos et omnia bona sua mobilia et immobilia, presentia et futura quo ad hoc obligando, fide data.

Et nos premissa adjudicamus tenenda, dictam Mabiliam presentem et premissa confitentem ad premissa condampnantes.

In cujus rei testimonium presentes litteras sigillo curie nostre duximus sigillatas.

Datum et actum anno Domini MCCLXXV, mense octobris.

662. — 1275, 8 novembre. — ACTE PAR LEQUEL PHILIPPE DE LÉNIOBERT, MOYENNANT UN CAPITAL DE TREIZE LIVRES, VEND A LA FABRIQUE DE LA CATHÉDRALE UNE RENTE DE VINGT-CINQ SOUS, CONSTITUÉE SUR SES CENS DE LONGNE. (B. N., latin 17754, 2.)

Universis presentes litteras inspecturis officialis Cenomanensis, salutem in Domino.

Noveritis quod, in nostra presencia constitutus, Philipus dictus de Léniobert, de parrochia de Loongne, vendidit in jure coram nobis et nomine venditionis concessit venerabilibus viris procuratoribus fabrice ecclesie Cenomanensis beatissimi Juliani, ad opus dicte fabrice, viginti quinque solidos Turonensium annui et perpetui redditus, reddendis singulis annis dictis procuratoribus, aut ejus certo mandato, ad diem veneris ante Ramos Palmarum annuatim in perpetuum a dicto Philipo et ejus heredibus, super census dicti Philipi debitos ab omnibus suis de Loongne.

Et fuit facta venditio pro tresdecim libris Turonensium ; de quibus denariis dictus Philipus se tenuit plenarie pro pagato in pecunia numerata, exceptioni non numerate peccunie, non tradite, non recepte, renuntians specialiter et expresse.

Tenetur eciam et promittit dictus Philippus dictam venditionem dictis procuratoribus garantizare, liberare et defendere contra omnes, quantum jus dictabit, et dictum redditum reddere Cenomanis ad terminum antedictum.

Et voluit et concessit in jure coram nobis dictus Philipus, quod archidiaconus de Sabolio in ecclesia Cenomanensi, vel ejus mandatum, possint capere, vendere et distrahere de rebus dicti Philipi, sitis in feodo dicti archidiaconi, ad valorem redditus antedicti, et dictis procuratoribus tradere in solutum dicti redditus quociensconque dictus Philippus defecerit in solutione redditus supradicti, renontians omnibus exceptionibus . . . .

Et nos premissa sentencialiter adjudicamus tenenda, ...

In cujus rei testimonium presentes litteras sigillo curie Cenomanensis fecimus sigillari.

Datum die veneris post synodum Omnium Sanctorum, anno Domini MCCLXXV.

663. — 1275, 13 novembre = CCCCLXXXVI.

664. — 1275, 13 novembre = CCCCLXXXVII.

665. — 1275, 14 novembre. — ACTE PAR LEQUEL JULIENNE, FEMME DE GEOFFROY DE BREUIL, ET MARGUERITE, FEMME D'HAMELIN DU PLESSIS, RATIFIENT LES VENTES DE DÎMES DANS LA PAROISSE DE VAIGES, FAITES AU CHAPITRE DE LA CATHÉDRALE PAR LEURS MARIS. (B. N., latin 17764, 4.)

Universis presentes litteras inspecturis, officialis Cenomanensis, salutem in Domino.

Noveritis quod, in nostra presentia constitute, Juliana, uxor Gaufridi dicti de Brolio, et Margarita, uxor Hamelini de Plesseiaco, de parrochia de Veyge, vendicionem factam decano et capitulo Cenomanensi de decimis quas habebant dicti mariti et uxores, sitas in parrochia de Veyge, quas vendiderant dictis decano et capitulo, ratam, gratam et acceptam habuerunt et habent.

Et promiserunt dicte uxores coram nobis quod contra dictam venditionem per se nec per alios non venient in futurum, renonciantes . . . .

In cujus rei testimonium presentes litteras sigillo curie Cenomanensis fecimus sigillari.

Datum die Jovis post festum beati Martini hyemalis, anno Domini MCCLXXV.

666. — 1275, 15 novembre. — ACTE PAR LEQUEL PHILIPPE DE LÉNIOBERT, DE LONGNE, S'ENGAGE A PAYER AUX MANDATAIRES DE LA FABRIQUE DE SAINT-JULIEN, LA RENTE DE VINGT-CINQ SOUS TOURNOIS, DUE PAR LUI A FEU GEOFFROY LE SÉNÉCHAL. (B. N., latin 17754, 2.)

Universis presentes litteras inspecturis, officialis Cenomanensis, salutem in Domino.

Noveritis quod, in nostra presentia constitutus, Philipus dictus de Leniobert, de parrochia de Loongne, recognovit in jure coram nobis quod tenebatur per litteras curie Cenomanensis defuncto Gaufrido Seneschalo, clerico, quondam tempore quo vivebat, et ejus heredibus, viginti quinque solidis Turonensium annui redditus super censibus suis de Longne, quos viginti quinque solidos tenebatur reddere annuatim in crastino Sancti Christofori.

Et promisit in jure coram nobis dictus Philipus dictos viginti quinque solidos Turonensium procuratoribus fabrice ecclesie beatissimi Juliani Cenomanensis annis singulis ad dictum terminum super dictos census, volens et concedens in jure coram nobis, quod archidiaconus de Sabolio in ecclesia Cenomanensi, vel ejus mandatum, possint capere et distrahere de rebus dicti Philipi, sitis in feodo dicti archidiaconi, ad valorem redditus antedicti, et dictis procuratoribus tradere in solutum dicti redditus quociensconque dictus Philipus defecerit in solutione redditus supradicti, ita videlicet quod dicti procuratores tenentur et promittunt dictum Philipum liberare, garantizare et defendere, et ejus heredes, super dicto redditu contra heredes dicti defuncti Gaufridi, et contra omnes alios.

Et de premissis tenendis . . . .

Et nos premissa omnia et singula sentencialiter adjudicamus tenenda.

In cujus rei testimonium presentes litteras sigillo curie Cenomanensis fecimus sigillari.

Datum die veneris post festum beati [Martini] hyemalis, anno Domini MCCLXXV.

667. — 1275, 7 décembre. — ACTE PAR LEQUEL GUILLAUME, PRIEUR DE LA CHARTREUSE DU PARC-EN-CHARNIE, DONNE AU FRÈRE GUILLAUME DE BALLON LE POUVOIR NÉCESSAIRE POUR PRENDRE POSSESSION AU NOM DU PRIEURÉ, D'UN HOMMAGE SIS AU MANS, PRÈS LE PONT-YSOIR, EN FACE LA MAISON DE FEU RICHARD TYOUL, LEQUEL APPARTIENT AU CHAPITRE, QUI RECEVRA UNE RENTE DE VINGT-SIX SOUS. (B. N., latin 17754, 10.)

Universis presentes litteras inspecturis, frater Guillelmus, prior Beate Marie de Parco in Charnia, ordinis cartusiensis, Cenomanensis dyocesis, et ejusdem loci conventus, salutem in Domino sempiternam.

Notum facimus quod, nos, nostro et ecclesie nostre nomine, nostrum constituimus procuratorem, sindicum et actorem fratrem Guillelmum de Balon, conversum domus nostre, ad recipiendum nomine quo supra a viris venerabilibus decano et capitulo Cenomanensi, ad firmam perpetuam, quoddam herbergamentum quod ipsi habent et possident in villa Cenomanensi, situm juxta pontem Ysouart ante domum defuncti Richardi dicti Tyoul, cum omnibus suis pertinentiis, tenendum et possidendum a nobis et nostris successoribus jure hereditario, pro viginti sex solidis Cenomanensium annui et perpetui redditus, solvendis a nobis et nostris successoribus dictis decano et capitulo ad duos terminos, scillicet medietate ad festum sancti Johannis Baptiste, et alia medietate ad Nativitatem Domini, hoc addito nos et nostros successores tenebimur reddere annis singulis viginti Cenomanensium nomine capituli domino feodali, dantes eidem procuratori potestatem dictam firmam pro nobis et nostro nomine recipiendi, nos et successores nostros obligandi ad solvendum annuatim dictis decano et capitulo dictos viginti sex solidos, et predictum censum domino feodali, terminis assignatis, vel pro ut melius ordinaverint, assignandis.

Et volumus quod dictus procurator, nomine quo supra, possit hoc confirmare per litteras curie Cenomanensis, et obligare dictum herbergamentum et decimam quam percipimus apud Magneium, pro dicta solutione annuatim adimplenda, et omnia alia facere que ad dictum contractum sunt necessaria et que nos ipsi faceremus et facere possemus, si presentes essemus, ratum et gratum habentes quicquid per dictum procuratorem super hoc factum fuerit vel etiam procuratum.

In cujus rei testimonium, sigillum domus nostre unicum quo utimur presentibus litteris duximus apponendum.

Datum anno Domini MCCLXXV, die sabbati post festum sancti Nicolai hyemalis.

668. — 1275, 13 décembre = DXXVIII.

669. — 1275, 13 décembre = DXXIX.

670. — 1275, 14 décembre = CCCCVII.

671. — 1275, 17 décembre. — ACTE PAR LEQUEL FRÈRE GUILLAUME DE BALLON, AU NOM DU PRIEURÉ DU PARC-EN-CHARNIE, PREND DU CHAPITRE A BAIL EMPHYTÉOTIQUE, MOYENNANT UNE RENTE DE VINGT-SIX SOUS, UN BORDAGE SIS AU MANS, PAROISSE DU PRÉ. (B. N., latin, 17754, 10.)

Universis presentes litteras inspecturis, officialis Cenomanensis, salutem in Domino.

Noveritis quod, in nostra presentia constitutus, in jure, frater Guillelmus de Balon, conversus prioratus de Parco Beate Marie in Charnia, ordinis Cartusiensis, Cenomanensis dyocesis, procurator religiosorum virorum prioris et conventus dicti loci, habens speciale mandatum ab eisdem priore et conventu accipiendi in emphiteosim a venerabilibus viris decano et capitulo Cenomanensi quoddam habergamentum ad ipsos decanum et capitulum pertinens, ratione ecclesie sue, cum omnibus pertinentiis, scilicet quadam domo lignea, ortis, vigultis, plateis, cellario, petrina et aliis rebus sitis, ut dicitur, in parrochia Beate Marie de Prato Cenomanensi, in feodo de Pirmir, que omnia fuerunt defuncti Bocelli de Chaareiis, pro viginti sex solidis Cenomanensium annue et perpetue pensionis et viginti denariis Cenomanensium censualibus, ut in litteris prioris et conventus predictorum sigillo sigillatis ut prima facie apparebat vidimus contineri, recognovit se accepisse nomine dictorum prioris et conventus omnes res predictas ab ipsis decano et capitulo in emphiteosim pro pensione predicta et dictis viginti denariis Cenomanensium censualibus, quam pensionem et illos denarios idem procurator nomine procuratoris ipsorum religiosorum, promisit se soluturum annuatim ipsis decano et capitulo vel eorum mandato hiis terminis, videlicet medietatem dicte pensionis in nativitate beati Johannis Baptiste et aliam medietatem in nativitate Domini, sub pena duodecim denariorum Cenomanensium pro qualibet ebdomada dilate solutionis, et ad hoc obligavit eisdem decano et capitulo et suis successoribus dictos priorem et conventum, et decimam suam de parrochia de Maigneio, et res seu utensilia dicti habergamenti, capienda et levanda ab eisdem decano et capitulo ad valorem dicte pensionis et pene predicte, et etiam censuum predictorum, quos quidem census idem procurator promisit similiter se soluturum annuatim in festo Omnium Sanctorum, argentano dicte ecclesie, si ipsi prior et conventus aut sui successores deffecerint in solutione ipsorum terminis memoratis.

Et nos omnia ista adjudicamus tenenda . . . .

Datum die martis post festum sancti Gervasii hyemalis, anno Domini MCCLXXV.

672. — 1275, 18 décembre = CCCCXXXVIII.

673. — 1275, v. s., 12 février. — ACTE PAR LEQUEL GUÉRIN MENARD DÉCLARE AVOIR VENDU AU CHANOINE GERVAIS RIBOUL, POUR LE PRIX DE HUIT LIVRES, LA DÎME DU BURON, ASSISE DANS LA PAROISSE DE MONTSURS, AU FIEF DE BAZOUGERS, ET QUI RAPPORTAIT VINGT SOUS DE RENTE. (B. N., latin 17754, 57.)

Universis presentes litteras inspecturis, officialis Cenomanensis, salutem in Domino.

Noveritis quod, in nostra presentia constitutus, Guarinus Menardi, de parrochia de Monte Securo, recognovit in jure coram nobis, quod ipse vendiderat et adhuc vendit magistro Gervasio dicto Ribole, canonico Cenomanensi, quandam decimam quam idem Guarinus habebat in dicta parrochia de Monte Securo, in feodo domini de Basogiers, et vocatur decima de Buron, et quam decimam idem Guarinus affirmabat valere viginti solidos Turonensium redditus, prout hec omnia dicebat dictus Garinus in jure coram nobis.

Et facta est dicta venditio pro octo libris Turonensium, de quibus dictus Garinus in jure coram nobis se tenuit penitus pro pagato in pecunia numerata, omni exceptioni dicte pecunie non numerate et non recepte renuncians specialiter et expresse, omne jus, dominium, proprietatem, possessionem et omnem actionem, que et quas dictus Garinus habebat et habere poterat in dicta decima, et ad petendum, recipiendum et habendum eandem, in dictum canonicum et ejus mandatum per traditionem presentis instrumenti ex nunc penitus transferendo, nichil sibi nec suis heredibus retinens in eadem.

Et graavit et promisit idem Garinus et etiam tenetur ipse et ejus heredes dicto canonico et ejus mandato garantizare, liberare et defendere dictam venditionem contra omnes in perpetuum, quantum jus dictabit, omni exceptioni, deceptioni, lesioni, omni privilegio indulto et indulgendo crucis sumpte et assumende, omni auxilio et beneficio tam juris quam facti, canonici et civilis, et omnibus rebus aliis et racionibus per que seu per quas posset venire contra dictam venditionem per se vel per alium seu alios in futurum, renuncians idem Garinus in jure coram nobis specialiter et expresse.

Ad que omnia supradicta et singula tenenda . . . .

Et de premissis omnibus et singulis tenendis . . . .

Et nos omnia supradicta et singula, ad petitionem dicti Garini et de ejus voluntate, adjudicamus in hiis scriptis tenenda, et ea sigillo curie Cenomanensis duximus roboranda.

Datum die mercurii ante Cineres, anno Domini MCCLXXV.

674. — 1275, v. s., 9 mars. — ACTE PAR LEQUEL GUÉRIN MÉNARD, DE MONTSURS, RECONNAIT TENIR DU CHAPITRE LE TIERS DES DÎMES DES MÉTAIRIES DU BURON, DU PLESSIS ET DE LA TURMÉLIÈRE, SITUÉES DANS LA PAROISSE DE MONTSURS, AUX FIEFS DE BAZOUGERS ET DE LA CHAPELLE, ET LUI DEVOIR UNE RENTE DE VINGT SOUS. (B. N., latin 17754, 56.).

Universis presentes litteras inspecturis, officialis Cenomanensis, salutem in Domino.

Noveritis quod, in nostra presentia constitutus Guarinus Menardi, de parrochia de Montesecuro, recognovit in jure quod ipse acceperat a viris venerabilibus et discretis decano et capitulo Cenomanensi, sibi et suis heredibus in perpetuum, pro viginti solidis Turonensium annui et perpetui redditus, terciam partem decime de meditaria de Buron et de Plessiaco et de La Tumeliere, sitis in parrochia de Monte Securo, in feodo domini de Basogier et in feodo domini de Capella, et totum tractum illius decime cum pertinentiis dicti tractus ipse Garinus vendiderat, concesserat et dimiserat in perpetuum magistro Gervasio Ribole, canonico Cenomanensi, pro octo libris Turonensium, ut dicebat, de quibus denariis idem Guarinus coram nobis in jure se tenuit pro pagato, renuntians exceptioni non numerate et non tradite pecunie specialiter et expresse, et quam terciam partem cum dicto tractu ille Garinus dicebat ad se ante dictam venditionem jure hereditario pertinere, recognoscens quod dictus Gervasius illam terciam partem cum tractu dederat seu concesserat dictis decano et capitulo perpetuo tenendam et habendam. Et promisit et graavit idem Guarinus se redditurum dictis decano et capitulo dictos viginti solidos Turonensium annis singulis in perpetuum, ad Purificationem Beate Marie, in moneta pro tempore currenti, tali modo quod si ipse Guarinus aut ejus heredes essent in defectu de reddendo illum redditum, ut dictum est, ad dictum terminum, dicti decanus et capitulum dictam terciam partem cum dicto tractu et ejus pertinentiis, possent tunc capere et capi facere in manu sua, si vellent, et de hiis suam facere penitus voluntatem, non obstante contradictione ipsius Gaufridi vel heredum suorum, cessante tunc in perpetuum solutione dicti redditus, vel possent ipsi decanus et capitulum si vellent dimittere ipsi Guarino et ejus heredibus illam terciam partem et illum tractum, et eos compellere vel facere compelli ad reddendum ipsis decano et capitulo dictum redditum annis singulis in perpetuum ad terminum supradictum.

Ad hec autem omnia tenenda . . . .

Et de hiis omnibus tenendis, ut dicta sint, et quod contra non veniet, se astrinxit ipse Guarinus, fide in manu nostra prestita corporali.

Nos vero ad ejus petitionem hec omnia sententialiter adjudicamus tenenda, et ea sigillo curie Cenomanensis fecimus roborari.

Datum anno Domini MCCLXXV, die lune post *Oculi mei*.

675. — **1275, v. s., 10 mars.** — ACTE PAR LEQUEL GERVAIS BEC COICHE VEND AU CHANOINE GERVAIS RIBOUL, POUR LE PRIX DE QUATRE LIVRES, UNE RENTE DE DIX SOUS ASSISE SUR LA MÉTAIRIE DE LA TURMELIÈRE, EN MONTSURS, AU FIEF QUE JEAN DE LA CHAPELLE TENAIT DE L'ABBÉ D'ÉVRON. (B. N., latin, 17754, 57.)

Universis presentes litteras inspecturis, officialis Cenomanensis, salutem in Domino.

Noveritis quod, in nostra presentia constitutus, Gervasius dictus Bec Coiche, de parrochia de Monte Securo, vendidit in jure venerabili viro magistro Gervasio Ribole, canonico Cenomanensi, decem solidos Turonensium de annuo et perpetuo redditu, percipiendos et habendos ab ipso magistro et ejus mandato et quolibet causam habente ab eo, ad Nativitatem Beate Marie Virginis, annuatim, super quamdam meditariam cum pertinenciis, que vocatur la Tormelière, quam dictus venditor habet in parrochia supradicta, in feodo Johannis de Capella, militis, quem feodum idem miles tenet ab abbate de Ebrono, ut dicebat dictus venditor.

Et facta est dicta venditio pro quatuor libris Turonensium; de quibus denariis dictus venditor coram nobis in jure se tenuit penitus pro pagato in pecunia numerata, exceptioni non numerate pecunie renuntians expresse.

Et promisit idem venditor garantizare, ...

Et ad hoc obligavit idem venditor dicto magistro se et heredes et successores suos et omnia bona sua mobilia et immobilia, presentia et futura, et specialiter meditariam cum pertinentiis supradictam.

Et de premissis tenendis, et de non veniendo contra aliqua ratione, se astrinxit dictus venditor, fide prestita corporali.

Nos autem predicta, ad ejus petitionem, adjudicamus tenenda, et ea sigillo Cenomanensis curie fecimus roborari.

Actum die martis post *Oculi mei*, anno Domini MCCLXXV.

676. — 1275, v. s., 20 mars. — DÉLIBÉRATION CAPITULAIRE AU SUJET DU CURÉ DE LA COUTURE, QUI AVAIT ENCOURU L'EXCOMMUNICATION. (Bibl. du Mans, 245, 253, en partie détruit.)

Anno Domini MCCLXXV, die veneris post *Letare Jerusalem*, peciit [decano] et capitulo Cenomanensi Petrus, rector ecclesie Beate Marie de Cultura, absolucionem .... excommunicationis sententiam, quam auctoritate privilegiorum decani et capituli incurrerat pro .... nolebat mandata nostra ad ipsum directa de denonciando abbatissam de Prato .... nostrorum et promisit et garantizavit idem rector coram nobis in ipsa absolucione predicta adimpleturum fideliter mandata nostra, et quod in hiis non esset de cetero .... infra Penthecosten super majus altare chori ecclesie beatissimi Juliani unum pallium pre .... quod pallium idem rector eundo per chorum dum missa celebrabitur supra majus [altare] propriis manibus deportabit.

Acta sunt hec anno et die predictis .... Cenomanensi archidiacono de Sabolio, Garino archidiacono de Passeio, G. archidiacono de Lavalle, Stephano Bon[o] volatu, Egidio de Pocay, Henrico de Tesval, Gaufrido de Nannetis, Juliano de Eglis, Thoma de Alonna, Johanne de Meldis, officiali Cenomanensi, Gaufrido de Albigneio, Johanne Reimberti, Nicholao de Cormis, Guillelmo Jovin, Michaele de Ospitali capellano, Juliano .... Anmenesches, Garino de Accio, Roberto Pastill., Colino Corage, Thoma de Curiagenart.

677. — 1276, entre avril et novembre — DIV.

678. — 1276, 22 juillet — DCCXVIII.

679. — 1276, 2 septembre = CCCLXXIV.

680. — 1276, 25 octobre. — DÉCISION CAPITULAIRE PAR LAQUELLE GERVAIS, SEIGNEUR DE PRUILLÉ-LE-GAUDIN, EST REMIS EN POSSESSION DE SA TOUR, SAISIE PAR LE CHAPITRE PAR DÉFAUT DE SERVICE MILITAIRE. (Bibl. du Mans, 245, 2.)

Die dominica ante festum omnium sanctorum, anno Domini MCCLXXVI, dominus Gervasius de Prulleio, miles, dominus de Prulleio le Gaudin, advocavit a capitulo Cenomanensi turrim suam de Prulleio cum introitu et appenticiis et rupe a parte posteriori, et capitulum deliberavit eidem domino predicta a regalibus sesita propter defectum exercitus.

Presentibus : G[uillelmo] Roil, decano, H[amelino] cantore, P[etro] Rotarii archidiacono Castrilidi, officiali Cenomanense, magistro Petro de Ardeneio et Gaufrido Nannetensi.

Actum anno et die supradictis.

681. — 1276, 4 novembre = CCCXV.

682. — 1276, 19 novembre = DCXLII.

683. — 1276, 19 novembre. — ACTE PAR LEQUEL HAIMISIA, VEUVE DE JEAN DE CONGÉ, VEND POUR VINGT LIVRES AU CHAPITRE LES DÎMES QU'ELLE POSSÉDAIT SUR ROEZÉ. (B. N., latin 17754, 9.)

Universis presentes litteras inspecturis, officialis Cenomanensis, salutem in Domino.

Noverint omnes quod, coram nobis constituta in jure, Haimisia, relicta defuncti Johannis de Congeio, militis, quondam vendidit in jure coram nobis et nomine venditionis concessit venerabilibus viris decano et capitulo Cenomanensi omnes decimas suas quas habebat et habere poterat in parrochia de Roezeio in quibuscumque rebus consistant, tam blado, vino, quam rebus aliis et in quibuscumque feudis, habendas, tenendas, possidendas et percipiendas a dictis decano et capitulo in perpetuum ad suam voluntatem penitus faciendam.

Et fuit facta dicta venditio pro viginti libris Turonensium, seu monete currentis, de quibus denariis Haimisia se tenuit coram nobis plenarie pro pagata in peccunia numerata, exceptioni non numerate peccunie, non tradite, non recepte, renuncians specialiter et expresse, transferens in dictum capitulum omne jus, dominium, proprietatem, possessionem rationalem et detemptationem, et quicquid juris habebat et habere poterat in dictis rebus quacumque ratione.

Tenetur etiam et promittit dicta Haimisia dictas decimas dictis decano et capitulo et causas ab eis habentibus et habituris in premissis garantizare, ...

Et de premissis tenendis, ...

In cujus rei testimonium presentes litteras sigillo curie Cenomanensis, ad petitionem partium, fecimus sigillari.

Datum et actum die jovis post octabas beati Martini hyemalis, anno Domini MCCLXXVI.

684. — **1276, 19 novembre.** — ACTE PAR LEQUEL HAIMISIA, VEUVE DE JEAN DE CONGÉ, ET GUILLAUME, SON FILS, INVESTIS DES DIMES QUE LE CHAPITRE POSSÉDAIT A ROEZÉ, S'ENGAGENT A LUI SERVIR UNE RENTE DE VINGT SOUS. (B. N., latin, 17754, 9.)

Universis presentes litteras inspecturis, officialis Cenomanensis, salutem in Domino.

Sciant cuncti quod, coram nobis constituta in jure, Haimisia, relicta defuncti Johannis de Congeio, vidua, et Guillelmus, ejus filius, recognoverunt in jure coram nobis, quod ipsi acceperant et accipiebant a venerabilibus viris decano et capitulo Cenomanensi omnes decimas quas dicti decanus et capitulum habebant in parrochia de Roezeio, eas videlicet quas dicti decanus et capitulum emerant a dicta Haimisia in quibuscumque rebus et locis consistant, habendas et tenendas a dictis Haimisia et ejus filio predicto et heredibus ipsorum in perpetuum pro viginti solidis Cenomanensium annui et perpetui redditus annis singulis dictis decano et capitulo aut eorum mandato . . . . dictarum decimarum ad synodum Omnium Sanctorum annuatim, quem redditum, videlicet viginti solidos predictos dicti Haimisia et ejus filius predictus tenentur et promittunt quilibet insolidum se redditurum et soluturum annis singulis dictis decano et capitulo aut eorum mandato ad terminum supradictum annuatim, et renunciaverunt omni exceptioni . . . .

Et de premissis tenendis, ...

Nos vero omnia premissa et singula, prout superius sunt scripta, sentencialiter adjudicamus tenenda, dictos Haimisiam et ejus filium predictum et quorumlibet ipsorum in hiis scriptis ad premissa sentencialiter condampnantes.

In cujus rei testimonium presentes litteras sigillo Cenomanensis curie ad petitionem parcium fecimus sigillari.

Datum anno Domini MCCLXXVI, die jovis post octabas beati Martini hyemalis [1].

685. — 1276, 20 novembre. — ACTE PAR LEQUEL PIERRE LE MAIRE, DE COURGENARD, VEND POUR LE PRIX DE QUATORZE LIVRES, UNE RENTE D'UN DEMI MUID DE SEIGLE SUR LA GRANGE DE COURGENARD. (B. N., latin 17754, 19.)

Universis presentes litteras inspecturis decanus Cenomanensis, salutem in Domino.

Noveritis quod, in nostra presentia constitutus, Petrus Major de Curia Genaldi recognovit in jure quod ipse vendiderat et adhuc vendit venerabili viro et discreto Gervasio Ribole, canonico Cenomanensi, dimidium modium siliginis bone et legalis ad mensuram de Curia Genaldi, videlicet de quindecim sextariis siliginis que predictus Petrus habet annui redditus in grangia de Curia Genaldi, quod dimidium modium siliginis dictus magister et ejus heredes, seu quicumque ab eo causam habentes, percipient et habebunt annuatim in dicta grangia super quindecim sextarios siliginis supradictos.

Et facta fuit dicta venditio pro quatuordecim libris Turonensium, de quibus denariis dictus Petrus coram nobis se tenuit pro pagato, renuntians omni exceptioni pecunie non numerate et non tradite, ita quod eam de cetero non poterit allegare.

Et tenetur idem Petrus dictam venditionem garantizare . . . .

Dictus vero magister tradidit dicto Petro dictum redditum dicti dimidii modii siliginis pro triginta solidis Turonensium annui redditus, ad vitam ipsius Petri tantummodo possidendum, red-

---

(1) Le manuscrit porte seulement : MCCLXX, mais l'acte étant évidemment de la même année que le numéro 683, nous en complétons la date.

dendo annuatim, quamdiu vixerit, eidem magistro aut ejus mandato, in Nativitate Beate Marie Virginis, tali conditione quod quocienscumque dictus Petrus deficeret dicta solutione dictorum denariorum facienda dicto magistro aut ejus heredibus, seu ab eo causam habentibus, in dicto termino, dictus magister aut ejus heredes, seu ab eo causam habentes, percipient et habebunt ex tunc dictum dimidium modium siliginis, non obstante traditione dicti bladi supradicta.

Et de omnibus premissis et singulis tenendis, et quod contra premissa non veniet, et quod in dicta venditione nichil de cetero reclamabit per se nec per alium, astrinxit se dictus Petrus, fide in manu nostra prestita corporali.

Et nos omnia supradicta, ad petitionem dictarum partium, sigillata adjudicamus tenenda, et ea sigillo curie nostre fecimus sigillari.

Datum et actum die veneris ante festum sancti Clementis, anno Domini MCCLXXVI.

686. — 1276, novembre = DV.
687. — 1276, 4 décembre = CCCXXXVII.
688. — 1276 = DCXLIII.
689. — 1276, v. s., 19 mars = DCVIII.
690. — 1276, v. s., 19 mars = DCIX.
691. — 1277, 15 avril = DLVI et DLIX.
692. — 1277, 17 avril = CCCXVI.
693. — 1277, 26 avril = DLX.
694. — 1277, 7 mai. — ACTE PAR LEQUEL GERVAIS DE LIBOIS RECONNAIT TENIR DU CHAPITRE LES DIMES D'AMBRIÈRES POUR UNE PÉRIODE DE CINQ ANNÉES, PENDANT LESQUELLES IL LUI SERVIRA VINGT LIVRES ANNUELLEMENT. (B. N., latin 17754, 39.)

Universis presentes litteras inspecturis, officialis Cenomanensis, salutem in Domino.

Noveritis quod, in nostra presentia constitutus in jure, Gaufridus de Liboys recognovit in jure quod ipse acceperat et adhuc accipit a venerabilibus viris decano et capitulo Cenomanensi decimam bladi quam ipsi decanus et capitulum habent et percipiunt in parrochia de Ambreriis, cum clauso ipsorum decani et capituli et omnibus aliis pertinentiis dicte decime, tenendam et possidendam a dicto Gaufrido, vel ejus mandato, a festo Penthecostes proximo venturo usque ad revolutionem quinque annorum proximo et immediate venturorum, pro viginti libris Turonensium seu monete currentis annue firme, quam firmam ipse tenetur [reddere] dictis decano et capitulo annuatim hiis terminis, videlicet decem libras ad synodum Penthecostes annuatim.

Et ad hoc obligavit dictus Gaufridus dictis decano et capitulo se et heredes suos et omnia bona sua mobilia et immobilia, presentia et futura, videlicet ad reddendum dictam firmam ad terminos supradictos annuatim.

Et de omnibus premissis tenendis et firmiter observandis se astrinxit dictus Gaufridus, fide in manu nostra prestita corporali.

Datum die lune post ascensionem Domini, anno ejusdem MCCLXXVII.

695. — 1277, 3 juin = CCCCVIII [1].
696. — 1277, 12 juin = CCCXXXVIII.
697. — 1277, 12 juin = DXXV.
698. — 1277, 30 septembre = DXXX.
699. — 1277, 15 octobre = CCCXXXIX.
700. — 1277, v. s., 7 janvier = DCX.
701. — 1277, v. s., 10 janvier = DCCXIV.
702. — 1277, v. s., 10 janvier = DCCXV.
703. — 1277, v. s., 21 janvier = DCCXVI.
704. — 1277, v. s., 18 mars = CCCLXXV.
705. — 1278, 18 avril = CCCCXV.
706. — 1278, 26 avril = CCCCIX.
707. — 1278, 2 mai = DVII.
708. — 1278, 5 mai = DVI.
709. — 1278, 5 mai = DVIII.
710. — 1278, 13 juin = DXXXI.
711. — 1278, 2 juillet = DIX.
712. — 1278, 11 juillet = DCCXIII.

(1) M. Delisle indique au sujet de cet acte, qu'il faut y rétablir le mot omis : *fabrice* et lire : *procuratoribus fabrice ecclesie Cenomanensis*. (Bibl. de l'École des Chartes, XXXI, 208.)

713. — 1278, 11 août = DCCXII [1].
714. — 1278, 17 août = DCCXIX.
715. — 1278, 30 septembre. — PRISE DE POSSESSION PAR LE CHANOINE GILLES DE PONCÉ DE L'UNE DES MAISONS CANONIALES. (B. du Mans, 245, 1, en mauvais état.)

Anno Domini MCCLXXVIII, die veneris ante festum Sancti Dyonisii, recepit magister Egidius de Poncay, canonicus . . . . . domum affectam Gaufrido Mauveter, nomine Thome de Vario, concanonici nostri, pro pretio pro quo habebat dictus . . . . Plegio magistro Petro de Ardencio, concanonico nostro.

716. — 1278, 14 novembre = DLXXXII.
717. — 1278, v. s., 16 janvier = DXXXII.
718. — 1278, v. s., 7 février = CCCCLVII.
719. — 1278, v. s., 22 mars = CCCLXXVI.
720. — 1279, 19 avril et 4 août = CCCCX.
721. — 1279, 1er juin = DLVIII.
722. — 1279, 4 août = CCCCXI.
723. — 1279, 10 août = CCCXL.
724. — 1279, 15-25 août = DLXXXV.
725. — 1279, 3 octobre, Viterbe. — BULLE PAR LAQUELLE LE PAPE NICOLAS III INVESTIT DE L'ÉVÊCHÉ DU MANS JEAN DE CHANLAY, ARCHIDIACRE DE LA CATHÉDRALE D'ORLÉANS, ÉLU ÉVÊQUE D'AUXERRE PAR UNE PARTIE DES CHANOINES. ON Y APPREND QU'APRÈS LE DÉCÈS DE GEOFFROY D'ASSÉ LES VOTES DES CHANOINES DU MANS S'ÉTAIENT PARTAGÉS ENTRE GUILLAUME BOIL, DOYEN DU MANS, ET GEOFFROY DE SAINT BRICE, DOYEN DE BOURGES, LESQUELS SE DÉSISTÈRENT L'UN ET L'AUTRE. (Imprimé, Gallia, XIV, instrumenta, 140. Arch. nat., J 699, n° 74.)

---

[1] L'acte 713 est certainement de la même époque que le 712 ; il y a donc lieu d'en rectifier la date, écrite par le compilateur du manuscrit 245, 1288, au lieu de 1278. A cette dernière date l'évêché du Mans était vacant et en restituant au 713 sa vraie date, on fait disparaître la charte, qui à elle seule constituait : « le grand nombre de chartes des années 1278, 1279 et jusqu'à 1291 et au-delà, rédigées au nom du Chapitre..... et datées *sede vacante* ». (Piolin, IV, 443.)

726. — 1279, 7 octobre. — Lettre par laquelle Jean de Chanlay, informe le roi que les intérêts de l'église du Mans l'obligent a rester en cour de Rome et qu'il confie a quatre personnages : Gervais de Clinchamp, archidiacre du Mans, Guillaume de Poillé, archidiacre de Sablé, R. doyen de Contilli et Étienne d'Auxerre, la mission de prendre en son nom possession de la régale du diocèse du Mans. (Imprimé, *Gallia*, XIV, instrumenta, 142. Arch. nat., J 346, n° 71.)

727. — 1279, 15 décembre = DCXLIV.

728. — 1279, 15 décembre = DCXLV.

729. — 1279, v. s., 23 janvier = DLXXXIV.

730. — 1279, v. s., 24 janvier, Yvré-l'Évêque. — Lettre par laquelle Jean de Chanlay annonce a l'archevêque de Tours sa visite pour le 30 janvier suivant. (Imprimé, de Grandmaison, *Cartulaire de l'Archevêché de Tours*, I, p. 175.)

Reverendo in Christo patri ac domino Johanni, Dei gratia Turonensis archiepiscopo, J[ohannes], ejus miseratione Cenomanensis episcopus, salutem et cum omni reverentia et honore obedientiam tam debitam quam devotam.

De consilio capituli nostri Cenomanensis, reverende paternitati vestre significamus quod nos, hac instanti die martis post festum beati Juliani, proponimus, auxiliante Domino, Turoni interesse, facturi vobis et sancte ecclesie Turonensi que debemus. Unde paternitatem vestram requirimus, quatenus ea, que predecessores vestri predecessoribus nostris consueverunt facere, nobis dicta die exhibere curetis, et nobis ac nostris dicta die faciatis, prout moris est, necessaria preparari.

Valeat vestra paternitas graciose bene et diu in Filio Virginis gloriose.

Datum apud Ebriacum domum nostram, anno Domini MCCLXXIX, die mercurii post festum sancti Vincentii.

731. — 1279, v. s., 21 février = CCCXVII.

732. — 1279, v. s., 1er avril = CCCCXII.

733. — 1279, v. s., 16 avril = DLXXXIII.

734. — 1280, 14 mai = DCXLVI.

735. — 1280, 2 septembre. — ACTE PAR LEQUEL ÉTIENNE DOLLET RECONNAIT DEVOIR AU CHAPITRE UNE RENTE DE DOUZE DENIERS A CAUSE D'UNE CONCESSION A LUI FAITE EN LA PAROISSE D'ASNIÈRES. (B. N. latin 17754, 44.)

Universis presentes litteras inspecturis, decanus et capitulum Cenomanenses salutem in Domino.

Noverint quod, in nostra presentia constitutus, Stephanus dictus Dollet recognovit se accepisse et adhuc accipit ad annuam firmam quoddam appenticium adjunctum domui defuncti Recherii Dollet, cum pertinenciis ipsius, a nobis sibi et suis heredibus in perpetuum possidendum, situm in parrochia de Asneriis in feodo nostro, pro duodecim denariis Cenomanensibus annui et perpetui redditus, reddendis nobis vel mandato nostro annuatim, ad opus servicii, a dicto Stephano et heredibus ejus annuatim ad festum Omnium Sanctorum, quem redditum dictus Stephanus gravit et promisit se redditurum : nobis vel mandato nostro ad opus dicti servicii ad dictum festum annuatim, se et heredes suos et omnia bona sua mobilia et immobilia, presentia et futura, nobis quo ad hoc obligando, fide super hoc de non veniendo contra promissa in manu nostra prestita corporali.

Et nos, ad peticionem dicti Stephani, premissa sentenlialiter adjudicamus tenenda.

Datum die lune ante Nativitatem Beate Marie Virginis, anno Domini MCCLXXX.

736. — 1280, 3 octobre = CCCXVIII [1].

737. — 1280, octobre. — DÉCISION CAPITULAIRE RELATIVE A GUILLAUME DE SAINT-LOUP, AUTEUR DE VIOLENCES CONTRE LE CURÉ DE SAINT-LOUP. (Bibl. du Mans, 245, 253, en partie détruit.)

Anno Domini MCCLXXX, mense octobris, Guillermus de Sancto Lupo excommunicatus auctoritate privilegiorum .... Martinum dictum Carnificem, rectorem ecclesie Sancti Lupi, nobis plene jure subjectum ne in .... perciperet quasdam decimas et alia jura parrochialia ad ipsum pertinencia ratione ecclesie predicte,

(1) Cette charte doit être datée, non pas après la saint Romain, mais après la saint Rémy. (Delisle, *Bibliothèque de l'École des Chartes*, XXXI. 206.)

et pro eo quod .... complices suos auferri calicem de manibus dicti rectoris, peciit se absolvi a capitulo a sententia .... forma, ecclesie juramento prestito, sub obligatione bonorum suorum de emenda ad arbitrium capituli propter hoc faciendum .... circa premissa .... et absolvit eum de mandato capituli dominus Julianus le Pelé .... de Monte Forti et G[arino] de Passaio archidiacono, Roberto de Mota rectore de Chantgneio et dicto ....

738. — 1280, 6 novembre. — DÉCISION CAPITULAIRE AU SUJET DE ROBERT MAUDET, LEQUEL AVAIT CÉLÉBRÉ LA MESSE DANS L'ÉGLISE DE TACÉ, MALGRÉ LA DÉFENSE DU CHAPITRE. (Bibl. du Mans, 245, 253 en partie détruit.)

Anno predicto [MCCLXXX], die mercurii post festum beati Martini Hyemalis, Robertus dictus Maudet, presbiter, ... pro eo quod ipse contra prohibicionem capituli celebravit in ecclesia de Taccio nobis pleno jure .... ejusdem ecclesie ceperat per violentiam et capientibus prestiterat auxilium et favorem .... in capitulo et obtinuit a capitulo hoc modo quod ipse juravit emendam facere super premissis .... super hoc plegis et de emende .... Thome de Vario, canonico Cenomanensi, et Philippo .... Sancti Germani de Noento, cui Roberto injunxit capitulum post juramentum suum .... capituli auditurus et super bonis predictis rationem plenius rediturus ....

Acta sunt his presentibus : H[amelino] cantore, P[etro Rotario] de Castrolidi, H. de .... Juliano le Pele et Galchero Belot, canonico Cenomannensi, dicto Philippo, P. Aurel .... aliis .... dicte absolucioni impense fuerunt presentes ....

Anno et die predictis.

739. — 1280, 7 décembre = DLVII.

740. — Vers 1280, 24 décembre. — AMENDE HONORABLE D'UN NOMMÉ IMBERT LEFÈVRE. (Bibl. du Mans, 245, 253, en partie détruit.)

.... Martis, in vigilia Nativitatis Domini, Ymbertus Fabri peciit absolvi a nobis decano et capitulo pro offensa .... post monitionem canonicam a nobis seu nomine nostro ab alio sibi factam participavit cum .... scribendo et alias indebite, et juravit stare mandatis ecclesie et nostro et emen.... presentibus talibus, videlicet H[amelino] cantore, P[etro] de Castrolidi, H[amelino] Montisfortis archidiacono.... Roberto de Cruchet clerico chori nostri et Guillelmo Britonis....

741. — Vers 1280 = DCCXXII.

742. — 1280, v. s., 30 janvier. — ACTE PAR LEQUEL RENAUD DALIBART FAIT DON AU CHAPITRE DE TOUTES LES DÎMES QU'IL POSSÉDAIT EN SAINT-MARTIN-DE-CONNÉE. (B. N., latin 17754, 43.)

Universis presentes litteras inspecturis et audituris, decanus Cenomanensis, salutem.

Noveritis quod, in nostra presencia constitutus et in jure, Raginaldus dictus Dalibart, de parrochia Sancti Martini de Connae, recognovit quod ipse, intuitu karitatis ac pro remedio anime sue, dederat et concesserat et adhuc dat et concedit donatione irrevocabili venerabilibus viris canonicis Cenomanensibus omnes decimas, cum paleis et tractibus et pertinenciis dictarum decimarum, quas idem Raginaldus habet vel habebat in dicta parrochia, a dictis canonicis et eorum mandato in perpetuum pacifice possidendas titulo supradicto; possessionem, dominium, proprietatem ac detentionem et perceptionem, que habebat et habere poterat in dictis decimis, paleis et tractibus, cum perticiis suis, ex nunc in dictos canonicos per tradicionem presentem penitus transferendo, nichil in premissis sibi vel suis heredibus retinendo.

Promittit insuper ex certa conscientia dictus Raginaldus in jure coram nobis, quod ipse liberabit, garantizabit ....

Et nos dictum Raginardum coram nobis in jure presentem et in premissis consentientem, et juridictioni nostre quo ad premissa ex certa conscientia se submittentem, sine provocatione alterius curie sive fori, ad premissa in perpetuum observanda et tenenda sententialiter condempnamus, ad ejus peticionem et instanciam predicta adjudicantes tenenda.

Actum et datum die jovis post festum beatissimi Juliani, anno Domini MCCLXXX.

743. — **1280, v. s., 30 janvier.** — ACTE PAR LEQUEL RENAUD DALIBART ET JEANNE, SA FEMME, VENDENT AU CHAPITRE, POUR UNE SOMME DE QUINZE LIVRES, LES DÎMES QU'ILS POSSÉDAIENT EN SAINT-MARTIN-DE-CONNÉE. (B. N., latin 17754, 44.)

Universis presentes litteras inspecturis, decanus de Silliaco-Guillelmi, salutem in Domino.

Noverint universi quod, in nostra presentia constituti, Raginardus dictus Dalibart et Johanna, ejus uxor, de parrochia Sancti Martini de Connae vendunt venerabilibus viris canonicis ecclesie Cenomanensis omnes decimas et fructus decimarum cum tractibus, paleis, locis et pertinenciis dictarum decimarum, quas et que dicti Raginardus et Johanna habebant, tenebant, percipiebant et possidebant in parrochia supradicta, a dictis canonicis et eorum mandato, titulo vendicionis in perpetuum pacifice possidendas, quicquid iidem Raginardus et Johanna habebant vel habere poterant juris, proprietatis, possessionis, dominii, perceptionis et detemptionis in dictis decimis, cum tractibus, paleis, locis et pertinenciis supradictis, ex nunc in dictos canonicos et eorum mandatum per tradicionem presentem penitus transferentes, nichil in eisdem sibi vel suis heredibus retinentes.

Et facta fuit presens vendicio pro quindecim libris Turonensium, de quibus dicti venditores in jure coram nobis se tenuerunt penitus et plenarie pro pagatis in peccunia numerata, exceptioni non numerate peccunie et non tradite renonciantes specialiter et expresse, ita quod eam de cetero non poterunt allegare.

Et promiserunt in jure coram nobis et graaverunt dicti Raginardus et Johanna, quod curabunt plenarie quod dicti canonici, vel eorum procurator, habebunt possessionem pacificam decimarum . . . .

Et nos hec omnia supradicta, prout superius sunt expressa, ad petitionem et instantiam dictorum Raginardi et Johanne hoc petentum ex eorum certa consciencia, ut dicebant, adjudicamus tenenda.

Actum die veneris post festum beatissimi Juliani, anno Domini MCCLXXX.

744. — 1280, v. s., 30 janvier. — ACTE PAR LEQUEL RENAUD DALIBART VEND POUR UNE SOMME DE QUINZE LIVRES TOUTES LES RENTES QU'IL POSSÉDAIT EN SAINT-MARTIN-DE-CONNÉE. (B. N., latin 17754, 48.)

Universis presentes litteras inspecturis et audituris, decanus Cenomanensis, salutem in Domino.

Noverint universi quod, in nostra presentia et in jure constitutus, Raginaldus dictus Dalibart, de parrochia Sancti Martini de Connac, vendit venerabilibus viris canonicis ecclesie Cenomanensis omnes decimas ac fructus decimarum cum fructibus, paleis, locis et pertinenciis dictarum decimarum, quas et que dictus Raginaldus habebat, tenebat, percipiebat et possidebat in parrochia supradicta, a dictis canonicis et eorum mandato titulo vendicionis in perpetuum pacifice possidendas, quicquid idem Raginaldus habebat vel habere poterat juris, proprietatis, possessionis, dominii, perceptionis et detencionis in dictis decimis, cum tractibus, locis, paleis et pertinentiis supradictis, ex nunc in dictos canonicos et eorum mandatum per traditionem presentium penitus transferentis, nichil in eisdem sibi vel suis heredibus retinentes.

Et facta fuit presens vendicio pro quindecim libris Turonensium, de quibus dictus Raginaldus in jure coram [nobis] se tenuit pro pagato in peccunia numerata, exceptioni non numerate peccunie et non tradite renoncians specialiter et expresse. Et promisit in jure coram nobis et graavit dictus Raginaldus quod dicti canonici, vel eorum procurator, habebunt possessionem pacificem decimarum . . . .

Et nos dictum Raginaldum coram nobis in jure presentem et in premissis consentientem, et juridictione nostre quo ad premissa ex certa consciencia ubiconque se transferet se submittentem sine provocacione alterius curie sive fori, ad premissa omnia et singula in prepetuum tenenda et observanda in scriptis sentempcialiter condampnamus, ad ejus petitionem et institutionem predicti adjudicantes tenenda.

Actum die jovis post festum beati Juliani, anno Domini MCCLXXX.

745. — 1280, v. s., 30 janvier. — ACTE PAR LEQUEL RENAUD DALIBART RECONNAIT TENIR DU CHAPITRE LES DIMES DE SAINT-

MARTIN DE CONNÉE ET LUI DEVOIR DE CE CHEF UNE RENTE DE QUINZE SOUS. (B. N., latin 1774, 43.)

Coram nobis in jure constitutus, Raginaldus dictus Dalibart, de parrochia Sancti Martini de Connée, subponens se juridictioni nostre quo ad inferius annotanda, ex certa sua scientia, sine provocatione alterius curie sive fori, recognovit se gratanter accepisse ad firmam in perpetuum, a venerabilibus viris decano et capitulo Cenomanensi, decimas eorumdem de parrochia sepedicta, pro quindecim solidis Cenomanensium annue et perpetue firme, quas idem Raginardus in jure coram nobis graavit et promisit se de cetero redditurum, Cenomanis, annis singulis in Nativitate Beate Marie Virginis, capitulo memorato, ad hoc se et heredes suos et bone sua omnia mobilia et immobilia, presentia cum futuris, obligans.

Et tenetur dictus Raginardus reddere dictis decano et capitulo duodecim denarios Cenomanenses pro qualibet ebdomada solucionis dilate.

Et hec, ad peticionem dicti Raginardi, adjudicamus tenenda.

Actum, die jovis post festum beatissimi Juliani, anno Domini MCCLXXX.

746. — 1280, v. s., 1er mars = DXXXIII.

747. — 1280, v. s., 7 avril. — ACTE PAR LEQUEL GERVAIS BÉRENGER, POUR UN PRIX DE TREIZE LIVRES ET DEMIE, VEND AU CHAPITRE UNE RENTE DE TREIZE SOUS ET DEMI, ASSISE SUR ASSÉ-LE-BÉRENGER. (B. N., latin 17754, 57.)

Universis presentes litteras inspecturis, decanus Cenomannensis salutem, in Domino.

Noverint universi quod, in nostra presentia constitutus, Gervasius, Berengerii dictus, vendidit in jure coram nobis capitulo Cenomanensi tresdecim solidos et dimidium Cenomanensium annui et perpetui redditus super omnibus rebus immobilibus ipsius Gervasii, quas habet in parrochia de Aceyo Berengerii in terris, pratis, nemoribus, stagnis et aliis rebus, quem perpetuum redditum venditum dictus Gervasius et ejus heredes tenentur reddere dicto capitulo aut ejus mandato in festo beati Martinis Hyemalis quolibet anno in perpetuum annuatim.

Et voluit et concessit in jure coram nobis dictus Gervasius, quod prebendarum dicti loci seu ejus allocagii, de fructibus, collectis, exitibus et proventibus crescendis in predictis, sive sit in terris, sive in pratis, sive in rebus aliis quibuscumque, tantum capere, vendere et distrahere antequam idem Gervasius aliquid de fructibus predictis levet et percipiet et habeat, quod dicto capitulo de predicto redditu quolibet anno sit plenarie satisfactum, et quod dictum capitulum de dicto redditu, ut dictum est, se teneat pro pagato.

Et est facta dicta venditio pro tredecim libris et dimidia Turonensium, de quibus denariis dictus Gervasius in jure coram nobis se tenuit plenarie pro pagato in pecunia numerata, exceptioni non numerate pecunie, non recepte et non tradite renuntians.

Et ad hoc obligavit dictus Gervasius dicto capitulo se et heredes suos et omnia bona sua mobilia et immobilia, presentia et futura, renuntiens . . . .

Et de omnibus premissis tenendis et fideliter observandis, et quod contra non veniet per se vel per alium in futurum, se astrinxit idem Gervasius, fide in manu nostra prestita corporali.

Et nos hec, ad petitionem dicti Gervasii, sententialiter, adjudicamus tenenda.

In cujus rei testimonium sigillum nostrum una cum sigillo venerabilis viri Ha[melini], cantoris Cenomanensis et prebendarii de Aceyo, presentibus duximus apponendum.

Datum die lune post Ramos Palmarum, anno Domini MCCLXXX.

748. — 1280, v. s., 13 avril. — ACTE PAR LEQUEL JEAN, DOYEN DU CHAPITRE DU MANS, RENONCE AU PROFIT DE L'ABBAYE DE TIRON A TOUS SES DROITS SUR MONTAILLÉ[1]. (Imprimé, *Cartulaire de Tiron*, n° CCCXCIX.)

(1) C'est en déclarant qu'il avait de fortes raisons pour suspecter l'authenticité de cette charte que M. Merlet lui a donné place au *Cartulaire de Tiron*. On croit devoir néanmoins la signaler ici, mais avec cette remarque que l'année 1280 n'a pas eu de 13 avril, ainsi qu'il est facile de le constater en sachant qu'elle a commencé le 21 avril 1280 et pris fin le 12 avril, samedi saint 1281. On est à peu près certain que le nom de Jean n'a été celui d'aucun des doyens du chapitre.

749. — 1281, mai. — CCCLXXVII.

750. — 1281, 31 mai. — ACTE PAR LEQUEL ROBERT LE CLERC, DE SAINT-GEORGES-SUR-ERVE, ET ADAM BURET, D'ÉVRON, SE RECONNAISSENT DÉBITEURS ENVERS LE CHAPITRE DE LA SOMME DE SOIXANTE-DIX LIVRES, POUR PRIX DE LA COUPE DU BOIS APPELÉ LES FRÊTES-MONSEIGNEUR-SAINT-JULIEN, SITUÉ ENTRE SAINT-GEORGES, VOUTRÉ, ASSÉ ET LA FORÊT D'ÉVRON. (B. N., latin 17754, 58.)

Sachent touz que, en nostre présence en dreit establiz, Robert Le Clerc, de la parroisse Saint Jorge sur Arve, et Adam Buret, de Eivron, recognurent eus devier chescun por le tout au déen et au chapitre dou Manz sexante et deiz livres de tornois en monnoie corant, de la vention d'un bois sur terre, que l'en apêle les Frêtes monseignor Saint Julien, si comme le dit bois se porsiet et est assis entre les igleses dou dit Seint Jorge et l'iglese de Voutré et l'iglese de Acé et la forest de Evron, lequeiz bois sur terre les diz Robert et Adam avoient achaté et receu à gré dou déen et dou chapitre dessus diz por le pris dessus dit, si comme il disoient; et dont il se tindrent por bien paiez, à aveir, à couper, à vendre et à délivrer icelui bois sus terre au diz Robert et Adam et à lor commandement quitement et délivrement à cinc anz de terme de délivrance procheinz après la Toz Seinz prochein à venir, en tele manière que la dite vention ne puet estre encherdie de nulli et que les diz chanoines lor seint tenuz garantir le dit bois vendu de touz empêchement et de toutes enchierdie, et à lor délivrer voies avenanz au dit boiz délivrer et espletier durant le dit terme, si comme ceux Robert et Adam dient que il covent en cest fet et le déen et le chapitre dessus diz, laquele summe de deniers ils prametent et sont tenuz chescun por le tout rendre et paer au déen et au chapitre dessus diz, ou à lor commandement, par la cause dessus dite, c'est assavoir vint livres à la Touz Seinz prochein à venir, et autres vint livres à l'autre Touz Seinz prochein en sevant après, et autres vint livres à l'autre Touz Seinz prochein en sevant après, et les dez livres demorantes à l'autre Touz Seinz prochein en sevant après. C'est à savoir que les dites dez livres viennent et sunt deues et pramises à rendre, si comme dessus est dit, por finance de toute enchierdie, si comme dient les diz Robert et Adam.

Et quant à rendre les diz deniers, si comme dessus est dit, sauves les manières et les conditions dessus dites, obligent les diz Robert et Adam au déen et au chapitre dessus diz ous et chescun por le tout et lor hers et tout lor biens mobles et inmobles présenz et avenir, à prendre et à vendre. Et renoncient cest fet à toutes exceptions et deffance et à toutes decevance et à l'epistre .... et à la novele constitution des prametoprs une meimes cheses, et à touz privileges de croix prise et à prendre, et à tot droit escript et non escript.

Et de ce fere et enteriner en sunt les diz de cors par la foy de lor cors.

Et fut fet et donné et ajugié à tenir et enteriné à lor requeste ou jor de samedi avant Penthecouste, en l'an de graice mil dous cenz quatre vinz et un.

751. — **1281, 11 juin.** — ACTE PAR LEQUEL MICHEL CORNILLEAU RECONNAIT TENIR DU CHAPITRE LA PART DES DÎMES D'AMBRIÈRES QUI APPARTENAIENT A CELUI-CI ET LUI DEVOIR DE CE CHEF UNE RENTE DE DIX-HUIT LIVRES. (B. N., latin 17754, 34.)

Constitutus in jure coram nobis magister Michael, dictus Cornillel, clericus, juridictioni nostre quo ad hoc se supponens, recognovit se accepisse et adhuc accipit ad firmam a capitulo Cenomanensi partem dictum capitulum contingentem in decima de Ambreriis, videlicet terciam partem omnium bladorum cujuscumque generis existant, et terciam partem omnium pallearum et unum tractorem et unum quadrivarium ad decimam trahendum usque ad revolutionem duorum annorum proximo et immediate venturorum, pro triginta et sex libris Turonensium, quam firmam dictus magister gravit et promisit se redditurum et soluturum dicto capitulo, aut ejus mandato, hiis terminis, videlicet novem libras Turonensium ad synodum omnium sanctorum proximo venturum, novem libras Turonensium ad synodum Penthecostes immediate sequentem, novem libras Turonensium ad synodum omnium sanctorum iterum sequentem, et novem libras Turonensium ad synodum Penthecostes proximo et immediate subsequentem.

Et ad hoc obligavit dictus magister dicto capitulo se et heredes suos et omnia bona sua mobilia et immobilia, presentia et futura, fide prestita corporali.

Et nos hec adjudicamus tenenda.

Datum die mercurii post Trinitatem Domini estivalem, anno Domini MCCLXXXI.

752. — 1281, 4 juillet = CCCCXCI.

753. — 1281, 18 juillet. — ACTE RELATIF A UNE AMENDE HONORABLE FAITE PAR LE CURÉ DE SOUVIGNÉ-SUR-MÊME. (B. du Mans, 245, 256 coupé sur un côté.)

Anno octogesimo primo, die veneris ante festum beate Marie Magdalene, Egidius, dictus Burgondio, presbiter .... sancti Martini de Sovigniaco juxta Feritatem Benardi petiit absolvi a capitulo Cenomanensi ab illa excommunicacione .... virtute privilegii decano et capitulo a sede apostolica et alias indultorum, pro eo quod legitime .... beatissimi Juliani pro anno preterito et persona fabricatoribus ecclesie Cenomanensis, et dicta .... beneficium sue absolutionis in sepedictis cum solvisset denarios antedictos pro annis sepedictis, et juravit .... beatissimi Juliani se stare mandatis ecclesie per sententiam excommunicationis predictam, et sigillavit .... dominus Julianus, canonicus Cenomanensis, sigillo capituli, ad instanciam dicti Egidii, presentibus .... burgensibus, Juliano Le Pelé, canonico Cenomanensi, nec non Matheo Randan, R..... Nicholao Bardi, clericis, et pluribus aliis fide dignis.

754. — 1281, 27 août. — PRISE DE POSSESSION PAR LOUIS, FILS DU VICOMTE DU MAINE, DE L'UNE DES MAISONS APPARTENANT AU CHAPITRE [1]. (B. du Mans, 245, 1, en partie détruit.)

Anno Domini MCCLXXXI, die mercurii ante decollationem beati

---

(1) Il y a lieu de signaler ici l'importance toute spéciale de cet acte au point de vue de la généalogie des vicomtes du Maine : Il est le premier qui vienne établir l'existence d'un frère de Jean I de Beaumont, fils de Louis de Brienne et de la vicomtesse Agnès.

Johannis Baptiste, recepit Ludovicus, filius vicecomitis Bellimontis, domum in qua solebat manere magister [Robertus] de Cluo Campo, archidiaconus Cenomanensis, pro viginti libris Turonensium. . . . .

Plegiis : H[amelino] cantore, G[arino] archidiacono de Passays et Huberto Ribole, canonicis Cenomanensibus.

755. — 1281, 13 octobre = CCCXLI.
756. — 1281, 14 octobre = DXI.
757. — 1281, 15 octobre = DX.
758. — 1281 = CCLII [1].
759. — 1281, v. s., 15 janvier. — DÉCISION CAPITULAIRE PAR LAQUELLE LE SACRISTAIN DU CHAPITRE, BENOÎT, EST CONDAMNÉ SOIT A RESTITUER AU CHANOINE PIERRE D'ARDENAY SA CHAPE, QUI SE TROUVAIT PERDUE, SOIT A LUI EN PAYER LA VALEUR. (B. du Mans, 245, 2.)

In nomine Patris et Filii et Spiritus. Amen.
Anno Domini MCCLXXXI.

Nos capitulum Cenomanense diffiniendo pronunciamus sacristam Cenomanensem teneri ad custodiendum capas nigras canonicorum Cenomanensium positas in vestiario Cenomanensi pro servicio faciendo, et si aliqua ipsarum fuerit amissa, dictum sacristam teneri ad ipsam capam vel ejus estimacionem reddendam.

Propter quod Benedictum, sacristam, condampnamus sentencialiter ad capam magistri Petri de Ardeneyo, positam in vestiario Cenomanensi pro servicio ecclesie faciendo et amissam, reddendam eidem Petro vel estimacionem ejusdem.

Sexto decimo kalendas februarii, anno Domini MCCLXXXI, ut supra.

In capitulo presentibus : H[amelino] cantore, [Petro], archidiacono Castrilidi [2], magistro Stephano Burgondo, magistro Johanne Beraudi, magistro Juliano de Corulo, magistro P[etro] de Arde-

---

(1) Dans la liste des témoins au lieu de : *Johanne Meloduni, Stephano Burgensi, Guillelmo Mariane*, il faut lire : *Johanne Meldensi, Stephano Burgundione, Guillelmo Meriane*. (Delisle, *Bibliothèque de l'École des Chartes*, XXXI, 207.)

(2) Le nom avait été omis ; il est fourni par l'acte 764.

neyo, magistro Odone archidiacono, magistro Juliano Grignon, Thoma de Varia.

760. — 1282, 27 avril = CCCCXIII.

761. — 1282, 1ᵉʳ juin. — ACTE PAR LEQUEL MICHEL COCHON ET MATHURINE, SON ÉPOUSE, AINSI QUE VINCENT LE MERCIER ET JEANNE, SON ÉPOUSE, RECONNAISSENT QU'ILS TIENNENT DU CHAPITRE LES DÎMES QUE CELUI-CI POSSÈDE SUR LA TRINITÉ DE LAVAL ET QU'ILS LUI DOIVENT EN RETOUR UNE RENTE DE HUIT LIVRES. (B. N., latin, 17754, 53.)

Omnibus hec visuris, decanus de Lavalle Guidonis, salutem in Domino.

Noveritis quod, coram nobis in jure constituti, magister Michael Cochon, clericus, et Vincentius Mercenarius concessi sunt se teneri reddere et quemlibet eorum insolidum viris venerabilibus et discretis capitulo Cenomanensi octo libras Turonensium seu monete currentis, persolvendas dicto capitulo terminis qui sequntur annuatim quamdiu vixerint Michael et Vincentius supradicti vel aliquis eorumdem, videlicet qualibet synodo Omnium Sanctorum quatuor libras Turonensium et qualibet synodo Penthecostes alias quatuor libras Turonensium, termino prime solutionis incipiente in synodo Omnium Sanctorum proximo subsequente, pro quadam decima quam dictum capitulum [habet] in parrochia de Lavalle et pro quibusdam oblationibus quas percipit et percipere consuevit annuatim dictum capitulum in ecclesia Sancte Trinitatis de Lavalle, quas decimam et oblationes receperunt dicti Michael et Vincentius a dicto capitulo, prout fuerunt in jure coram nobis confessi.

Et ad solutionem predicte pecunie faciendam terminis supradictis, dicti Michael et Vincentius, necnon Mathea, uxor dicti Michaelis, et Johanna, uxor dicti Vincentii, de consensu et auctoritate maritorum suorum supradictorum, obligaverunt se et heredes suos et omnia bona sua mobilia et immobilia, presentia et futura ubicumque sint, specialiter et expresse, renunciantes . . . .

Et nos premissa adjudicavimus tenenda, et dictas partes ad hec in scriptis sententialiter condampnamus.

In cujus rei testimonium dicto capitulo presentes litteras dedimus sigillo nostro sigillatas.

Datum die lune post octabas Trinitatis Dominice estivalis, anno Domini MCCLXXXII.

762. — 1282, 8 juillet. — ACTE PAR LEQUEL HUGUES DES PRÉS, CONSTATE AVOIR ACQUIS EN PERPÉTUELLE EMPHYTÉOSE DE JULIEN DE BEAUVOIR UNE RENTE DE NEUF SETIERS DE SEIGLE ASSISE SUR LA BOCÉLIÈRE ; IL S'ENGAGE A PAYER A SON VENDEUR UNE RENTE VIAGÈRE DE HUIT LIVRES ; ET, A MOINS QUE CELUI-CI N'EN AIT DÉCIDÉ AUTREMENT, IL S'OBLIGE A LA CONTINUER PENDANT NEUF ANS AU CHAPITRE. (B. N., latin, 17754, 46.)

Universis presentes litteras inspecturis, decanus de Silliaco, salutem in Domino.

Noverint universi quod, constitutus in jure coram nobis, Hugo de Pratis, armiger, parrochie Sancti Petri de Curia, confessus fuit in jure se accepisse in emphiteosim perpetuam sibi et suis heredibus a Juliano de Bello Visu, presbitero, novem sextaria siliginis ad mensuram de Yzeio, que idem Julianus habebat redditus quolibet anno, prout dicte partes asserebant, per manum Johannis dicti Quarrel, in octabis festi beati Remigii, super feudo et habergamento de la Bocelière, cum pertinenciis earumdem ubicumque nominibus censeantur, ita tamen quod dictus Hugo et ejus heredes tenentur et tenebuntur pro dictis novem sextariis siliginis reddere dicto Juliano, quamdiu vixerit idem Julianus, octo libras Turonensium monete currentis in festo Omnium Sanctorum annuatim ; ac post decessum ipsius Juliani, per spatium novem annorum, procuratori fabrice ecclesie beatissimi Juliani Cenomanensis, nisi dictus Julianus secus de dictis octo libris post decessum ejus, per spacium dictorum novem annorum solvendis, in ultima voluntate sua, seu testamento, duxerit ordinandum, tali siquidem conditione in dicto contractu apposita, quod elapsis dictis novem annis post decessum dicti Juliani, solucio dictarum octo librarum cessabit penitus omnino, et dicta novem sextaria siliginis dicto Hugoni et ejus heredibus in perpetuum jure hereditario remanebunt possidenda.

De solutionibus autem dictarum octo librarum redditus factis dicto Juliano, ut dictum est, et, post decessum ejus, procuratori fabrice predicte seu aliis, si contigerit aliter de dicto redditu solvendo ab ipso Juliano in ultima voluntate sua, seu testamento suo ordinando, atornavit et atornat coram nobis in jure dictus Hugo, pro se et heredibus suis, dicto Juliano et aliis quibus fuerit ordinatum, videlicet Mauricium de Curia duodecim solidos Cenomanensium, Belotum Geroesme quatuor solidos et dimidium Cenomanensium, Guillelmum de Custodia quinque solidos et dimidium Cenomanensium, Julianam, relictam Guillon de Connae, quatuor solidos Cenomanensium et tres denarios Turonensium, Richardum Juliote duodecim Cenomanensium, Andream Mith. tres solidos Cenomanensium, Enjoubant de Curia tres solidos Cenomanensium et duos denarios Cenomanensium, Lucam de la Foeye duos solidos et dimidium Cenomanensium, Johannam la Renaude de la Feye duos solidos Cenomanensium, Matheum Sutorem tres solidos Cenomanensium, Johannem dictum Haois sex solidos Cenomanensium, Havardum de Chasteyo quinque solidos Cenomanensium, Stephanum Sutorem quindecim denarios Cenomanenses, Lucam Chardunae de Conn duos solidos Cenomanensium, uno Turonensium minus, Gaufridum Hubert duos solidos Cenomanensium unum Turonensium, Hamelinum Ginart septem Cenomanensium, Fulconem Text[orem] de Curia duos solidos Cenomanensium, Thomam Coustart quatuordecim denarios Cenomanensium et unum denarium Turonensium, reddendos ad dictum festum Omnium Sanctorum, et Johannem Hardenge, videlicet ad dictum festum duos solidos Cenomanensium, et ad festum Sancti Andree quatuor solidos Cenomanensium, unum Cenomanensium minus, Durandum Enjobunt, videlicet ad festum Omnium Sanctorum quindecim Cenomanensium, et ad festum Sancti Andree quatuor solidos Cenomanensium, Guillelmum de Vinea, videlicet ad festum Omnium Sanctorum tres solidos Turonensium, et quinque solidos Turonensium ad festum Sancti Andree, et Galterum Dalibart quatuor solidos Cenomanensium ad festum Sancti Andree.

Qui homines predicti atornati, coram nobis in jure constituti, constituerunt se quilibet pro rata, sicut supradictum est, ad reddendum dicto Juliano, seu procuratori fabrice, seu illi aut illis cui aut quibus ordinabit in ultima volumptate sua, seu testamento, quod dictus redditus post ejus decessum persolvatur, obligantes quilibet ut supra, ad hoc se et heredes suos et omnia bona sua mobilia et immobilia, presentia et futura et omnes in hereditatibus suis causam habentes, ita tamen quod dictus Julianus seu ille aut illi cui aut quibus dictus redditus deveniet post decessum dicti Juliani, per spatium dictarum novem annorum poterit suam justiciam exercere, aut per alios facere exerceri in rebus mobilibus et immobilibus dictorum hominum pro redditu predicto non soluto ad terminum supradictum, ac etiam pro emenda, et namna propter hoc vendere pro dictis et emenda, consuetudine contraria non obstante.

Si autem contigerit quod dicti homines seu alter ipsorum aut plures ad . . . . vergant, idem Julianus et ille seu illi cui aut quibus dictus redditus post ejus decessum devenerit, in bonis dicti Hugnis mobilibus et immobilibus, presentibus et futuris, suam poterit justiciam exercere pro redditu non soluto ad dictum terminum, ac etiam pro emenda, ita quod pro defectu solucionis cujusdam hominis unam emendam poterit a dicto Hugone et suis heredibus exigere et levare, consuetudine contraria nonobstante, renonciantes . . . .

Et de omnibus et singulis tenendis et observandis, et de non veniendo contra premissa aut aliquid premissorum, in toto vel in parte, per se seu per alium, alios, aut in futurum aliquo titulo seu alii aut aliis ipsorum modo competenti aut de cetero competituro, dederunt fidem dicti Hugo et homines in manu nostra spontanei corporalem, et nos predicta omnia et singula, ad petitionem partium, in hiis scriptis adjudicamus tenenda, dictos Hugonem et homines presentes et consentientes ad hoc tenendum condempnamus, et ea adjudicamus tenenda.

Datum die mercurii post festum sancti Martini estivale, anno Domini MCCLXXXII.

763. — 1282, 20 juillet = DCXI.
764. — 1282, 20 juillet = DCXII.

265. — 1282, 23 juillet, villa Romani[1]. — LETTRES PAR LESQUELLES GEOFFROY DE SAINT-BRICE, ÉVÊQUE DE SAINTES, CHARGE L'ARCHIDIACRE DE CHATEAU-DU-LOIR D'OPÉRER LA REMISE AU CHAPITRE DES BIENS SITUÉS SUR LONGNE ET ACHETÉS PAR LUI POUR LA FONDATION DE SON ANNIVERSAIRE. (B. N., latin 17754, 34.)

Universis presentes litteras inspecturis Gaufridus, permissione divina Xantonensis episcopus, salutem in Domino.

Noveritis quod nos damus venerabili viro magistro Petro, archidiacono Castrilidi in ecclesia Cenomanensi, potestatem et mandatum speciale assignandi, loco nostri, capitulo Cenomanensi quatuor sextaria frumenti redditus, et alios redditus quos emimus apud Loogne, pro anniversario nostro in dicta Cenomanensi ecclesia perpetuo ab ipso capitulo celebrando, dum tamen dictum capitulum in ipsa ecclesia missam de Sancto Spiritu quamdiu vixerimus faciat celebrari.

In cujus rei testimonium presentes litteras sigillo nostro fecimus sigillari.

Datum apud villam Romani, manerium nostrum, die jovis post festum beate Marie Magdalene, anno Domini MCCLXXXII.

766. — 1282, 25 août. — ACTE PAR LEQUEL JACQUES, ABBÉ DE LA COUTURE, DONNE POUVOIR AU FRÈRE GUILLAUME, PRIEUR DE ROÉZÉ, DE RÉGLER AVEC LE CHANTRE DU CHAPITRE ET ROBERT DE CLINCHAMP, LES DROITS RÉCIPROQUES DE SON ABBAYE ET DU CHAPITRE SUR LES DÎMES DES CURES D'AVOISE ET D'HELLOU. (B. N., latin, 17754, 30.)

Universis presentes litteras inspecturis, frater Jacobus, divina permissione humilis abbas monasterii Sancti Petri de Cultura Cenomanensis, ejusdemque loci conventus, salutem in Domino.

Noverint universi quod, cum super quibusdam decimis sitis in parrochia de Avasia et super jure patronatus quarumdam ecclesiarum de Hellou, inter venerabilem capitulum Cenomanensem et nos in futurum posset questionis materia suboriri, et a venera-

---

(1) Au diocèse de Saintes il n'existe aucun nom de lieu qui rappelle la forme Villa-Romani.

bilibus viris et discretis cantore Cenomanensi et magistro Roberto de Clino Campo, de predictis ecclesiis, et a magistro Guillelmo le Drapier, rectore ecclesie de Vallonio, et priore nostro de Roizeio, super predictis decimis de consensu dicti capituli et nostro, amicabiliter tam per testes ydoneos et juratos quam alias inquisitum fuerit diligenter, nos damus et concedimus fratri Guillelmo, priori nostro de Roizeio predicto, auctoritatem et speciale mandatum videndi et aperiendi inquisitiones predictas, factas et habitas de premissis, et loco et nomine nostri et monasterii nostri predicti, faciendi et ordinandi de premissis, una cum cantore et magistro Roberto predictis, vel altero eorumdem, quod viderit expedire, ratum et gratum habentes et habituri quicquid per dictos cantorem et magistrum Robertum, vel eorum alterum, et per priorem nostrum predictum super hiis actum, statutum fuerit seu etiam ordinatum.

Et hec omnibus quorum interest et quibus significandum est significamus per presentes litteras sigillis nostris sigillatas.

Datum die martis post festum beati Bartolomei apostoli, anno Domini MCCLXXXII.

767. — 1282, avant le 27 août. — DÉPOSITION DES TÉMOINS DANS L'ENQUÊTE FAITE AU SUJET DES DROITS QUE SE DISPUTAIENT LA COUTURE ET LE CHAPITRE SUR LES DIMES D'AVOISE. (B. N., latin, 17754, 30.)

Anno Domini MCCLXXXII. Testes producti ex parte capituli Cenomanensis et prioris de Avoise ad inquirendum utrum decime fructuum crescentium terris sitis inter chiminum per quod itur de Tirepoche ad Banum Courre, uno latere, et ripariam de Merderes, ex alio, et utrum sint de communitate prioris predicti et capituli et utrum pertineant ad ipsum priorem tantum.

Raginaldus Bunet sexagenarius, testis juratus, requisitus super premissis, dicit quod decime communis incipiunt a quodam jugero terre quod est situm in medietaria domini de Lion juxta chiminum quod ducit de Nibolion Cenomanis, et durant ille terre prout dictum terminum dividit a ripario usque ad la Chesiraie et chiminum per quod itur de Boscho Roberti apud Avoie. Requisitus quomodo scit quod ille decime pertineant ad communitatem dictorum capituli et prioris, dicit quod hoc scit quod traxit dictam decimam ad herbergamentum suum per septem annos et amplius, et dividebatur communiter inter eos in augusto. Requisitus utrum vidit quod esset contentio super hoc inter partes, dixit quod circa elapsionem quindecim annorum, vel circa, vidit quod abbas de Cultura, qui modo est, et Nicholaus, decanus Cenomanensis [1], convenerunt ad dictum locum ipso presente pro eo quod contentio erat inter priorem et prebendarios qui pro tempore erant, et, rebus supradictis inspectis, [post] altercationes aliquas concordaverunt inter se quod fructus decime de quibus loquitur ipse testis essent communes ipsorum prioris et capituli. Pro ipsa tamen concordia facienda, dimisse fuerunt dicto priori decime terrarum que sunt intra chiminum qui ducit de Nibolion Cenomanis. Hoc est quod scit et nichil ultra, licet fuerit requisitus.

Calanus de Taceio, sexagenarius, testis etiam juratus, requisitus super hoc dixit per omnia quod aliud scit hoc excepto, quod ipse non traxit predictas decimas, sed ipse recepit predictas decimas nomine et de mandato capituli, scilicet partem dicti capituli, videlicet medietatem dictarum decimarum.

Matheus Picart quadragenarius etiam juratus, requisitus super premissis, dicit quod decime prout sunt limitate per chiminos predictos pertinent ad communitatem predictorum capituli et prioris. Requisitus quomodo scit, dixit quod ipse traxit dictas decimas per tres annos. De aliis nichil scit, nisi de auditu. Requisitus de pace facta inter abbatem et Nicholaum, decanum Cenomanencem, dixit quod nichil scit, quia non interfuit, sed dicitur communiter quod ita fuit prout dixit primus.

Gervasius Cornart, quadragenarius et ultra, testis juratus, requisitus super hoc dicit quod nichil scit, nisi quod credit decime de quibus fit mentio sunt communes. Hoc est quod scit.

Guillelmus Lebovereu, quadragenarius, testis juratus, requisitus super hoc, dicit quod nichil scit, nisi quod contentio fuit circa elapsionem triginta annorum de tenemento dicti Cornart,

---

(1) Cette déclaration est à noter, car, pour la première fois, elle fournit le nom du doyen du Chapitre vers l'an 1267 et permet de substituer le nom de Nicolas à l'initiale N dans nos chartes 544, 553 et 563 datées de novembre 1264, du 30 juin et du 5 février 1265, v. s.

et ponebatur decima in sequestro, licet dimitterent bladi dicto priori, utrum per oblivionem vel alias, nescit. Hoc est quod credit. De aliis nichil scit, de auditu secundum quod primus testis testatur.

Robertus Sciton, quadragenarius, testis juratus requisitus super premissis, idem dicit que testis immediate precedens, hoc adito quod circa decem septem annos vidit contentionem circa premissa.

768. — 1282, 27 août. — ACTE PAR LEQUEL JACQUES, ABBÉ DE LA COUTURE, CONSTATE QUE LA CURE DE LA MADELEINE DE HELLOU, ET CELLE DE SAINT-GERMAIN DE CORBIE AINSI QUE DIVERSES DIMES SUR CELLE D'AVOISE SONT COMMUNES ENTRE L'ABBAYE DE LA COUTURE ET LE CHAPITRE DE LA CATHÉDRALE ET QUE LA PRÉSENTATION EN SERA ALTERNATIVE. (B. N., latin, 17754, 21.)

Universis presentes litteras inspecturis, frater Jacobus, divina permissione humilis abbas monasterii Sancti Petri de Cultura Cenomanensis, totusque ejusdem loci conventus salutem in Domino.

Noveritis quod, cum super jure patronatus quorumdam ecclesiarum, videlicet Beate Marie Magdalene de Hellou et Sancti Germani de Corbaif, necnon super quibusdam decimis sitis in parrochia de Avoisia, de consilio proborum virorum ex parte venerabilis capituli Cenomanensis et nostra, ne inde posset in futurum oriri materia questionis, per venerabilem virum magistrum Robertum de Clino Campo, canonicum Cenomanensem, super jure patronatus dictarum ecclesiarum, et per magistrum Guillermum le Drapier, rectorem ecclesie de Vallonnio, et fratrem Guillelmum, priorem nostrum de Rozeio, de consensu parcium, amicabiliter fuerit inquisitum, ac de voluntate dicti capituli et nostra, per venerabilem virum magistrum Hemmelinum, cantorem ecclesie Cenomanensis et dictos magistrum Robertum et priorem inquisitiones premissorum facte aperte fuerint ac diligenter suspecte, quibus commissum fuerat negocium hinc et inde et cum, tam per testes ydoneos et juratos quam alios, inventum fuerit et probatum quod, tam jus patronatus dictarum ecclesiarum quam dicte decime et tractus, inter dictum capitulum et nos abbatem et conventum predictos, hactenus fuere communes, et ad dictas ecclesias communiter presentatum, et dicte decime tracte tricturate communiter et partite prout ex relatione ipsorum cumperimus et didicimus quibus factis hiis adhibemus. Et cum ab ipsis inquisitoribus et cantore fuerit ordinatum, quod decime predicte trahantur amoto in loco communi a partibus eligendo, tricturentur, serventur et communiter parciantur, et ad dictas ecclesias per predictum capitulum et nos abbatem et conventum predictos communiter de cetero presentantur quotienscumque presentandi ad sepedictas ecclesias obtulerit se facultas, cum jus patronatus ad dictum capitulum et abbatem dicti loci communiter pertinere noscatur.

Ea autem que premissa sunt omnia et singula ac etiam per predictum capitulum et alios superius expressos, ordinata ac statuta fuerunt, tanquam perpetua firmitate subnixta robur optineant firmitatis, prout superius sunt expressa.

Nos autem quicquid per ipsos actum est, ordinatum etiam ac statutum super premissis ratum, gratum ac firmum habemus et in hoc consentimus, prout superius est expressum.

Datum et actum die jovis post festum sancti Bartholomei apostoli, anno Domini MCCLXXXII.

769. — 1282. — CHARTE PAR LAQUELLE GERVAIS DE PRUILLÉ RECONNAIT AVOIR VENDU AU CHAPITRE, POUR UNE SOMME DE VINGT LIVRES, LA RENTE DE VINGT SOUS QU'IL POSSÉDAIT PRÈS DE CHARBONNIÈRES. (Bibl. du Mans, 245, 241, en partie détruit.)

Universis presentes litteras inspecturis et audituris Gervasius, dominus [de Prul]liaco, miles, Cenomanensis dyocesis, salutem in Domino.

Noveritis me vendidisse [et venditionis] nomine concessisse et adhuc vendo et concedo venerabilibus viris capitulo . . . . . viginti solidos Cenomanensium annui et perpetui redditus, habendis et percipiendis [annis] singulis in festo nativitatis Beate Marie Virginis a prefatis venerabilibus viris vel eorum mandato super omnibus rebus quas habeo et teneo in feodo venerabilium predictorum apud Charbonnières, per manum meam, vel heredum meorum, vel .... illorum qui causam habuerunt a me vel heredibus meis in rebus predictis, que res consistunt in censibus et aliis rebus ad valorem centum solidorum vel circa. Quos census cum pertinenciis recognosco me tenere ad fidem et homagium a capitulo memorato ad tres solidos et unum denarium Cenomanensium de servicio annuatim dicto capitulo persolvendos.

Et facta est vendicio dictorum viginti solidorum Cenomanensium pro precio viginti librarum Turonensium de quibus me teneo plenarie pro pagato in peccunia numerata, exceptioni non numerate peccunie, non tradite, non recepte, renuncians specialiter et expresse.

Actum est eciam in presenti venditione inter prefatos, capitulum, ex una parte, et me, ex altera, quod si in solutione dictorum viginti solidorum Cenomanensium prefato capitulo facienda duobus annis, ego vel heredes mei, vel qui causam haberent a me vel ab heredibus meis in censibus supradictis et pertinenciis eorumdem, in toto cessaverimus vel in parte, quod ex nunc prefati census cum omnibus pertinenciis eorum ad prefatum capitulum integre et pleno jure perveniant.

Et quito sub condicione hujusmodi quicquid habeo in eisdem censibus et pertinenciis eorumdem, ita quod in eisdem ego vel heredes mei, vel illi qui causam haberent a me in prefatis censibus et eorum pertinenciis, nichil poterimus reclamare.

Et si predicti census cum pertinenciis eorum dictos viginti solidos Cenomanensium annui redditus non valerent, promitto dictos viginti solidos Cenomanensium assignare super omnibus aliis rebus meis quibuscumque, et solvere termino supradicto.

Promitto insuper eisdem capitulo presentem vendicionem et specialiter omnes census predictos, si ad dictum capitulum pervenerint, garantizare .....

In cujus rei testimonium duxi sigillum meum presentibus apponendum.

[Datam] anno Domini MCCLXXXII, die lune ante festum Sancti....

770. — 1282, v. s., 26 janvier. — ACTE DANS LEQUEL GERVAIS DE PRUILLÉ ÉNUMÈRE CELLES DE SES POSSESSIONS QUI RELÈVENT DU CHAPITRE. (Bibl. du Mans, 245, 241, en partie détruit.)

Universis presentes litteras inspecturis, Gervasius de Prulliaco, miles, [Cenomanensis] dyocesis, salutem in Domino.

Noveritis quod ego recognosco me tenere et teneo a venerabilibus viris capitulo Cenomanensi ea que secuntur : scilicet [census] et totum feodum quod habeo apud Charbonnières, qui census valent .... centum solidos Turonensium annui redditus, et unum arpentum vinearum situm apud .... de Verscio retro domunm Thome Hyrebec, que omnia teneo a dictis ca[pitulo] ad tres solidos et unum denarium Cenomanensium annui servicii, et ad fidem et homagium.

Item, teneo ab eisdem magnam meam turrim de Prulliaco et quamdam [came]ram juxta dictam turrim, que dicitur camera feminarum, quamdam rocham .... retro turrim predictam.

Teneo etiam ab eisdem fossata existencia circa terri[torium] et unam marescauciam sitam inter muros et furnum, ad undecim denarios Turonensium censuales eisdem capitulo in festo Purificationis Beate Marie Virginis annis singulis persolvendos.

Recognosco eciam quod dicti capitulum habent decem solidos Cenomanensium annui et perpetui redditus super buesallagium meum de burgo Domni Guidonis pro anniversario defuncti Gervasii de Prulliaco, quos eisdem promitto reddere in festo Epiphanie annuatim.

In cujus rei testimonium, sigillum meum duxi presentibus apponendum.

Datum die martis ante festum beati Vincentii, anno Domini MCCLXXXII.

771. — 1282, v. s., 1ᵉʳ avril. — ACTE PAR LEQUEL IL EST PROCÉDÉ A L'INCORPORATION PARMI LES PROPRIÉTÉS DU CHAPITRE, DE TOUT CE QUE GEOFFROY DE SAINT-BRICE, ÉVÊQUE DE SAINTES, DESTINAIT A LA FONDATION DE SON ANNIVERSAIRE. (B. N., latin 17754, 35.)

Omnibus hec visuris P[etrus], archidiaconus Castrilidi in ecclesia Cenomanensi, salutem in Domino.

Noveritis nos assignasse juxta mandatum reverendi Gaufridi, Dei gratia Xantonensis episcopi, presentibus hiis annexum, venerabilibus viris capitulo Cenomanensi omnes redditus in dicto mandato contentis, et redditus quos emit idem episcopus apud Looigne pro anniversario ejusdem episcopi in dicta Cenomanensi ecclesia perpetuo ab ipso capitulo celebrando, et omnia instrumenta super emptione dictorum reddituum confecta, dicto capitulo tradidisse.

In cujus rei testimonium sigillum nostrum presentibus duximus apponendum.

Datum die jovis post Letare Jerusalem, anno Domini MCCLXXXII.

772. — 1283, 28 avril. — ACTE PAR LEQUEL GUILLAUME LE VAYER VEND AU CHAPITRE, POUR UNE SOMME DE QUINZE LIVRES, LES DIMES QU'IL POSSÉDAIT SUR LA PAROISSE DU HORPS. (B. N., latin 17754, 45.)

Universis presentes litteras inspecturis, decanus de Galbonio, Cenomanensis dyocesis, salutem in Domino.

Noveritis quod, coram nobis in jure constitutus, Guillelmus dictus Vilicus, armiger, de parrochia de Horp, recognovit se vendidisse et nomine vendicionis irrevocabilis concessisse venerabilibus viris capitulo Cenomanensi omnes fructus et exitus decimarum omnium bladi, cum tractu, trictura et paleis dictarum decimarum, quas ipse et antecessores sui habere et percipere consueverant in dicta parrochia temporibus retroactis, a dicto capitulo vel eorum mandato in perpetuum pacifice possidendos.

Et facta fuit presens vendicio pro quindecim libris Cenomanensium, de quibus dictus armiger in jure coram nobis se tenuit pro pagato in peccunia numerata, exceptioni non numerate peccunie et non tradite renoncians specialiter et expresse, ita quod eam de cetero non poterit allegare.

Et tenetur et promisit in jure coram nobis dictus armiger dictos fructus decimarum cum suis pertinenciis garantizare, liberare et deffendere dicto capitulo et ejus mandato ab omnibus et eciam contra omnes, et maxime contra dominos ejusdem armigeri superiores quoscomque, et eos fructus liberare ab omni impedimento et obligatione, et dictos fructus decimarum amortizare et amortizatos deffendere contra omnes, et reddere et restaurare eisdem capitulo ad solum dictum procuratoris eorum, post sacramentum suum, sine alia probatione, omnia dampna et deperdita que sustinerent ob defectum garantizandi, liberandi et deffendendi et amortizandi dictos fructus decimarum, ad hoc se et heredes suos et bona sua omnia, mobilia et immobilia, presencia cum futuris, dicto capitulo et eorum causam habenti, vel habentibus, in premissis obligans specialiter et expresse, renoncians in jure coram nobis omnibus allegacionibus facti et juris canonici et civilis, usus, consuetudinis contrarie et statuti, per que posset per se vel per alium aliqua ratione seu titulo sibi modo competentibus vel competituris contra premissa venire, vel aliquid premissorum, fide ab ipso armigero in manu nostra prestita corporali, de premissis fideliter et firmiter in perpetuum observandis.

Et hec omnia et singula supradicta, prout superius sunt expressa, ad petitionem et instanciam dicti armigeri, adjudicamus tenenda.

Actum die mercurii post Quasimodo, anno Domini MCCLXXXIII.

773. — 1283, 28 avril. — ACTE PAR LEQUEL GUILLAUME LE VAYER RECONNAIT TENIR DU CHAPITRE LES DÎMES DU HORPS ET LUI DEVOIR DE CE CHEF UNE RENTE DE SOIXANTE SOUS. (B. N., latin 17754, 44.)

Sachent touz presenz et avenir que, en noutre présence en droit establi Guillaume dit le Vayer, escuier, de la paroisse dou Horp, requenut et confessa que le chapistre de l'iglise monsaingnor Seint Joulien dou Mans li a baillé à say et à ses hairs à rente anuel et perpétuel les dîmes que ledit chapistre avoit en la dite paroisse dou Horp, si comme le dit Guillaume disoit que icéles deimes ent esté dévisées entre lui et le dit chapistre, lesqueles deimes le dit Guillaume a pris et receu à say et à ses hayrs dou dit chapistre pour saixante souz de tournais ou monoye corant de rente anuel et perpétuel, laqüèle rente le dit Guillaume grée et promet pour say et por ses hairs, et est tenu feire et rendre au dit chapistre, ou à lour certain commandement, en la vile dou Mans, au senne de la Touz Sainz, chascun an désore en avant, et rendre et restorer au dit chapitre et allour successors tout au plain dit de lour procuratour, après son sèrement, sanz autro preuve, touz domages, touz couz, toutes mises et touz dépenz, si aucuns en aucune menière en avaint ou soustenaient par défauts de ladite rente non pas rendue entérinement au dit terme chasqun en, ausi comme dessus est dit.

Et quant à ce faire et entérinier qui est dit et devisé par devant, oblige ledit Guillaume au dit chapistre et à lours successours say et ses hairs et touz ses biens meubles et inmeubles, presenz et avenir, à prendre et à vendre, et est tenu par la fay de son cors que encontre ne vendra ou temps avenir par say ne par autre par aucune rayson, renouinçant en cest feit à toutes exceptions et defenses, et à toute allegation de fraude et de decevance, et à tout beneficc de droit escript et non escript, et à toutes autres reisons qui à luy ou à ses hairs porraint valoir avenir contre la tenour de cestes presentes lectres. Et nous, à sa requeste, toutes les dites choses ajujon senteneiaument à tenir et enterinier, et les avon confirmées dou seau de nostre cort dou Mans en tesmoing de vérité.

Ce fut fet et donné ou jour dou mescredi après la Saint Jorge, en l'an de grâce mil dous cenz quatre vinz et trays.

774. — 1283, v. s., 21 mars = DXII.

775. — 1283, v. s., 6 avril = DCCXX.

776. — 1284, 4 mai = CCCCXIV.

777. — 1284, 26 juin = CCCCLVIII.

778. — 1284, 31 juillet. — ACTE PAR LEQUEL GERVAIS BÉRENGER RECONNAIT QU'IL TIENT DU CHAPITRE LA MOITIÉ DU FOUR D'ASSÉ-LE-BÉRENGER ET QU'IL LUI DOIT EN CONSÉQUENCE UNE RENTE DE TROIS SOUS. (B. N., latin 17754, 56.)

Sachent touz presenz et avenir que, en notre présence en droit establi, Gervèse Bérengier requenust et confessa que honorables hommes les chanoines et le chapistre dou Mans li ont ballié et octroié et que il a prins et receu à soi et à ces hoirs à gré, pour trais souz de mansoiz de anuel et perpétuel rente, la moitié dou four de Assé le Bérengier o la moitié dou fornage et des autres appartenances dou dit fournage, laquelle rente le dit Gervèse pourmet por soi et por ses hoirs et est tenu rendre et paier aus diz chanoines, ou à lour commandement, en la feste de Seint Gervèse d'iver, en la ville dou Manz, chescun an dès ore en avant, et lour rendre et restorer tout au plain dit de lor procurator après son sèrement, sanz autre proêve, touz domages et touz déparz, si aucuns en soustenaient ou encoraient par défaute de la dite rente estre rendue au dit terme, si comme dessus est dit.

Et à toutes ces chozes entérignier et acomplir oblige le dit Gervèse aus diz chanoines et à lour commandement soi et hairs et touz ses biens mobles et immobles, présenz et avenir, à prendre vendre, et renoncie à toute exception de fraude et de décevance, et à tout aide de dreit escript et à toutes autres resons qui li porraient valoir à venir contre la tenor de cestes présentes lettres.

Et de tenir et garder fermement tout ice qui est dit par devant et que encontre ne vendra par soi ne par autre par aucune reson, s'estreint le dit Gervèse par la foy de son cors donnée en notre main.

Ce fut donné et ajugié à tenir et entérignier à la requeste dou dit Gervèse par le jugement de notre court, ou jor de lundi après la Saint Christofle, en l'an de grâce MCCLXXXIV.

779. — 1284, 12 septembre. — ACTE PAR LEQUEL COLIN COLOMBAUT, DE COURGENARD, AYANT ÉTÉ INVESTI D'UNE VIGNE PAR LE CHAPITRE, S'ENGAGE PAR BAIL EMPHYTÉOTIQUE A LUI PAYER UNE RENTE DE QUARANTE SOUS. (B. N., latin 17754, 19.)

Universis presentes litteras inspecturis, officialis curie decanatus Cenomanensis vacantis, salutem in Domino.

Noveritis quod, coram nobis constitutus in jure, Colinus dictus Collobaut, de parrochia de Curia Genaldi, recognovit se accepisse et adhuc accipit a viris venerabilibus et discretis capitulo Cenomanensi quandam peciam vinee continentem unum arpentum vinee vel circa, cum oscraria, quam dicti capituli habent in parrochia predicta, in feodo nostro dictorum capituli Cenomanensis, que vinea vocatur vinea de Fovea et sita est in clauso de Rausec, ut dicebat, tenendam, habendam et possidendam a dicto Colino et ejus heredibus in perpetuam amphitheosim pro quadraginta solidis Turonensium annui et perpetui redditus, quem perpetuum redditum dicti Colinus et ejus heredes tenentur et tenebuntur reddere dictis capitulo aut ejus mandato in festo Omnium Sanctorum in perpetuum annuatim, et non reddet dictus Colinus de anno presenti nisi triginta solidos Turonensium.

Et ad reddendum nobis dictum redditum in dicto festo annuatim dictis capitulo aut ejus mandato, obligavit dictus Colinus eisdem capitulo se et heredes suos et omnia bona sua mobilia et immobilia, presentia et futura, et specialiter domum ipsius Colini in qua moratur, quam emit a relicta defuncti Guilloneau et a Petro Bordigalle et ejus uxori, que sita est in villa de Curia Genaldi, juxta domum Philipi Furnerii, ut dicebat.

Et de hiis tenendis . . . . .

Et nos hec, ad petitionem dicti Colini, sententialiter adjudicamus tenenda.

In cujus rei testimonium sigillum nostrum presentibus duximus apponendum.

Datum die martis ante festum Sancte Crucis, anno Domini MCCLXXXIV.

780. — 1284, 4 novembre = DXIII.
781. — 1284, 4 novembre = DXIV.
782. — 1284, 16 novembre = CCCXIX.
783. — 1284, 20 novembre = CCCXX.
784. — 1284, 16 décembre = CCCXXI.
785. — 1284, v. s., 15 janvier = DCXIII.
786. — 1284, v. s., 16 janvier = DCXIV.
787. — 1284, v. s., 23 janvier = DCXV.
788. — 1284, v. s., 25 janvier = DCXVI.
789. — 1285, 31 mars = DXV.
790. — 1285, 31 mars = DXVI.
791. — 1285, 3 mai = DLXI.
792. — 1285, 3 juillet = CCCLXXVIII.
793. — 1285, 16 juillet = DLXXXVI.
794. — 1285, 18 juillet = DLXXXVII.
795. — 1285, 24 août = DCXLVII.
796. — 1285, 10 septembre. — CHARTE PAR LAQUELLE FOULQUES DE MATHEFELON RECONNAIT AVOIR VENDU AU CHAPITRE POUR TRENTE LIVRES TOUT CE QU'IL TENAIT DE SON ACHAT DE GEOFFROY DES ROCHES. (B. N., latin 17754, 10.)

A toz ceux qui ces presentes lettres verront et orront Foques de Mathefelon, chevalier, saluz en Notre Seignor.

Sachent toz que ge ay lessié et delessé et quité unquere et otrae à toz jorz mès à honnorables homes au déen é au chapitre dou Mans toutes les chouses immobles o lour apartenances, les quèles ge avoie achatées de mosour Jofroy des Roches, chevalier, ou flé du diz déen et chapitre ; c'est assavoir cens, homes, serviges et les obéissances des dites chouses, et toutes les autres chouses que ge aveie achatées dou dit Jouffroi ou flé au diz déen et au chapitre, à fère lour volunté à tozjorz mès, sanz contrediz de moi et heirs, pour trente livres de tornais, des queues ge me tienez plenerement pour paé en deners nombrés, renuncians à l'excepcion de la dite peccune non nombrée, non receuz et non baillée.

Et promet garantir et défendre et délivrer les dites chouses au dit chapitre envers moser Hameri Sarradin et son vicaire qu'il avoit ès dite chouses, tant comme droit donra.

E quant à ce ge oblige au dit chapitre moi et mes heirs et touz mes biens mobles et immobles, présenz et aveair.

E en tesmoig de ce j'ai doné au dit déen et chapitre ces présentes lettres saelées de mon sael.

Ce fut donné le lundi après la nativité Notre Dame en l'an de grâce mil dous cens quatrevinz et cinq.

797. — 1285, 29 octobre. — GAUDIN DE PRUILLÉ, AYANT FAIT AVEU AU CHAPITRE, ACCEPTE LA PRISE EN MAIN QUI FUT PRONONCÉE PAR CELUI-CI POUR MANQUE D'HOMME, THÉOPHANIE, SA FEMME, AINSI QU'AGATHE ET ALICE, SES FILLES, SONT PRÉSENTES. (Bibl. du Mans, 245, 2.)

Anno Domini MCCLXXXV, die lune ante festum Omnium Sanctorum, Gaudinus de Prulliaco advocavit a capitulo Cenomanensi majorem turrim de Prulleio cum parvis turribus adjacentibus magne turri et introitu juxta appenticia et ipsa appenticia a parte sinistra, secundum quod intretur in habergamentum, et rupem sitam a parte posteriori. Et dicta die tradidit idem Gaudinus magistro P[etro] Rotarii, archidiacono Castrilidi, et Galchero Beloti, canonico Cenomanensi, nomine capituli Cenomanensis, claves dicte turris sesite ab eisdem propter defectum hominis ad petitionem ipsorum, quas claves ipsi tradiderunt dicto Gaudino in custodiam, et posuerunt in sesina capituli et custodia dictam turrim et alias res predictas cum rebus ibidem existentibus.

Presentibus : dicto Gaudino, Richardo Capella de Prulleio, Juliano de Castrolidi clerico, Guillelmo clavigero domini de Prulliaco, Theophania uxore Gaudini de Pruillé, Agatha et Alicia filiabus domini de Prulleio.

Actum anno et die supradictis.

798. — **1285, 31 octobre.** — DÉCISION CAPITULAIRE PAR LAQUELLE IL EST STATUÉ QUE DORÉNAVANT LE JOUR DES MORTS SERA FÊTÉ À LA CATHÉDRALE COMME FÊTE SEMI-DOUBLE. (B. du Mans, 245, 2.)

Anno Domini MCCLXXXV, in vigilia omnium Sanctorum, ordinatum est et concordatum in capitulo Cenomanensi, quod festum mortuorum de cetero sollempniter celebretur sicut solent festa semiduplicia celebrari, et ultra cotidianum solitum argentarius tenetur solvere annuatim cuilibet canonico duodecim denarios Cenomanensium, videlicet in vesperis quatuor denarios, in matutinis quatuor et similiter quatuor Cenomanensium in missa.

Presentibus : R[oberto] decano [1], F. scolastico, P[etro] Rotarii archidiacono Castrilidi, G[arino] de Capella de Passeio, H[aimerico] de sancto Aniano archidiacono de Monteforti, archidiacono in ecclesia Cenomanensi, S[tephano] Burgondion, Guillelmo Ribole, J[uliano] le Pelé, presbiteris, magistris J[ohanne] de Meldis succentore, P[etro] de Ardencio dyacono, H. de Tesval, Th. de Vere, J. Gringnon, G. Beloti, O. de Lauduno, subdiaconis, N. Mareschalli canonico Cenomanensi.

Actum anno, die et loco supradictis.

799. — **1285, 23 novembre.** — ACTE PAR LEQUEL RAOUL DE ROUPERROUX, DE LA PAROISSE D'ASSÉ-LE-BÉRENGER, EN DONNANT A JEAN BROCHE LA MAIN DE JEANNE DE CHALE, SA SŒUR, LUI REMET EN DOT LA MÉTAIRIE DU BREUIL, EN ASSÉ, VALANT CENT SOUS DE RENTE. (B. N., latin 17754, 11.)

(1) Le doyen était alors Robert de Clinchamp qui le 26 avril 1299 devint évêque du Mans.

Universis presentes litteras inspecturis, decanus et capitulum Cenomanense, salutem in Domino.

Notum facimus quod, in nostra presentia constitutus, Radulphus de Ruperrous, armiger, de parrochia de Aceio le Bérenger, recognovit quod cum ipse promisisset Johanni Broche dare et concedere eidem Johanni centum solidos Turonensium annui et perpetui redditus, cum Johanna de Chala, sorore dicti Radulphi, modo uxori dicti Johannis, dictus Radulphus pro dicto redditu tradidit et assignavit et adhuc tradit et assignat dictis Johanni et Johanne et eorum heredibus de ipsis ambobus procreatis seu procreandis, unam medietariam cum ejus pertinenciis, que vocatur medietaria de Brolio, sitam in feodo nostro in parrochia de Aceio le Berengier, tenendam et possidendam hereditarie de cetero a dictis Johanne et Johanna et eorum heredibus de ipsis ambobus procreatis et procreandis in franco paragio et in franco maritagio, loco et ratione dictorum centum solidorum Turonensium annui redditus, ita tamen quod si fructus et collecte ejusdem medietarie valuerint tamen per legitimam estimationem post complementum trium annorum, de quibus unus annus est elapsus et duo venturi, ut dicitur, faciendo compensationem unius anni ad alterum de dictis fructibus et collectis, et si per dictos tres annos non valuerint fructus et collecte dicte medietarie per legitimum compotum dictos centum solidos annui redditus, dictus Radulphus promittit et tenetur perficere valorem dicti redditus et supplere defectum usque ad summam predictam, et assignare dictis Johanni et Johanne hereditarie res immobiles proximiores dicte medietarie usque quantitatem redditus supradicti in competenti assisia, et hec omnia garantizare, defendere et liberare dictis Johanni et Johanne ac eorum heredibus de ipsi ambobus procreatis et procreandis, in franco paragio et in franco maritagio. Et si dicta medietaria predictos tres annos plus valuerit centum solidorum annui redditus, faciendo distributionem et compensationem unius anni ad alterum, dictus Radulphus, ad estimationem et valorem ejusdem superflui redditus, acciperet et sibi et ejus heredibus retineret de terris et aliis pertinentiis dicte medietarie, ad arbitrium bonorum virorum. Et conventum est inter dictas partes quod, si fructus dicte medietarie non valerent in aliquo anno dictorum duorum annorum venturorum centum solidos, dictus Radulphus de suo proprio dictis Johanni et Johanne in illo anno illos centum solidos perficere teneretur, et si plus valerent, illud plus retineret sibi dictus Radulphus.

Ad hec omnia et singula tenenda, exequenda et firmiter et inviolabiliter observanda, ut dicta sunt, obligat dictus Radulphus se et heredes suos et omnia bona sua presentia et futura, dictis Johanni et Johanne et eorum heredibus ab ipsis ambobus procreatis seu etiam procreandis.

Et nos premissa, ad petitionem dicti Radulphi, adjudicamus tenenda, et sigillum nostrum ad causas presentes duximus apponendum.

Datum die veneris ante festum beate Katherine virginis, anno MCCLXXXV.

800. — 1285, 5 décembre = DCXVII.
801. — 1285, 8 décembre = DCXVIII.
802. — 1285, 11 décembre = CCCLIX.
803. — 1285 = CCCLXXIX.
804. — 1285 = CCCLXXX.
805. — 1285, v. s., 12 février. — LETTRES PAR LESQUELLES HENRI D'AVAUGOUR, SEIGNEUR DE MAYENNE, DÉCHARGE LE CHAPITRE DE TOUTE REDEVANCE RELATIVE AUX DÎMES D'AMBRIÈRES RETIRÉES DES MAINS DE GUILLAUME GERÉ, QUI LES DÉTENAIT JUSQUE-LA. (B. N., latin 17754, 16.)

A touz ceux qui ces presentes lestres verront et orront Henri d'Avaugour, saingnor de Maenne, chevalier, saluz en Nousire Saingnor.

Cumme hennourables homes le daien et le chapistre dou Mans eussent retrait de main laye, c'est assavair de monsour Guillaume Geré, chevalier, une desme en la parroisse de Ambrières, nous volons et nous plest que les diz déen et chapistre, ou autre en nom d'eus, tiengent et aperçaivent et porsient la dite desme franchement et quitement, sanz nos faire ne à noz hairs aucune redevance ne servise.

Et prometon por nous et por noz hayrs que jamés riens ne réclameron ne ne molesteron par nous ne par autre les diz déen et le chapistre, ne autre eu non d'eus, par la rayso d'icelle, et quant nous oblijon aus diz déen et chapistre nous et noz hairs et touz noz biens meubles et non meubles, présenz et avenir.

Et en tesmoing de ce nous avon donné au déen et chapistre ces présentes lestres saellées de notre sael.

Ce fut donné en l'an de grace mil dous cens quatre vinz et cinq, ou jour dou mardi après les oictiève de la Chandelour.

806. — 1286, 7 mai = CCCCLX.

807. — 1286, v. s., 11 janvier = DCCXXI.

808. — 1288, 4 juillet. — RAOUL HUET, ARGUÉ DE FAUX POUR AVOIR PRÉSENTÉ DES LETTRES AU CHANCELIER DE LA REINE DE SICILE, EN SE FAISANT PASSER POUR SIMON BALNE, AYANT ÉTÉ ARRÊTÉ DANS LE CLOÎTRE DE LA CATHÉDRALE, SUR UN ORDRE PRÉCIS DE LA REINE EST REMIS AUX GENS DU CHAPITRE. (Bibl. du Mans, 269, 1.)

Cum Radulfus Huet captus fuisset in claustro Cenomanensi ante ecclesiam Cenomanensem propter hoc quod ipse de falsitate fuerat comprehensus ratione quarumdam litterarum curie domine regine, eo quod fingebat se vocari Symonem Balne, cujus nomine voluerat transire litteras coram sigillifero regine Sicilie, et habuisset et detinuisset eum in carcere justicie secularis ratione maleficii, requisitus a capitulo, restitutus fuit capitulo et ecclesie Cenomanensi, auctoritate domine regine, per servientes ipsius domine regine.

Anno Domini MCCLXXXVIII, die dominica in festo Sancti Martini estivalis, presentibus . . . .

809. — 1289, 20 avril. — ACTE PAR LEQUEL JEAN BROCHE ET JEANNE DE CHALE VENDENT POUR CINQUANTE LIVRES AU CHAPITRE LA RENTE DE CENT SOUS SUR LA MÉTAIRIE DU BREUIL EN ASSÉ-LE-BÉRENGER, QUE RAOUL DE ROUPERROUX AVAIT DONNÉE EN DOT A SA SŒUR. (B. N., latin 17754, 11.)

Sachent touz présenz et avenir que, en notre présence en dreit establiz, Johan dit Broche et Johenne de Chale, ores sa femme, et suer Raul de Ruperrous, escuier, requenurent eus avoir vendu et vendent onquores, de lor commun assentement et de lor bonne

volunté, à honorables homes le dayen et le chapistre dou Mans
cent souz de tornois ou monnoie corant de anuel et perpétuel
rente, laquele rente le dit Raul avait donnée en mariage au dit
Johan o la dite Johenne, sa suer, et laquele rente le dit Raul avait
balliée et assignée aus diz Johan et Johenne sus une métoerie o
ses apartenances, qui est appellée la métoerie dou Breil, sise ou
flé aus diz honorables en la parroisse de Ascé le Bérengier, et
laquele métoerie o ses apartenances le dit Raul avait balliée et
assignée aus diz Johan et Johenne por les diz cent souz de tornois
de rente, si comme il disoint, o tale condition que si la dite
métoerie o ses apartenances ne valait la dite rente par léal esti-
mation, après l'acomplissement de trais anz prochains après la
dite assignation, en fesant compensation d'un an autre, le dit
Raul seroit tenu à parfaire à ceus Johan et Johenne la dite rente
jusques au parfet des diz cent souz de rente sus les plus prochines
choses immobles de la dite métoerie que celui Raul a en la dite
parroisse, si comme il disoint.

De laquèle métoerie o ses dites apartenances les diz Johan
et Johenne se sunt dessessiz en dreit par devant nous,
transportanz par la ballie de cestes présentes és diz honorables et en lor successors possession, propriété et seignorie,
et lor cessent et délessent toz les dreiz et totes les actions
réaux et personeles que il avaint et poaint avoir en la dite
métoirie et en ses dites apartenances, et contre le dit Raul et ses
heirs, quant au parfet des diz cent souz de rente, si la dite
métoerie o ses apartenances ne valaint la dite rente, si cum dessus
est dit, et sanz ce que ceus Johan et Johenne i retiengent mès
riens à eus ne à aucun de eus n' à lor hars.

Et est fète cette présente vendition por cinquante livres de
tornois ou monnoie corant, de quex deniers les diz vendeors en
dreit se tindrent por bien paiez en deniers numbrez, et gréent et
promètens en dreit les diz vendeors, et sunt tenuz chascun por le
tot, ceste présente vendition et totes les choses et chascunes
en ceste vencion garantier et livrer et défendre, quité et délivré
de toz empêchemenz et de toutes obligations envers toz et contre
toz, tant comme dreit donra, au diz honorables et à lor successors,
et lor randre et restoret tot au plain sèrement de lor procurator

portant cestes lettres toz couz et toz demages, si aucuns en aucune manière en avaint ou sustenaint par defance de garantize, si cum dessus est dit.

Et quant à totes les choses et chascunes devant dites fère et acomplir, si cumme il est dit par desus, obligent les diz vendeors aus diz honorables et à lor successours et à ceus qui auront cause de eus, et chascun por le tot, et lor heirs et toz lor biens meimbles et immeables, présenz et avenir, à prendre et à vendre, renoinsanz quant à cest fet en dreit le diz vendeors à tote exception de fraude et de donance, et des diz deniers non euz et non receuz, et à l'epistre divi Adrien, et à la novèle constitution des prometeors une meisme chose, et la dite fame espéciaument au bénéfice de la loz velleien et à toutes autres exceptions et défenses de fet et de dreit, qui a eus ou à aucun de eus ou à lor heirs, porroint valair avenir contre les choses ou aucunes devant dites.

Et de tenir et fermement garder et acomplir totes les choses et chascunes devant dites et que en que ne vendront par eus ne par autre par aucune reison, et la dite fame spéciaument que en que ne vendra par reison de dost de déaire, d'ausmone ou de don por noces, en ont donné les diz Johan et Johanne la fay de lor cors en notre main.

Et nous, à lor requeste, totes les choses et chascunes devant dites ajujon sententiaument à tenir et enterignier par le jugement de notre cort lai dou Mans.

En tesmoing de quel chose nous en avon donné aus diz honorables cestes présentes lettres saélées de notre sael, données au Mans le jour de mescredi après quasimodo, en l'an de grâce MCCLXXXIX.

810. — 1289, 20 avril. — ACTE PAR LEQUEL JEAN BROCHE ET JEANNE, SON ÉPOUSE, SŒUR DE RAOUL DE ROUPERROUX, VENDENT POUR CINQUANTE LIVRES AU CHAPITRE UNE RENTE DE CENT SOUS SUR LA MÉTAIRIE DU BREUIL EN ASSÉ. LA RENTE ÉTAIT DESTINÉE A ASSURER L'EXISTENCE DU SERVICE ANNUEL POUR FEU GUILLAUME DE POILLÉ, ARCHIDIACRE DE SABLÉ. (B. N., latin 17754, 12.)

Universis presentes litteras inspecturis, decanus et capitulum Cenomanense, salutem in Domino.

Noveritis quod, coram nobis constituti in jure, Johannes dictus Broche et Johanna, ejus uxor, soror Radulphi de Ruperrus, de parrochia de Aceio Berengerii, vendunt et nomine venditionis concedunt venerabilibus viris capitulo Cenomanensi, ad opus anniversarii defuncti Guillelmi de Poilleio, quondam archidiaconi de Sabolio in ecclesia Cenomanensi, in ipsa ecclesia Cenomanensi annuatim ab ipso capitulo celebrandi, centum solidos Turonensium annui et perpetui redditus, habendos et percipiendos a dicto capitulo vel ejus mandato, in festo Omnium Sanctorum, super quodam medictaria cum omnibus ejus pertinentiis, que vocatur medictaria de Brolio, sita in feodo capituli Cenomanensis in parrochia de Aceio le Berengier, quam medictariam dictus Radulphus dedit dicto Johanni in maritagium cum dicta Johanna, de cetero annuatim.

Et facta est dicta venditio pro quinquaginta libris Turonensium, de quibus dicti venditores in jure coram nobis se tenuerunt plenarie pro pagatis in pecunia numerata, exceptioni non numerate pecunie, non recepte et non tradite, renunciantes specialiter et expresse, quem redditum dicti venditores grant et promittunt quilibet in solidum pro se et heredibus suis reddere et solvere super dictis rebus dicto capitulo vel ejus mandato, in festo predicto, de cetero annuatim, sub pena quinque solidorum Turonensium pro qualibet ebdomada solutionis dilate, et illum redditum garantizare, defendere et liberare prefato capitulo de omnibus et contra omnes, quantum jus dictabit; quam penam ipsi venditores pro se et heredibus suis promittunt quilibet insolidum reddere et solvere dicto capitulo vel ejus mandato quociens eam committi contigerit ab ipsis vel ab heredibus corumdem, rato manente nichilominus principali.

Et ad premissa facienda et firmiter adimplenda et observenda....

Et de premissis tenendis et fideliter observandis se astrinxerunt dicti venditores, fide in manu nostra prestita corporali.

Et nos premissa, ad petitionem dictorum venditorum adjudicamus tenenda, et sigilla nostra nos decanus et capitulum presentibus litteris duximus apponenda.

Datum anno Domini MCCLXXXIX, die mercurii ante festum beati Georgii.

811. — 1289, août. — NOTE SUR DOUZE LIVRES RELATIVES A LA CHAPE DU CHANOINE ANGE ROMAIN. (Bibl. du Mans, 245, 262.)

[Anno] Domini MCCLXXXIX, mense Augusti, rece[pit] et habuit Johannes Blanchard, presbiter, duodecim libras Turonensium nomine capituli pro capa magistri [Angelo] Romani ; quam, pecunie summa idem presbiter, de mandato capituli, fecit expensare pro . . . . Petro de Vallibus et ejus courtina.

812. — 1290, 26-31 décembre. — NOTE INCOMPLÈTE SUR UN ACHAT FAIT PAR JEAN BLANCHARD A DES MARCHANDS DE PISTOIE EN TOSCANE. (Bibl. du Mans, 245, 262, en partie détruit.)

. . . . Mercatores Pistorienses, anno Domini MCCXC, in feriatis Nativitatis Domini, in urbe veteri scilicet quod . . . . retroacto a capitulo Cenomanensi decem et octo libras et tres solidos parvorum Turonensium, de quibus magister Johannes [Blanchard] duo de sexaginta libras, octo solidos et sex denarios, et hoc confessus fuit dictus Johannes coram dictis mercatoribus et canonicis Cenomanensibus . . . . Petro archidiacono Castrilidi, Th[oma] de Verio et G. Merienne.

813. — Vers 1300. — ÉTAT DES PROCURATIONS DUES A L'ARCHEVÊCHÉ DE TOURS PAR LES ÉTABLISSEMENTS RELIGIEUX DE L'ÉVÊCHÉ DU MANS. (Imprimé, dom Piolin, *Église du Mans*, IV, 576, et *Cartulaire de l'archevêché de Tours*[1], I, 118.)

814. — 1309, v. s., 25 mars. — ACTE CAPITULAIRE PAR LEQUEL LE CHAPITRE, EN VIDIMANT SES LETTRES DE 1263 (voir n° 530), DÉCIDE QUE, DANS LE CAS D'UN DÉSACCORD ENTRE LUI ET L'ÉVÊQUE, IL S'EN RAPPORTERA A LA DÉCISION DE TROIS CHANOINES ÉLUS PAR LUI[2]. (Imprimé, dom Piolin, *Église du Mans*, IV, pp. 604 et 606.)

---

(1) Bien que reproduisant le même texte, ces deux publications contiennent des différences qui montrent une fois de plus le peu de soin apporté par dom Piolin à la mise au jour de ses documents.

(2) Le texte donné par dom Piolin renferme des incorrections trop nom-

815. — 1311, 18 décembre. — ACTE PAR LEQUEL GUILLAUME DE LOMONT, DE SÉGRIE, VEND AU CHAPITRE POUR UNE SOMME DE CENT LIVRES, UNE RENTE DE DIX LIVRES A PRENDRE SUR TOUS SES BIENS. (A. N., X¹ᶜ, 72ᵇ, 132.)

Sachent touz présenz et avenir que en nostre court en droit establi Guillaume de Lomont, escuier, de la paroisse de Ségrie, requenut et confessa soy avoir vendu et otroié et enquores vent et otroie de sa bonne volonté à honorables hommes le doyen et le chapitre dou Mans deiz livres de tournois en monnoie courant de anuel et perpétuel rente à prendre, à avoir et à percevoir des diz achateours et de lors successours et de ceux qui auront cause de eux perpétuelment et héritaument désores en avant sus toutes les chouses immoibles et héritaux doudit vendeour, quelxques choses que ce soient et comment que ce elles soient nommées ou apelées et en quelxques leux et fiez et parroisses que elles soient assises, et sus chescune partie d'icelles chouses pour le tout. Les queles chouses et chescunes d'icelles pour le tout ledit vendeour charge et enchie désor en droit de la dite rente et dou fés et de la charge d'icelle.

Et fut faite ceste vencion pour cent livres de tournois ; desquels deniers ledit vendeour se tint pour bien paié en droit pardevant nous en deniers nombrez pourque il promet pour soy et pour ses heirs et est tenu rendre et paier ladite rente, quite et délivré audiz achateours et à lors successours et à ceux qui auront cause de eux en la ville dou Mans, à la chandelour chescun an, perpétuelment désores en avant, sus paine de diez soulz de tournois pour chescune semaine passée après chescun terme passé de la solucion de la dite rente non pas feite, la quèle paine pour chescune semaine que elle seroit commise ledit vendeour et ses hoirs seroient tenuz rendre et paier audiz achateours et à ceux qui auront cause de eux, auxi comme la dite rente principal et comme chouse fugiée, sanz le principal amenuisir.

Et est tenu ledit vendeour, tantoust après chescun terme passé de la solucion de la dite rente non pas feste, tenir houstage per-

breuses pour qu'elles puissent être relevées ici. Une copie du document figure aux archives du Chapitre du Mans (B 25, folio 57-59).

sonnel et continuel en la ville dou Mans, sanz en partir jusqu'a tant que lesdiz achateours et lors successours se tiengent pour bien paiez de toute la dite rente doin le terme seroit passé.

Et est convenant et acordé entre lesdiz achateours et le dit vendeours ou contract de la dite vencion pardevant nous en droit que se il avenoit que ledit vendeour ou ses hoirs fussent deffallanz en la solucion de la dite rente en aucun terme avenir, que lesdiz achateours et lors successours puissent prendre et avoir à eux des dites chouses immoibles dou dit vendeour, des quèles que lesdiz achateours et loes successours voudront . . . . .

Et est enquores tenu et promet le dit vendeour feire et procurer envers sa fame que elle, dedenz la seint Johan Baupliste prouchaine avenir, se liers et obligiers aus chouses dessus dites enterignier et acomplir, par leitres seellées de seel autentique . . .

Et de tout ici tenir . . . . .

Et nous, à sa requeste, toutes les dites chouses ajujon sentenciaument à tenir et enterignier et les avons confermées dou sciau de nostre court dou Mans en tesmoieg de vérité.

Ce fut donné ou jour de samedi avant Noel, en l'an de grâce MCCCXI

816. — **1322, 23 juillet.** — ACTE PAR LEQUEL LE CHANOINE JULIEN GIRARD, INVESTI D'UNE PROPRIÉTÉ SISE RUE SAINT-VINCENT, S'ENGAGE A PAYER AU CHAPITRE UNE RENTE DE TRENTE SOUS. (Bibl. du Mans, 245, 242, en partie seulement.)

Universis presentes litteras inspecturis, officialis Cenomanensis salutem in Domino.

Noverint universi quod, [coram nobis in] jure constitutus, venerabilis vir magister Julianus Girard, canonicus Cenomanensis, confessus est et recognovit [se acce]pisse et adhuc accipit sibi et suis heredibus in perpetuam emphiteosim a venerabilibus et discretis viris decano et capitulo [Cenomanensi] quoddam habergamentum dictorum venerabilium situm in vico Sancti Vincentii Cenomanensis in feodo dictorum venerabilium virorum, cum omnibus pertinenciis dicti habergamenti quibuscumque, que res consistunt domibus, ortis et aliis et quas acquiserunt dicti venerabiles viri a Gaufrido le Valet, clerico, fuitque dictum habergamentum cum omnibus pertinenciis suis Johannis dicti le Vallet, quondam patris dicti Gaufridi, habendum, tenendum, jure hereditario possidendum in perpetuum a dicto magistro Juliano Girardi et suis heredibus pro triginta solidis in moneta currenti pro tempore, annui et perpetui redditus, quem reddhtum annuum et perpetuum [dictus Girardus] pro se et suis heredibus tenetur et promittit reddere et solvere dictis venerabilibus viris et eorum successoribus . . . . argentarie eorumdem, medietatem videlicet ad festum nativitatis Domini et aliam medietatem ad festum nativitatis [Beate Marie] de cetero annuatim, incipiente tamen prior solutione in festo Nativitatis Domini . . . . pensionem de suo insuper sex denarios Cenomanenses annui et perpetui census ad festum . . . . hyemalis in signum domini feodalis, absque redibicione alia qualicumque.

Et . . . . conventum inter ipsum magistrum Julianum ac dictos venerabiles viros in hujusmodi traditionis . . . . magister Julianus dicebat, cum idem magister Julianus non esset cum ipsis venerabilibus viris . . . . quorum idem magister Julianus aut sui heredes dictis venerabilibus viris aut successoribus . . . . reddiderint et solverint una cum arreragiis dicti redditus, si que debeantur, centum libras in moneta currenti, ita tamen quod Turonenses quemlibet pro denariis aut stellingos quemlibet pro . . . . aut florenos auri quemlibet de Florencia pro sexdecim solidis sex denariis, et quemlibet pro . . . . novemdecim solidis sex denariis, numerare et solvere tenebuntur, ex tunc pro . . . . solutione centum libris cum arreragiis, septem libre decem solidi Turonensium annui . . . . redditus de dicto redditu annuo et perpetuo cadent et etiam deducentur, et sic dein[ceps] . . . . quousque tales solutiones faciendo, dictus totalis redditus triginta librarum Turonensium sit redemptus.

Ad premissa vero omnia et singula tenenda . . . .

. Et de omnibus et singulis tenendis . . . .

In cujus rei testimonium sigillum nostre curie litteris presentibus est appensum.

Datum die veneris post festum Beate Marie Magdalene, anno Domini MCCCXXII.

817. — 1322, 4 août. — ACTE PAR LEQUEL JEAN LE NEVEU, INVESTI DES GRANDES ET PETITES VALIÈRES EN COULANS, AU FIEF DU SEIGNEUR DE TUCÉ, S'ENGAGE A SERVIR AU CHAPITRE UNE RENTE DE TREIZE LIVRES. (Bibl. du Mans, 245, 241, en partie détruit.)

Universis presentes litteras inspecturis, officialis Cenomanensis, salutem in Domino.

Noverint universi quod, in jure coram nobis constitutus, Johannes Nepotis, clericus, filius primogenitus defuncti Rolandi Nepotis, confessus est se accepisse et adhuc accipit pro se et suis heredibus in perpetuam emphitheosim a venerabilibus viris decano et capitulo Cenomanensi omnes res immobiles quas ipsi habuerunt de bonis et rebus immobilibus que fuerunt dicti defuncti Rolandi, sitas in feodo et retrofeodo domini episcopi Cenomanensis. Et consistunt dicte res duobus habergamentis, quorum unum vocatur les granz Valières et aliud vocatur les petites Valières, cum pertinenciis dictorum duorum habergamentorum consistentibus domibus, terris arabilibus et non arabilibus, pratis, pasturis, haiis, censibus, obedienciis, juribus et vineis ac nemoribus, et aliis pluribus, que res site sunt [in parrochia] de Coulenz, in feodo quem tenet dominus de Tusseyo a domino episcopo Cenomanensi, habende, tenende et .... jure emphyteutico possidende a dicto accipiente et ejus heredibus causamque ab ipsis habituris pro tre[decem] libris Turonensium in moneta currenti annui et perpetui redditus, quem redditum annuum [et perpetuum] ipse accipiens et Gervasius de medietariis de parrochia de Brains, Guerinus Ronsart et .... Gautier de parrochia de Coulenz, ac Stephanus Le Cou, parrochianus Sancti Pad[uini], in nostra propter hec presencia constituti, una cum dicto accipiente promittunt et [tenentur] .... in solidum facere et solvere dictis venerabilibus viris et eorum successoribus et causam ab eis [habituris] singulis annis in festis Nativitatis Domini et Sancti Johannis Bauptiste medietatim, videlicet [dictus accipiens] pro se et alii quilibet eorum cum ipso in solidum se constituentes pro eo in premissis [et ad] ea principales debitores et expromissores erga dictos venerabiles viros et eorum causam habituros.

Et ad premissa omnia et singula tenenda . . . .

Et de premissis omnibus et singulis tenendis . . . .

Et nos hec adjudicamus tenenda, ipsos ad premissa condempnamus in hiis scriptis.

In cujus rei testimonium, sigillum nostrum litteris presentibus duximus apponendum.

Datum die mercurii post festum Sancti Petri ad vincula, anno Domini MCCCXXII.

818. — 1323, 31 août. — ACTE PAR LEQUEL LE CHAPITRE, AYANT REÇU CENT LIVRES DU CHANOINE JULIEN GIRARD, DÉCHARGE CELUI-CI DE SEPT LIVRES ET DEMIE, SUR LA RENTE DE TRENTE LIVRES QU'IL S'ÉTAIT ENGAGÉ A LUI SERVIR. (B. du Mans, 245, 242, en partie détruit.)

Universis presentes litteras inspecturis, decanus et capitulum Cenomanense salutem in Domino.

Cum concederimus venerabili viro magistro Juliano Giraldi, concanonico nostro, et suis heredibus in perpetuam [firmam] quoddam manerium nostrum cum pertinenciis, quod quondam fuit Johannis dicti Valeti, in vico Sancti Vincentii Cenomanensis, in nostro feodo situatum, pro triginta libris Turonensium in moneta currenti pro tempore annue et perpetue pensionis, solvendis in festo Nativitatis dominice et Sancti Johannis Baptiste annis singulis medietatim, et duodecim . . . . annui census in festo Sancti Gervasii hyemalis, acto in dicta traditione specialiter et convento quod quociens [idem Giraldus] vel heredes ejus nobis aut successoribus nostris centum libras Turonensium in moneta currenti una cum omnibus [arreragiis] temporis preteriti, si que essent, solverent, septem libre cum dimidia caderent de pensione . . . . deinceps donec . . . . centum libre pro tota pensione predicta integre solverentur, incipiente prima . . . . pensionis ad Nativitatem Domini proximo venturam.

Notum facimus nos a predicto magistro Juliano . . . . in suficienti moneta per manum venerabilis viri domini Johannis Bibare, bursarii nostri, in dimidium . . . . predicte, videlicet pro septem libris et dimidia de termino cujuslibet nativitatis Domini recepisse, de quibus centum libris tenemus nos pro pagatis et ipsum de

septem libris et dimidia Turonensium memorate pensionis . . . .
et quittimus.

In cujus rei testimonium presentes litteras eidem magistro
dedimus sigillo nostro sigillatas . . . . die mercurii ultima die
mensis augusti, anno Domini MCCCXXIII.

819. — 1324, 7 septembre. — ACCORD PASSÉ ENTRE PIERRE
GOUGEUL, ÉVÊQUE DU MANS, ET GUILLAUME DE SILLÉ, TANT
AU SUJET DE L'HOMMAGE DE LA TERRE DE MONTFAUCON QU'AU
SUJET DU DEVOIR QUI INCOMBAIT AU SEIGNEUR DE SILLÉ DE
PORTER L'ÉVÊQUE LE JOUR DE SON INTRONISATION. (Imprimé,
d'Espaulart, *Intronisation des Évêques*, Tours, 1848, p. 14,
d'après le *Livre rouge* de l'évêché, Bibliothèque municipale du
Mans, ms. 247, fol. 272.)

820. — 1334, v. s., 26 mars, Le Val-Coquatrix. — LETTRES PAR
LESQUELLES PHILIPPE DE VALOIS REMET A UN PROCHAIN PARLE-
MENT LA SOLUTION DES CAUSES AUXQUELLES GUY DE LAVAL
ÉTAIT INTÉRESSÉ. (A. N., X 1a 8846, 4.)

Philippe, par la grâce de Dieu roys de France, à nos amez et
féaulx gens tenans nostre présent Parlement à Paris, salut et
dilection.

Savoir faisons que nous avons octroié et octroions de certaine
science, de grâce espécial et pour cause à nostre amé et féal
l'évesque du Mans que toutes ses causes pendant en nostre dit
Parlement soient en estat jusques à l'autre Parlement prochiène-
ment venant des jours de la duchié de Normendie.

Si vous mandons que vous ne l'empeschiez ne ne souffrez
estre empêchié contre la teneur de nostre dicte grâce.

Donné au Val-Coquatrix le XXVI° jour de mars, l'an de grâce
MCCCXXXIV.

821. — 1334, v. s., mars. — LETTRES PAR LESQUELLES JEAN,
DUC DE NORMANDIE ET COMTE DU MAINE, PRESCRIT L'EXÉCU-
TION DE L'ACCORD PAR LEQUEL LE BAILLI D'ANJOU S'ÉTAIT
ENGAGÉ ENVERS L'ÉVÊQUE DU MANS, GUY DE LAVAL, A FAIRE
RÉPARATION D'UNE VIOLATION DU DROIT D'ASILE DE LA CATHÉ-
DRALE DU MANS. (Imprimé, *Revue du Maine*, XXVIII, 289
d'après A. N., X 2a, 360.)

822. — **1335, novembre, abbaye du Louroux. — LETTRES PAR LESQUELLES PHILIPPE DE VALOIS AUTORISE LE CHAPITRE A ACHETER VINGT LIVRES DE RENTE DESTINÉES AUX FRAIS DE L'ANNIVERSAIRE DE CHARLES DE VALOIS. (A. N., JJ 69, f° 120.)**

Philippe, par la grâce de Dieu roys de France, savoir faisons à touz présenz et à venir que, comme nos amés chapellains, le doyen et le chapitre de l'église du Mans, nous ont fait supplier que, comme nostre très cher seigneur et père de bonne mémoire leur eust lessié en sa derrenière volenté deux cenz livres tournois, pour faire célébrer chascun an son anniversaire, et, de ladite somme paiée et délivrée aus diz supplianz de nostre commandement, il eussent acquis vint livres de rente, et nous ycelle rente leur eussions admortie de grâce espécial, ci comme il appert par lettres scellées en cire vert et en las de soie, et depuis la personne qui la dite rente leur avoit vendue eust transporté son héritage en autrui main, lequel leur estoit obligé et sur lequel il devoient prendre les vint livres de rente, et pour ce que ceus en qui le dit vendeur transporta le dit héritage le tindrent par an et par jour, que ce veinst à la congnoissance des diz supplians, pour quoi, selon une coustume de quoy l'on use ou conté du Mans, ont esté mis hors de leur dite rente et ont recouvré par leur bon pourchaz la somme de deux cenz livres dessus dite, par quoy noz diz chapellains nous ont fait requerre que de grâce espécial nous leur veillions donner et octroier congié et licence que il puissent acquerre et convertir la dite somme en achat d'autres vint livres de rente ès flez et arrèreflez du conté du Maine dessus dit et les admortir.

Nous, adecertes, considérées les choses dessus dites, inclinanz à la dite requeste, avons donné et octroié, donnons et octroions par la teneur de ces lettres de grâce espécial et de nostre auctorité royal, congié et licence aus diz doyen et chapitre qu'il puissent requerre vint livres de rente en la conté du Maine dessus dite, sanz flé, justice et forteresce, pour faire et célébrer chascun an l'anniversaire de nostre très cher seigneur et père dessus dit. Et voulons que les diz doyen et chapitre, qui ores est et qui pour le temps seront, puissent tenir paisiblement et perpétuellement les dites vint livres de rente quant acquises les auront, sanz ce que il ne leurs successeurs puissent estre contrainz ou temps à venir de les vendre ou mectre hors de leur main ou de paier en finance quelle que elle soit à nous ne à noz successeurs ou temps à venir.

Et que ce soit ferme chose et estable à touzjours, nous avons fait mettre nostre seel en ces lettres, sauf en autres choses nostre droit et en toutes l'autrui.

Donné en l'abbaie du Lourouer en Anjou, l'an de grâce MCCCXXXV ou mois de novembre.

823. — 1336, 6 juillet. — ACCORD ÉTABLI ENTRE LE CHAPITRE ET JEAN DE VENDOME, SEIGNEUR DE LA CHARTRE, AU SUJET D'UN BORDAGE SIS A SAINT-VINCENT. (Bibl. du Mans, 245, 243, en partie détruit.)

Universis presentes litteras inspecturis, decanus et capitulum Cenomanense, salutem in Domino.

Cum contentio . . . . ex parte et nobilem virum Johannem de Vindocino, dominum de Carta, militem, ex altera, super . . . . . . habergamentum dicti militis cum pertinenciis, situm in vico Sancti Vincentii Cenomanensis, in feodo nostro, quod [Andree de] Vegia et domum Johannis de Vegia, filii sui, ante puteum dicti vici, erat nobis affectum et obligatum . . . . dicto Andrea, videlicet eo tempore que ad ipsum res predicte pertinebant ad solucionum duodecim solidorum [Cenomanensium annui] et perpetui redditus, et quod cessatum fuerat per plures annos in solutione redditus antedicti, petentes per dictum . . . . fieri, ut jus esset, prefato milite se in contrarium opponente et plura allegante per que dicebat . . . . se teneri, et fuisset super hiis inter nos et dictum militem diucius litigatum.

Noverint . . . . miles tandem, de bonorum et prudentum consilio, considerata et attenta utilitate nostra quantum . . . . fuimus et ad pacem devenimus super contradictione predicta : videlicet quod dictus teneretur nobis solvere . . . . actione nobis competentibus et nos tangentibus, si et quatenus aliquod habebamus in dicto . . . . eo affectis et obligatis, duodecim libras decem solidos Turonensium, de quibus denariis nos tenemus . . . , in pecunia numerata a nobis habita et recepta, exceptioni non numerate pecunie non habite nec . . . . restitutionis in integrum et omnibus

aliis exceptionibus quibuscumque renunciatis in hoc facto . . . . .
prefato militi atque remittimus omnia jura et omnes actiones
nobis competentes et competituras , . . . et rebus eo effectis, ut
supra, nichil in hiis nobis aut nostris successoribus, salvo jure
feodali . . . .

Et quantum ad premissa et singula tenenda et observanda nos
predicto militi et suis heredibus [mobilia] et immobilia, presencia et futura obligamus.

Et in testimonium premissorum presentes litteras ei militi
dedimus . . . . eidemque restituimus litteras obligatorias de
reddilu predicto sigillo autentico curie Cenomanensis sigillatas. . . .
in vigilia Penthecostes Domini, anno ejusdem MCCLXXI[1].

Datum in . . . , hora capituli, die sabbati post festum beatorum
Petri et Pauli apostolorum, anno Domini MCCC tricesimo sexto.

824. — 1354, juillet. — LETTRES PAR LESQUELLES JEAN-LE-BON
ACCORDE AU CHAPITRE LA FACULTÉ DE PRENDRE SUR LA RUE
HÉRAUD L'EMPLACEMENT NÉCESSAIRE POUR FORTIFIER LA CATHÉ-
DRALE. (Imprimé, *Province du Maine*, VII, 24.)

825. — 1355, avril, Pont-de-L'Arche. — LETTRES PAR LES-
QUELLES LE ROI JEAN-LE-BON AUTORISE LE CHAPITRE A FAIRE
VENDRE DU PAIN ET DE LA VIANDE DANS SON CLOÎTRE. (*Or-
donnances des rois de France*, XV, 172.)

826. — 1355, v. s., 20 février. — ARRÊT DU PARLEMENT DANS
L'INSTANCE QUI EXISTAIT ENTRE GUILLAUME DE FORGES ET
MICHEL DE BRÈCHE, ÉVÊQUE DU MANS, AU SUJET DE LA PRISE DE
POSSESSION DE L'ARCHIDIACONÉ DE DUNOIS ET D'UNE PRÉ-
BENDE DE LA CATHÉDRALE DE CHARTRES. (A. N., X1a 16, fol.
262.)

Cum dilectus et fidelis clericus et consiliarius noster magister
Guillermus de Forgiis, virtute collationis jure regalie nostre per
nos eidem facte de archidiaconatu Dunensi et prebenda canoni-
cali Carnotensis ecclesie, quos defunctus magister Philippus
Nicolai, dum vivebat, in dicta ecclesia quondam detinuerat,

(1) Les lettres en question sont celles qui au *Livre blanc* portent le numéro CCCLXXI.

peciisset ad dictos archidiaconatum et prebendam se recipi per decanum et capitulum ipsius ecclesie juxta formam litterarum nostrarum, tam super collatione predicta confectarum quam eciam aliarum executoriarum baillivo nostro Carnotensi, aut ejus locumtenenti, directarum ; et magister Michael de Brechia, nuper elemosinarius noster, dictorum archidiaconatus et prebende tunc detentor, et qui eos diu detinuerat, per se vel per alium, pro eo quod, licet tunc esset electus ecclesie Cenomanensis, nundum tamen adhuc esset consecratus [1], nec sibi tempus de consecrandis episcopis elapsum, dicti archidiaconatus et prebenda, quos canonice obtinuerat et obtinebat, ut dicebat, adhuc non vacabant, recepcioni dicti magistri Guillermi se opposuisset ; et ob hoc dictus locum tenens, virtute mandati nostri executorii, assignasset coram gentibus requestarum palatii nostri, Parlamento nostro non sedente tunc, certam diem prefato opponenti ad procedendum in causa oppositionis hujusmodi, et ulterius, ut esset rationis, contra procuratorem nostrum et dictum magistrum Guillermum juxta tenorem litterarum nostrarum predictarum ; fuissetque dicta causa postmodum per alias litteras, ad instanciam dicti magistri Michaelis, ad dies baillivie Viromandensis presentis Parlamenti remissa.

Comparentibus igitur in curia nostra dictis procuratore nostro et magistro Guillermo, ex una parte, et dicti magistri Michaelis procuratore, ex altera, ac proponentibus dictis procuratore nostro et magistro Guillermo quod de jure, usu, consuetudine seu communi observancia regaliarum nostrarum, quotienscumque illis quibus jure regalie nostre beneficia conferimus se opponunt dictorum beneficiorum detentores ne recipiantur ad ipsa, supposito eciam quod causam se opponendi habuerint, si postmodum dictam causam oppositionis quoquomodo cessare contingerit, illi qui collationem hujusmodi a nobis obtinuerunt eo ipso admittendi sunt et admittuntur ad possessionem beneficiorum sic a nobis eisdem collatorum, habentque statum in ipsis ; dicentibus etiam quod dictus magister Michael erat notorie episcopus Cenomanen-

---

(1) D'après le *Livre Rouge*, fol. 274, son intronisation au Mans avait eu lieu le 28 décembre 1355.

sis confirmatus et consecratus, et etiam sibi tempus de consecrandis episcopis elapsum, et sic non poterat dictos archidiaconatum et prebendam ulterius detinere, et eciam si jus in eis antea habuisset: et sic liquebat quod minus legitimus oppositor existebat, nec oppositionem suam ulterius sustinere poterat, seu recepcionem aut statum per dictum magistrum Guillermum requisitos impedire, ut dicebant: quare petebant pronunciari per arrestum dicte curie nostre dictum episcopum fore minus legitimum oppositorem et ad cessandum et desistendum a dicta oppositione sua compelli, dictumque magistrum Guillermum admittendum fore et admitti ad possessionem et statum predictos in dictis archidiaconatu et prebenda ac fructibus eorumdem et in eis pacifice teneri et servari cum protestatione de fructibus et expensis petendis si et quando dicto magistro Guillermo expediens videretur, plura arresta in casibus consimilibus in dicta curia nostra prolata et plures alias et rationes ad fines predictos allegando.

Prefato dicti episcopi procuratore ex adverso dicente quod ipse fuerat et erat contradictor et oppositor legitimus, et quod, licet ipse esset tempore oppositionis sue Cenomanensis electus, confirmatus, nundum tamen erat consecratus, ymo supererant sibi adhuc duo menses de tempore de consecrandis episcopis, et ita dictos archidiaconatum et prebendam, ac alia sua beneficia adhuc tenere poterat, et ea petentibus se opponere, nec ob hoc quod postea fuerat consecratus vacaverant dicta beneficia sua ipso jure, cum jus nemini auferat possessionem suam; ymo erat possibile quod dictorum beneficiorum possessor existeret per dispensacionem summi pontificis, aut alias prout rationabiliter ostenderet si et quando necesse esset; quodque pluribus de causis sua intererat dictam opposicionem prosequi et sustinere, et maxime ratione fructuum dictorum archidiaconatus et prebende, et quod ad sustinendam dictam opposicionem suam sufficiebat sibi quod aliqua pars de suo interesse superesset. Dicebat etiam quod dictus magister Guillermus dictos seatum et possessionem in archidiaconatu predicto petere non poterat cum non esset canonicus ecclesie Carnotensis, nec in dicta prebenda jus haberet, cum magister Johannes Germani se opposuisset contra recepcionem ipsius magistri Guillermi quo ad ipsam prebendam, quam idem Johannes ad se pertinere dicebat virtute collacionis summi pontificis de eadem sibi facte; pendebatque lis ob causam oppositionis hujusmodi in Parlamento nostro inter ipsos magistros Guillermum et Johannem, que ad dies baillivie Carnotensis presentis Parlamenti, etiam de consensu dicti magistri Guillermi, fuerat continuata, et quod ad minus supersedere debebat causa hujusmodi usque ad dictos dies; quodque jus regale, usus, consuetudo seu communis observantia predicti, si qui forent in casu presenti, non vendicabant sibi locum, nec faciebant ad propositum dicta arresta cum in casibus aliis loquerentur, nec casus huic similis se alias obtulisset, ut dicebat. Quare petebat per arrestum pronuntiari dictum episcopum fore ydoneum et legitimum oppositorem, dictumque magistrum Guillermum non esse admittendum ad petendum petita per eundem, et, si admitteretur, ea sibi fieri non debere, vel saltem quod dicta causa supersederet usque ad dictos dies baillivie Carnotensis, pluribus aliis rationibus ad dictos fines allegatis.

Dictis procuratore nostro et magistro Guillermo replicando dicentibus quod ymo post consecracionem predictam vacaverant et vacabant omnia beneficia que dictus magister Michael antea tenuerat, etiam si jus habuisset in eisdem, nec pro alia causa se opposuerat hisi solum pro eo quod adhuc tunc non erat consecratus, nec eciam dictum tempus de consecrandis episcopis elapsum ut dicebat; nec eciam apparebat quod ipse habent aliquam dispensacionem de ipsis cum dicto episcopatu retinendis, nec intererat sua se opponere ad premissa ratione fructuum, cum super hoc nulla sibi moveretur questio quo ad presens; quodque per dictam collationem nostram in dictis archidiaconatu et prebenda, ac eciam in canonicatu, fuerat et erat jus in prelato magistro Guillermo quesitum. Et hec omnia simul et ipsorum quodlibet per se poterat in judicio deducere in proprietate, possessione et statu prout sibi placebat accionem suam seu jus suum intentare, et erat ad hoc admittendus sicut in casu consimili omnes alii admitti consueverant et admitis tebantur tanquam pars legitima et sufficienter fondata in curia nostra tam agendo quam defendendo : nec obstabat quod de dicto magistro Johanne Germani, procuratore dicti episcopi opponebat, cum per causam ipsius causa dicti episcopi fortificari non valeret ; seque bene defenderent dicti procurator noster et magister Guillermus quando dictus magister Johannes vel alius peteret aliquid ab eisdem, ut dicebant. Quare petebant at concludebant ut supra.

Auditis igitur in dicta curia dicto procuratore nostro et magistro Guillermo, ex una parte, ac procuratore dicti episcopi ex altera, in hiis que dicere et proponere voluerunt ; visis litteris curie nostre traditis, consideratisque omnibus que curiam nostram movere poterant et debebant ; per arrestum dicte curie nostre dictum fuit dictum magistrum Guillermum esse admittendum ad petita per eundem, ipsumque admisit dicta curia nostra, habebitque statum per eum petitum in dictis archidiaconatu et prebenda, et in eis tenebitur pacifice et quiete in quantum tangit episcopum supradictum, salvo jure oppositionis dicti episcopi quo ad fructus et expensas in casu quo dictus magister Guillermus de eisdem voluerit experiri.

Pronunciatum XX^a die februarii, anno MCCCLV.

827. — **1357, 13 juin.** — LETTRES PAR LESQUELLES LE CHAPITRE DONNE A BAIL A GILLES LE ROY ET A SA FEMME LA TERRE DES CHATELETS. (B. du Mans, 245, 233, en partie détruit.)

[Univ]ersis presentes litteras inspecturis, decanus et capitulum ecclesie Cenomonensis . . . . Romanam ecclesiam nullo medio pertinentis, salutem in Domino.

Notum [facimus] quod nos, pensata et considerata dicte ecclesie utilitate, tradidimus [et conces]simus, tenorque presentium tradimus et concedimus Egidio Le Roy . . . . et Raolete, ejus uxori, a dicto marito quo ad hoc sufficienter . . . . supponentes se et sua juriditioni nostre et omnibus aliis si opus . . . . conjuges a nobis acceperunt et accipiunt pro se . . . . atque liberis in suo matrimonio procreatis vel procreandis . . . . septem jugera . . . . vel cocirca, nuncupata les Chasteletz, sita in dicta parrochia de . . . . in feodo abbatisse de la Perrigne, laterantia ex uno latere cum . . . . tendente a villa Cenomanensi apud Miree et ex alio latere cum terris Guillermi Heusart, abutantia ex uno buto cum terris dicte abbatisse de la Perrigne . . . . tenenda, possidenda causa et titulo presentis traditionis, que fuit . . . . facta precio seu summa viginti solidorum Turonensium prestationis . . . . nobis reddenda singulis annis et solvenda, in termino Omnium Sanctorum, ad officium argentarie dicte ecclesie nostre, et cum hoc [tene]buntur acquitare census sine diminutione dicte somme. . . . pro primis duobus terminis non tenebuntur solvere . . . . solidos Turonensium per annum, ut res predictas reparare et exemplare valeant, quas prefati conjuges vendere non poterunt, alienare, dividere, nec majori redditu onerare. Et si per tres annos continuos . . . . solutione defficerent, nos poterimus de dictis rebus possessionem recuperare realem.

Et quo ad premissa omnia et singula tenenda . . . . .

Datum sub . . . . et in capitulo nostris, die XIII mensis junii, anno Domini MCCCLVII.

Presentibus in obligatione dictorum accipientium : magistro Unchero Guethin et Guillermo Le Roy . . . . testibus ad hec vocatis specialiter et vocatis . . . . .

828. — 1366, décembre, Paris. — LETTRES PAR LESQUELLES CHARLES V AUTORISE L'ÉVÊQUE DU MANS, MICHEL DE BRÈCHE, A FAIRE ÉLEVER DANS SA TERRE DE TOUVOIE UN GIBET A QUATRE PILIERS (Imprimé, *Revue du Maine*, XXVIII, 202 d'après A. N., JJ 97, 12.)

829. — 1366, 23 décembre. — SENTENCE PAR LAQUELLE LE PARLEMENT MET FIN AU LITIGE QUI EXISTAIT AU SUJET DE LA PRISE DE POSSESSION DE LA CHAPELLE SAINT-MICHEL EN LA CATHÉDRALE, LAQUELLE EN SEPTEMBRE 1362 AVAIT ÉTÉ CONFÉRÉE A JEAN POUPARD PAR LE CHANOINE MATHIEU OLIVIER ALORS DE SEMAINE. (A. N., X 1a 19, fol. 163.)

Cum, in quodam causa opposicionis in curia nostra, in casu novitatis, pendente inter Matheum Oliverii, presbyterum cenomanicum prebendatum in ecclesia Cenomanense, et Johannem Poupardi, clericum, consortes, ex una parte, et Yvonetum Britonis, ex altera, occasione certi impedimenti oppositi in presentacione quam idem canonicus, ad causam suorum canonicatus et prebende predictorum, asserens se esse et fuisse per se et predecessores suos in possessione et saisina habendi et faciendi presentacionem et presentandi infra tempus debitum personam, vel personas, ydoneam, vel ydoneas, decano et capitulo dicte ecclesie ad beneficia et eorum singula que in ejus ebdomada vacabant ; de dicto Poupardo, decano, et capitulo predictis, fecerat ad cappellaniam ad altare Sancti Michaelis memorate ecclesie per obitum Jacobi dicti Poideniers, presbyteri, in ejusdem canonici ebdomada que inceperat die dominica post Nativitatem Beate Marie anni Domini MCCCLXII ultimo preteriti vacantem, certa dies dictis partibus fuisset assignata, et in parlamento tunc sedante causa hujusmodi non fuisset expedita, sed per generalem continuationem de causis non expeditis in fine dicti parlamenti factam, continuata fuisset usque ad dies senescallie Cenomanensis proxime parlamenti.

Quibus diebus, dictus Yvonetus minime comparens, positus existisset in deffectus virtute cujus deffectus talem sibi utilitatem adjudicari petiissent, quod ipsi et eorum quemlibet tangebat, in suis possessione et saisina predictis tenerentur et custodirentur, manus nostra in rebus contenciosis posita ad commodum eorumdem amoveretur ad reddendum et restituendum fructus et redditus per ipsum Britonis racione dicte capellanie perceptos, vel qu a tempore impedimenti percipi potuissent sub extimacione trescentarum librarum Turonensium, salva extimacione curie, dictus Britonis ad cessandum de dictis impedimentis per ipsum appositis et in dictorum canonici et Poupardi dampnis interesse et expensis cendampnaretur.

Visis per dictam curiam litteris adjornamenti et deffensionis predictis et utilitate dicti defectus ac aliis que curiam nostram movere poterant et debeant, dicta curia nostra per suum judicium talem utilitatem virtute dicti defectus dicto canonico et Poupardo adjudicavit et adjudicat quod iidem canonicus et Poupardus, prout quemlibet eorum tangit, tenebuntur et custodientur in suis predictis possessionibus et saisinis, manum nostram in rebus contenciosis positam dicta curia amovit et amovet ad reddendum et restituendum fructus et redditus per dictum Britonum racione dicte capellanie perceptos, vel qui a tempore dicti impedimenti per dictos conquerentes, seu eorum alterum, inde percipi potuissent, et in eorum canonici et Poupardi dampnis, interesse et expensis dictum Britonem condempnando, eorumdem dampnorum, interesse et expensarum taxatione curie nostre reservata.

Pronunciatum die XXII^a decembris, anno MCCCLXVI.

830. — 1367, 16 juin, Le Mans. — LETTRE PAR LAQUELLE LE CHAPITRE DEMANDE A L'ARCHEVÊQUE DE TOURS L'AUTORISATION DE PROCÉDER A L'ÉLECTION DU SUCCESSEUR DE MICHEL DE BRÈCHE. (Imprimé, de Grandmaison, *Cartulaire de l'archevêché de Tours*, I, p. 174.)

Reverendo in Christo patri et domino domino [Symoni], Dei gracia archiepiscopo Turonensi, seu ejus in spiritualibus vicariis, capitulum ecclesie Cenomanensis, decano absente et in remotis agente, cum qua possunt recommandatione, reverentia et honore tanto patri et domino debitis, et devote reverende paternitati vestre, notum facimus per presentes, quod bone memorie deffunctus dominus Michael, nuper et ultimo episcopus et pastor noster, dicte ecclesie Cenomanensis, fuit, quod dolenter referimus, die dominica in festo Trinitatis Domini estivalis preterito [1], hora circa tertiam, in suo manerio de Thouvaia [2], Cenomanensis diocesis, viam universe carnis ingressus, et corpus ipsius die martis proximo subsequenti, in choro ejusdem ecclesie cum qua potuimus reverentia, traditum sepulture.

Quo circa reverendam paternitatem vestram humiliter requivimus et eidem supplicamus, quatinus vestri gratia et intuitu pietatis, ne dicta ecclesia diutius pastoris solatio remaneat destituta, nobis dignemini concedere licentiam eligendi et ad electionem futuri episcopi in ipsa ecclesia celebrandam, ut fieri consuetum est, divina juvante gratia, procedendi. Valeat . . . .

Datum die mercurii post dictum festum, anno Domini MCCCLXVII.

831. — 1367, 25 octobre, Rome. — ACTE PAR LEQUEL LE PAPE URBAIN V DONNE L'ÉVÊCHÉ DU MANS A GONTIER DE BAIGNEUX. (Note de Suarez à la Bibl. Nat., latin 8968, 291.)

(1) 12 juin 1367.
(2) Touvoie en Saint-Corneille, château fort appartenant à l'évêché du Mans, et siège de sa juridiction civile.

Urbanus . . . . Gontero, archidiacono Briæ in ecclesia Meldensi, confert episcopatum Cenomanensem, vacantem per obitum Michaelis, episcopi Cenomanensis [1].

Datum Romæ, apud Sanctum Petrum VIII kalendas novembris, anno quinto.

832. — 1367, 3 décembre, Le Louvre. — LETTRES PAR LESQUELLES LE ROI CHARLES V, AYANT REÇU LE SERMENT DE GONTIER DE BAIGNEUX, ORDONNE QU'IL LUI SOIT FAIT REMISE DU TEMPOREL DE L'ÉVÊCHÉ DU MANS. (Copie, B. N., *Dupuy*, 676, 65.)

Carolus, Dei gracia Francorum rex, dilectis et fidelibus gentibus compotorum nostrorum Parisius, seneschallo Andegavensi et Cenomanensi commissariisque ad levandam regaliam in diocesi Cenomanensi nunc ex parte nostra deputatis ceterisque justiciariis et officiariis nostris aut eorum locatenentibus salutem et dilectionem.

Significamus vobis quod dilectus et fidelis consiliarius noster magister Gonterus de Balneolis, electus Cenomanensis, sacramentum fidelitatis quod nobis ratione suæ ecclesiæ Cenomanensis facere et prestare tenebatur, nobis hodie fecit et prestitit; ad ipsum recepimus, nostro et quolibet alieno jure salvo.

Quare vobis et vestrum cuilibet prout ad eum pertinebit precipimus et mandamus, quatinus temporalitatem dictæ ecclesiæ Cenomanensis præfato consiliario nostro, vel ejus gentibus, visis præsentibus indilate et sine mora quecumque deliberetis sive deliberari faciatis ad plenum.

Datum apud Luparam prope Parisius sub sigillo secreti nostri.

Anno Domini MCCCLXVII et regni nostri quarto, die tercia hujus mensis decembris.

833. — 1368, juillet, Paris. — LETTRES PAR LESQUELLES CHARLES V PRÉCISE LES DROITS DE LA CATHÉDRALE DU MANS SUR LES VENDEURS DE BOUGIES. (Imprimé, *Ordonnances des rois de France*, XVII, 53.)

---

(1) Le 22 octobre 1367 des lettres apostoliques (A. N., P. 2294, 709) constatent que la régale de l'évêché de Laon n'a pas été ouverte puisque Geoffroy Le Meingre avait refusé sa translation au Mans.

834. — 1370, 7 mai, Paris. — LETTRES PAR LESQUELLES LOUIS I D'ANJOU, DÉSIGNE COMME DEVANT PRENDRE PLACE DANS SON CONSEIL GONTIER DE BAIGNEUX. (B. N., français, 26,885, 41.)

Loys, fils de roi de France, frère de monseigneur le roy et son lieutenant ès parties de la Languedoc et du Dalphiné de Viennois, duc d'Anjou et conte du Maine, à touz ceulz qui ces lettres verront salut.

Savoir faisons que nous, confians à plain du senz, loyauté expérience et bonne diligence de révérent père en Dieu, nostre amé et féal conseiller de Monseigneur et de nous, l'évesque du Mans, ycelui avons retenu et par ces présentes retenons en noste grant conseil, et le avons ordené et ordenons venir en nostre compaignie ou dit Dalphiné de Viennois et ès dittes parties de la Languedoc et aillieurs, où nous l'entendons mener et envoier pour certaines grosses besongnes, touchans grandement l'estat, honneur et profit de Monseigneur, et de son royaume.

Et pour ses despens, qu'il fera en nostre dicte compaignie, ou aillieurs où commis et envoiez sera de par nous, tant comme il y sera, li avons ordené et tauxé, et par ces présentes ordenons et tauxons, pour chascun jour qu'il sera ou service de mondit seigneur, huit francs d'or ou autre monnoie à la value, à prendre, avoir et percevoir sur Monseigneur et nous dès le jour de la date de ces présentes lettres, jusques au jour qu'il devra ou pourra estre retourné à Paris, après ce que de nostre commandement et volenté il sera partiz de nostre compaignie ou de là où commis et envoié l'aurons.

Si donnons en mandement par ces présentes à nostre amé et féal trésorier de monseigneur et de nous ès dittes parties et au trésorier du Dalphiné présens et qui pour le temps à venir serons et à chascun d'eulx, si comme à lui appartendra, que ladite somme de huit francs par jour, pour tout le temps qu'il demourra en nostre compaignie ou aillieurs de par nous ou dit veyage, c'est assavoir dès le jour de la date de ces présentes jusques au jour qu'il sera ou pourra raisonnablement estre retourné en son lieu, comme dessus est dit, li paient bien et convenablement des deniers receuz ou à recevoir pour monseigneur ou nous ès diz païs de la Languedoc et Dalphiné de Viennois, ou de l'un d'iceulx, sanz aucune difficulté ou contradicion quelconques toutes excusations cessans et sans autres mandemens attendre de Monseigneur, nous ou autres quelconques, en prenant de nostre dit conseiller lettres de recognoissance de ce que paié li aura esté, par lesquelles rapportant et copie soubz seel autentique de ces présentes tant seulement tout ce que paié et baillié li aura esté pour ceste cause sera alloué ès comptes de celui ou ceuls à qui il appartiendra sanz aucune difficulté, non contrestant quelconques ordenances ou defenses faites ou à faire par Monseigneur, nous, ou autres quelconques, par lettres, de bouche ou autrement, soubz quelconques formes de paroles que ce soit au contraire.

En tesmoing de ce, nous avons fait mettre à ces présentes le seel de nostre secret, en l'absence de nostre grant.

Donné à Paris, le VII° jour de may, l'an de grâce MCCCLXX [1].

835. — 1370, 5 décembre, Paris. — LETTRES PAR LESQUELLES CHARLES V PRESCRIT AU BAILLI DU RESSORT DES EXEMPTIONS DE TOURAINE, ANJOU ET MAINE DE NE PAS TOLÉRER QUE LES OFFICIERS DU DUC D'ANJOU SE SAISISSENT DES CAUSES DES EXEMPTS, LESQUELS — LA CATHÉDRALE DU MANS EST NOMMÉE — DOIVENT RECOURIR DIRECTEMENT AU ROI. (Imprimé, Beautemps-Beaupré, *Coutumes et Institutions de l'Anjou et du Maine*, seconde partie, tome IV (*preuves*) n° 46).

836. — 1372, 3 septembre, Bois de Vincennes. — LETTRES PAR LESQUELLES CHARLES V DÉCIDE QUE LES PROCÈS DES ÉVÊQUES DU MANS, CEUX DE LA CATHÉDRALE ET CEUX DE LEURS OFFICIERS, SERONT PORTÉS DIRECTEMENT AU PARLEMENT, ET QUE CEUX DE LEURS SUJETS SERONT PORTÉS EN PREMIÈRE INSTANCE DEVANT LE BAILLI DES EXEMPTIONS DE TOURAINE, ANJOU ET MAINE. (Imprimé, *Ordonnances des rois de France*, V, 522).

837. — 1376, 5 novembre. — CHARTE PAR LAQUELLE GUILLAUME MESSAGER, ABBÉ DE CLERMONT, PASSE AVEC LE CURÉ D'AHUILLÉ

---

(1) Le même registre B. N., français 20883, contient deux quittances de Goutier de Baigneux, l'une du 28 novembre 1370, l'autre du 17 juin 1371. Cette dernière possède encore une empreinte presque complète du sceau.

14

UN ACCORD RELATIF AUX DÎMES DE SA PAROISSE. (B. du Mans, 245, 249, en partie détruit.)

A tous ceulx qui ces presentes lettres verront frère Guillaume, [abbé] de notre Dame de Clermont, ou diocèse du Mans, et tout le couvent d'iceluy lieu [salut].

Comme nous eussions droit d'avoir, lever, demander et appercevoir de toutes les . . . . vins de la paroisse d'Ahuillé, assavoir est deux seytiers, les premiers prins et levez s . . . . et la tierce partie d'icelles dismes, en oultre et la tierce partie de la disme de . . . . et avecques ce le tiers de la petite disme et la moitié des pailles des . . . . du tiers de la disme de la Barbate et de la Gaste, et la moitié ou quint de toutes . . . . de blez comme de vins, que le rectour de l'église du dit lieu mettoit . . . . taire du presbitère du dit lieu, nous avons droit de y mettre le tiers pour . . . . comme de povairs semblablement, et nous estoit tenu le recteur du dit lieu . . . . et leurs bestes pendant les saysons d'aoust et de vendenges pour tout le temps . . . . cuillir les droiz dessus dits à nous appartenant des dites dismes, savoir faisons à tous et chacun . . . . et doit appartenir, nous avoir baillé et octroyé, et par la teneur de ces présentes lettres, baillons [à tous jours] mais perpétuelment à héritage perpétuel à Pierre de Ranezon, prestre, à présent recteur de la dite [église, pour] luy et pour ses successeurs en la dite église, et pour ceulx qui en auront cause, les deux [seytiers] . . . . dez premiers prins sur les dites dismes de blez et tous et chacuns les droits généralement . . . . nous avons et povons avoir, et avons droit d'avoir, de réclamer et demander . . . les dismes de blez et tous et chescun les dismes tant de blez, de vins, de pailles . . . . en la forme et manière que cy devant est devisé et déclaré, et autrement en toute . . . . sans riens en excepter à nous ne à noz successeurs, en nous faisant . . . . . du dit lieu et non ailleurs du dit recteur, de ses successeurs et de ceulx qui en . . . . . . de seigle, de rente annuel et perpetuel, bon blé pur, sec, net et novel, à la mesure . . . . et à ceulx qui en auront cause, frans, quittes . . . . à notre main . . . . jour de l'Angevine, sans plus nous en faire ou temps avenir, laquelle . . . . et toutes les chouses dessus dites nous gréons, promctons et sommes tenuz . . . . sans jamés rappeler ne venir encontre par nous ne par autres ou temps avenir . . . . chouses et chescune d'icelles ainsi baillées, garder . . . . garantir . . . . deffendre au dit recteur et à ses successeurs et à ceulx qui en auront cause . . . . quelxconques envers touz et contre touz toutesfoys et quantesfoys que mestier . . . . sur l'obligacion de nous, de noz successeurs et de tous les biens meubles . . . . notre moustier en quelxque lieux qu'ilx soient. Et . . . . soit verité . . . . ballee et octroy ait son effect à tous jours mais, nous en avons donné . . . . ces presentes lettres scellées de noz propres . . . . le cinquiesme jour de novembre en l'an de grace MCCC . . . . .

838. — **1378, 14** août. — SENTENCE DU PARLEMENT DANS LE LITIGE QUI EXISTAIT ENTRE LE COMTE DU MAINE ET L'ÉVÊQUE DU MANS AU SUJET DE L'ÉTABLISSEMENT A TOUVOIE DE DEUX FOIRES ANNUELLES ET D'UN MARCHÉ HEBDOMADAIRE. (A. N., X^{1a} 27, fol. 177.)

Cum dilectus ac fidelis consiliarius noster episcopus Cenomanensis proposuisset in nostra parlamenti curia quod, cum ipse episcopus dudum nobis supplicasset quatenus eidem pro se et successoribus suis Cenomanensibus episcopis nundinas communes ante castrum suum de Tollevio, de domanio dicti episcopatus existens, et quod a nobis tenebatur et tenetur in feudum singulis annis, bis in anno, necnon mercatum publicum singulis ebdomadis, semel in ebdomada dumtaxat, videlicet : in die Jovis pro nunc et in futurum perpetuis temporibus concedere dignaremur. Nos vero, ejusdem episcopi supplicacione audita, de et super dicto negocio certitudinem pleniorem habere volentes ac super commodo vel incommodo quod nobis ac villis et patrie convicinis posset exinde tunc modernis ac posteris habitatoribus et aliis subditis nostris generari, procuratori nostro in senescallia Cenomanensi per nostras patentes litteras mandassemus committendo quatenus super premissis et eorum circonstanciis se diligenter informaret summarie et de plano, et informacionem quam inde faceret nobis remicteret sub sigillo suo fideliter interclusam ; dictus vero procurator noster in villis, castris, suburbiis et locis aliis proximis et in quibus verisimilius haberi poterat noticia de premissis, se transtulisset et a personis notabilibus et fide dignis ac de predictis verisimiliter noticiam et expertam periciam habentibus, cum predictarum litterarum nostrarum exhibicione ceterisque solennitatibus debitis, informacionem diligentem fecisset de premissis et ipsam informacionem nobis transmisisset sub sigillo contractuum curie Cenomanensis et eciam sub suo proprio sigillo fideliter interclusam et quia, dicta informacione ex parte nostra visa et diligenter inspecta, repertum fuerat premissa omnia et singula cedere ad opus et utilitatem, nedum patrie et habitatorum predictorum, sed et juris regalie nostre quod nobis competebat ibidem, nos, visis requesta et informacione predictis, consideratisque et diligenter pensatis omnibus circa hoc actendendis, eidem episcopo, pro se et suis successoribus episcopis Cenomanensibus, dictas nundinas anno quolibet perpetuo duobus diebus ut premictitur, videlicet : in festo Sancte Crucis, in mense septembris, et Sancti Germani in estate, et mercatum predictum singulis ebdomadis, in die Jovis predicta, in dicto loco tenendum et habendum, cum omnibus juribus, exitibus, emolumentis, libertatibus et franchisiis in talibus consuetis concessissemus et mandassemus officiariis et justiciariis nostris in dictis partibus quatenus dictum episcopum et eius successores Cenomanenses episcopos nostris gracia et concessione predictis uti et gaudere facerent et permicterent, ipsos in contrarium nullatenus molestando, prout hec et alia per certas litteras nostras lacius dicebantur apparere, virtute vero predictarum ac eciam quarundam aliarum nostrarum litterarum quidem noster serviens, earumdem litterarum executor, solemniter et publice proclamari fecisset in villis Cenomanensibus de Monteforti, de Baladone, de Bonostabulo et aliis villis et locis circumvicinis, vicibus iteratis ac diebus et locis quibus in dictis locis solite fuerant fieri proclamaciones, dictas nundinas et mercatum modo et forma supradictis factas et ordinatas extitisse, adhibitis solennitatibus in talibus fieri consuetis, prout hec et alia in prescriptis litteris contineri dicebantur.

Nichilominus carissimus germanus noster, dux Andegavensis et Turonensis, comesque Cenomanensis, contra premissa et ne dictus episcopus nundinis et mercato predictis uti valeret et gaudere se opposuerat, in juribus dicti episcopi et sui episcopatus retardacionem ipsiusque prejudicium et dampnum maximum, ut dicebat : quare, premissa lacius recitando et proponendo, petebat per arrestum curie nostre predicte pronunciari et dici litteras nostras eidem episcopo super hiis concessas fore bonas et validas et eas debere et posse execucioni demandari, et quod dictus germanus noster, ut opponens aut aliter, non esset ad sua proposita in contrarium admictendus ; et, si esset admictendus, quod ipse partes petitoris ac dictus episcopus partes defensoris deberent substinere, et quod dictus germanus noster in expensis hujusmodi cause condempnaretur.

Procuratore dicti germani nostri ex adverso proponente et dicente quod dicta informacio, quam idem episcopus fieri procuraverat, facta extiterat per quendam familiarem et domesticum dicti episcopi, sibi favorabilem et in hac parte evidenter suspectum, ac predicto germano nostro aut ejus gentibus seu officiariis non vocatis nec auditis : et sic dicte informacioni non debebat fides adhiberi. In dicto etiam loco de Tollevio erant solum duo domicilia seu duo foci vel circiter ; omnes vero alie ville dicto loco de Tollevio circumvicine erant et sunt propinquiores dicte ville Cenomanensis, aut saltem ita propinque fient dicto loco de Tollevio. Ex quibus apparere dicebat germanus noster predictus quod non fuerat nec erat causa seu interesse suficiens, aut aliqua rei publice utilitas propter que dicte nundine et mercatum in dicta villa de Tollevio deberent ordinari, sed pocius in contrarium erat et est interesse et evidens utilitas pro villa et civitate Cenomanensi predicta, et ad magnum prejudicium et dampnum eidem civitati et patrie cederet si nundine et mercatum constituerentur et ordinarentur in loco de Tollevio predicto. Et sic littere per dictum episcopum premissorum occasione obtente erant et sunt torçonerie ac subrepticie et invalide nec sibi valere, sed pocius adnullari debebant. Dictus eciam germanus noster aut ejus gentes quamprimum hec omnia per dictum episcopum sic ut premictitur obtenta ad eorum noticiam pervenerant, ipsi ad hoc se opposuerant sic que totum super sedere debebat donec de eorum opposicione cognitum et discussum extitisset ac dicte nundine et mercatum cessare debebant, lite super hoc durante. Procurator eciam noster cum dicto germano nostro in hac causa adjungi debebat, cum ejus comitatus Cenomanensis a nobis teneatur in feudum et ad nos ut temporalitas non admortisata posset reverti et non temporalitas episcopatus predicti. Ex quibus premissis apparebat quod dictus germanus noster erat et est ad sua proposita admictendus, et quod ipse partes defensoris dictusque episcopus partes petitoris debebant substinere ; quodque dicte littere per dictum episcopum, ut premictitur, impetrate erant et sunt subrepticie ac torçonnerie et inique, et quod dictus episcopus non erat nec est admictendus, sed debebat in dampnis, interesse et expensis dicti germani nostri condempnari : sicque dici et pronunciari petebat dictus germanus noster, pluribus aliis racionibus super hoc allegatis.

Dicto episcopo replicante et dicente quod dicta informacio per dictum procuratorem nostrum in dicta senescalia, ut premictitur, facta fuerat solemniter et debite ut moris est : et sic eidem informacioni debebat fides adhiberi, nec in presenti materia fuerat aut erat necesse judicialiter convocare omnes quos dictum negocium tangere poterat : et sic littere per dictum episcopum super hoc obtente erant et sunt bone et valide et non subrepticie. Proposita vero per dictum germanum nostrum cause cognicionem requirebant, que effectum dicte gracie per nos eidem episcopo, ut premictitur, facte non poterant impedire saltem quominus dictus episcopus statum dictarum nundinarum et mercati habere deberet lite presenti durante, nec debebat procurator noster cum dicto germano nostro, sed pocius cum episcopo adjungi in hac causa : et ad hec aliter concludebat prout supra.

Tandem, auditis partibus antedictis in omnibus que circa premissa dicere et proponere voluerunt ; visis insuper litteris ac informacione predictis, consideratisque et actentis omnibus circa hec attendendis et que dictam curiam nostram in hac parte movere poterant et debebant.

Per arrestum ejusdem curie dictum fuit quod dicte partes erant et sunt ad sua proposita admictende et ad hec ipsas admisit prefata curia nostra et admictit, substinebitque dictus germanus noster partes petitoris, et episcopus predictus substinebit partes defensoris in hac causa. In ceteris vero non possunt dicte partes sine factis expediri. Idcirco facient facta sua super quibus inquiretur veritas, et, inquesta facta ac ipsi curie reportata, fiet jus, expensis in definitiva reservatis.

Pronunciatum XIIIᵃ die Augusti, anno MCCCLXXVIII.

839. — 1380, 18 juillet. — ACCORD PAR LEQUEL LE DUC D'ANJOU A ANNULÉ L'OPPOSITION MISE EN SON NOM AUX PAIEMENTS DE CERTAINES TAXES RÉCLAMÉES PAR LES ECCLÉSIASTIQUES DE LA PROVINCE DU MAINE. (A. N., X¹ᶜ, 41, 43.)

Comme l'évesque, doyen et chapitre du Mans, les religieux, abbez et convens de Saint-Vincent et de Biaulieu près Le Mans, de Saint-Pierre de la Couture et plusieurs autres genz d'église du pays du Maine eussent fait et relevé en ce présent parlement certaine appellacion à l'encontre de très haut et puissant prince messire le duc d'Anjou, son séneschal du Maine, son lieutenant et accesseur, son procureur et aucuns autres ses officiers, sur ce qu'ils disoient que, en contempt de certaines causes et procès pendant en parlement entre ledit messire le duc et les habitans dudit pays, d'une part, et les diz appellans, d'autre, pour occasion des dismes abournées et des droiz de funérailles que se dient prendre et avoir ou dit pays lesdiz appellans à cause de leurs églises et bénéfices, le diz séneschal, ou son lieutenant au Mans et autres des diz officiers, par le mandement et commission dudit messire le duc, si comme il disoient, ou autrement de leur volenté, avoient défendu et fait crier à ban sollempnelment en la ville du Mans, à jour de marché, ou moys de juing derrenier passé, et sur grans paines et amendes appliquier audit messire le duc que d'ileuc en avant aucun ne paiast aucune chose, ne ne finast, composast ou accordast aus dites genz d'église pour cause des dites dismes abournées et des droiz des funérailles, et semblablement fut crié et défendu ou cloistre devant l'église du Mans et en plusieurs autres lieux de ladite ville, et aussi l'avoient défendu les diz officiers ou aucuns d'eulz à plusieurs bonnes genz particuliers dudit pays, desquelles choses avoient appellé les diz du clergié, comme dit est dessus.

Finablement, pour bien de paix, accordé est, s'il plaist à la court, que lesdites inhibicions, proclamacions et défences, et tout ce qui s'en est ensuy, seront et sont rappellez et mis au néant, ne onques ne fu l'entencion dudit messire le duc ne de ses gens, ne n'est que pour occasion, ne par vertu d'icelles, les dites gens d'église demeurent empeschiez qu'il ne puissent joïr et user de leurs droiz, telz que avoir les pevent à cause desdictes dixmes et funérailles par la manière qu'ils faisoient et povoient faire de raison paravant lesdictes proclamacions de défenses, sans préjudice des autres plais et procès pendant en Parlement entre les dites parties pour raison desdites dismes abournées, funérailles et autrement, et partant fera et est ladite appellacion annullée, et yssent de court les parties quant à ladite cause d'appel, senz amende et despenz[1].

840 — 1381, 31 mai. — ACTE CAPITULAIRE PAR LEQUEL LE CHAPITRE FIXE LA SITUATION DES EMPLOYÉS DE LA CATHÉDRALE DU MANS. (Imprimé, dom Piolin, *Église du Mans*, V, 644.)

841. — 1381, v. s., 20 janvier. — ACCORD ÉTABLI ENTRE LES ECCLÉSIASTIQUES DU MAINE ET LES HABITANTS DU PAYS RELATIVEMENT AUX DÎMES DES VIGNES. (A. N., X 1c 44a, 8.)

Traictié est, s'il plaist au Roy nostre sire et à sa court de parlement et à messire le duc d'Anjou et de Touraine, conte du Maine entre reverent père en Dieu messire l'evesque, doyen et chapitre du Mans, les abbés et autres gens d'église du Maine, d'une part, et les nobles bourgeois et habitanz dudit païs, d'autre part, sur le fait des dismes abournées dont procès pent en Parlement entre ledit messire le duc et lesdites parties.

Premièrement que toutes les vignes que les gens d'église dient avoir et estre abournées et taxées à disme abournée à vin vienne ou ne vienne, dont le plait en parlement, et aussi celles qui dores en avant seront de nouvel plantées, seront et donneront de cy en avant à la vraye disme, c'est assavoir que les tenans et possedans ycelles paieront dores en avant, bien et loyaulment, sanz fraude, à ceulx à qui il appartendra de droit ou de coustume, pour et en lieu de ladite disme abournée, le disiesme des raisins

---

[1] L'acte ne porte aucune date : celle qui lui est attribuée ici est celle de l'homologation par le Parlement, laquelle figure au dos du document.

et esgras qui croistront en ycelles vignes, et aussi de toutes choses semées en ycelles, les autres choses demourant en l'estat qu'ils estoient paravant cest accord, en ce qui touche les dismes.

Item, que dores en avant à touzjournès ceulx qui vendangeront ou feront vendenger leur vigne crieront ou feront crier trois foiz à haulte voix souffisamment à la vigne par compectentes intervalles, toutesfoiz que la disme y escherra, affin que ceulx qui cuidront ou trairont ycells dismes puissent savoir où ils auront disme preste.

Item pour ce que ceulx à qui appartiennent lesdites dismes ont dismage en plusieurs lieux, et sont en aucunes et plusieurs paroisses les vignes espandues et les dismages entremellés, et, pour ce ne pourroient touzjours estre présens, ceulx qui cuidront et trairont yselles dismes en cas que les cuilleurs des dismes ne venroient pas cuillir ycelle ou temps que on le criera, celui qui vendengera et fera vendenger procédera touzjours à fère vendenger sanz gitter la disme. Et quant ledit cuilleur de la disme venra il sera délivré et poié sanz délay de la disme qui sera deue et de plus, si mestier est, jusques à deulx sommes, selon la vendange qui encore sera illuec à vendenger, c'est assavair s'il y demeure assez vendenge pour compenser celui à qui sera la disme qu'il paieront oultre la deue.

Item et se ycelui ou ceulx qui cuidront ycelles dismes viennent à la vigne que l'en vendengera avant que on ait vendengié jusques à dix sommes de vendange, dont on devroit une pour disme, celui qui vendengeroit ou feroit vendenger sera tenu de délivrer ou fère avancer la disme, et pour ycelle bailler une somme de vendenge aux cueilleurs d'icelle, ou ces que apparoit avoir assez fruit en la vigne ou vignes que on vendengera, ou autres bien près d'illuec, appartenans à une mesme personne qui seroit en ce mesme dismaige pour soy récompenser de ladite disme, pourveu toutesvoies que ycelui qui vendengera ou fera vendenger en ait levé pour lui quatre sommes du moins.

Item est accordé que celui ou ceulx qui cuildront lesdites dismes n'estoient présens au soir ou autre houre du jour, quant aucun aura achevé de vendenger sa vigne, celui qui aura fait vendenger sera tenu de porter ou faire porter ou mener la disme qui sera lors à poier et deue pour ycelle vigne jusques à une somme tant seulement et au dessoubz au pressoer où l'en traira les dismes pour celui ou ceulx en qui dismage sera la vigne vendengée ou en cuve, tonnel ou autre voissel que celui ou ceulx à qui appartendront lesdites dismes feront pour se mectre et ordenner ou bon leur semblera, si mestier est, pourveu que ledit pressoer, cuve ou autre vessel soient point plus loign de la vigne vendengée que de l'oye du cri d'un homme, que on appelle juppée, ou s'il plaist mielx à celui à qui sera la vigne vendengée, il pourra faire porter ladicte disme jusques à une somme ou au dessoubz à son pressouer ou ailleurs, où il menera ou traictera sa vendenge, en cas touteffoiz que ce seroit en la dismerie en laquelle ladicte vigne seroit vendengée, ou assise près d'icelle d'une juppée au plus loign. Et en ce cas, sera tenu celui qui emmenera ladicte disme le faire assavoir à celui ou à ceulx à qui il appartendra affin de l'aller ou envoier querir; et entre d'eulx et jusques ad ce par temps compettent ceulx à qui la disme appartendra la puissent aller ou envoier querir celui qui en aura porté ladite disme sera tenu la garder comme le soue propre du moins jusques à lendemain soleil levant, pourveu toutesvoies que ils le feront savoir le jour devant, et de ce avoir fait savoir à ceulx à qui il appartendra par la manière que dit est, chacun en droit soy qui devra ladicte disme sera creu par son serement.

Item les tenans et possidans ycelles vignes seront tenuz jusques à six ans prochains avenir tant seulement, de faire savoir devant le jour qu'il vouldront vendenger leur vigne ou vignes ou ycelui jour au matin qu'ilz vendengeront à ceulx à qui appartendront lesdictes dismes ou qui les cuidront pour eulx, ou aux pressoers où l'en traictera ycelles que ils entendront lors à vendenger leurs vignes, et diront et deviseront le lieu, affin que ceulx à qui il appartendra soient plus avisez de y envoier, et de ce avoir fait savoir aux dictes gens d'église par la manière que dit est, chacun à qui il touchera sera creu par son serement.

Item, pour ce que les gens d'église ont accoustumé à avoir dismes abottrnées en vin, et ils ne sont pas souffisamment pourveuz de pressoers, cuves et autres vesseaux à traire et cuillir leurs dismes par la manière dessus dicte, et de nécessité il leur en feront fère grant quantité que ilz ne pourroient bonnement faire d'eulx en brief temps sanz aide, et ainsi seroient et pourroient estre moult grevez et dommaigez les dictes gens d'église par faute des diz pressoers, cuves et autres vesseaulx et leur disme pour ce perdue, il est accordé que touz ceulx qui ont acoustumé poier pour le temps passé disme abournée paieront par une foiz tant seulement oultre la disme aux gens d'église ausquelx ils ont poié les dictes dismes abournées, cy en arrière dix sous tournois pour chacune somme de vin abournée à la mesure du Mans et de Coulaines, et du plus, plus, et du moins, moins, à poier à Pasques et à la Magdelaine prochains venans par moitié, pour aider à ycelles gens d'église à faire lesdiz pressoers, cuves et autres vesseaulx. Et pour ce que à Yvré la mesure est plus grande du tournois parisi que audit lieu du Mans et de Coulaines, c'est assavoir que quatre sommes à la mesure de Yvré font cinq à celle des lieux dessusdiz; et ainsi a en coustume de poier les dismes audit lieu d'Yvré, ceulx qui devoint disme abournée pour les vignes assises en ladite paroisse d'icelui lieu d'Yvré paieront pour chacune somme de vin une foiz seulement douze sous six deniers tournois, et du plus, plus, et du moins, moins, comme dit est à poier aux diz termes, pourveu toutesvoies que pour les vignes qui sont demourées depuis troys ans à tailler on ne sera tenu de poier ceste somme de deniers contenuz en cest présent article [1].

842. — 1381, v. s., 21 février. — ACTE PAR LEQUEL L'ÉVÊQUE DU MANS, D'UNE PART, ET DIVERS PRÊTRES, DE L'AUTRE, S'ENTENDENT POUR METTRE FIN A LEUR LITIGE EN S'EN REMETTANT A L'ARBITRAGE DE PIERRE DE FORGES ET DE LUCAS DE BAIGNEUX. (A. N., X 1c, 44p, 50.)

Comme ja pieça plait et procès feust et pendent en la court de parlement entre messire l'évesque du Mans, demandeur, le procureur du Roy, nostre sire, adoué avec lui, d'une part, et maistre Guillaume de la Rosière, Guyon de Champaignes, Jehan

[1] Cet acte ne porte pas de date. Celle qui lui est attribuée est celle de l'acte d'homologation par le Parlement, lequel figure au bas du document.

de Gliogio, chanoines du Mans, messire Jehan Restout et messire Jehan Chadelle, prestres, deffendeurs, d'autre part, pour raison de certaines injures que ledit messire l'évesque maintenoit avoir esté faictes en son préjudice par lesdiz défendeurs, en laquelle cause lesdictes parties furent pieçà appoinctées en faiz contraires, et depuiz, c'est assavoir le XXVII° jour d'aoust l'an MCCCLXXIII, fu la cause continuée jusques aux jours de Touraine du Parlement lors prochain advenir, en espérance d'accort, du consentement des parties et du procureur du Roy.

Et voult et accorda ladicte court que pendant ledit temps ycelles parties peussent accorder ensemble sanz amende, en rapportant l'accort aux diz jours.

Finablement, s'il plaist à ladicte court, lesdictes parties sont à accort en la manière qui s'ensuit.

C'est assavoir que de tout le descort, plait et procès dessusdit meu et pendant entre lesdictes parties, ycelles parties se soubzmettent du tout ou dit et ordonnance de honorables et discretes personnes maistres Pierre de Forges, maistre des requestes de l'ostel du roy, nostre sire, et arcédiacre du Chasteau du Loir en l'église du Mans, et de Lucas de Baigneux, notaire du Roy, nostre sire, chanoine de Langres et du Mans, lesquelz en porront ordonner à leur pleine volunté et rendre leur dit comme arrest de parlement.

Et parmi ce, se partent les parties de court sanz amende et sanz despens.

Fait du consentement de Jehan de Vairy, procureur dudit messire l'évesque et de maistre Pierre Soulas, procureur des diz défendeurs, le XX° jour de février, l'an MCCCLXXXI [1].

843. — 1383, 15 juin. Avignon. — BULLE DE CLÉMENT VII RELATIVE AUX IMMUNITÉS DU CHAPITRE. (Imprimé, dom Piolin, *Église du Mans*, V, 650-653.)

844. — 1383, 26 octobre, Villeneuve près Avignon. — BULLE DE CLÉMENT VII, PAPE D'AVIGNON, RELATIVE AUX IMMUNITÉS DU CHAPITRE. (Imprimé, dom Piolin, *Église du Mans*, V, 670.)

---

(1) Cet acte fut homologué par le Parlement le jour même, 20 février 1381, v. s.; la formule est placée au verso du document.

845. — 1384, n. s., 4 janvier, Avignon. — BULLE PAR LAQUELLE LE PAPE D'AVIGNON, CLÉMENT VII, RATIFIE LES DISPOSITIONS PRISES LE 31 MAI 1381 PAR LE CHAPITRE POUR FIXER LA SITUATION DES EMPLOYÉS DE LA CATHÉDRALE. (Imprimé, dom Piolin, *Église du Mans*, V, 643-645.)

846. — 1385, 7 juillet, Tours. — ACTE CONSTATANT LA PRÉSENTATION A L'ARCHEVÊQUE DE TOURS DE LA BULLE DE CLÉMENT VII RELATIVE AUX IMMUNITÉS DU CHAPITRE DE LA CATHÉDRALE DU MANS. (Imprimé, dom Piolin, *Église du Mans*, V, 671.)

847. — 1386, n. s., 22 janvier, Avignon. — BULLE DE CLÉMENT VII RELATIVE AUX IMMUNITÉS DU CHAPITRE. (Imprimé, dom Piolin, *Église du Mans*, V, 669.)

848. — 1387, 27 février, Avignon. — BULLE PAR LAQUELLE CLÉMENT VII, REPRODUISANT SA BULLE DU 15 JUIN 1383, CONTRE LAQUELLE L'ÉVÊQUE PIERRE DE SAVOISY AVAIT RÉCLAMÉ, PRÉCISE LES DROITS RÉCIPROQUES DE L'ÉVÊQUE DU MANS ET DU CHAPITRE. (Imprimé, dom Piolin, *Église du Mans*, V, 650-664.)

849. — 1387, 2 mai, Avignon. — ACTE PAR LEQUEL CLÉMENT VII, REPRODUISANT SA BULLE DU 27 FÉVRIER 1387, PRÉCISE LES DROITS RÉCIPROQUES DE L'ÉVÊQUE ET DU CHAPITRE, EN CE QUI TOUCHE A LA CORRECTION DES FAMILIERS DE L'ÉVÊQUE. (Imprimé, dom Piolin, *Église du Mans*, V, 664.)

850. — 1388, 20 décembre. — ACCORD ÉTABLI ENTRE LES CHAPELAINS DU CRUCIFIX A LA CATHÉDRALE ET LE MAITRE DES ARDENTS DU MANS, AU SUJET DU DROIT DE SÉPULTURE DES PERSONNAGES ENTERRÉS DANS LA CATHÉDRALE. (B. du Mans, 245, 235, en partie détruit.)

Universis presentes litteras seu presens publicum instrumentum inspecturis [decanus] et capitulum ecclesiæ Cenomanensis ad Romanam ecclesiam nullo medio [pertinen]tis salutem in Domino et fidem indubiam præsentibus adhibere.

Cum [conten]tio seu questionis materia oriretur seu oriri verisimiliter crederetur [inter] discretos viros Georgium de Usagiis, presbiterum, et Guillelmum Chauvière . . . . diaconum, capellanos curatos Crucifixi ecclesiæ nostræ ad causam eorum. . . . agentes, ex una parte, et Johannem Couvenant, magistrum seu administra[torem] et fratres Domus Dei Ardentium Beatissimi

Juliani Cenomanensis . . . . dictæ domus defendentes, ex alia, super his quod iidem curati, nomine et ratione dictæ curiæ dicebant et asserebant quod ipsi et eorum predecessores . . . . habebant jus et fuerunt in quasi possessione juris celebrandi in præ . . . . parrochianorum dictæ curiæ, in nocte festi Nativitatis Domini, videlicet in media nocte matutinas et missam, necnon celebrandi et cantandi in diebus . . . . mercurii, jovis et veneris Hebdomadæ Sanctæ matutinas seu tenebras, vulgariter nuncupatas tenèbres, in capella domus predictæ, et in ipsa capella afferendi seu afferri faciendi corpora defunctorum parrochianorum dictæ curiæ quotiens [ca]sus occurrebat, et ibidem faciendi et celebrandi missam et missas in obitibus . . . . parrochianorum fieri consuetas percipiendi quoque omnes oblationes . . . . matutinis, missis et tenebris hujusmodi factas et fieri consuetas ratione servitiorum et obituum parrochianorum predictorum, quodque iidem magister et fratres . . . . dictos curatos et corpora dictorum parrochianorum admittere tenebantur et debebant ad premissa absque contradictione aliqua, dictique magister et [fratres] dicerent quod iidem curati non fuerant in possessione vel quasi . . . . quorum premissorum nec in eis jus habuerant nec habebant.

Tandem [noveritis] quod, in nostra notariique publici et testium infrascriptorum pre[sentia] personaliter constituti predicti capellani curati, parte ex una, ... dictus Johannes Couvenant ac discretus Johannes Goyet, clericus, procurator et nomine procuratorio confratrum dicte domus, prout nobis et . . . . notario constitit et constat per quasdam literas sigillo dictorum magistri et fratrum sigillatas, recognoverunt et confessi fuerunt et sunt ex corumdem spontanea voluntate, videlicet dictus procurator nomine quo supra . . . . [proborum] virorum consilio et pro litibus et discordiis evitandis ad pacem et [concordiam] de et super premissis et aliis infrascriptis in hunc modum devenisse : [videlicet] quod dicti magister et fratres de cetero admittent et admittere [tenebuntur] prefatos curatos et eorum successores cum eorum parrochianis ad . . . . et celebrandum dicta officia diebus et horis supradictis et corpora [defunctorum] parrochianorum dum casus occurrerit, habebuntque ipsi curati [oblationes] que in officiis et obsequiis predictis in futurum, exceptis candelis que dictis magistro et fratribus pertinebant, nisi constet quod dicte candele offerantur in favorem dicti corporis defuncti, quo casu dictis curatis pertinebunt, eo salvo quod si casus occurrat quod magister aut . . . . aliquis fratrum condonatorum et servitorum famuliariorum dicte domus sine fraude . . . . vel decedat et corpus talis decedentis una cum corpore alicujus dictorum parrochianorum ad dictam capellam una die pro faciendo obsequium ipsius aff. . . . vel ambo sint concurrentia, obsequium corporis magistri, fratris condonati famulariorum, vel servitoris hujusmodi preferetur et primo fiet, alio obsequio cessante donec compleatur primum, et hac prerogativa seu honore gaudebunt prefati magistri et fratres et eorum successores. Preterea si contingit corpus alicujus parrochianorum predictorum die festi Beati Andree Apostoli (in honore cujus capella fundatur antedicta), ad dictam capellam offerri pro suo obitu celebrando, servitium dicti festi ob hoc non impedietur nec retardabitur, imo missa dicti defuncti [differetur] donec magna missa dicti festi celebretur, nisi antea dicti defuncti . . . . que missa fiet ad altare Beate Marie et non ad altare Beati Andree, dictique rectores habebunt luminare quod ponetur circa corpus . . . . parrochiani magisterque et fratres tertiam partem et curati residuum habebunt.

Insuper quia magister et fratres predicti et eorum predecessores consueverunt habere et percipere omnes et singulas oblationes que facte fuerunt in capella memorata, eas habebunt et percipient in futurum sine contradictione aliqua, exceptis solum illis de quibus supra dictum est predictos curatos habere debere, quas habebunt ipsi curati et eorum successores prout supra . . . . salvis tamen et retentis pro ipsis curatis decem solidis turonensium . . . . quos ipsi magister et fratres ab antiquo facere tenentur pro oblationibus dictis et salvo quod una cum fratribus dicte domus celebrabunt in dicta . . . . in festivitate Beati Andree primas vesperas, matutinas et missam . . . . . . cum eorum parrochianis, et hebdomarius qui dictam missam celebrabit . . . . domo dictorum magistri et fratrum ad prandium ipsa die cum dictis [magistro et] fratribus admittetur. Item, per hanc compositionem et prout ab [antiquo] ipsi curati tenentur et tenebuntur magistro, fratribus, condonatis . . . . ac infirmis ecclesie Cenomanensis dicte domus et servitoribus .... in mortis articulo, et quotiens opus erit, ecclesiastica sacramenta .... pro ipsis celebrare et eorum corpora ecclesiastica tradere sepulture .... ob hoc aliquid commodi vel emolumenti petere possit vel haberet .... de dictis familiaribus servitoribus et infirmis de quibus dicti .... habebunt tredecim Cenomanenses et medietatem oblationum que occasione .... familiarum, servitorum et infirmorum decedentium facte erunt, et residuum oblationum et aliorum dictis magistro et fratribus pertinebit. Porro .... et alteri dictorum curatorum qui primo fuerit requisitus, remanet jus .... denegandi licentiam confratriis seu eorum procuratori ponendi in [capella] luminare dictarum confratriarum ad obsequia corporum defunctorum parrochianorum, et si emolumentum aliquod de hoc habeatur, inter magistrum et rectores dividatur et pertinebit medietatim. Ut autem .... rata, remaneat et servetur, parrochiani dicte cure devotione moti .... pacem procurantes, et ut ipsi in orationibus et benefactis dicte domus .... per amplius efficiantur, dederunt eisdem magistro et fratribus viginti [libras] Turonensium semel solvendas pro convertendo per dictum magistrum in .... dicte domus, prout eidem videbitur expedire.

Quas concordias supra .... dicte partes et dictus procurator nomine procuratorio prædicto promiserunt et promittunt hinc inde ac pro se et eorum successoribus tenere et in futurum fideliter observare et contra non venire quoquo modo.

Ad que tenenda et adimplenda, ut dictum est, obligaverunt et obligant dicte partes sibi ad .... videlicet dictus procurator nomine quo supra se et successores suos et omnia bona sua presencia et futura, renunciantes in hoc facto omni exceptioni doli .... fraudis, lesionis et deceptionis, novelle constitutioni de duobus reis et de .... soribus unam et eamdem promittentibus, omnique auxilio et beneficio [juris] canonici et civilis, scripti et non scripti, omnibus consuetudinibus et statutis veteribus et novellis huic facto contrariis, juri dicenti renunciationem generalem non valere, et generaliter omnibus aliis exceptionibus, defensionibus, allegationibus quibuscumque que contra premissa vel aliquid premissorum possent objici vel .... in toto vel in parte, et de premissis universis et singulis tenendis et adimplendis, et quod contra non venient per se nec successores suos in futurum quoquo modo se astrinxerunt predicte partes per fidem suorum corporum in manu nostra prestitam corporalem. Hinc est quod dicte partes nobis humiliter supplicarunt . . cum instantia petierunt et petiit quelibet ipsarum, quatenus in . . . . premissis nostram vellemus authoritatem interponere et decretum.

Nos vero decanus et capitulum supradicti pacem et concordiam inter nostros . . . . confovere affectentes, concordias et pacificationes supradictas laudamus . . . . et approbamus, omnia et singula premissa perpetuo tenenda decernimus . . . . presentis decreti munimine roboramus secundum et prout continetur . . . . cedula papirea per nos decanum supradictum alta et intelligibili [voce in] capitulo coram ipsis partibus lecta cujus tenor sequitur in hac [forma.]

In nomine Domini. Amen. Visis et attentis cum deliberatione [pacific]atione et concordia supradictis inter Georgium d'Usages et Guillermum Chauvière, capellanos curatos Crucifixi ecclesie nostre Cenomanensis predicte, et Johannem Couvenant, magistrum Ardentium Cenomanensium fratres predictos, nos prefati decanus et capitulum ad supplicationem partium predictarum predictas pacificationes, prout rite, juste et . . . . canonicas sanctiones fuerunt facte, approbamus, ratificamus et laudamus . . . . ponimus authoritatem nostram pariter et decretum, salvo tamen jure inter pr . . . . declarandi per nos in dubiis si que occurerint in premissis seu aliquo premissa interpretanda seu etiam declaranda dictas partes ed earum observationem. In . . . . et hec stabiliora permaneant, sigillum nostrum una cum sigillo . . . . scriptione notarii publici infrascripti qui ad premissa nobiscum interfuit . . . . literis duximus apponendum.

Acta fuerunt hec in predicto nostro capitulo . . . . capitulari consueta nobis ibidem capitulando more solito congregatis die v[icesima] mensis decembris, anno Domini MCCCLXXXVIII . . . . duodecima, secundum usum seu computationem ecclesie Gallicane, pontificatus sanctissimi in Christo patris et domini nostri domini Clementis, divina providentia pape septimi anno decimo.

Presentibus venerabilibus magistro Gervasio Goyet in legibus licenciato, Martino Le Triptier .... Durel, curato ecclesie de Cormis, presbiteris, Symone de Foresta et .... de Landa, servitoribus nostris, testibus ad premissa vocatis specialiter et .... subscriptas.

851. — 1389, 12 août. — ACTE PAR LEQUEL BRIANT, CHAPELAIN D'ATHENAY, RECONNAIT AU CHAPITRE LE DROIT DE PERCEVOIR SUR SA CHAPELLENIE UNE RENTE DE DIX LIVRES. (A. N. X 1 c 596, 87.)

Comme plait et procès feust piéça meu en la court de parlement en cas de saisine et de nouvelleté, entre doyen et chappitre de l'église du Mans, demandeurs et complaignants, d'une part, et maistre Lucas de Baigneux, chanoine de ladite église, pour chappellain de la chappelle d'Athenay ou diocèse du Mans, defendeur et opposant, d'autre part, sur ce que lesdiz doyen et chappitre disoient estre en possession et saisine d'avoir, prendre et percevoir chacun an, aus termes de la Penthecouste et Toussains également, dix livres tournois de rente annuele et perpétuelle, à cause de leur église, en et sur ladite chappelle et les prouffiz, rentes et émolumens d'icelle par les mains du chappelain, et en avoient joy et usé par tel et si long temps qu'il n'est mémoire du contraire, pendent lequel procès il y eust eu plusieurs mutacions de chappellains en ladite chappelle et tant que derrenièrement messire Brient, prieur, à présent chappellain de ladite chappelle, eust esté adjorné à reprendre ou délaissier ledit procès, et depuis ont esté mis en deffault ledit chappellain et adjorné à veoir jugier le prouffit dudit deffault en ce présent Parlement.

Finablement, ledit messire Brient, à plain informé du droit desdiz de chappitre, voulant recognoistre bonne foy et pour bien de paix et amour nourir entre les parties, sont d'accord, s'il plait à la court, en la manière qui s'ensuit, c'est assavoir que ledit messire Brient, comme chappellain de ladite chappelle, cognoit et confesse lesdites dix livres de rente estre deues par chacun an ausdiz de chappitre sur ladite chappelle et les leur promet à paier doresenavant par chacun an, et à ce oblige le temporel de ladite chappelle, et à paier tous coux, dommages et interez qui vendroient pour défault dudit paiement et partant ledit chappellain demeure quitte de tous arrerages du temps passé.

Et se partent les parties de court et de procès, sanz despens d'une partie ne d'autre[1].

Fait du consentement de maistre Jehan du Bois, procureur desdiz doyen et chappittre, et de maistre Jean de Bethisy, procureur dudit messire Brient, chappellain de ladite chappelle, le XII[e] jour d'aoust MCCCLXXXIX.

852. — 1389, 6 novembre. — ACCORD PAR LEQUEL L'ÉVÊQUE DU MANS, PIERRE DE SAVOISY, D'UNE PART, ET LE CHAPITRE DE L'AUTRE, DÉCIDENT DE SUSPENDRE TOUS LEURS VIEUX LITIGES POUR LE TEMPS DE SON ÉPISCOPAT. (A. N., X[1c] 64[b], 242.)

Comme certains plaiz, procès et débaz feussent meuz ou esperé à mouvoir en la court de Parlement entre révérent père en Dieu monseigneur l'évesque du Mans, d'une part et honorables et discrètes personnes messieurs doyen et chapitre du Mans, d'auttre, tant en demandant comme en deffendant, d'autre, ou cas de nouvelleté et autrement ; et aussi, entre ledit révérent père, le procureur du roy, Jehan Vieuxmont, appariteur dudit révérend père, demandeurs, d'une part, à l'encontre de honorables et discrètes personnes maistres Pierres de Forges, arcédiacre de Chasteau du Loir en l'église du Mans, Jahan Becquet, maistre escolle d'icelle église, Macé d'Auvergne, Jehan de Souvré, Jehan Suzanne, Michiel Farias, Jehan Debennier, Guillaume de la Rousière, Pierre Ponderoux, Thibaut Fournier, Brient, priour, chantre et chanoines d'icelle église, et Jehan Veau, chappelain de ladite église du Mans, deffendeurs, d'autre, et aussi entre les dessus nommez chanoines, demandeurs, et ledit Vieuxmont, deffendeur tant en Parlement comme ès requestes du Palais.

Premièrement sur ce que ledit révérend père demandoit aux dessurdiz doyen et chapitre soixante-quatre livres tournois de rente ou pension annuelle à lui estre poiez par lesdiz doyen et

[1] L'homologation de cet acte donnée le jour même figure au dos de la pièce elle-même.

chapitre chacun an, aux deux sennes dudit révérend père [1], c'est assavoir : à Penthecouste et à la Toussains par moitié.

Laquelle somme lesdiz doyen et chapitre confessent devoir.

Item, cinquante soubz de rente sur l'office nommé la bource de ladite église du Mans, aux sennes.

Laquelle somme lesdiz doyen et chapitre confessent devoir.

Item, disoit ledit révérent père que, lui estant et demourant au Mans, en son hostel épiscopal, ou ailleurs en ladite ville et cité, yceulx doyen et chapitre, lui devoint quérir et administrer torches, flambeaux, tortiz, cierges et chandelles de cire pour lui, ses officiers et serviteurs et toutes ses gens, tant en sale comme ès chambres, et tout autre luminaire qui fault audit hostel dudit révérend père.

Lesdiz doyen et chapitre confessent soulement devoir audit révérent père luminaire de cire pour sa table en sa sale et en sa chambre en sa présence.

Item, disoit ledit révérent père que la porte de ladite église du Mans par laquelle l'on va d'icelle église en l'ostel épiscopal et en la court de l'official dudit révérent père doit estre ouverte par chascun jour quand on euvre la première porte d'icelle église, et tenue ouverte sanz fermer jusques à ce qu'il soit heure de alumer chandelles.

Et de ce s'est complaint en Parlement, en cas de nouvelleté, ledit révérent père contre lesdiz doyen et chapitre.

Item, lesdiz révérend père, procureur du roy et Viexmont, demandeurs, faisoient certaines demandes oudit Parlement en cas d'excès, d'injures et de sauvegarde en France à l'encontre desdiz arcédiacre, maistre escolles, chantre et singuliers chanoines et chapelain dessus nommez, deffendeurs, conclusans affin d'amende et despens pour cause des chouses dessusdites, et les diz deffendeurs tendoient affin d'absolucion et de despens.

Et lesdiz doyen et chapitre disoient que ledit révérend père devoit aux diz doyen et chapitre et à tout le collège d'icelle église, à leurs serviteurs, officiers et familiers par chacun an trois disners bons et solempnels en son hostel épiscopal au Mans, c'est assavoir : le jour de Noël, de Pasques et de la saint

(1) Sennes, assemblées, synodes.

Gervèse d'esté, soit présent ledit révérent père en ladite église ou non.

Et ledit révérent père confesse devoir lesdiz disners aux jours dessusdiz, quant il fait le service en ladite église.

Item, disoient lesdiz doyen et chapitre que ledit révérent père doit aux diz chapitre, collège, à lours serviteurs, officiers et familiers, par chacun an onze boyre honnestes et suffisans en son hostel épiscopal, à onze festes de l'an declarées cy après ; et quant la voille de Noel vient au dimanche, il en y a douze. Et doit donner ledit révérent père bon vin et suffisant. Et s'il est jeûne, il doit donner espices ; et s'il n'est pas jeûne, il doit donner oblies. Et s'il est yver, il doit donner estrain, bon feu et torches allumées, quant mestier en sera ; et s'il est esté il doit donner l'erbe vert. Et à chacun jour d'iceulx boires, on doit donner à chacun à boire par trois foiz, par compectentes intervalles, si comme il a esté accoustumé ou temps passé. Et sont les festes desdiz boires, c'est assavoir : la voille de la Toussains, le derrenier *O Virgo virginum* ; et le dimenche quant Noël est au lundi, la voille de la feste monsieur Saint Julien, le mecredi avant Pasques, le jeudi de la Cène ; en chapitre, la voille de Pasques, le jour de Quasimodo, la voille de Penthecouste, la voille de la feste Saint Gervèse d'esté, la voille de la Translation monsieur Julien, la voille de la Méoust.

Item, disoient lesdiz doyen et chapitre que ledit révérent père doit par chacun an au segrétain de ladite église dix sommes vin bon et suffisant, pour administrer le vin à célébrer les messes d'icelle église.

Ledit révérent père le confesse.

Item, doit aux diz doyen et chapitre cinquante soulz à rente par chacun an, aux deux sennes.

Ledit révérent père le confesse.

Item, au sergent d'icelle église quarante soubz rente par chacun an, et quatre sommes de vin bon et suffisant.

Ledit révérent père le confesse.

Item, doit à l'évesque des Innocens, le jour d'icelle feste, une somme de vin bon et suffisant.

Ledit révérent père le confesse.

Item, lesdiz doyen et chapitre firent un cas de novelleté contre l'évesque Gontier, maistre Jehan de Baugenci, lors official, Jehan Viexmont, apparitour, à cause de deux chevaux qui estoient à deux moynes de l'abbaye de Saint Martin de Sées, qui furent prinz par ledit Viexmont en l'ostel de Cauchée, en la rue Saint Vincent, lequel hostel est en la juridicion temporelle et spirituelle dudit chapitre.

Item, lesdiz doyen et chapitre se dient en possession et saisine soubz et pour le tout de la juridicion du maistre et frères de la Maison-Dieu des Ardans, et s'en sont complains en cas de nouvelleté en Parlement contre ledit révérent pére.

Item, se sont complains pareillement de la juridicion de la meson que Jehan Bodart, clerc, a en la ville de Ségrie, et pour cause de ladite maison est adjoint le procureur du roy avecque lesdiz doyen et chapitre à l'encontre desdiz révérent pére, ses official et promoteur pour cause d'actentat, pour ce que lesdiz official et promoteur, pendant ladite cause de nouvelleté et en contempt d'icelle, ont fait citer de priviléges et excommunier et engréger ledit Bodard et ses plèges jusques à ce qu'il ait poié cinquante livres tournois pour une amende.

Item, lesdiz doyen et chapitre sont demandeurs en certaine cause pendant ès requestes du Palais à Paris, à l'encontre dudit Jehan Vieuxmont, c'est assavoir sur ce que yceulx doyen et chapitre disoient que ycelui Vieuxmont avoit rompu les seaulx de chapitre qui avoient esté mis en la maison ..... et emportez les biens qui y estoient, qui avoint esté saisiz en la main du chapitre; et aussi sur ce qu'ilz disoint qu'ilz avoient esté injuriez par ledit Vieuxmont, en faisant leurs O de l'Avant en leur chapitre.

Ledit Vieuxmont disant le contraire.

Item, lesdiz arcédiacre, maistre escolle, chantre et autres chanoines et chapelain dessus nommez, adjoint avecques eulx le procureur du roy, ont fait prandre le temporel dudit Vieuxmont, et sur ce est plait entreulx en la court de Parlement pour ce que lesdiz chanoines disoient que icelui Vieuxmont les avoit fait ou procuré citer personnellement à Avignon pour la cause qui pendoit entreulx en Parlement,

Ledit Vieuxmont disant le controire.

Item, quant est des revestuz, ledit révérent pére fera à eulx et aux sergens et gardes de ladite église, quant il célébrera la grant messe, ainsi comme il est acoustumé.

Sur toutes lesquelles demandes, plaiz, procés et débaz, et sur chacun d'iceulx, leur dépendances et appendances, lesdites parties et chacune d'icelles, en tant comme il leur touche et peut toucher, pour nourrir paix, amour et tranquillité entreulx et pour éviter toute matière de discord et de discencion, tant de présent comme du temps à venir, ont parlé et avisé sur la manière qui s'ensuit :

C'est assavoir que touz les dessusdiz cas de nouvelleté, et chacun d'iceulx, et tout ce qu'il s'en est ensuy, sont tenuz pour non advenuz, et seront et demeurent lesdites parties et chacune d'icelles, en tant comme à chacun touche, en tel estat de droit de possession et de propriété comme ilz estoient avant que lesdiz cas de nouvelleté et chacun d'iceulx avenissent.

Item, que pour toutes les demandes dessur dites les prestations ou rentes annuelles demandées par ledit révérent père aux diz doyen et chapitre, et par iceulx doyen et chapitre audit révérent père, et pour chacune d'icelles, lesdites parties, durant le temps que ledit révérent père sera évesque du Mans, seront et demourront quictes l'une envers l'autre, en telle manière :

C'est assavoir que lesdiz doyen et chapitre poieront chacun an audit révérent père deux cens livres de cire par moitié aux deux sennes de la Toussains et de la Penthecouste, telle comme l'en usera en ladite église.

Et ledit révérent père sera tenu de donner un boire honeste et compectent au jour de l'anteine *O Virgo virginum* aux diz doyen, chapitre, collège, leurs serviteurs et officiers, bien et honestement, comme il a esté accoustumé le temps passé.

Item, demourra ledit Viexmont quicte de despens èsqueulx il est condempné en Parlement envers ledit arcédiacre du Chasteau du Loir et ses compaignons en ladite cause.

Et par ce toutes les dessur dites parties et chacune d'icelles, en tant comme à chacune touche, demourent quittes l'un envers l'autre de touz les arrérages qui porroient estre deuz de l'une partie à l'autre pour cause des rentes et annuelles prestacions dessur dites, sanz ce que jamès l'une partie enpuisse demander à l'autre aucune chouse. Et se départent de touz et chacun lesdiz procès qu'ilz ont l'un envers l'autre, tant en demandant comme en deffendant, soit en cause propriétaire, personnelle ou possessoire, d'excès ou d'atentas pendans tant en Parlement comme ès Requestes du Palays, sanz amende et sanz despens, parce que lesdiz doyen et chapitre bailleront audit révérent père six vins livres parisis pour une foiz poier.

Et sur espérance de faire passer et accorder les chouses dessur dites, maistre Jaques Bouju, conseiller du roy nostre sire et commissaire acoustumé en l'estat jusques au xe jour de janvier, la cause de l'enqueste par davant lui, entre iceulx révérent père, procureur du roy et Vieuxmont, des dessur diz, et lesdiz arcédiacre, maistre escolle, chantre, singuliers chanoines et chapelain dessur diz, deffendeurs, du consentement de maistre Michiel Lorière, substitut du procureur du roy, Gervèse Ysembart, procureur desdiz demandeurs, et André Saicheterre, procureur desdiz deffendeurs, le semadi VIe jour de novembre, l'an MCCCLXXXIX.

Et furent les chouses dessur dites parlées et avisées par honorables et discrètes personnes maistres Gervèse Boissouche, official du Mans, Jehan de Baugency, advocat en la court dudit official, et Jehan le Vavasseur, promotteur d'office d'icelle court, ordennez de la partie desdiz révérent père, procureur du roy et Vieuxmont ; et par maistres Jehan Solas, Guillaume Letruze et Julien Bonesseau, chanoines du Mans, ordennez par lesdiz doyen et chapitre et singuliers chanoines et chapellain dessur diz, présent avecques eulx maistre Jaques Bouju, conseiller du roy nostre sire, environ la Toussains, l'an dessus dit [1].

853. — 1390, 10 juillet, Avignon. — BULLE DE CLÉMENT VII CONSTATANT LE DROIT D'IMMUNITÉ DU CHAPITRE. (Imprimé, dom Piolin, *Église du Mans*, V, 665.)

854. — 1391, 21 décembre, Avignon. — BULLE DE CLÉMENT VII RELATIVE AUX IMMUNITÉS DU CHAPITRE. (Imprimé, dom Piolin, *Église du Mans*, V, 667.)

(1) L'homologation de cet acte par le Parlement a eu lieu seulement le 10 juin 1392. L'arrêt s'en trouve à part. (A. N., X/1^c, 64/b, 241).

855. — 1391, décembre, Paris. — LETTRES PAR LESQUELLES CHARLES VI CONFIRME CELLES DE JUILLET 1368 RELATIVES AUX DROITS DE LA CATHÉDRALE DU MANS SUR LES VENDEURS DE BOUGIES. (Imprimé, *Ordonnances des rois de France*, XVII, 54.)

856. — 1392, 18 août. — CHARTE PAR LAQUELLE LE DUC DE BOURBON CONSTITUE EN FAVEUR DE LA CATHÉDRALE UNE RENTE DE CINQ FLORINS. (B. N., du Chesne, 22 fol., 43. — A. N., P 1355 ¹, cote 46.)

Loys, duc de Bourbonnois, comte de Clermont et de Forès, per et chamberier de France.

Sçavoir faisons à tous présents et à venir que, pour la très grant et parfaite dévote que nous avons eue et avons au glorieus corps saint monseigneur saint Julian, duquelle glorieux corps repose en l'église catédral du Mans ; et, afin que par ses mérites et intercessions Nostre Seigneur Dieu, par sa sainte grâce, veuille donner bonne santé à monseigneur le roy, et aussi veuille donner, octroyer et maintenir nous, nos enfans, hoirs et successeurs en bonne santé et prospérité de nos corps tant comme nous vivrons en ce siècle, et, après nos trespassemens, vueille avoir mercy de nos ames, et icelles colloquer en son benoist paradis, Nous, de nostre pure, franche volonté et propre mouvement, sommes devenus et devenons homme de nostre corps dudit glorieux corps saint et à ladite église du Mans cinq flourins de rente annuelle et perpétuelle, telle comme ilz auront cours en France, lesquels chacun an nous apporterons ou envoyerons, ou nos hoirs et successeurs ducs de Bourbonnois, après nostre mort, qui seront offerts à l'autel dudit corps saint, pour estre convertis au profit d'icelle église, selon la discrétion des doyen, chanoines de ladite église.

Et avons volu et ordené, volons et ordenons que, après nostre trespassement, nos hoirs et successeurs ducs de Bourbonnois soient et deviennent hommes de leurs corps dudit glorieux corps saint monseigneur saint Julian. Et que, après ce qu'ils seront ducs de ladite duchié de Bourbonnois, se ilz sont aagez, ou se non, après ce qu'ils seront aagez de quinze ans, dedans l'an, ils viennent en leur personne en ladite église du Mans faire recognoissance dudit hommage audit glorieux corps saint monseigneur saint Julian, et après chacun an payent lesdis cinq florins, et les apportent ou envoyent chacun an pour estre offerts en la manière dessusdite.

Et ou cas que nosditz hoirs et successeurs ducs de Bourbonnois ne pourroient ou voudroyent venir faire la recognoissance dudit hommage, nous volons et ordenons qu'ils envoyent et soient tenus de envoyer à ladite église autant d'argent et telle somme comme ils dépendroient se ils y venoient en leur personne. Et néantmoins que ils payent et envoyent chacun an à ladite église lesdis cinq florins pour estre offers, comme dit est.

Et n'est pas nostre intention que par ce que dit est nous, ne nos hoirs et successeurs ducs de Bourbonnois, ou aultres, soyons hommes de l'évesque ne du doyen et chapitre de ladite église, ne que nous soyons obligiez ou astrains à faire autre hommage ou service que baiser la chasse dudit monseigneur saint Julian, et offrir ou faire offrir sur ledit autel lesdis cinq florins, pour lesquelz payer et autres choses dessusdites accomplir, nous avons obligié et obligeons nous et nos biens, par espécial nostre dite duchié de Bourbonnois, laquelle nous avons chargié et chargeons desdis cinq florins ; et nos hoirs et successeurs qui pour le temps advenir nous succéderont en nostredite duchié.

En tesmoing de ce nous avons fait mettre nostre scel à ces présentes.

Donné au Mans le xviiie jour d'aoust, l'an de grace MCCCLXXXXII.

Par monseigneur le duc, présent messire Guillaume de la Pierre

857. — 1394, v. s., 28 janvier. — AVEU RENDU AU ROI PAR PIERRE DE SAVOISY, ÉVÊQUE DU MANS. (Imprimé en partie, d'Espaulart, *Intronisation des Évêques*, 1848, in-8, p. 17.)

858. — 1394, v. s., 24 mars. — ACCORD ÉTABLI ENTRE LE CHAPITRE ET LA COMTESSE DU MAINE DE FAÇON A ÉTEINDRE TOUS LES LITIGES EXISTANT ALORS ENTRE EUX. (A. N., X 1c 70 b, 175 et Bibl. du Mans, 245, 221.)

Sur les débaz meuz et pendant en la court de Parlement entre madame royne de Jhérusalem et de Sicile, duchesse d'Anjou et comtesse du Maine, comme aiant le bail de messeigneurs ses enfans, demanderesse et defenderesse, d'une part, et messeigneurs les doyen et chappitre de l'église du Mans, demandeurs et défendeurs, d'autre part, tant en causes de plusieurs complaintes en cas de saisine et de novalité, en cas d'appel comme autrement, esquelles causes, ou en la plus grant partie, lesdites parties ont esté appointées en faiz contraires et en enqueste ; et depuis, par certain appointement passé en ladite court, ait esté dit et ordonné que messire Guillaume Becquet, chevalier, et Olivier Tillon, pour la partie de madite dame, et maistre Pierre de Forges, arcédiacre de Chasteau du Loir, et Jehan Beudin, pour la partie desdiz doyen et chappitre, feroint informacion des droiz d'une part et d'autre, et en sentencieroint et ordeneroint comme bon leur sembleroit, comme plus à plain puet apparoir par ledit appointement, duquel la teneur est ci dessoubz encorporée, lesquelx se sont transportez sur les lieux dont contens et débat est ; appellez avecques eulx les procureurs desdites parties et plusieurs personnes ayans cognoissance d'iceulx débaz.

Et a esté traité et appointé sur lesdiz debaz, en cas qu'il plera au conseil de madite dame et desdiz doyen et chapitre, en la manière qui s'ensuit :

Premièrement, en tant comme lesdiz doyen et chappitre s'estoint complains de ce que les gens et officiers de feu monseigneur le roy de Sicile, à qui Dieu pardonne, et depuis de madite dame avoint mis et fait mettres mesures à vin, à blé et à sel ès maisons et estages qui sont en la terre et fiez desdiz doyen et Chapitre nuement, c'est assavoir : au dedens de la ville et des barres anciennes du Mans, et auxi ès moulins desdiz doyen et chapitre appellez les moulins Saint Gervaise et du Pont Mégret, que ils tiennent du roy, a esté trouvé que à madite dame, ou nom que dessus, appartient le drait de mettre mesures à vin, à blé et sel en toutes et chacunes les maisons et estages estans ès fiez et en la seignourie desdiz doyen et Chapitre au dedens de ladite ville et barres anciennes ; et semblablement ès diz moulins de saint Gervaise et du Pont Megret, qui sont au dedens desdites barres anciennes. Et pour ce a esté appointé que madite dame et ses successeurs les y mettront doresenavant, et en auront tele visitacion, punicion et correccion comme acoustumé estre ou temps passé ès fiez et estages desdiz doyen et Chapitre.

Item, en tant que lesdiz doyen et chapitre s'estoint complains que ledit feu monseigneur le roy de Sicile et madite dame depuis, de leur auctorité, sans l'assentement desdiz doyen et Chapitre, et eulx non appellez, avoint fait apéticer les mesures à vin mises en leur terre et seignourie et sur ce mis et ordenné certain impost ou trehu pour convertir en la fortificacion, garde et cloaison de ladite ville du Mans . . . . , a esté appointé que ce que en a esté fait ou temps passé ne pourra porter aucun prejudice aux diz doyen et chapitre. Et si ledit apéticement a lieu ou temps à venir, madite dame ne ses successeurs ne pourroient faire ne mettre sur lesdiz doyen et Chapitre, leurs hommes et subgiz, sans l'assentement d'iceulx doyen et Chapitre, eulx ad ce appellez.

Item, et sera levé sur leurs diz hommes et subgiz, tant d'église que autres, tout ce que est deu du temps passé des ventes de vin faites en leurs diz fiez et estages pour estre mis et converti en la fortificacion et garde de ladite ville.

Item, et si aucune chose est deu aux diz doyen et chapitre du temps passé de la porcion que ils prennent sur l'impost de l'appéticement desdites mesures, il leur sera paié, et auxi prendront icelle porcion et leur sera continuée durant le temps que ledit apéticement aura cours en ladicte ville et barres, pour leur aider à maintenir en estat leur porcion de la cloaison de ladite ville.

Item, en tant que lesdiz doyen et chapitre s'estoint complains de ce que ledit feu monsieur le roy de Sicile et madite dame depuis s'estoint ensaisinez de trois tours que lesdiz doyen et Chapitre disoient à eulx appartenir, dont l'une est appellée la Tour Neufve, sise darrière le chief de leur église du Mans, et l'autre appellée la Tour de la Magdelaine, sise en la cloaison de ladite ville entre la cité et la Tennerie, joignant à une de leurs maisons canoniaulx, où demeure à présent maistre Thébaut Lefournier, chanoine de ladite église du Mans, et l'autre appellée la Tour Feyau, sise en la cloaison de ladite ville du Mans, au lieu appellé Engoufer, devant l'église aux Jacobins, a esté deuement trouvé que lesdiz doyen et Chapitre firent édifier ladite Tour Neufve à leurs despens et en leurs fons, excepté trois piez que le feu roy Jehan nostre sire, pour lors conte du Maine, que Dieu pardoine, leur donna à prendre hors leur doumaine sur la rue Hérault [1], où sont à présent les foussez de ladite ville, et auxi que ladite Tour de la Magdalaine est une chappelle ancienne de ladite église appellée la Magdalaine, laquelle est d'ancienneté de leur dite maison canonial, et a sur le pinacle d'icelle une croez de pierre ancienne. Et pour ce est appointé que madite dame la royne ne ses successeurs ne pourront aucune chose demander ès dites Tours Neufve et de la Magdelenne, fors seulement la visitacion et garde que mestier en sera pour la tuycion et défense de ladite ville du Mans. Et pour tant que touche ladite Tour Feyau, elle demeure quittement à madite dame et ses successeurs, sans ce que lesdiz doyen et Chapitre y puissent riens avouer ne demander.

Item, en tant que lesdiz doyen et Chapitre s'estoint complains de ce que les gens et officiers dudit feu monseigneur le roy de Sicile et de madite dame depuis avoint fait faire l'entrée de la tour du Mans appellée la Tour Orbrindelle par le fié et saignorie desdiz doyen et Chapitre, et mené et ramené à ycelle tour plusieurs prinsonniers malfetteurs, tant condempnez que autres, par le cloistre de ladite église, que ils dient estre immunité de leur dite église, et en ycellui cloistre fait faire plusieurs criz et bans de par ledit feu monseigneur le roy et madite dame depuis, a esté appointé que l'entrée de ladite tour demorra en l'estat qu'elle est, et que madite dame et ses successeurs pourront fère mener et ramener à ladite tour par ledit cloistre leurs prinsonniers tant condamnez que autres, sans faire en icellui clouaistre et allée prinse ne exécucion desdiz prinsonniers par train ne autrement. Et auxi ne pourront madite dame ne ses successeurs faire faire oudit cloaistre aucuns criz ou bans.

Item, et en tant que touche ce que ledit feu monseigneur le roy de Sicile et madite dame depuis s'estant complains de ce que

(1) En juillet 1354, le roi Jean avait accordé au Chapitre l'autorisation de construire la Tour Neuve. Voir la *Province du Maine*, VII, 21, d'après Archives nationales JJ 82, fol. 199. — Le 28 juillet 1389, le Chapitre réclamait devant le parlement de Paris, contre la reine de Jérusalem, la propriété de la Tour Neuve, construite par lui en 1356. Archives nationales, X /1ª, 1471, fol. 194.

lesdiz doyen et Chapitre avoint foit de nouvel édifier certaines boutiques et maisons encontre leur dite église du Mans, et auxi, de l'autre part du chemin, encontre l'église et habergement des Ardans du Mans, une maison à feste et certains appentiz, disans que lesdiz doyen et Chapitre ne le povaint ne devoint faire, et que s'estoint lieux et places publiques qu'il ne leur laisoit empescher, a esté appointé que lesdites boutiques, maison et appentiz demourront en l'estat que ils sont, sans ce que lesdiz doyen et Chapitre ne autres les puissent avancer sur chemin, combien que ils puissent augmenter et acreistre leur dite église, que bon leur semblera du cousté desdites boutiques, devers ladite église jucques au chemin pavé du cloaistre.

Item, en tant que touche ce que madite dame s'estoit complainte par plusieurs foiz contre lesdiz doyen et Chapitre, de ce que maistre Guillaume Gautier, chanoine de ladite église, avoit fait défense aux subgiz et estagiers desdiz doyen et Chapitre que ilz ne fussent tant hardiz de vendre vin à ladite mesure apeticée, et de ce que Jamet Bouhoure, sergent et officier desdiz doyen et Chapitre, et autres de ladite église avoint abatu à terre par manière de justice ou autrement, contre raison, la mercerie et estal de Robin de Mautouchet, mercier, lequel, de la volenté et plaisir des gens de madite dame, avoit étalé sa mercerie sur le pavé ou grand chemin contre la fenestre de l'oustel feu Pierre le Laczeur; et avecques ce que aucuns des chanoines de ladite église avoint fait escousse, ou grent chemin du cloaistre de l'église du Mans à Macé Derue, sergent à Esvron, pour madite dame, d'un prinsonnier ès prinsons de madite dame pour certaine cause; lesquelles choses madite dame disoit que lesdiz doyen et Chapitre, leurs gens et officiers n'avoient droit de faire, et ils disoient au contraire ; a esté appointé que les esploiz dessusdiz demeurent comme non faiz et non avenuz, et que ils ne pourront porter aucun préjudice à madite dame, ne auxi auxdiz doyen et Chapitre.

Item, en tant que touche certaine cause d'appel faite de la partie desdiz doyen et Chapitre, et auxi toutes causes de excès ou actemplaz pendans en ladite court de Parlement pour quelque cause que ce soit, sont mises au nient et s'en départent lesdites

perties sans despens et sans amende ; et vendront lesdiz doyen
et Chapitre et leurs subgiz à l'obbéissance de madite dame en
tant que ils sont ses subgiz, ainsi que ils faisoint paravant.

Item et en tant que touche ce que chacun de madite dame la
royne et desdiz doyen et Chapitre du Mans, dient à eulx appartenir le droit d'avoir les coustumes des denrées vendues en la
grant place sise devant ladite église appellée le cloaistre, et auxi
en tant que touche le droit de féage et seignourie que chacun
avoue en la meson Gervaise Fennois, sise devant les vieilles
hales, dont informacion sera sur ce faite et parfaite, et ycelle
faite, les dessusdiz en ordeneront ainsi que ils verront que à faire
sera, selon le contenu en leur povair. Et semblablement des autres
causes d'entreulx si plus en y a.

   Geguet. Tillou. P. de Forges. Beudin.

Fait du consentement de maistre Soulaz, procureur de madite
dame la royne ès noms que elle procède, d'une part, et de maistre
Jehan du Bois, procureur desdiz doyen et Chapitre, d'autre, le
xxiiii[e] jour de mars MCCCXCIII [1].

859. — 1395, 29 avril. — Accord par lequel il est mis fin
d'une façon provisoire au dissentiment qui existait entre
l'évêque du Mans et le doyen sur l'étendue de la juridiction de ce dernier sur les curés. (A. N., X[1c] 70 [b], 222.)

Comme certain plait et procès feust meu et pendant en la court
de Parlement entre Jehan Soulas, doien de l'église du Mans,
demandeur et complaignant en cas de saisine et de novelleté,
d'une part, et révérend père en Dieu monseigneur l'évesque du
Mans, tant en son nom comme aiant prins l'adveu et défense de
son official, maistres Jacques et Guillemin de Bernay, défendeur
et opposant, d'autre, sur ce que ledit demandeur requéroit estre
tenus et gardez en possession et saisine d'avoir et exercer toute
juridicion et justice ecclésiastique en son dit doienné par espécial
en cas de prévencion, et en possession et saisine d'avoir et tenir

---

(1) Aux Archives Nationales (X/1c 70/b, 177 et 178), cet accord est accompagné d'un congé d'accord, daté du 27 mars 1393, v. s., et de l'homologation
de l'accord par le Parlement.

dedens son dit doyenné et ès mettes d'icellui son official, promoteur, appariteur, sergens et autres officiers, pour l'exercice d'icelle juridicion et justice ecclésiastique ; en possession et saisine d'avoir la garde et gouvernement des bénéfices cures vacquans en son dit doyenné par la mort des curez d'iceulx, jusques ad ce qu'il y ait possesseur paisible ; en possession et saisine de mettre, tenir en sa main par lui ou ses commis et par inventoire les biens demourez par les décès d'iceulx curez à la conservacion de ceulx à qui ilz appartendront ; en possession et saisine de commettre par lui ou son official un ou plusieurs exécuteurs pour accomplir l'exécucions testamens ou derreines voulentez des dis curez qui autrement n'aroient pour eulx pourveu d'exécuteurs, ou que les excécuteurs nommez par eulx ne porroient ou vouldroient eulx antremettre de leurs excécucions ; en possession et saisine de citer et faire citer par lui ou son official les exécuteurs nommez par lesdis curez à comparoir pardevant lui ou son official pour savoir se il se veulent porter pour exécuteurs dudit curé trespassé et les contraindre ad ce par la sensure de l'église ; en possession et saisine seul et pour le tout d'avoir, prendre et percevoir en et sur les biens de chacun curé en son dit doyenné trespassé un lit fourny ou le value et estimacion d'icellui, et par espécial une sarge ou un bon couvertoir, deux draps de lit, un orreillier, un queuvrechif, bons et souffisans ; en possession et saisine que ledit monseigneur l'évesque, son official, promoteur, appariteur, sergent et autres ses commis à ce députez, n'y a que veoir ne que congnoistre, et ne puissent ou doient troubler ou empescher ledit doyen ne ses officiers ès drois ne ès possessions et saisines dessus dites, par espécial en cas de prévencion ; en possession et saisine que ledit monseigneur l'évesque ne peut ne ne doit pour les causes dessusdites citer ne faire citer ledit doyen ne ses officiers pardevant l'évesque d'Orliens ne son official ou autres.

Et pour ce qu'il estoit venu à la congnoissance dudit doyen que Jehan Frapen, curé de Fay, ès mettes dudit doyenné, estoit alé de vie à trespassement, il envoya un appellé Symon Roland, son appariteur ou sergent oudit lieu où ledit curé estoit trespassé, pour icellui enterrer faire son obsèque, ainsy qu'il appartenoit, et aussy pour saisir et mettre les biens demourez du décès dudit

trespassé en sa main par inventoire, à la conservacion de ceulx
à qui ilz appartendroient, et pour avoir le lit et autres choses
apparttenant à icellui doyen, comme dit est. Ce que ledit appariteur fist bien et deuement en usant des possessions et saisines
dudit doyen ; et les biens demourez du décès dudit curé bailla
en garde à Jehan des Exqueeulx, à la conservacion d'iceulx,
comme faire lui loisoit pour et ou nom d'icellui doyen. Mais
néantmoins ledit Guillemin de Barnay, soy disant appariteur de
la court espirituele dudit monseigneur l'évesque, acompaignié de
maistres Jaques de Barnay dessus nommé et dont il a eu le fait
pour agréable, se transporta, depuis l'exploit dudit doyen au lieu
de ladite cure et de fait saisy et mist en la main de l'official dudit
monseigneur l'évesque tous les biens demourez du décès dudit
curé. Et avec ce l'official dudit monseigneur l'évesque fist et
ordonna exéquteur dudit curé icellui Guilmin de Barnay, son
appariteur, qui tantost print et occupa tous les biens demourez
du décès dudit curé saisis et bailliez en garde par ledit doyen,
comme dit est. Et de fait ledit Guillemin vendist et exploita
et aliéna. Et depuis ledit monseigneur l'évesque a fait citer de
privillèges ledit Symon Roland, appariteur dudit doyen, et un
autre familier appellé Jehan Poitevin, c'est assavoir : ledit Symon
pardevant l'abbé de Saint Oen de Rouen, et ledit Jehan Poitevin
pardevant l'évesque d'Orléans ou son official, pour les explois
qu'il avoit fais audit lieu de Fay, en troublant et empeschant ledit
doien en sesdites possessions et saisines à tort, sans cause,
indeuement ; et de nouvel ledit monseigneur l'évesque disoit et
maintenoit au contraire toutes saisines et possessions contraires
à celles que dit et maintient ledit doyen, et que à bonne et juste
cause il avoit fait lesdis explois et estoit parvenu avant ledit doyen
et ses officiers et estoit diocesain.

Finablement acordé est que entre lesdites parties, pour bien de
paix, s'il plait à la court, en la manière qui s'ensuit, c'est assavoir
que : les explois et complainte fais par lesdites parties sont
réputez pour non fais et non advenus, sans préjudice des drois,
saisine, possession et propriétez desdis monseigneur l'évesque et
doyen, desquelz ilz joyssent et puissent joir chacun en droit soy,
comme ilz faisoient paravant lesdis explois et complainte, et ce

16

qui par manière de restablissement a esté mis en la main du roy de par ledit evesque sera rendu et restitué à plain audit évesque. Et s'il est trouvé par maistre Jaques Bouju, conseiller du roy nostre sire, esleu à ce qui s'ensuit par lesdites parties, que ledit doyen ait prins et levé des biens dudit feu curé de Fay plus que à lui n'appartient et doit appartenir à cause de ladite prévencion il le restituera ou fera restituer audit monseigneur l'évesque ou à ses gens de par lui pour en estre ordené par ledit évesque comme il verra estre à faire par raison.

Fait du consentement de maistre Pierre Solas, procureur dudit doyen, d'une part, et de maistre Jehan de Vary, procureur dudit monseigneur l'évesque, d'autre, le XXIX° jour d'avril, l'an MCCCXCV après Pacques [1].

860. — 1396, 29 avril. — ACTE PAR LEQUEL GERVAIS DU ROCHER, SEIGNEUR DE LOMONT, S'ENGAGE A PAYER RÉGULIÈREMENT AU CHAPITRE LA RENTE DE DIX LIVRES QU'IL LUI DEVAIT. (B. N., X¹ᶜ, 72 ᵇ, 131.

Saichent tous présens et avenir que en nostre court du Mans en droit devant nous personnelment establi Gervaise du Rochier, escuier, seignour de la tour de Lomont, confesse qu'il a accordé et traicté avecques honourables et discrettes personnes doyen et chappitre de l'église du Mans par la fourme et manière qu'il est contenu en une cédule, de laquelle la tenour s'ensuit :

Comme certain débat et procès fust meu devant les signours des requestes du Palais Royal à Paris entre les doyen et Chappitre de l'église du Mans, d'une part, et Gervaise du Rochier, seignour de la terre de Lomont, d'autre part, sur ce que lesdiz doyen et chappittre dient et maintènent estre en possession et saisine de percevoir et prendre chacun an perpétuelment, de si longtemps qu'il n'est mémoire du contraire, tant par eulx que par leurs prédécesseurs à cause de leur dicte église, dix livres tournois ou monnoie courante de rente sur toute la terre de Lomont et appar-

---

(1) Aux Archives Nationales cet acte est accompagné de son homologation par le Parlement, laquelle est portée au dos du document et datée du 29 avril 1395.

tenances et sur chacune partie d'icelle pour tout ; et pour ce que ledit Gervaise du Rochier a esté déléant et reffusant de paier ladite rente et les arrérages escheus d'icelles rente depuis certain temps, lesdiz doien et chappitre l'ont fait convenir et adjourner pour paier doresenavant ladicte rente aveques lesdiz arrérages par devant lesdiz signours des requestes, devant lesquelx les dessusdictes parties ont tant procédé en la cause que parties ouyes ont esté par iceulx signours appointez en faiz contraires et commissaires donnez pour savoir la vérité des faiz pourpousez par lesdites parties.

Finablement est accordé entre lesdictes parties, s'il plaist à la court, que ledit Rochier d'abondant et de nouvel obligera et oblige de maintenant soi et ses hoirs ou aians cause de lui ou auront ou temps avenir toute ladite terre et appartenances de Lomont en quelxconques lioux qu'ilz soient, et à poier chacun an lesdites dix livres tournois de rente auxdiz doien et chappitre, ses prédécessours signours de ladite terre de Lomont, dont ledit signour du Rochier a ou puet avoir cause: à laquelle obligasion ces présentes sont annexées. Et aveques ce ledit du Rochier poiera dès maintenant ausdits doien et chappitre vint livres tournois pour les arrérages escheuz de ladite rente des doux années darrenières passées devant le dabte de cest présent acort.

Et parce lesdiz doien et chappittre, pour honour et révérence de très haut et très puissant prinse monseignour le conte d'Alençon, quitent et donnent touz autres arrérages escheuz de ladicte rente de dix livres tournois du temps passé jousques au jour de cest présent acort touz leurs despens que ils ont fait en la poursuite de ceste cause aveques toutes peines qu'il auroit encouroues pour cause de ce paravant le jourduy à messire Jehan Vouvour, conseiller dudit monsieur le conte d'Alençon, lequel a esposué la fille dudit Gervaise du Rochier.

A tenir cestdit acort lesdiz doien et chappitre et ledit Gervaise du Rochier ont voulu et voulent estre passé par ladite court de Parlement et par ladicte court à le tenir estre condampnez, lequel avoit dessus escript et les chouses contenues cy dedens ledit Gervaise du Rochier promet pour lui et pour ses hoirs et aians cause de lui tenir, parfaire, enteriguer et acomplir si et par la fourme et maniere que cy dessus est contenu sans aucunement venir encontre ou temps avenir. Et ledit acort promet ledit escuier, par la foy de son corps et se oblige à la paine de cinq cens livres tournois faire et passer par ladicte court de Parlement ainssi que dessus est devisé, et rendra ausdiz doyen et chappittre les lettres sur ce faictes à ses propres couts et despens dedens la meoust prouchaine venant[1]. Et ad ce tenir . . . .

Ce fut donné et jugé à tenir et enteriguer par le jugement de nostre dicte court le XXIXe jour d'avril l'an de grâce MCCCXCVI.

861. — 1397, 20 septembre, Paris. — LETTRES PAR LESQUELLES CHARLES VI ACCORDE RÉMISSION A MACÉ JOUSSELIN, LEQUEL, EN CAS DE LÉGITIME DÉFENSE, AVAIT TUÉ UN MALFAITEUR RÉFUGIÉ DANS LA CATHÉDRALE, AFIN D'Y JOUIR DU DROIT D'ASILE. (Imprimé, *Revue du Maine*, XXII, 169.)

862. — 1397, 1er décembre, Paris. — ARRÊT DU PARLEMENT DANS LE LITIGE EXISTANT ENTRE L'ÉVÊQUE DU MANS ET SON CHAPITRE, AU SUJET DE LA JURIDICTION DE CE DERNIER. (Imprimé, dom Piolin, *Église du Mans*, V, 673.)

863. — 1398, 12 décembre. — ACCORD ÉTABLI ENTRE L'ÉVÊQUE DU MANS ET LE DOYEN DU CHAPITRE QUI S'ENTENDENT POUR ANNULER TOUS LES ACTES DE PROCÉDURE ÉCHANGÉS PAR EUX. (A. N., X^{1c}, 76^b, 214.)

Les cas de nouvelleté fourniez par révérent père en Dieu monseigneur l'évesque contre maistre Jehan Soulaz, doyen du Mans, ses gens, official et autres contenuz ès procès.

Ledit révérent père se complaint que les gens dudit doyen citèrent à la Chevalière, hors les mettez dudit doyenné, le curé de Fillé à comparoir devant l'official dudit doyen.

Ledit doyen disant le contraire.

Item, que l'official dudit doyen fist convenir devant luy et traicta en cause un appellé Loriot, de la parroisse de Fillé, laquelle

---

(1) Aux Archives Nationales cet acte est accompagné d'un congé d'accord et d'une homologation par le Parlement ; celle-ci est datée du 15 septembre (A. N., X/1^c, 72/b, 130, 132.)

parroisse, si comme disoit le révérent père, n'est pas ès mettez dudit doyenné et que mesmement lesdiz Lorioz n'estoint point ès mettez de la quinte, supposé qu'ilz avoint esté requis.

Ledit doyen disant au contraire.

S'ensuivent les cas de nouvelleté fourniez contre ledit monseigneur l'évesque de la partie dudit doyen.

Et primo : que ledit doyen avoit pour certains déliz perpétrez par Perrin Goupil, emprisonné et aresté et puis eslargi ycelui Goupil à cauccion par la ville du Mans; et, ce non obstant, les gens dudit monseigneur l'évesque mistrent en ses prisons ledit Goupil; et ne le volt rendre ne restituer ledit monseigneur l'évesque audit doyen, non obstant qu'il fust informé des choses dessusdictes.

L'évesque disant au contraire.

Item, que ledit monseigneur l'évesque, par lui et par son official, fist inhibicion et deffense au chappelain de Fillé que il ne exéqutast plus les mandemens dudit doyen, lequel estoit en possession . . . ., sicomme il disoit, de les faire exéquter par le curé, le chappellain et secrétain dudit lieu de Fillé ; et avec ce pourforeza ledit monseigneur l'évesque et son official messire Guillaume Bloilin, chappellain de Fillé et notaire dudit doyen, de renuncier à son office de notairerie, sicomme il dit.

Ledit monsieur l'évesque disant au contraire.

Sur lesquielx cas, est traitié et acordé entre lesdites parties, s'il plaist à la court du Parlement, que les exploiz faiz tant de une partie comme d'autre seront pour non faiz et non avenuz, sans porter aucun préjudice audites parties ou temps avenir, et ainsy seront d'acort, sans despens, et demourront lesdictes parties en leurs droiz, possessions et seisines comme ilz estoient par avant que lesdiz procès fussent meuz entre lesdictes parties sur les cas dessusdiz et que yceulx cas fussent avenuz [1].

Fait du consentement de maistre Jehan Wairy, procureur dudit

(1) Aux Archives nationales cet acte est accompagné de celui par lequel, sous la date du 13 août 1398, Adam Chastelain constitue ses procureurs et de l'arrêt par lequel, le 12 décembre 1398, le Parlement homologue l'accord. (X/1c, 76/b, 214 au dos et 215.)

monseigneur l'évesque, d'une part, et Pierre Soulaz, procureur dudit doyen, d'autre, le XII° jour de décembre, l'an MCCCXCVIII.

864. — 1398, v. s., 1ᵉʳ février. — ACTE PAR LEQUEL ADAM CHASTELAIN, ÉVÊQUE DU MANS, ET LES MEMBRES DU CHAPITRE SE METTENT D'ACCORD POUR ANNULER TOUTES LES ACTIONS JUDICIAIRES OUVERTES ENTRE EUX. (A. N., X ᶦᶜ 77ª, 59.)

Comme entre révérent père en Dieu monsieur Adam, par la grâce de Dieu évesque du Mans, d'une part, et honorables et discrètes personnes doyen et chapitre dudit lieu, de l'autre part, fussent meues ou disposées à mouvoir plusieurs débaz, questions et controverses pour occasion d'aucuns esploiz, lesqueulx ledit monsieur l'évesque disoit estre faiz par lesdiz doyen et chapitre ou leurs gens et officiers, tant ecclésiastiques comme seculiers, et tant depuis qu'il fut évesque dudit lieu, comme ès temps de monsieur Pierre, jadis évesque du Mans et maintenant de Beauvais, son prédécesseur, contre les droiz, franchises, privilèges et libertés dudit monsieur l'évesque, comme d'autres esploiz faiz par yceulx monsieur l'évesque et son prédécesseur ou leurs gens et officiers tant ecclésiastiques comme séculiers des temps dessusdiz, contre les droits, franchises, privilèges et libertez d'iceulx doyen et chapitre, si comme ilz disoient ; et de ce l'une contre l'autre se comploignoient lesdites parties, et sur aucuns d'iceulx esploiz et pour occasion d'eulx eussent esté plusieurs procès meuz entre ledit Pierre, maintenant évesque de Beauvais, du temps qu'il estoit évesque du Mans, comme dit est, d'une part, et lesdiz doyen et chapitre, d'autre part, et encores fussent icelles causes pendans et indécises en la court de Parlement à Paris : pour bien de paiz et d'union et ad ce que entre lesdiz Adam, évesque, doyen et chapitre ait plus grant charité, et que ensemble ilz puissent mieulx et plus dévotement servir à Dieu, aussi comme ilz sont tenuz et désirent de touz leurs cuers, est concordé entre lesdites parties, s'il plaist à ladite court de Parlement, en tant comme il touche lesdites causes pendans en icelles, et sur les autres et quelcunques débaz, questions et controverses dessusdits, de présent acordent et conviennent ensemble fermement et irrévocablement, de leur certaine science en precedans sur ce aucuns grans et meurs traictiez en la manière qui s'ensuit :

C'est assavoir que touz les esploiz faits par lesdits révérent père en Dieu monsieur Adam, évesque, et son prédécesseur et leurs gens et officiers quelconques, tant ecclésiastiques comme séculiers, à l'encontre des dessusdiz doyen et chapitre, leurs officiers et familiers et ou préjudice de leurs droiz, franchises, privilèges et libertés, seront seulz mis au néant et réputez pour non advenuz, et aussi touz les exploiz faiz par lesdiz doyen et chapitre, leurs gens et officiers quelconques tant ecclésiastiques comme séculiers, ou préjudice des droiz, franchises, privilèges et libertez dudit monsieur l'évesque, ses gens et officiers seront mis au néant et réputez pour non advenuz, et demourront lesdictes parties et chacune d'icelles en leurs droiz, franchises, libertez, possessions et saisines justes et raisonnables, ainsi qu'elles estoient avant que les dessusdiz esploiz fussent faiz et advenuz. Sauf tant que de la cause des mariages, les parties se reportent à clercs, c'est assavoir à monsieur Pierre, abbé de Saint Eloy de Noyon, pour la partie dudit monsieur Adam, évesque, et à monsieur Pierre, abbé du Mont Saint Michel, pour lesdiz doyen et chapitre. Et en cas de discort, que lesdiz abbez puissent élire un tiers, et ce que ilz décideront et déclareront vaille comme par arrest de parlement. Et en cas que lesdiz abbez ou l'un d'eulx iroit de vie à trespassement, ou ne voudroient eulx charger dudit fait, que lesdites parties soient tenuz élire autres ou autre en lieu de ceulx ou celui,

De la cause des escluses des moulins, on verra la complainte, et se raportent lesdites parties à jurez et à anciens expers en telle manière.

Et quant au privilège de Hamelin, ledit révérent père en Dieu aura droit de procéder ou de délayer ladite cause.

Ce fut fait et acordé ou chapitre de ladite église du Mans par ledit révérent père en Dieu monsieur Adam, évesque du Mans, d'une part, et honorables et discrètes personnes messire Jehan Solaz, docteur en droit canon et civil, doyen, et le chapitre de ladite église, ouquel furent presens maistre Jehan Bequet, maistre escole, Jehan Le Chat, de Sablé, Pierre de Forges, du Chasteau du Loir, Arnoul Le Flament, de Montfort, arcédiacres, en droit canon et civil licenciez, Guillaume Thebart, Guillaume Gautier, Jehan Muret, licencié en droit canon, Guillaume Ricautays, licencié en droit canon et civil, Jehan Le Roy, Guerin du Puiz, Guillaume du Tertre, Jehan du Boys, Jehan de Glogio, Enguerrant de Furcy, Jehan de Souvré, Jehan du Brueil et Raffray du Bayle, chanoines en ladite église, pour les chouses dessusdites assamblez et faisans chapitre à heure de chapitre acoustumé, d'autre part.

Et en tesmoing de ce, lesdites parties ont fait signer ceste présente cédule par leurs secrétaires et appouser leurs seaulx.

Presens ad ce, pour tesmoins : honorables et discrètes personnes maistre Guy Coustel, chanoine de Noyon, Jehan Jaquemin, chanoine de Saint Père de la Court du Mans, licenciez en loys, Dreux Ralet, bachelier en théologie, de la Bequenne, escuyer, Jehan Bouju de Courbeon et Robert Julian, clers.

Le premier jour du moys de février, l'an de grâce MCCCXCVIII [1],

865. — 1399, 27 mai. — ACCORD PASSÉ ENTRE L'ARCHEVÊQUE DE TOURS ET L'ÉVÊQUE DU MANS, QUI S'ENTENDENT POUR ÉTEINDRE LE LITIGE QUI EXISTAIT ENTRE EUX, RELATIVEMENT AUX EMPIÉTEMENTS SUR SA JURIDICTION DONT SE PLAIGNAIT L'ÉVÊQUE DU MANS. (A. N., X¹ᶜ, 77ᶜ, 303.)

Sur le procès meu et pendant en la court de parlement entre révérend père en Dieu monseigneur Adam, évesque du Mans, complaignant en cas de saisine et de nouvelleté, d'une part, et révérend père en Dieu monseigneur Amiel, arcevesque de Tours, opposant, d'autre part, sur ce que ledit monseigneur l'évesque du Mans dit et maintient estre en saisine et possession que ès termes, fins et mettes de son éveschié ledit monseigneur l'arcevesque, par lui, ses gens ou officiers, par vertu de sa juridicion ecclésiastique ne autrement, ne puet ne doit cognoistre ne avoir et tenir court ou congnoissance aucune de quelconque cause que

---

(1) Aux Archives Nationales cet acte est accompagné de celui par lequel, le 3 février 1398, v. s., le Chapitre constitue ses procureurs et de l'arrêt du 21 février 1398, v. s., par lequel le Parlement homologue l'accord. (X/1ᵃ 77ᵃ, 58, 60.)

ce soit, mesmement et par espécial quant elle est introduite par devant ledit évesque, son official, gens ou officiers quelzconques, si ce n'est en cas d'appel ; ouquel cas ledit monseigneur l'arcevesque puet et doit congnoistre du cas et article de l'appel tant seulement et sans entamer le principal en quelque manière que ce soit, au moins quant il est dit par lui bien jugié et mal appellé ; ouquel cas il doit les parties renvoier par devant ycellui évesque, ses gens et officiers au siège dont il a esté appellé pour procéder en la cause principal selon raison, et que néantmoins ledit monseigneur l'archevesque, par lui, son official ou autres, a congneu de certaines causes d'injures ja introduite pardevant l'official dudit évesque entre messire Jehan Arnault, prestre curé et Jehan Davy, subgiez et justiciables dudit évesque, de laissié l'article de l'appel pendant pardevant lui entre lesdites parties, et sans ce que sur l'article dudit appel ilz aient donné aucun jugement ou appointement par lequel ait esté dit bien ou mal jugié par ycellui évesque ou son official ; et a ycellui arcevesque contraint ou fait contraindre ycelles parties à plaidier sur le principal de ladite cause pardevant son official, sans aucunement discuter l'article de l'appel.

Et avec ce, s'est ycellui arcevesque efforcié de congnoistre par lui ou son official du principal d'une cause matrimonial introduite pardevant l'official du dit évesque entre Gervaise de la Monstre, clerc, demandeur, et Jehanne de Mont Franchet, défenderesse, et sans discuter d'un appel fait par ladite Jehanne d'un appointement donné par ledit official dudit évesque au prouffit dudit Gervaise et contre ladite Jehanne, sicomme elle disoit ; pour occasion desquelles choses ledit monseigneur l'évesque avoit obtenu certaines lettres royaulx de complainte en cas de saisine et de nouvelleté ; à l'exécucion desquelles le procureur dudit monseigneur l'arcevesque a esté adjournez en ladite court de Parlement au X° jour de juillet prouchain venant.

Les parties, pour bien de paix et amour norrir entre elles, sont à accord, s'il plaist à la court, en la manière qui s'ensuit : c'est assavoir que les exploiz, la complainte et tout ce dont dessus est faicte mencion sont réputez pour non faiz et pour non advenus, sans préjudice et sans acquérir aucun nouvel droit ou saisine à une partie ne autre.

Et se partent lesdictes parties de court sans dépens et sans amende d'une partie ne d'autre.

Fait du consentement de maistre Jehan de Wary, procureur dudit monseigneur l'évesque, et de maistre Nicolas Maignen, procureur dudit monseigneur l'arcevesque, le XXVII° jour du may, l'an MCCCXCIX.

866. — 1400, 30 juin, Le Mans. — LETTRE DANS LAQUELLE L'ARCHEVÊQUE DE TOURS, VENU AU MANS POUR Y TRAITER UNE QUESTION DE DROIT BÉNÉFICIAIRE, Y CONSTATE LES DROITS DU CHAPITRE A L'EXEMPTION DE L'ORDINAIRE. (Imprimé, dom Piolin, *Église du Mans*, V, 675.)

867. — 1401, 3 juin. — ACCORD AU PARLEMENT ENTRE LE CHAPITRE DU MANS ET LA COMTESSE DU MAINE DANS UNE INSTANCE RELATIVE A CERTAINS DROITS FÉODAUX PORTANT SUR LA RUE SAINT-VINCENT AU MANS. (A. N., X1c, 81c, 408.)

Comme l'an MCCCXCV ou environ, doyen et chappitre de l'église du Mans eussent appelé de plusieurs griefz et exploiz à eulz faiz par Jehan le Voyer, pour lors soy disant prévost, fermier de madame la royne de Jehrusalem et de Cecile, tant en son nom que comme aiant le bail et gouvernement de ses enfans, le roy Loys et le prince de Tharente, sur ce que Jehan le Voyer, soy disant prévost, fermier de nostre dite tante, ès diz noms, s'estoit transporté de fait en la terre, justice et seigneurie dez diz doyen et chappitre, qui tiennent du roy, nostre sire, en régale, sicomme ilz dient, et par espécial en la rue de Saint-Vincent et ailleurs, c'est assavoir ès hostelz de Guillaume Prunier, Jehan Frambaut, Jehan Rualem, Gieffroy le Havre et d'autres subgez et estagiers des diz de chappitre, ésquelz hostelz, de son auctorité, sans povoir ou commission qu'il eust de ce faire, par lui, ses genz ou officiers, fist prandre pains et fouaces, défendant avoir fours et cuire pain, et fist ou fist faire plusieurs défenses, adjournemens et exploiz de justice et autres griefz, contre lesquelz les diz doyen et chappitre ou leur procureur se feussent opposez et eussent requis iceulz estre réparez, à quoy on ne les voult recevoir, dontilz eussent appellé, comme dit est, et sur ce relevé leur appel en la court de Parlement ; et depuis ledit Jehan le Voyer, en actemptant contre et par dessus ledit appel, par vertu duquel les diz doyen et chappitre se disoient exemps, avoit troublé et empeschez les diz doyen et chappitre en plusieurs devoirs et coustumes que ilz se dient avoir de toutes denrées vendues et achetées en leur terre et juridiction, justice et seigneurie que ilz tiennent du roy nostre sire en régale, sicomme ilz dient, par espécial au dedens des barres anciennes de la ville et cloison du Mans, et en plusieurs hostelz et maisons de leur subgez et estagiers, dont lesdiz doyen et chappitre s'estoient complains et doluz en cas de saisine et de nouveleté, d'excès et d'attemptaz contre ladite royne ès noms que dessus ; et ledit Jehan le Voyer, comme il est plus à plain déclaré ès lettres de complainte sur ce faites, et avec ce encores ledit Jehan le Voyer fist et fist faire par lui, ses genz et officiers, plusieurs exploiz, commandemens et défenses en la rue de Saint-Vincent, qui dient estre en leur terre, juridicion, justice et seigneurie, et la tenir du roy nostre sire en régale et sur leurs homes, subges et estagiers, et en leurs hostelz et maisons, comme de prendre pains et fouaces, que ilz vendoient à leurs fenestres, leur defendre de cuire pains et fouaces en leurs maisons, et de vendre à leurs fenestres, en faisant sur ce plusieurs autres exploiz par manière de justice et en justiçant ; dont lesdiz doyen et chappitre se complaignirent aussi par unes autres lettres de complainte en cas de saisine et de nouveleté d'excès et d'attemptas contre ladite royne et ledit Jehan le Voyer ; et fu jour assigné en la court de Parlement, comme plus à plain est contenu en la complainte sur ce faite.

Et depuis le roy nostre sire, par ses lettres octroyées aus diz doyen et chappitre, ait convertie ladite appellation en opposition sanz amende.

Finablement, parties oyes ès dites causes d'appel de nouveletez et d'attemptaz, la court, en obtemperant aus lettres par lesquèles le roy a convertie ladite appellation en opposition, aussi en obtemperant à certaines lettres de relièvement obtenus par lesdiz de chappitre sur ce que le dit roy de Jhérusalem disoit que il n'avoit pas esté adjorné dedens temps deu à reprendre ou delais-

sier les diz procès, et apres ce que le dit roy Loys a reprins les
diz proces, a ordoné et appointié que ladite appellation est mise
en opposition sanz amende, et sont lesdiz attemptaz convertiz en
forme d'excès ; et au surplus lesdites parties sont appoinctées en
toutes les dites causes tant d'opposicion et d'excès que de nouveletez en faiz contraires sur principal et recréance ; et sur le fait de
la recréance pourront les dites parties faire examiner, chacune
partie dix tesmoins de son costé : et, tout veu avec les lettres et
tiltres que les parties bailleront avec leurs faiz, la court fera droit.

Fait du consentement de maistre Pierre Soulaz, procureur du
roy de Cécile, et de maistre Jehan du Boys, procureur de doyen
et chapitre du Mans, le tiers jour de juin MCCCCI.

**868. — 1403, 22 mai. — ACCORD ENTRE BUREAU DE CORMEILLES
ET JACQUES RAVINEL, QUI SE DISPUTAIENT LE DOYENNÉ DE
SONNOIS. (A. N., X¹ᶜ 85ᵉ, 422.)**

Comme procès feust meu en cas de saisine et de nouvelleté
en Parlement entre maistre Bureau de Cormeilles, doyen du
doyenné de Saonnois, demandeur et complaignant oudit cas,
d'une part, et révérend père en Dieu monsieur l'évesque du Mans
et maistre Jacques Ravinel, défendeurs et opposans, d'autre part,
sur ce que ledit demandeur et complaignant disoit que, à certain
et juste tiltre et par grâce octroyée et bulle de nostre saint père
le Pape, il avoit et tenoit le dit doyenné, et à cause de ce et
autrement deument en avoit esté et estoit en bonne possession et
saisine de avoir, prendre, lever et percevoir par lui et ses gens
ou officiers ou commis les fruis et proufis dudit doyenné et iceulx
mettre et appliquer à son proufit, et que, ce nonobstant, ledit
révérend père et ledit Ravinel avoient de fait empesché ledit
demandeur en son dit doyenné et en la percepcion des fruis à lui
appartenans à cause d'icelle, en le troublant et empeschant en
ses dictes possessions et saisines indeuement et de nouvel,
sicomme il disoit ;

Lesdiz défendeurs et opposans proposans saisines et possessions au contraire.

Finablement, s'il plaist à la court, accordé est que la complainte faicte par ledit maistre Bureau et l'opposition faicte au contraire par lesdiz opposans et tout ce qui s'en est ensuy ont esté et sont tenus et réputez pour non fais et non advenus, sanz préjudice d'une partie et d'autre : par ainsi que lesdiz révérend père en Dieu et Ravinel se consentent que ledit maistre Bureau demeure possesseur paisible dudit doyenné ainsi qu'il estoit audevant de l'empeschement mis par les dessus diz par vertu de la bulle dessus dicte.

Et ledit monsieur l'évesque, se mestier est, donne et confère de son auctorité episcopal et ordinaire audit maistre Bureau pour en joir durant sa vie, et de ce ledit monsieur l'évesque lui baillera lettres soubz son seel.

Et aussi consentent que les fruis qui par la main du Roy ont esté prins et levez et tout ce que ilz ont peu avoir valu jusques à présent seront rendus et délivrez par moitié audit maistre Bureau et Jaques Ravinel, et la main du Roy levée à son profit.

Et partant les parties se partiront de court sanz jour et sanz despens.

Factum de consensu dictorum Burelli, ex una parte, et dictorum episcopi et Ravinel, ex alia, XXII maii MCCCCIII.

DE BAYE.

869. — 1403, 19 juin. — ACCORD PASSÉ ENTRE L'ÉVÊQUE DU MANS ET LE PRIEUR D'ARQUENAY, PAR LEQUEL CELUI-CI S'ENGAGE A PAYER LA PETITE PROCURATION POUR CHACUNE DES VISITES CANONIQUES DE LA CURE FAITES AU NOM DE L'ÉVÊQUE. (A. N., X 1c 85d 529.)

Comme plait et procès soit meu et pendant en la court de Parlement entre révérend père en Dieu Adam, évesque du Mans, demandeur, d'une part, et le prieur d'Arquené, defendeur, d'autre part, sur ce que ledit révérend père dit et maintient que, entre les autres droiz à lui appartenans à cause de sa dignité épiscopal, il a droit et est en saisine et posession que toutefoiz qu'il visite ou fait visiter par personne souffisante la cure d'Arquené, que le prieur du prieuré d'Arquené lui est tenu de paier une foiz en l'an pour sa procuracion trente soulz tournoiz, qui est appellée petite procuracion, et à ceste cause estoit et est deu audit révérend père, pour l'année MCCCC, trente sous tournois. De laquelle somme rendre et payer ledit prieur a esté et est reffusant et délayant, sur ce par plusieurs foiz sommé et requis, et pour ce icellui révérend père, par vertu de certaines lettres royaulx, a fait faire commandement de par le Roy nostre sire audit prieur d'Arquené que la somme de trente soubz deue pour ladite année MCCCC il paiast audit révérend père ou à son certain commandement ; à quoy ledit prieur s'opposa, et pour ce fut adjourné en Parlement au XX° jour de novembre, l'an MCCCCI, pour dire la cause de son opposicion et reffus, respondre et procéder en oultre selon raison ; auquel jour ledit prieur ne se présenta point, ne autre pour lui, et aussi ne vint ne comparut, ne autre pour lui, et pour ce fut mis en deffault, et pour veoir adjuger le prouffit deffault, a esté ledit prieur adjourné au VIII° jour du moys d'aoust l'an MCCCCII :

Finablement lesdites parties sont à accort ensemble, s'il plaist à la court en la manière qui s'ensuit : c'est assavoir que ledit prieur rendra et paiera audit révérend père ou à son certain commandement les trente souz tournoiz dessusdiz deubz à icellui révérend père pour cause de sadite procuracion pour ladite année l'an MCCCC, et aussi paiera audit révérend père pour les années depuis escheues, ou cas qu'il aura visité ou fait visiter ladite cure, et doresenavant chacun an semblablement, pourveu qu'il visite ou face visiter par personne souffisante, comme dessus est dit.

Et quant aux despens, ilz seront tauxez par les procureurs desdictes parties cy après nommez.

Et se départiront lesdites parties de court.

Fait du consentement de Jehan de Wary, procureur dudit révérend père, et de maistre Gervaise Ysembart, procureur dudit prieur, le XIX° jour de juing, l'an MCCCCIII[1].

870. — **1403, 3 juillet.** — ACCORD ÉTABLI ENTRE LE CHAPITRE DE LA CATHÉDRALE DU MANS ET JEANNE DE LA BARRE, PAR LEQUEL CELLE-CI S'ENGAGE A PAYER UNE RENTE QUE FEU JEAN

(1) Cet acte porte au dos son arrêt d'homologation par le Parlement daté lui aussi du 19 juin 1403.

DES ÉCOTAIS, SON MARI, AVAIT LAISSÉE EN SOUFFRANCE. (A. N., X¹ᶜ, 86ᵃ, 9.)

Comme japieça les doyen et chappitre de l'église du Mans eussent voulu faire faire exécucion par vertu de certaines lettres royaulx et de certaines lettres obligatoires sur les biens de feu Jehan, seigneur des Escotaiz, pour le temps qu'il vivoit, pour les arreraiges d'une année de dix livres tournois de rente qu'ilz disoient que ledit seigneur des Escotaiz leur estoit tenu faire et paier par chacun an à deux termes : c'est assavoir à la Penthecouste et à la Toussains par moitié, à cause et pour raison de certaines dismes situées et assises ès parroisses de Commez et de Jublens, que lesdits doyen et chappitre avoient bailliées aux prédécesseurs dudit des Escotaiz, pour ladite somme de dix livres de rente, sicomme lesdilz de chappitre dient apparoir par lesdites lettres obligatoires sur ce faites. Contre laquelle exécucion ledit seigneur des Escotaiz se feust opposé, et, pour dire les causes de son opposicion, lui eust esté jour assigné en la court de Parlement, en laquelle n'a depuis aucunement esté procédé, et soit depuis ledit des Escotaiz alé de vie à trespassement, délaissée Jehanne de la Barre, sa femme, et plusieurs ses enfans, ses heritiers ; et il soit ainsi que depuis lesdites parties sont venues à accord, s'il plaist au roy nostre sire et à sadite court, en la manière qui s'ensuit :

C'est assavoir que ladite Jehanne, comme aiant reprins les procès et arremens de ladite cause, tant en son nom que comme ayant le bail, garde et administracion des enfans dudit feu seigneur des Escotaiz et d'elle, promet rendre et paier ou nom que dessus ausdiz doyen et chappitre la somme de quatre vins livres tournois, pour les arreraiges qu'ilz disoient leur estre deubz de sept années derrenièrement passées et pour les termes de Penthecouste derrenièrement passée et de la Toussains prouchainement avenir dedens le jour de la Toussains prouchainement venant, sans pleige en prendre.

Et, en tant que touche les consts, fraiz et despens faiz en ladite court de Parlement pour occasion desdits arreraiges, ladite Jehanne, ou nom que dessus, promet rendre et paier ausdiz doyen et chappitre la somme de dix livres audit terme de Toussains, et cent soulz à l'ordonnance de l'arcediacre de Sablé, maistres Guillaume Teillaye, et de Gervaise Goyet.

Et partant se partent lesdites parties de court.

Fait du consentement de maistres Jehan du Boys, procureur desdits doyen et chappitre et de Gervaise Ysembart, procureur de ladite Jehanne ou nom que dessus, le IIIe jour de juillet, l'an MCCCCIII.

871. — 1404, 3 juillet. — ACCORD PAR LEQUEL BOUCHARD DE L'ISLE, SEIGNEUR DE FLEURÉ, ET LE CHAPITRE DE LA CATHÉDRALE DU MANS S'ENTENDENT POUR FAIRE JUGER PAR LES REQUÊTES DU PALAIS, LA QUESTION PENDANTE ENTRE EUX AU SUJET DE LA MISE HORS DE LA MAIN DU CHAPITRE DES TERRES ACHETÉES PAR LUI EN LA TERRE DE FLEURÉ. (A. N., X1c, 88ª, 7.)

Comme Bouschart de l'Isle, escuier, seigneur de Floré, eust despieça fait convenir et approucher en sa court et pardevant son séneschal ou juge dudit lieu de Floré les doyen et chappitre de l'église du Mans, pour occasion de certaines terres et possessions que les diz de chappitre avoient nouvellement acquises ou fief, terre et seigneurie dudit escuier, afin que lesdiz de chappitre feussent contrains de icelles choses mettre hors de leurs mains, ainsi que raison et la coustume du pais le donnoient, sicom il disoit, en laquelle court fut et a esté procédé entre lesdites parties par aucun temps, pendent lequel lesdiz de chappitre firent adjourner ledit escuier pour poursuir ladite cause en l'estat qu'elle estoit pardevant le bailli de Touraine, et depuis ce, par vertu de certaines lettres, eussent voulu lesdiz de chappitre faire renvoier ladite cause en la court de Parlement, sur quoy se feust meu certain débat et procès pardevant ycellui bailli entre le procureur du roy nostre sire audit bailli[a]ge et ledit escuier, d'une part, et lesdiz de chappitre, d'autre, et sur ce fut et a esté tant procédé que par[ties] oyes, par sentence dudit bailli ou de son lieutenant fut dit que ladite cause ne seroit fait aucun renvoy et que d'icelle ledit bailli congnoistroit; nonobstant laquele sentence lesdiz de chappitre firent renvoier icelle cause par vertu desdites lettres par Jehan Mouchel, sergent du roy nostre sire en ladite court de Parlement, dont lesdiz procureur du roy et escuier ont appellé à ladite court, relevé et fait exécuter leur adjournement en cas d'appel dedens temps deu.

Finablement lesdites parties sont d'accord, ou cas qu'il plaira à ladite court, en la manière qui s'ensuit :

C'est assavoir que ladite appellacion et ce dont il a esté appellé soient mis au néant, sans amende ; et, pour ce que ledit Parlement est grandement chargié de présent, sont lesdites parties renvoiés pardevant nos seigneurs des Requestes du Palais, au xve jour de ce présent mois de juillet, pour procéder en ladite cause en l'estat qu'elle estoit pardevant ledit bailli au temps et paravant ledit appel, et aussi sur l'entérinement des lettres du roy nostre sire impétrées par lesdiz de chappitre, par lesquelles estoit mandé à nos seigneurs de Parlement, sicomme on dit, que, rejetez certains deffaulx obtenuz par ledit Bouschart contre lesdiz de chappitre, ilz feissent lesdites parties procéder en ladite cause, auxquelz seigneurs des requestes ladite court de Parlement a commis et commet la congnoissance de ladite cause.

Et partant se départent lesdites parties de ladite court de Parlement, sans amende.

Fait du consentement du procureur général du roy nostre sire et de Benoit Pidalet, procureur dudit escuier, d'une part, et de maistre Jehan du Bois, procureur desdits doyen et chappitre, d'autre, le iiie jour de juillet, l'an mcccciv.

872. — 1404, 16 septembre. — ACCORD PAR LEQUEL L'ÉVÊQUE DU MANS ET LA COMTESSE DE VENDÔME S'ENTENDENT POUR ANNULER TOUS LES ACTES DE PROCÉDURE FAITS ENTRE EUX DEVANT LE PARLEMENT. (A. N., X 1c 88 b, 174.)

Comme procès feust et soit meu pendent en la court de Parlement entre madame la contesse de la Marche, de Vendosmes et de Castres, demanderesse et complaingnant en cas de saisine et de nouvelleté, d'une part, et révérend père en Dieu monsieur l'évesque du Mans, détendeur en son nom et comme garant ou aiant prins l'adveu, garantie et defense de ses officiers, défendeurs, d'autre part, sur ce que ladite madame la contesse dit et propose que, à cause de ladite conté de Vendosme, elle a plusieurs droiz, seignouries, possessions et noblesces, et, entre les autres, elle est dame de Savigny sur Braye et de la chastellenie dudit lieu, en laquelle elle avoit et a toute juridicion et justice, haulte, moyenne et basse, et à cause de ce elle avoit et a droit, a esté et est en possession et saisine que ledit révérend père, ses officiaux, appariteurs, sergens et autres officiers ne povoient, ne pevent ou devoient faire aucune prinse ne arrest de prestres ne de clers, à cause de sa juridicion ecclésiastique ne autrement, ès mettes de ladite conté et par espécial ès lieux, fins et mettes de ladite ville et chastellenie de Savigny, et en possession et saisine que, se ledit révérend père ou sesdiz officiers se sont ingérez de y faire aucunes prinses desdiz prestres et clers, de le contredire et en avoir esté ou estre réparez et lesdiz empeschemens ostez au prouffit de ladite dame, et ce nonobstant ledit révérend père et sesdiz officiers se soient transportez en ladite terre et chastellenie de Savigny et en ycelle avoient prins ou fait prandre Jehan de Grossay, Jehan de la Beschière, Michiel le Séneschal, clers, et les avoit fait amener au Mans ou ailleurs, en prenant et attribuant à luy la cognoissance, correccion et juridicion d'iceulx, lesquelles choses furent faites en troublant et empeschant ladite madame la contesse en sesdites possessions et saisines à tort, sans cause, indeuement et de nouvel, si comme elle disoit. Pour occasion desquelx empeschemens elle s'estoit complainte en cas de saisine et de nouveleté par vertu de certaines lettres royaulx par elles impétrées ; et, pource que ledit révérend père s'estoit opposé en prenant l'adveu desdiz officiers, il avoit esté adjorné en la court dudit Parlement, si faisoit sur ce ladite madame la contesse toutes conclusions pertinens oudit cas de saisine et de nouveleté et requéroit condampnation de despens ;

Et ledit révérend père disoit et proposoit au contraire que, à cause de sondit éveschié et juridicion espirituelle, il avoit esté et estoit en saisine et possession d'avoir prinse manuèle sur prestres et clers ès mettes et termes de son diocèse, les povoit et puet faire prandre, arrester et emprisonner en ses prisons au Mans quant les cas le requièrent, et par espécial avoit prinse manuèle desdiz prestres et clers en ladite terre et chastellenie de Savigny, qui estoit dudit diocèse du Mans, et que, en alant faire ses visitacions endit lieu de Savigné et ailleurs oudit diocèse, il estoit venu à sa cognoissance que les dessusdiz, qui sont clers, avoient fait et perpétré plusieurs crimes et excès ; et, pour ce, après informacion, il les avoit fait prandre pour les punir et corriger selon la rigueur du cas, en usant de ses dites possessions et saisines, si comme il disoit, avecques autres faiz par lui proposez, concluant tout pertinent oudit cas de nouvelleté et requérant despens.

Lesquelles parties oyes eussent par la court dudit Parlement esté appointées en faiz contraires et en enqueste et commissaires ordennez pour faire icelle enqueste d'une partie et d'autre.

Finablement les dites parties, par le conseil et advis de leur conseil, sont à accort, s'il plaist à la court, en la manière qui s'ensuit : c'est assavoir que les exploiz dessusdiz, la complainte de ladite madame la contesse, l'exécucion d'icelle, l'opposition dudit révérend père et tout ce qui s'en est ensuy sont réputez pour non faiz et non advenuz, et demourront lesdites parties en leurs droiz, possessions et saisines telz comme ilz estoient paravant les choses dessusdites, et partiront lesdites parties de court sans despens d'une partie ne d'autre.

Fait du consentement de maistre Jehan Dubere, procureur de ladite madame la contesse, et de Jehan de Wairy, procureur dudit monsieur l'évesque, le XVI° jour de septembre, l'an MCCCCIII [1].

873. — 1404, 27 septembre. — ACTE CAPITULAIRE PAR LEQUEL EST CONSTATÉ L'ACCORD ÉTABLI ENTRE LE CHAPITRE DE LA CATHÉDRALE ET BRISEGAUD DE COESMES, SEIGNEUR DE LUCÉ ET D'ORTHE. (A. N., X¹ᶜ, 91 ᵇ, 219.)

A touz ceulx qui ces présentes lettres verront les doyen et chappitre de l'église du Mans, au Saint Siège de Rome appartenant sans nul moyen, salut.

Savoir faisons que, comme contens et débaz fussent meuz ou espérer de mouvoir entre nous demandeurs, d'une part, et noble

---

[1] Cet acte porte au pied son homologation par le Parlement datée du 16 septembre 1404.

homme messire Brigaut de Coymes, chevalier, seigneur de Lucé et de Orte, deffendeur, d'autre part, nous, d'un commun assentement, suymes venuz à acort, ou cas qu'il plaira à la court du roy nostre sire, en la manière qui s'en suit :

C'est assavoir que de certaine complainte que nous avons faite former à l'encontre dudit sire de Lucé et de plusours autres nommez en icelle sur le fait de certaine prinse de blez et charroiz que icellui sire de Lucé avoit prins et fait prendre sur nous comme forfaiz et à lui acquis, disant que ce estoit par deffaut de depri et dont icelui sire de Lucé s'estoit fait assigner par plusours obligacions, c'est assavoir : de Guillaume le Roux, Gillet Aliot, Jehan Guérant, Jehan Jeudon, Guillaume Ménart, André Jousse, Guillaume Jousse, Jehan Cochelin, Macé Berrays, Jehan Guionneau, Michiel Lermite et Perrot Trude, nostre pannetier, de la valleur desdiz blez et des beufs et charroiz qui y estoient; par ainsi que ledit sire de Lucé, pour ce qu'il a esté suffisamment acertené de par nous et autrement deuement que les conduiseurs d'iceulx charroiz avoient iceulx blez et charroiz suffisamment depriez aux officiers dudit sire, il nous rendra et restituera toutes et chacunes les obligacions qu'il s'estoit fait passer pour et à cause de ladite prinse, tant de nostre dit panetier et charretiers dessus nommez que d'autres personnes quelconques comme cassées et banies dès maintenant, et par en rendant les dites obligacions, comme dit est, demourra quite ledit sire de Lucé du desdommaigement et intérests que nous lui peussons demander par réson de ladite prinse et empeschement et ne procéderont en plus l'un contre l'autre ou fait de ladite complainte ne ne nous présenterons d'une part ne d'autre.

Item, pour tant que touche une autre complainte qui avoit esté formée par nous contre ledit sire de Lucé au lieu de la Tufflère, ainsi qu'il est plus applain contenu ou mandement de ladite complainte, nous avons voulu et esté d'assentement, et aussi ledit sire de Lucé, ou cas qu'il plaira à la court dessus dite, que du débat d'icelle complainte il soit au dit et ordennance de Yvon de Montblanc et Michiel de Coq, lesquelx d'icelle pourront ordonner, juger et sentencier à leurs plenières voulentez, les raisons oyes d'une partie et d'autre, et que en icelle complainte nous ne ledit sire de Lucé ne procéderons en plus l'un contre l'autre sinon davant lesdiz arbitres, et suymes, nous et ledit sire de Lucé d'assentement de tenir le dit et ordonnance desdiz arbitres en la paine de cent livres tournois à appliquer du contredisant à celle partie qui obtempérera à leur dite sentence, et comparestrons nous et ledit sire pardevant lesdiz arbitres ou jours qui assignez seront par eulx ou leurs commis et deputez chacun à la paine de cent sous tournois, à estre prins et poiez sur la partie deffaillant à la partie comparant et obéissant.

Item, et pour tant que touche un procès qui est meu et pendant en ladite court, entre hault et puissant seigneur monseignour le duc de Bourbon, demandeur, d'une part, et ledit sire de Lucé, deffendeur, d'autre, nous avons promis et prometons faire mettre hors de procès ledit sire tant de ladite complainte que dudit procès. Et pour ce et en récompensacion et faveur des chouses dessus déclarées ledit sire de Lucé et d'Orte vieult et se consent expressement que sept livres cinq soulz tournois de rente que ledit monseigneur le duc avoit aquis en la terre d'Orte, ou povoir dudit sire, c'est assavoir : sur Jehan le Prévoust, pour journée à deux hommes de pré assis près de Saint Père de la Court, vint soulz tournois ; et sur Perrot le Saunier, pour journée à deux hommes de pré, vint soulz tournois ; et sur Michel Fléchart, pour le moulin de la Piquetière, quarante soulz tournois ; et sur le dommaine Guillaume Guérin et Jehan Chappon, pour leur part dudit moulin, quarante soulz tournois ; et le dommaine et appartenances de la Frette, assis en la parroisse de Connée, vint et cinq soulz tournois de rente : le tout deu au jour de la Toussains, et lesquelx sept livres cinq sous tournois de rente il nous avoit baillez et assignez pour et en assignacion de certain service divin qu'il a fondé en nostre dite église, que nous et noz successeurs puissons tenir et tendrons à touzjoursmés lesdiz sept livres cinq sous tournois de rente, francs, quites, comme indempnées et amorties, sans foy, sans hommage et sans rachat, et sans ce que le sire d'Orte ne ses hers ou successours nous puissent aucunement contraindre à les mettre hors de noz mains, ou temps présent et avenir. Et par reson d'icelle rente lui serons tenus faire le jour de la Saint Jean Baptiste par chacun an six deniers tournois de devoir pour tout devoir annuel.

Et avec ce, pour certain devoir que ledit sire d'Orte demandoit en oultre à lui et à ses successours, à cause et par raison d'icelle rente, lui estre deu, a esté apointé et acordé entre nous et lui que, pour les rentes et pour l'indempnité desdites sept livres cinq sous tournois de rente à lui deues pour tout le temps passé, nous lui paierons pour uneffoiz la somme de vingt-sept livres onze sous tournois; par ainsi lèvera sa main mise ès rentes dessus dites, et icelles nous metra à plaine délivrance.

Et oultre, lui nommerons à présent un chanoine prébendé en nostre dite église, après la mort duquel nous paierons et serons tenuz poier en celui an audit sire d'Orte et à ses successours ladite somme de sept livres onze sous tournois pour tout devoir à mort de chanoine, ou ce que la revenue d'icelle rente vauldra ou poura valloir pour lors, nonobstant que icelle rente ne soit tenue de luy à foy, à hommage ne à rachat; et après la mort duquel chanoine nous serons tenuz de nommer un autre chanoine prébendé en nostre dite église dedens un an après la mort de celui qui autreffoiz aura esté nommé : et ainsi sucessivement paieront lesdites sept livres cinq sous tournois par mort du chanoine nommé et par la manière dessusdite : par ainsi que ès chouses chargées de sept livres cinq sous tournois de rente dessusdiz ne puissions avouer aucun droit de seignourie, et par ainsi demourons quites de toutes les chouses que ledit sire de Lucé et d'Orte nous peust ou pouvoit demander, à cause et par raison de ladite rente de tout le temps passé, comme que ce soit, et icelle tendrons de lui aux six deniers de devoir dessusdits et par la manière que dit est.

Lesquelles chouses dessus transcriptes et tout le contenu en icelles nous, doyen et chapitre dessusdiz, pour le bien, honnour et prouffit de ladite église et de nous, deuement acertenez sur ce, avec meure délibéracion eue entre nous, par amour nourrir et avoir entre nous et ledit sire de Lucé et d'Orte, auquel de tout nostre povoir nous désirons complaire, et pour éviter toute matière de plait et de discort ensemble, nous louons, ratiffions, confirmons et approuvons de nostre certaine science, voulons et nous plaist, ou cas qu'il plaira à la court du roy nostre sire, comme dit est, que les chouses dessus dites et chacune d'icelles aient et sortissent leur plain effect, et promectons par la foy de noz corps et sur l'obligacion et ypothèque des biens de nostre dite église non venir encontre ou temps présent et avenir, par nous ou noz successours, par quelque manière que ce soit. En tesmoing de ce nous avons fait mettre le seel de ladite église à ces présentes [1].

Donné en nostre chapitre, à heure de chapitre accoustumée, le XXVIIe jour de septembre, l'an de grâce MCCCCIIII.

Et à plus grant fermeté et confirmacion des chouses dessus dites, nous, doyen et chapitre dessusdiz, avons voulu et voulons et nous assentons et à noustre requestes que ces présentes lettres soient scellées du seel des contraz du Mans,

Donné comme dessus. Ainsi signé : Par Chapitre, G. Grésille.

C'est présent transcript, soubz le seel des contraz de nostre dite court du Mans, fut fait, donné, scellé et collacionné à l'original le Xe jour du moys de mars, l'an de grâce MCCCCV.

CHOLET.

874. — **1404, v. s., 19 janvier.** — ACCORD ÉTABLI ENTRE L'ÉVÊQUE DU MANS ET LE DOYEN DU CHAPITRE DE LA CATHÉDRALE AU SUJET DU DROIT DE CORRECTIONS QUI LEUR INCOMBAIT SUR PIERRE DRIANT, PRIEUR DE LA MILESSE, ACCUSÉ DE MEURTRE. (A. N., X^{1c} 89^a, 32.)

Comme plait et procès soit meu et pendent entre la court de Parlement entre révérend père en Dieu monsieur Adam, évesque du Mans, complaignant en cas de saisine et de nouvelleté, d'une part.

Sur ce que ledit révérend père dit qu'il est en possession et saisine d'avoir la congnoissance, correction et pugnicion de touz les prieurs et religieux de sondit diocèse non exemps de lui en touz cas, et mesmement en griefs, crimes et excès, comme de homicides et semblables, sans ce que ledit doyen, son official et

---

(1) Aux Archives Nationales cet accord est accompagné de son homologation par le Parlement, datée du 1er avril 1405, v. s. (X/1^a 91/b, 218) et de sa ratification par le Chapitre (91/b, 220).

promoteur en puissent ne doient cognoistre ; en possession et
saisine que à luy seul et pour le tout compète et appartient la
juridicion ecclésiastique des moustiers, priourez non exemps de
la cité et diocèse du Mans et des personnes d'iceulx ; en possession et saisine de contredire et empescher que ledit doyen du
Mans, ses officiers ne autres de par luy ne pevent ne doivent
entreprendre court, cognoissance, correction et pugnicion des
déliz, crimes et excès imposez, commis ou perpétrez par iceulx
prieurs ou religieux, ne iceulx prendre ne emprisonner ne détenir
prisonniers, et que, lui estant en sesdites saisines et possessions,
ledit doyen, maistre Jehan le Fèvre et Regnault le Dentu, eulx
disans official et promoteur dudit doyen, avoient puis un an en
ça envoié certains leurs serviteurs ou prioré de la Milèce, située
hors de la quinte du Mans, en l'évesché du Mans, et là avoient
entré par force en l'ostel dudit prioré et y avoient prins et fait
emmené par force frère Pierre Drian, prieur dudit prioré, et
mené au Mans ès prisons dudit doyen, et lui imposoient qu'il
avoit tué Guillaume Païen le jeune, et n'ont volu rendre ledit
prieur audit évesque ne cesser de cognoistre de luy et du crime
qu'ilz luy imposoient ; mais l'ont détenu et encores détiennent
prisonnier ; et, pour ce que ces choses estoient faictes en troublant ledit monsieur l'évesque en sesdites possessions et saisines
indeuement et de nouvel, si comme il disoit, icelui évesque s'est
dolu et compleint pardevant Jehan de la Tousche, sergent royal
et son gardien :

Contre laquelle complainte ledit doyen s'est opposé, disant
que, à cause de sondit doyenné, qui est dignité élective et la plus
grant de l'église du Mans, après l'évesque, préside en chappitre
avec plusieurs autres droiz, prééminances, prérogatives et franchises, et que, à cause de sondit doyenné, il a droit et est en
possession et saisine d'avoir et excercer ou faire excercer par ses
gens et officiers toute juridicion ecclésiastique en tous cas civilz
et criminelz, par prévencion en la cité, ville, fourbours et quintes
du Mans, et ailleurs en sondit doyenné, sur toute manière de gens
d'église et clers, et en tous cas dont la cognoissance appartient à
l'Église, et d'en avoir la correction, juridiction et toute cognoissance ; en toute possession et saisine de punir et corriger par sa juridi-

cion ecclésiastique, prendre et emprisonner les délinquans et demeurans ès diz lieux, en cas de prévencion, soient religieux de l'ordre de Saint Benoist, priours, moynes ou autres non exemps, et qu'il en a joy et usé tant par lui que par ses prédécesseurs deyens par tel et si long temps qu'il n'est mémoire du contraire, ou au moins qu'il souffist et doit souffrir à bonnes posséssions et saisines avoir acquises, garder et retenir, et en maintenant toutes possessions et seisines contraires à celles dudit évesque, et que en usant de ses droiz, possessions et saisines pour ce que Gervaise Paien l'ainsné et aucuns autres amis charnelz de feu Guillaume lui dénoncièrent ou à son official que ledit frère Pierre Drian, religieux de Saint Julien de Tours, de l'ordre Saint Benoist, prieur du prioré de la Milesce assise en la quinte du Mans, avoit tué et occis ledit Guillaume Paien le jeune en ladite paroisse de la Milese dedans les fins et mettez de ladite quinte du Mans, après informacion précédent faite sur ce, pour ce que ledit doyen du Mans trouva ledit prieur coulpable, il le fist prendre et mettre en ses prisons et en eut le congnoissance et le prévint ; et pour ce s'estoit opposé ledit doyen contre la complainte dudit évesque, et sur ce lui avoit esté assigné jour oudit Parlement, comme dit est dessus :

Finablement accordé est entre lesdites parties, s'il plaist à la court de Parlement, en la manière qui s'ensuit : c'est assavoir que, actendu que ledit prisonnier a esté longuement en prison et est homme religieux, qu'il soit mandé et commis aux commissaires qui furent commis à gouverner la chose contencieuse ou aus deux d'iceulx que pendent ledit procès il eslargissent ledit prisonnier à bonne caucion et souffisant par la main du roy comme souveraine, et touz sanz préjudices desdites parties en saisine ne en propriété ne de leur cause et procès [1].

Fait du consentement de maistre Jehan de Vary, procureur dudit évesque, d'une part, et de maistre Pierre Soulaz, procureur dudit doyen, d'autre, le XIX° jour de janvier, l'an MCCCCIII.

(1) Cet acte porte au dos son homologation par le Parlement le 19 janvier 1404, v. s.

875. — 1405, 21 août, Paris. — LETTRES PAR LESQUELLES MACÉ MAILLET, BOULANGER AU MANS, EST AUTORISÉ A FAIRE ACCORD AVEC LE CHAPITRE DU MANS. (A. N., X 1c, 90 b, 173.)

Charles, par la grâce de Dieu Roy de France, à nos amez et féaux conseilliers les gens tenans nostre Parlement à Paris salut et dileccion.

Exposé nous a esté de la partie de Macé Maillet, povres boulangier et simples homs, demourant en la rue Saint Vincent du Mans, comme il ait pieça appellé à nous ou à nostre court de Parlement de certains exploiz, reffus et deue de droit, et autres griefs fais et donnez par Michel le Coq, soiz disant juge ou bailly de la court temporelle de noz bien amez les doyen et chappitre de l'église du Mans, et Jehan Rétif, leur sergent, contre lui pour et au profit desdiz doyen et chappitre ou leur procureur d'office, ou de leurdit bailly ou aultrement, et ait ledit exposant bien et deuement relevé sondit appel en nostre dite court de Parlement, en laquelle lesdiz doyen et Chappitre se dient par privilège estre tenus plaidier et non ailleurs s'il ne leur plaist : néantmoins les dites parties, pour le bien de paix et amour nourrir et pour eschiver à plus grans frais et despens, adcorderoient voulentiers ensemble en ladite cause d'appel se sur ce nous plaisoit leur octroyer nostre congié et licence, si comme ilz dient, en nous humblement suppliant que, comme ledit exposant appellans soit un povres homs et n'a rien et ne pourroit supporter les frais qu'il lui convendroit faire en ladite cause, qui pourroit prendre long trait et pourroit cheoir en fais contraires, et aussi que ce touche lesdiz doyen et Chappitre, qui sont gens d'église, qui prient jour et nuit pour nous et pour les autres ; considéré aussi que en ceste partie n'a eucun procès par escript et n'est que une appellacion de bouche faite par ledit povre exposant appellant dudit Michiel le Coq, leur juge ou bailly, comme dit est, et si ne touche en rien nostre droit, sinon pour raison dudit appel, que sur ce leur vueillons impartir nostre grâce.

Pour ce est-il que nous, eue considéracion aux choses dessus dites, auxdites parties avons donné et octroyé, donnons et octroyons de grâce espécial par ces présentes congié et licence d'accorder et pacifier ensemble en ladite cause d'appel et eulx départir hors de cours sans amende, parmi rapportant l'acord que fait auront sur ce par devers nostre dite court de Parlement.

Si vous mandons et extroictement enjoignons que de nostre présente grâce vous faites, souffrez et laissiez joir et user paisiblement lesdites parties, sans les molester ne empescher au contraire en aucune manière, car ainsi nous plaist-il estre fait, et audit exposant l'avons octroyé et octroyons de grâce espécial par ces présentes, nonobstant que de l'une partie ou de l'autre y puet avoir amende et quexlconques ordonnances, stille et lettres subreptices à ce contraires.

Donné à Paris, le xxi° jour d'aoust, l'an de grâce mccccv, et de nostre règne le xxv°.

876. — 1405, 4 septembre. — ACTE PAR LEQUEL MACÉ MAILLET BOULANGER AU MANS, ET LE CHAPITRE DU MANS SE METTENT D'ACCORD POUR ANNULER UN APPEL. (A. N., X¹ᶜ 90 ᵇ, 172..)

Sur ce que Macé Maillet, povre boulengier, demorant au Mans, disoit et maintenoit à l'encontre des doyen et chappitre de la grant église du Mans, Michiel le Coq, leur juge ou sénéchal, et Jehan Rétif, leur sergent, estoient entrez en l'ostel dudit Macé Maillet, lequel ilz trouvèrent batant et corrigant sa femme d'aucunes fautes et desplaisirs qu'elle avoit faiz à sondit mary ; et, pour ceste cause, lesdiz Michiel le Coq et Jehan Rétif s'estoient efforciez de mettre la main à lui et de le mettre ès prisons desdiz doyen et chappitre et lui avoient faiz pour cause de ce plusieurs injures et villenies ; de quoi ledit Maillet se tint agrevé et en appella en la court de Parlement, et sur ce ait bien et deuement relevé sondit appel oudit Parlement.

Finablement, pour bien de paix et amour nourrir, et aussi pour ce que les parties povoient cheoir en enqueste et en faiz contraires sur ladite cause d'appel par les causes et moyens que pourroient proposer au contraire lesdiz de Chappitre, lesdites parties sont d'acord, s'il plaist à la court en la manière qui s'ensuit : c'est assavoir que ladite appellacion et tout ce qui s'en est ensuy soit mise au néant, sans amende et despens d'une part ne d'autre, et se partent lesdites parties de court et de tout procès.

Fait du consentement de Jehan Behart, procureur dudit appellant, et Jehan du Boys, procureur desdiz doyen et chappitre, et autres intimez dessus nommez, le IIII° jour de septembre, l'an MCCCCV [1].

877. — 1405, v. s., 4 février. — ACCORD PASSÉ ENTRE L'ÉVÊQUE DU MANS ET LE DOYEN DU CHAPITRE, QUI S'ENTENDENT POUR ANNULER TOUS LES ACTES D'UNE PROCÉDURE EN PARLEMENT. (A. N., X¹ᵃ, 91 ᵃ, 59.)

Sur le content et débat meu en la court de céans entre révérend père en Dieu messire Adam, évesque du Mans, complaignant et demandant en cas de saisine et de novelleté, d'une part, contre honorable homme et discret messire Jehan Soulaz, doyen du Mans, opposant et deffendant d'autre, en ce que disoit et maintenoit ledit révérend père que à lui seul et pour le tout compète et appartient toute jurisdicion ecclésiastique en toute sa diocèse du Mans sur touz clercs excédans ou délinquans ou dit diocèse, meismement religieux de l'ordre Saint Benoit et autres, sans ce que ledit doyen ait court ne cognoissance sur lez dis clerz, meismement religieux ; et de ses droiz ledit révérend père a joy et usé tant par lui comme ses prédécessours évesques du Mans, à veu et à sceu dudit doyen et ses prédécesseurs par si long temps, etc., néantmains, depuis an et jour ença du date de certaine complainte sur ce par ledit révérend père en Dieu faite, ledit doyen a pris et détenu de fait en ses prinsons ung religieux du moustier de Saint Julien de l'eschalerie de Tours de l'ordre Saint Benoit, prioux de la Millesse ou dit diocèse du Mans, appellé messire Pierre Dréan, pour cause qu'il avoit, selonc ce que l'on dit, commis homicide ou dit diocèse du Mans en la personne d'un appellé Guillaume Payen ; disoit et maintenoit ledit révérend père que à lui appartient la punition et correction dudit cas et non point audit doyen, mais ainçois le détient ledit doyen contre la volonté dudit évesque à tort et sans cause indeuement et de nouvel.

(1) Cet acte porte au dos son homologation par le Parlement datée du 4 septembre 1405.

Ledit honoraible homme deffendant au contraire en disant que à lui, à cause et par raison de sa dignité décanal et archidiaconal, appartient et compète tout juridiction ecclésiastique sur tous et chacuns clers, soient religieux ou aultres, delinquans en la communité et banlieue du Mans par prévention, sans ce que ledit évesque depuis la prévention dudit honoraible homme ait ne à lui appartiengne court ne cognoissance dudit clerc ainssi prévenu par ledit doyen, et par espécial des déliz dont il ont esté prévenuz par ledit doyen, comme dist est ; et que de sez droiz a joy et usé ledit doyen tant par lui comme ses prédécessours doyens du Mans à veu et à sceu dudit évesque du Mans et ses prédécessours par si long temps, etc. ; disant en oultre ycellui doyen que, l'an MCCCCIII, ou moix de décembre, ledit religieux prieux de la Millesse de l'ordre Saint Benoit, commist homicide en la personne dudit Payen ; et, après ce qu'il fut venu à la cognoissance dudit doyen, suffisante information précédente sur ce faite, fist convenir ledit religieux en sa court et le détenir prisonnier en ses prinsons, en usant de sadite juridiction ecclésiastique, meismement à lui appartenante par prévention, comme dist est, justement et deuement, et non audit révérend père en Dieu pour ceste foix.

Sont venues lesdites partiez en appointement et acord, ou cas qu'il plairait à ladite court, que la prinse dudit religieux, détention, cognoissance et aultre quelcunque juridiction exercée sur ycellui religieux et tous exploiz par quelque manière faiz par ycellui honoraible homme le doyen et auxi la complainte impétrée par ycellui révérend père sur ce au contraire, touz exploiz et tout ce qui s'en est enssui seront réputez pour nulz, non faiz et non avenus, et sans préjudice desdites partiez en saisine ne propriété, et se partiront les parties de court sanz despens d'une partie ne d'autre.

Fait du consentement de Jehan de Wari, procureur dudit révérent père, d'une part, et de maistre Pierre Soulaz, procureur dudit doyen, d'autre, le IIIIe jour de février, l'an MCCCCV.

878. — **1406, v. s., 21 février.** — ACCORD PAR LEQUEL L'ARCHEVÊQUE DE TOURS ET L'ÉVÊQUE DU MANS S'ENTENDENT POUR

ANNULER TOUTES LES PROCÉDURES FAITES PAR L'UN CONTRE L'AUTRE DEVANT LE PARLEMENT, (A. N., X¹ᶜ 39ª, 115.)

Comme certains procès soient meuz et pendens en la court de Parlement entre révérens pères en Dieu monsieur Ameil, arcevesque de Tours, complaignant en cas de nouvelleté et opposant et défendeur, d'une part, et monsieur Adam, évesque du Mans, complaignant aussi et defendeur, d'autre part, pour raison de lours juridicions ecclésiastiques et de certains exploiz fais par chacune desdites parties et leurs officiers, que chacune d'icelles parties disoit estre fais en lésion et content de sadite juridicion ecclésiastique et des coustumes et observances anciennes. Desquelles complaintes et exploitz et aussi desdits procès s'ensuit la déclaracion.

Premièrement ledit monsieur l'évesque du Mans s'est doluz et complaint en cas de nouvelleté pource que maistres Gervaise de Vaulx et messire Martin Belachuy avoient cité et intimé à l'official du Mans et au promoteur que l'official de Tours les citoit pardevant luy à certain jour à respondre à Pierre de Buron en certaine cause d'appel par vertu de certaines lettres dudit official de Tours contenans ces mots *quos officialem et promotorem Cenomanensem tenore presencium citamus*, sans la licence, auctorité ou mandement du secleur du Mans, qui est et doit estre seul executeur des lettres dudit arcevesque et de son official oudit diocèse du Mans ; contre laquelle complainte ledit monsieur l'arcevesque s'est opposez, disant que les exploiz dessus dis avoient esté fais selon termes de droit et de raison et que ainsi avoit acoustumé estre fait. En laquelle cause n'a aucuns attemptaz, et ne touche point icelle cause le roy en aucune manière.

Item, ledit monsieur l'évesque s'est doluz et complaint en cas de nouvelleté sur ce que ledit oficial a donné souventesfois citacions et inhibitions contre l'official du Mans à la requeste de plusieurs parties, tant à la requeste de messire Pierre Trotet, prestre, comme d'autres eulx disans appellans à la court ecclésiastique dudit arcevesque sans ce que les ditz appelant eussent intimé leurs appellacion, ou demandé apostres audit official du Mans ; contre laquelle complainte ledit monsieur l'arcevesque ou son procureur s'estoit opposez, disant que de droit et raison lui loisoit et povoit donner citacions et inhibicions contre ledit official du Mans, laquelle cause ne touche en riens le Roy nostre sire.

Item, ledit monsieur l'évesque s'est doluz et complains en cas de nouvelleté sur ce que ledit monsieur l'arcevesque et son official n'ont voulu rendre et envoyer audit évesque Guillaume de Launoy et Jehan Belin, clers, estans ès prisons dudit monsieur l'arcevesque pour certain crime de omicide à eulx imposez avoir esté perpetrez ou diocèse du Mans, et renduz par la justice laye comme clers audit monsieur l'arcevesque, et que depuis ladite complainte ledit arcevesque, en attemptant contre icelle complainte, avoit fait prendre et arrester par sa justice ecclésiastique Jehan Berthelot, notaire dudit évesque, qui de par icellui évesque requéroit lesdits prisonniers, et que ledit arcevesque avoit fait grans poursuites en court d'église et en court laye contre ledit Berthelot en contempt desdits procès en attemptant contre iceulx, soubz umbre desquelz attemptas ainsi donné à entendre, Jehan de la Touche, sergent du roy, qui se disoit estre infourmé desdits attemptas, mist le temporel dudit arcevesque en la main du roy, dont icellui arcevesque appella et fut le XXIII° jour d'aoust, l'an MCCCCV ; contre laquelle complainte ledit arcevesque se soit opposez et dit et maintient que il n'avoit point attempté pource que ledit Berthelot, qui avoit requis lesdits prisonniers, avoit présenté certaines lettres dudit official du Mans [contenant] requisition audit official de Tours pour avoir lesdits prisonniers, lesquelles lettres estoient de certaine date, saines et entières sans rature aucune, et telles les rendi ledit official de Tours en jugement audit Berthelot, mais le lendemain il les rapporta et présenta audit official de Tours rasées en la date, c'est assavoir que on en avoit osté un J, et pour ce avoit esté arresté de par ledit official de Tours, et depuis eslargy moyennant certaines submissions et paines de ester à droit à certain jour, auquel il n'estoit venuz ne comparuz, et pour ce avoit procédé contre lui en sa court ecclésiastique et aussi en court laye, et disoit que ainsi le povoit avoir fait sans aucunement attempter, et que néantmoins, par vertu de certaines lettres subreptices obtenues par ledit évesque Jehan de la Touche, qui se disoit exécuteur d'icelles, mit le temporel dudit arcevesque en la main du roy, non obstant que ledit arcevesque deist qu'il n'avoit attempté, duquel sergent il appella et son appel releva deuement ; et depuis par certaines lettres royaulx obtenues par ledit arcevesque a esté ladite appellacion mise au néant.

Item, s'est ledit évesque doluz et complains pour ce que ledit monsieur l'arcevesque avoit fait admonester ledit monsieur l'évesque, sur paine de interdit ou de excommunige, que il lui rendeist et envoyast Pierre, Gieffroy et Guillaume les Cheloux, frères, prisonniers dudit évesque, sans ce que lesdits prisonniers eussent oncques appellé ne demandé apostres audit évesque ne intimé aucunes appellacions, et pour ce ledit monsieur l'arcevesque disoit avoir fait dénoncier pour excommunier ledit évesque en son auditoire à Tours et ailleurs, et que de Pierre Mouchet, l'exécuteur de ladite complainte ledit arcevesque avoit appellé, et depuis ledit évesque avoit obtenu certaines autres lettres en cas de atemptas, disans que, après que ledit sergent avoit adjourné le dit arcevesque à comparoir pardevant luy, ledit arcevesque aveit fait ledit appel, et que après ledit appel avoit fait dénoncier pour excommunier ledit évesque ; lequel arcevesque dit et maintient au contraire qu'il n'y a aucun attemptas, et que bien est vray qu'il avoit appellé dudit Pierre Mouschet pour ce que de lui n'avoit aucune cognoissance, et est un homme très foible, qui très maugracieusement estoit venuz devers luy en habit estrange et dissimulé, et que dedens les trois mois ledit évesque l'avoit fait anticiper, et après avoir ledit arcevesque obtenu lettres royaulx par lesquelles le roi a mis et converti ladite appellation en opposition.

Item sur ce que ledit monsieur l'évesque a pieça fait exécuter ledit monsieur l'arcevesque de la somme de cent escus, esquelz il disoit lui estre tenuz et obligiez et sur quoy procès est pendant en la Court des Requestes du Palais qui encor est entier.

S'ensuivent les cas desquelz s'est complains ledit monsieur l'arcevesque contre ledit monsieur l'évesque du Mans et ses officiers.

Premièrement pour ce que messire Robert Ravenel, chappellain de Gorron, avoit appellé dudit monsieur l'évesque et son official à la court dudit monsieur l'arcevesque et avoit obtenu citacion et inhibicion dudit official de Tours, ledit évesque et son official firent prendre les biens meubles dudit chappellain et contraignirent à renoncier à son appellacion.

Item, une autre cause d'appel pendant en la court dudit monsieur l'arcevesque entre Gieffroy de Chelou et Guillemette de la Bigotière, en laquelle ledit Chelou avoit fait examiner certains tesmoings par commission de l'official de Tours, l'official du Mans a fait prendre et emprisonner lesdiz tesmoings et par force de gehyne et autrement leur a fait varier leur tesmoignage et leur a fait gaigier l'amende.

Item, nonobstant que ledit Gieffroy de Chelou et deux de ses frères eussent deuement appellé dudit évesque audit monsieur l'arcevesque, en hayne de ladite appellation, ledit évesque les a fait mestre en prison et renoncier à leur dite appellation par force de prison.

Item, sur ce que ledit monsieur l'arcevesque se complaint que le scelleur dudit évesque, en hayne et contempt des parties appellans, a prins et exigié excessif salaires d'iceux appellans, pour exécuter les lettres de la court dudit monsieur l'arcevesque, et aussi pour faire les enquestes et examinacions desdites causes, et retardé trop longuement à faire les exécusions desdites lettres, tant que les parties souventeffois en ont esté condempnées ci-dessus.

Item, sur ce que l'official du Mans, en hayne des appellacions qui se font à la court de Tours quant aucun appelle de lui, il le excommenie et engrège et le contraint à paier amende, combien qu'il n'en ait autreffoiz point gagée ; et ainsi l'a fait à plusieurs appellans.

Item, sur ce que le scelleur dudit monsieur l'évesque, en hayne des appellacions qui se font à la court de Tours, et afin de grever les appellans, se appelle unique exécuteur par ses relations, et avecques ce a de nouvel introduit contre la fourme de droit et acoustumée que la relacion et exécucion des lettres et mandemens de la court de Tours lui soit faicte et non pas directement à l'official de Tours, ainsi que il est acoustumé à faire par les curez, chappelains, clers ou notaires qui exécutent lesdites lettres, auxquelz elles sont mandées exécuter, soit faicte audit scelleur et non pas audit official de Tours, et de ce qu'il a deffendu sur paine d'excommeniement qu'il ne soit si hardy de autrement le faire, et que autrement, se cest circuit n'est ainsi gardé, que l'exécucion ne vaille riens.

Sur toutes lesquelles causes, qui en riens ne touchent le roy autrement que dessus est declairé, lesdites parties, moyennant certaines lettres royaulx de congié et de licence d'accorder, sont à accort ensemble, s'il plaist à la court de Parlement, en la manière qui s'ensuit : c'est assavoir que tous les procés, sentence et exploiz faiz par chacune partie contre les droiz d'icelles parties et les coustumes et observances anciennes pour lesquelles sont meues lesdites complaintes et procés dessusdiz et tout ce qui s'en est ensuy sont nulz et réputez pour non faiz et non advenuz, sans ce que ilz puissent porter préjudice à l'une ne à l'autre desdites parties, tout ainsi que se oncques ne feussent advenuz, et demourent icelles parties en l'estat qu'elles estoient avant les exploiz et complaintes dessus déclairées, sans ce que elles puissent porter préjudice en pétitoire ou possessoire à l'une ne à l'autre d'icelles parties et sans ce que aucune d'icelles parties se puissent aidier ou temps advenir l'une contre l'autre desdiz exploiz et complaintes, et sans ce aussi que pour ladite clause : « *quos presencium tenore citamus* », qui se met ès lettres dudit arcevesque, soit faite aucune exécucion fors par cellui qui a acoustumé exécuter les lettres dudit arcevesque, et, se autrement a esté fait ou temps passé ou estoit fait ou temps advenir, il sera tenu pour non fait

Et au regard de ce que ledit arcevesque s'est complaint de ce que ledit scelleur dudit évesque, en hayne des appellacions qui se font à la court de Tours, pour grever les appellans, se appelle unique exécuteur par ses relacions, et que de nouvel, contre droit et raison, ledit scelleur a introduit que les relacions des exécucions des lettres dudit arcevesque ou de son official soient faites audit scelleur et non pas directement audit arcevesque ou son official, accordé est que l'on en usera dorresenavant ainsi que anciennement est acoustumé.

Et avec ce consent ledit monsieur l'arcevesque que Guillaume de Launoy et Jehan Behn, prisonniers, lesquelz ledit évesque requiert, soient restituez à icellui évesque, et, en tant que touche ledit monsieur l'arcevesque, les lui délivre et restitue.

Et promectent en bonne foy lesdiz arcevesque et évesque l'un à l'autre que doresenavant ilz useront et feront user, par eulx et leurs officiers, de leurs juridicions et procéderont et exécuteront leurs mandemens et feront exécuter ainsi qu'il appartendra et doit estre fait de raison et que il est usé ès cas dessusdiz et autres.

Et sera absoubz ledit Jehan Berthelot des cas à lui imposez et du tout délaissé en paix par ledit monsieur l'arcevesque avec ses plèges, promesses, obligacions et caucions quelzconques par lui faites et donnees, sans ce que ledit monsieur l'arcevesque puist doresenavant demander ou exiger aucune chose audit Berthelot ne à ses plèges pour occasion des choses dessusdites et comme se onques ne feussent advenues.

Et aussi cessera du tout le procès encommencié pour occasion dudit Berthelot contre Jehan d'Iverny et Loys Clavion, notaires de la court dudit arcevesque; et la main du roy, qui a esté mise ès juridicions ecclésiastiques desdites parties, sera ostée et levée à plain au prouffit de chacune d'icelles parties.

Et quant au cent escus que ledit évesque demande audit arcevesque, dont dessus est faite mencion, ledit monsieur l'arcevesque en demoura quiete, et lui sera rendue par ledit évesque la recognoissance que il en bailla ; et ledit arcevesque baillera recongnoissance de la cause pour laquelle il les reçut par le mandement du roy nestre sire.

Et en oultre les appellacions faites par ledit arcevesque et les actemptaz dessus déclairez, qui aroient esté faiz tant d'une partie que d'autre sont mis au néant, sans amende. Et partiront lesdites parties de court sans despens d'une partie et d'autre.

Et à ces choses tenir, entériner et acomplir veulent lesdites parties estre condempnées par arrest du Parlement.

Fait du consentement de Jehan de Waîry, procureur dudit monsieur l'arcevesque, et de maistre Benoit Pidalet, procureur dudit monsieur l'evesque, le XXIe jour de février, l'an MCCCCVI.

879. — 1406, v. s., 11 mars. — ACCORD ÉTABLI ENTRE UN

BÉNÉFICIER ET SON PRÉDÉCESSEUR AU SUJET DES RÉPARATIONS DES IMMEUBLES DU BÉNÉFICE. (A. N., X¹ᶜ, 93 ᵇ, 200.)

Comme certain plet et procès ayent esté meuz et pendans davant monseigneur le bailli de Touraine ou son lieutenant à Tours, commissaire du roy en ceste partie, entre honorable homme maistre Guillaume Bouligou, chanoine de Tours et chapellain d'une chapellenie fondée en l'église du Mans à l'autier de saint Père, demandeur, d'une part, et maistre Auffray du Baille, chanoine du Mans, autrefoiz chappellain de la dite chapellenie, deffendeur, d'autre part, pour et à cause des réparations de la meson et autres choses et appartenances de ladite chapellenie, et ait esté tant procédé ou dit lieu de Tours que de certain jugement et appointement donné au profit dudit maistre Guillaume Bouligou par ledit bailli ou son lieutenant à l'encontre dudit maistre Auffray, ledit maistre Auffray ait appelé à la court de Parlement, et en laquelle court de Parlement lesdiz plet et procès soient de présent introduiz, dévoluz et pendens entre lesdites parties, lesdites parties, par le moyen d'aucuns proudes hommes et leurs amis communs ovecques le gré, congé et licence de ladite court de Parlement, sont venuz à bonne paix et à bon accort en la manière qui s'ensuit :

C'est assavoir que ledit maistre Auffray du Baille promet et est tenu faire venir, tauxer et extimer à ses propres coulx et despens et en la présence dudit maistre Guillaume Bouligou ou procureur de par luy, et par les ouvriers expers en tel cas, dedans le samedi après Quasimodo prochain à venir, les réparacions nécessaires à faire en la méson, choses et appartenances de ladite chapellenie, et, icelles réparations ainssi visitées, tauxées et extimées, ledit maistre Auffray promet et est tenu à les faire faire à ses propres coulx et despens dedans troys ans prochain avenir bien et convenablement au dit des ouvriers expers qui visiteront lesdites réparacions. Et ovecques ce, pour les fraiz, coulx, despens et misions, et aussi pour ce que ledit maistre Guillaume Bouligou ne s'en est peu aider de ladite meson de ladite chapelle pour ce que elle estoit comme inhabitable par faulte de réparacions, ledit maistre Auffray promet et est tenu rendre et poyer audit maistre Guillaume Bouligou ou à son certain commandement la somme de quarante escuz d'or, c'est assavoir : vint escuz dedans quinze jours prochains venans et les autres vint escuz dedans la feste de l'Ascension prochaine ensuivant. Et, si ledit maistre Auffray deffaut du premier payement, l'autre sera tenu pour advenu.

Et ad ce faire et acomplir à effect, ovecques le congié et licence de ladite court de Parlement, s'est obligé et oblige ledit maistre Auffray, luy et ses biens moibles et immoibles, quelque part que ilz soyent, à prandre et vendre tel feuz, tel vente.

Et parmi ce demourra ledit maistre Auffray quicte et absoulx envers ledit maistre Guillaume Bouligou tant de despens que de principal dont ès diz plait et procès est faicte mencion : c'est assavoir desdites réparacions et des coulx, mises et despens faiz à cause d'icelle en quelque manière.

Et promect ledit maistre Guillaume Bouligou par la foy de son corps de non venir encontre.

Et par ainssi s'en isseront lesdites parties de ladite court de Parlement senz amende [1].

Fait du consentement de maistres Jehan Paris, procureur dudit Bouligou, d'une part, et de Benoit Pidalet, procureur dudit Auffray, d'autre part, le XIe jour de mars, l'an MCCCCVI.

880. — 1408, v. s., 26 janvier. — ACTE PAR LEQUEL ADAM CHASTELAIN, EN CONSTATANT QUE LE DROIT DE PATRONAGE DE L'ÉGLISE DE TEILLÉ APPARTIENT AU SEIGNEUR DE MIMBRÉ, RENONCE A SOUTENIR LES DROITS DE L'ÉVÊQUE QUE PIERRE DE SAVOISY AVAIT VOULU FAIRE VALOIR. (A. N., X^{1c} 97^{c}, 343.)

A touz ceulx qui ces présentes lettres verront, Adam, par la grâce de Dieu, évesque du Mans, salut.

Comme ou temps de monsieur Pierre de Savoisy, nostre prédécesseur, évesque du Mans, plait fust meu en la court de Parlement à Paris, entre les seigneurs de Mimbré et de Saint Marcel en nostre diocèse, sur le droit de patronnage et présentation de curé à l'église de Taillay, ou doyenné de

---

(1) Aux archives nationales cet acte est accompagné du congé d'accord daté du 1er mars 1406, v. s., et de son homologation portée au dos le 11 mars 1406, v. s.

Beaumont, en nostre diocèse, lequel droit chacun desdiz seigneur disoit à lui appartenir.

Et pour aucuns explès faiz oudit temps de nostre prédécesseur, par raison de sa dignité episcopal, l'évesque du Mans fust appellé ou nommé ou procès fait entre lesdites parties; et depuis nous soit apparu suffisamment par lettres d'arrests de ladite court de Parlement que ledit droit de patronage est demourré et demoure audit seigneur de Mimbré et à ses successeurs, seigneur dudit lieu, et que sur ce lesdites parties sont à accord et hors de procès, nous voulons et suymes d'assentement, en tant que nous touche, s'il plaist à ladite court de Parlement, de yssir hors de ladite court pour icelle cause, sans amende, despens et interests quelxconques.

Et tout ce nous certifions estre vray par ces présentes lettres scellées de notre seel, le xxvi° jour de janvier, l'an de grâce MCCCCVIII.

881. — 1408, v. s., 5 février. — ACTE PAR LEQUEL ADAM CHASTELAIN, RÉUNIT LA PRÉBENDE DE THIBAUD FOURNIER A L'OFFICE DU SOUS-CHANTRE. (B. du Mans, 245, 5.)

Universis presentes litteras inspecturis Adam, permissione divina Cenomanensis episcopus, salutem in Domino sempiternam.

Etsi singularum ecclesiarum nostre, Domino disponente, commissarum vigilancie, nos ad tam gravis supportacionem oneris meritis et viribus impares, cura per quam nos augat et excitet, ut per nostre provisionis studium quantum nobis ex alto conceditur, in spiritualibus et temporalibus salubriter et utiliter dirigantur, pre ceteris tamen nostre Cenomanensis ecclesie, ceterarum matris et capitis, cui nos, licet indignos, divina miseracio tanquam sponsum sponse specialiter alligavit peculiarem nimirum solicitudinem gerimus, ut per nostram opem ac operam debitum et solitum in ea divini cultus continuetur et augeatur obsequium ipsiusque ministrorum indigencie consulatur.

Exposito siquidem nuper nobis per venerabiles fratres nostros decanum et capitulum ipsius ecclesie nostre quod succentorie dicte ecclesie que officium existit obtineri, regi ac exerceri solitum hactenus per canonicum prebendatum, fructus, redditus et proventus adeo sunt tenues et exiles quod si forte eam per mortem vel dimissionem venerabilis fratris nostri magistri Theobaldi Furnerii qui eam propter specialem divini affectum obsequii diu tenuit, rexit et exercuit, prout tenet, regitque et exercet laudabiliter, de presenti vacare contingeret, non creditur reperiri posse canonicus alius qui ipsam vellet recipere propter tantam tenuitatem fructuum et proventuum et annotatorum inferius onerum eidem incumbentium gravitatem, et sic ipsa succentoria inofficiata maneret in magnum, quod absit, divine dispendium ac detrimentum servicii ac grave scandalum plurimorum. Supplicatoque, nobis per eosdem fratres nostros quatenus eidem succentorie officio, ut ei profuturis et perpetuis temporibus provideatur de emolumentis et obvencionibus oportunis pretactisque verisimiliter formidatis periculis ac scandalis, obvietur canonicatum et prebendam quos obtinet in eadem ecclesia prefatus magister Theobaldus, quorum ac eciam succentorie supradicte collatio ac omnimoda dispositio ad episcopum Cenomanensem pro tempore existentem pertinet pleno jure, cum ipse magister Theobaldus propter causas prescriptas et affectum quem gerit, ut premissum est, ad divinum officium et eciam ad augmentacionem et dotacionem solidam succentorie memorate, summ ad hoc paratus esset prestare consensum, incorporare, annectere et unire in perpetuum dignaremini.

Nos super ipsis expositis quamquam nobis pro parte majori incerta non existerent, informacionem nichilominus recipi fecimus diligentem, et quia per informacionem hujusmodi legitime nobis constitit atque constat ipsam exposita veritate fulciri, ac eidem succentorie officio inter alia incumbere eciam ab antiquo onera que sequuntur : videlicet, quod ipsum officium pro tempore obtinens tenetur in ipsa ecclesia personaliter ac continue residere singulis diebus in horis canonicis et Beate Marie hymnos et psalmos, et in matutinis ac vesperis trium lectionum antiphonas pro commemoracionibus post oracionem principalem secundum tempora cantari solitas, in processionibus eciam tam ordinariis quam extraordinariis, exceptis solum illis que dominicis et sabbativis diebus in dicta ecclesia fieri consueverunt, antiphonas et responsoria incipere, in matutinis et vesperis duplicium et semiduplicium festorum et tribus diebus festa Pasche, Penthecostes, Assumpcionis Beate Marie ac Beatissimi Juliani sequentibus, necnon in cena Domini quando cresma conficitur, et in vigiliis Pasche ac Penthecostes ac in anniversariis solennibus, in obitibus quoque ac septimiis ac in Ramis Palmarum et synodis episcopalibus, ac quociens capitulum ex aliqua causa missam vel aliud officium ordinat solenniter et extraordinarie celebrari, capam in choro tenere; in prefatis insuper synodis ac in ecclesiis in quibus processionum fit statio, letanias ; in diebus eciam in quibus in choro capam tenere debet, ut premissum est, in matutinis et vesperis, cum alio canonico concapichorista, Benedicamus; insuper in matutinis festorum ac anniversariorum solennium cum alio eciam canonico concapichorista primum responsorium dicere et cantare. Nos propterea peticioni ac supplicacioni dictorum fratrum nostrorum hac in parte favorabiliter annuentes ipsique ecclesie nostre ne debitis ac solitis frustretur obsequiis ac ipsum officium pro tempore obventuris ne sufficientibus careant proventibus, providere quantum cum Deo possumus affectantes, memoratos canonicum et prebendam sepefato succentorie officio, quos et quod idem magister Theobaldus obtinet, cum ipsorum canonicatus et prebende juribus, pertinenciis, prerogativis, honoribus ac oneribus universis, habita super hoc cum eisdem fratribus nostris ac cum aliis probis ac peritis viris deliberatione matura, cum eciam prelibatus magister Theobaldus ad id sponte et expresse consenserit coram nobis, incorporavimus, annectimus quod tenore presencium et unimus, statuentes nichilominus, de speciali fratrum nostrorum predictorum consensu, quod dictum officium in posterum obtenturus primum locum post dignitates dicte ecclesie tam in choro et capitulo incessu et sessione quam aliis quibuslibet habeat, et in absencia cantoris choro presideat, ac ipsius defectus corrigat sicut faceret et posset facere cantor presens, quodque racione dictorum canonicatus et prebende sic unitorum distribuciones quaslibet canonicis residentibus prestari solitas percipiat, in capitulo vocem habeat et beneficia conferenda et altaris officium in ordine suo sicut alii concanonici nominetur, ac ad beneficia ad dictam prebendam pertinencia nominet et presentet, diesque liberos per canonicos residentes pro recreatione et negociis suis recipi consuetos si vellet recipiat, et alias propter invaliditudinem corporis vel alias causas legitimas de quibus in capitulo primitus fidem faciat possit se ad tempus modicum absentare, proviso tamen quod quotiens et quandiu sic aberit, onera sibi, ut premittitur, incubencia per canonicum alium ydoneum facere teneatur, quodque dictum officium per alium quam per sacerdotem et in cantu sufficienter instructum obtineri non possit, et quod ipsum pro tempore obtinens alios canonicatum et prebendam dicte ecclesie nequeat obtinere, eciam quod in recepcione sua juret expresse quod ipsa onera prelibata, que tunc legendo articulum exprimere tenebitur, debite supportabit ac posse tenus exequetur.

In quorum omnium et singulorum testimonium, presentes litteras per notarium nostrum subscriptum publicari mandavimus et sigilli nostri fecimus appensione communiri.

Datum et actum in aula parva manerii nostri pontificalis, anno Domini MCCCCVIII, secundum usum et computacionem ecclesie galicane, quinta die mensis februarii, indictione secunda, ab electione domini Petri de Luna, qui dudum Benedictus papa decimus tercius dicebatur, anno decimo quinto.

Presentibus venerabilibus et circumspectis viris dominis et magistris: Johanne Solacio utriusque juris doctore, decano dicte Cenomanensis ecclesie, Johanne de Bussyaco in utroque jure licenciato, consocio nostro, Johanne Mureti archidiacono de Passayo, Johanne de Foresta, Gervasio Goyet, Guillelmo de La Teallaye et Egidio de la Vacqueresse, dicte ecclesie Cenomanensis canonicis, ac Casino de Lacelle, cubiculario nostro, testibus ad premissa vocatis specialiter et rogatis.

882. — 1418, 29 novembre. — ÉPITAPHE DANS L'ÉGLISE SAINT CHRYSOGONE A ROME DE JEAN DE LAUNAY, ARCHIDIACRE DE LAVAL. (Imprimé, Couanier de Launay, *Histoire de Laval*, 1856, p. 152.)

Hic subtus jacet quondam Johannes
De Alnedo, in utroque jure
Licentiatus, archidiaconus de Lavalle in ecclesia

Cenomanensi ejusdemque et Andegavensis
Canonicus, qui obiit anno Domini MCCCCXVIII,
Die penultima novembris.
Anima ejus in pace quiescat. Amen.

883. — 1420, 7 août, Le Mans. — ACTE PAR LEQUEL ADAM CHASTELAIN ET LE CHAPITRE DE LA CATHÉDRALE CONSTITUENT DE CONCERT LA PRÉBENDE DU THÉOLOGAL. (Imprimé, dom Piolin, *Église du Mans,* V, 679.)

884. — 1421, 18 mai. — ACTE CAPITULAIRE QUI RELATE LES REMONTRANCES FAITES AU NOM DU CHAPITRE A L'ABBÉ DE BEAULIEU, QUI, EN PRÉSENCE DU FUTUR CHARLES VII, AVAIT DIT LA MESSE DANS LA CATHÉDRALE DU MANS A L'UN DES AUTELS, OU NUL NE LA CÉLÉBRAIT, SAUF L'ÉVÊQUE ET LES CHANOINES. (Imprimé, *Revue du Maine,* XXV, 197.)

885. — 1421, 30 juin. — ACTE CAPITULAIRE QUI RELATE LA PLAINTE FORMULÉE PAR BEAUDOIN DE TUCÉ CONTRE LE DOYEN, AUQUEL IL REPROCHAIT L'ENTRÉE EN VILLE DE CERTAINES PERSONNES. (Imprimé, *Revue du Maine,* XXV, p. 198.)

886. — 1424, 1er décembre. — DÉLIBÉRATION CAPITULAIRE CHARGEANT CINQ DES CHANOINES DE PRENDRE PLACE AVEC LES GENS DE LA REINE DE SICILE AU CONSEIL DE DÉFENSE ORGANISÉ AU MANS. (Imprimé, *Revue du Maine,* XXV, 201.)

887. — 1426, v. s., 24 janvier. — DÉLIBÉRATION CAPITULAIRE QUI RELATE LA DEMANDE ADRESSÉE AU CHAPITRE PAR PIERRE BOUJU, AFIN D'OBTENIR SON CONCOURS AUX TRAVAUX DE FORTIFICATION DE LA VILLE DU MANS. (Imprimé, *Revue du Maine,* XXV, p, 201.)

888. — 1447, 28 novembre. — DÉCLARATION PORTANT RÈGLEMENT POUR LES BÉNÉFICES DE LA CATHÉDRALE DU MANS. (Imprimé, Dupuy, *Preuves des libertés de l'église gallicane,* p. 631.)

889. — XVe siècle. — INVENTAIRE DE LA SACRISTIE DE LA CATHÉDRALE DU MANS, (Imprimé, *Union historique et littéraire du Maine,* I, 1893.)

890. — 1455, 9 juillet. — ACCORD ÉTABLI ENTRE LE CURÉ DE SAVIGNÉ-L'ÉVÊQUE ET LES QUATRE CHANOINES DE LA CATHÉ-

DRALE DONT LES PRÉBENDES AVAIENT LEURS REVENUS ASSIS SUR LA PAROISSE. (Bibl. du Mans, 245, 243, en partie détruit.)

Sachent touz présens et avenir que en notre court du Mans en droit par devant nous personnellement establiz messire Jean Pineau le Jeune, prestre, curé de l'église parochial de Savigné l'Évêque près Le Mans, d'une part, et vénérables . . . . . saiges maistres Guezenot de Treanna, archediacre, Guillaume de Lorière, licencié en loys, Pierre Bonnet, Estienne . . . . . ., chanoines en l'église du Mans et prébendez audit lieu de Savigné, tant pour eulx et en leurs noms que pour . . . . hommes et saiges les doyen et chappitre de ladite église du Mans, d'autre part, soubzmettans . . . . . se mestier est, ou pouvoir et juridicion de notre dite court et en toutes autres où l'exécution . . . . . avoir fait ensemble entr'eulx les accors, promesses et convenances qui après s'ensuivent : c'est assavoir que pour . . . . les grange et pressouer desdits doyen et chappitre audit lieu du Mans et desdites quatre . . . . destruiz et tournez en ruyne, il soit de nécessité iceulx réédifier et mettre sur . . . . . les dismes et premices dudit lieu, ledit curé fera réédiffier dedens . . . . . . et despens lesdites granges et pressouer et aire abatre et traicter lesdites dismes . . . haulte et convenable que n'est la place où de présent sont situez lesdites grange, pressouer . . . . . ancienne demourront audit curé et à ses successeurs en récompense de ce qu'il en baille pour lesdits . . . . .

Et pour ce faire ledit curé aura, prendra et percevra toutes et chacunes les dismes . . . . . audit chappitre et prebendiers appartenant du jour de Saint Père darrain passé . . . . . cuillettes proucheines et continuelles d'ilec en suivant sans contredit ou empeschement . . . . . desdits prebendiers ou successeurs d'eulx. Et sera tenu ledit curé rendre prestes lesdites grange et pressouer . . . . . [dedans] les diz deux ans, comme dit est, en la fourme et manière plus à plain . . . . . et oultre ledit curé, et ses successeurs seront tenuz . . . ., à tousjours mais en bon et suffisant estat à leurs propres coustz et despens et auront [ledit curé et] ses successeurs la garde de la cléf desdits grange et pressouer excepté . . . . . desdits doyen et chappitre ou prebendiers en pourront avoir la garde si bon leur semble. Et seront [tenuz] les dits curé et ses successeurs fournir d'une cuve et recevoir et traitier les vins chacun an ; et pour ce auront ledit curé de Savigné et ses successeurs les pailles oultre le groux qui leur est deu avecques.... droiz, ainsi que lui et leurs predecesseurs ont jouy est usé ou temps passé. Et quant à ce que dessus est dit tenir, faire garder et acomplir, et aux coustz, mises et dommaiges rendre.....

Et renoncent en cest fait.....

Et de tout ce que dessus est dit tenir.... garder et acomplir et que encontre [ne viendront] par applegement, contrapplegement, opposition, ne autrement, se sont astraintes..... par la foy et serment de leurs corps sur ce donnés en nostre main de chacun d'eulx....., adjugé tenir par le jugement de notre dite court et scellée du scel duquel [on se sert] ès contractz d'icelle, en tesmoing de vérité, le neufiesme jour du mois de juillet l'an de grâce MCCCCLV.

Présens: maistre Gervaise Diguet, soubchantre de ladite église, et Jehan, prestres, tesmoings à ce requis et appellez.

891. — 1460, 1ᵉʳ septembre. — ACTE PAR LEQUEL JEAN ESCHART, FONDE L'HOSPICE D'ARQUENAY [1]. (Bibl. du Mans, 245, 224, en partie détruit.)

Universis presentes litteras inspecturis et audituris Jo[h]annes Eschart, Cenomanensis dioc[esis] oriundus de loco de Arqueneyo ejusdem diocesis, canonicus prebendatus et seneseallus ecclesie Beatissimi Martini Turonensis, nuper notarius et secretarius bone memorie deffunctorum Caroli septimi et Marie, regis et regine Francorum, quorum animabus parcat Deus, salutem in Domino.

Multipliciter multiplex omnipotentis misericordia Dei perplurimum voluit honorare genus humanum dum largiri dignatur, ut mortalis quilibet valeat.... rebus felici commercio mercari celestia et ex transitoriis premia consequi sempiterna, dando scilicet res suas atque ordinando et disponendo piis locis Dei sanctorumque ejus perpetuo cultui mancipandas in personam pauperum

---

(1) Le registre du Chapitre de la Cathedrale, A/1, renferme cette même fondation, bien plus détaillée, sous la date du 17 novembre 1473.

clericorum Deo deservientium seu in alimoniam et receptionem egrotantium egenorum ac peregrinorum, dicente Domino : *Quodcumque feceritis uni ex minimis istis, michi fecistis.*

Quocirca ego Johannes Eschart, prenominatus, indignus presbiter, devota mente Dei.... clementiam ac bonitatem actencius considerans humaneque condicionis .... omni constitui labilitate, ipsum etiam profecto expavescens ultimum diem tremendi judicii quo unusquisque pro meritis veniet.... cum licentia et auctoritate reverendi in Christo patris domini episcopi Cenomanensis atque beneplacito et assensu venerabilis patris domini abbatis monasterii Majoris Monasterii prope Turonis, ordinis Sancti Benedicti priorisque prioratus et curati de Arqueneyo deppendentis a dicto monasterio aliorumque quorumcumque quorum nunc aut imposterum intererit, de bonis et rebus ab ipso Deo michi collatis, a paucis citra temporibus edificari feci quamdam domum seu appenticium comp.... cameris, camino in utraque constituto, affixum et innexum edificiis capelle Sanctorum Sulpicii et Anthonii dicti loci de Arqueneyo, ad hospitandum, retrahendum, recolligendu met recipiendum amore Dei et pietatis intuitu Christi pauperes, infirmos et egenos peregrinos qui ad peregrinationes que novene vulgariter nuncupantur aut alias exp.... memoratam Sanctorum Sulpicii et Anthonii cappellam visitaverint et accedant futuris quandocumque temporibus. Verum cum premissa temporalium dotacione noscantur indigere quorum ministerium spiritualia passim exigunt, que etiam dotacio cito deperiret si improvido et in idoneo rectori, quod absit, ipsam contingeret assignari, ad dotacionem ipsam et ad deputacionem qualitatis futuri rectoris et administratoris ejusdem invigillo, volens et ordinans administratorem de mea parentela.... proximiorem clericum vel presbiterum idoneum et in administracionem temporalium circumspectum si possit invenire quocies per mortem vel aliter ipsum hospitale vacare contigerit, per me quamdiu vixero et post meum obitum per Johannem Eschart, nepotem meum, suorumque liberorum primogenitum et ipsorum liberorum successive primogenitos et capita dicte linee tenenda, instituenda pleno jure, ita quod si contingat ipsos in tota linea recta seu transversali totaliter deficere volo et ordino quod dicto hospitali per illum dominum de Loyselière, vel primogenitum, rectorem vel vicarium rectore absente et duos procuratores fabrice parrochialis ecclesie de Arqueneyo predicto, scilicet procuratorem pro tempore existentem et immediate . . . . cum consilio et deliberacione trium vel quatuor proborum virorum dicto . . . . torum de administratore ejusdem bonus cappellanus et temporalis . . . . diatur quousque aliquis de parentella mea proveniat qui . . . . intencioni secundum priora et infrascripta satisfacere.

Per hoc tan . . . . dominum Johannem Guillet ad regimen et administracionem ejusdem hospitalis . . . . a supradictis amoveri posse nec amovendum . . . . dictum nepotem meum seu successores et heredes utriusque . . . . est ipsius hospitalis vacationis tempore pendente provideretis . . . . de dicto hospitali alteri clerico presbitero vel cappellano . . . . ydoneo ad hoc in ipsa repperto. Volo et ordino talem [ordinacionem] . . . . prorsus . . . . Et quicquid in contra . . . . presentis factum fuerit, cassum, irritum atque nullum esse volo . . . . fore roboris vel momenti.

Qui quidem administrator . . . . sive ut premittur . . . . aliqua non obstante . . . . commorari deserviri . . . . se absentare non possit a loco predicto . . . . cum causa racionabili et pia . . . . admissa et per ipsum patronum accep . . . . Et si post terminum prefixum se absentaverit adhuc per mensem, dictus . . . . impediet vel impedire faciet ipsum in perceptione fructuum dicti hospitalis . . . . [it]erum si per mensem ultra menses supradictos perseveraverit se absentando . . . . sit privatus a regimine hospitalis ejusdem absque ulteriori declara[tione] et alteri ydoneo per supradictos de eodem provideatur.

Prefati vero dicti . . . . pro tempore rectores tenebuntur singuli in principio eorum tres . . . . institucionis tempore bona mobilia et utensilia que eisdem tradentur et . . . . abuntur a patrono si presens sit vel procuratore fabrice per inventarium accipere . . . . receptis bonis mobilibus et utensillibus necnon revenutis et fructibus rerum . . . . cartulis titulis et munimentis earumdem hospitali memorato reddere compo . . . . sine fraude de duobus annis in duos annos patrono, rectore et fabrice procuratore . . . . tentibus in dicto loco de Arqueneyo.

Et si patronus et curatus fuerint absentes . . . . vicario seu cappellano dicti loci fabrice procuratori, ac alicui probo parrochia

. . . . viro debitum reddat nichilominus compotum et per eosdem ad hoc compellatur . . . . fructuum hujusmodi donatorum substractionem, quem quidem compotum habebit in [custo]diam dictus patronus vel fabrice procurator.

Casu vero contingente quod domini . . . . et temporales res bona et hereditagia datas et data dicto hospitali . . . . ent indempnare neque illa dicti hospitalis per rectores et administratores . . . . veri, sed cogere illas et illa extra manus ipsius poni rectoris.

Volo et . . . . quod dictus nepos meus post me patronus ipsius hospitalis facturus seu . . . . sui successores in dicto patronatu teneri possint et teneant in eorum manibus res . . . . singulas et bona hereditagia per me data et legata dicto hospitali eidem faciendo . . . . persolvendo redditum sive deverium sufficiens secundum eorum valorem et precium . . . . extimacionem probi viri assumpti pro sustentacione administratoris et pauperum . . . . debilium affluentium in eodem quousque compositum sit et appunctuatum cum dominis . . . . et feodalibus hujusmodi.

Et si desistere noluerint seu appunctuare, volo et . . . . omnia et singula vendi legata et donata seu converti in alia heredita[gia] . . . . vel opera caritatis ad utilitatem hospitalis predicti secundum quod eorum conscientie judi[cio] . . . . faciendum.

Et si dictus patronus vel sui successores diligenter nollent . . . . alia hereditagia cogentur a gubernatore per justiciam regis vel episcopi Ce[nomanensis] . . . . quod habebunt dicto gubernatori ad sustentacionem dicti hospitalis, cui . . . . hospitali necnon magistro rectori et administratori ac pauperibus affluentibus . . . . et perpetuis futuris temporibus, do, lego, cedo, transporto in perpetuum [possiden]dum, tenendum et explectandum libere, pacifice et quiete, puro animo . . . . res et hereditagia que sequuntur.

Et primo domos de la Boberderie . . . . atque de la Grosserie cum ortis seu cultis de tebo que contiguantur de uno latere . . . . la Tannière et orto deffuncti Gervasii le Corvaisier, et de alio latere . . . . Albacie qui fuerunt deffuncto Johanni Le Moyne, et de uno buto itineri quod . . . . magnam portam dicte capelle Sancti Supplicii, et de uno alio buto pratis de . . . . [Ar]queneyo.

[Item] donavi plancham, gallice planche Courtilagii vocatum les .... de uno buto contiguam *à la mare de Bouteville* et itineri per quod itur .... de Arqueneyo, de alio buto orto deffuncti Fouqueti Merceriz.

Item, aliam .... terre continentem dimidium bussellum bladi vel circa et unam .... prati .... sotas ad locum vocatum *les Nohes* .... de uno buto pratis predictis de Arqueneyo, de alio buto itineri per quod .... et de alio latere et nohe domini Guillelmi Coignard .... et de alio orto de .... Tallevaz.

Item, unam .... terre situa[tam] .... de uno latere terre defuncti Johannis d'Astillé et .... alio terre .... dictis les Bohers, et de uno buto ....

Item .... plantis .... de Arqueneyo et de alio buto terre med .... guet le Mercier, et de alio .... continentum unum journellum .... latere rivulo portarum dicti parvi stangni de Arqueneyo, de alio terre deffuncti .... Le Corvaisier, de uno buto terris Guillelmi Le Moyne Junioris, et de alio itineri [per quod] itur de dicto parvo stangno ad magnum stangnum de Arqueneyo.

It[em], ... busselletas terre vel circa sitas versus Maucartier, contiguas de uno latere[terris] Guillelmi Le Moyne Junioris, de alio terre Stephani Le Pelletier et de uno buto it.... pontis .... Sancte Katherine.

Que res tenentur a domino dicti loci de Ar[queneyo].

Item, unum clausum terre situm prope locum dictum la Pommeraye, continentem quat[uor jor]nellos terre vel circa, tangentem de uno buto terre de la Perrière, de alio buto terre [de la] Pommeraye, de uno latere clauso *aux Merciers* et de alio terre dicti Stephani [Le Pelle]tier prope Rollart gallice.

Eciam duas hominatas prati que dividentur .... cum furcha et rastello una cum priore de Arqueneyo, sitas in pratis .... gallice *les prez d'Arguené des Pommerays*.

Et in cugno inferiori dictorum prat .... in prato falcabili ad colligendum singulis annis vel quadrigam .... vel circa spectantem solummodo dicte elemosinarie, contiguam de uno buto et uno lat[ere] clausellis de Rollart et de alio buto pratis dicti Guillelmi Coignart dicto clauso .... pratis tentis a commendatario hospitalis de Tesvale una cum boscis, sepibus et septis pertinentibus terris omnibus et singulis supradictis.

Item, locum et estragium . . . . pertinentibus quibuscunque Parve Boucleric site in parrochia de Arqueneyo, scilicet . . . . ortos et estragia dicte Boucleric continentis in toto unum jornellum terre . . . .

Item, medietatem per indivisum de una hominata prati contigua de uno [latere] terre Magne Boucleric, et de alio latere et ex uno buto prato illius Magne Bou[clerie].

Item, medietatem per indivisum unius alterius hominate prati . . . . contiguam prato dicte Magne Boucleric et prato de la Donardière gallice.

Item, unam aliam peciam prati contiguam de uno latere prato Magni Mesnil et de [alio] latere et ex uno buto prato dicte Magne Boucleric.

Item, sex busselletas [tam] terre quam prati sitas in cauda magni stangni de Arqueneyo, contiguas de uno buto itineri per quod itur de dicto stangno Asoriere gallice, et de alio latere [terre] dicte Parve Boucleric.

Item, sex busselletas terre vel circa contiguas de uno buto terris Boucleric aux Bocez gallice, de alio latere terris Magne Boucleric, ex uno buto itineri per quod itur de Boucleriis ad magnum stangnum de Arqueneyo.

Item, unam busselletam terre, vulgariter dictam le Cloux Flandrin, contiguam ex [uno latere] terre de Loriere, de alio latere dicte Magne Boucleric et uno buto dicti Magni Mesnil.

Item, sex busselletas terre vel circa, contiguas de uno buto [Bou]cleric dictorum les *Bocez*, de alio latere dicta Magne Boucleric et ex uno buto itineri per quod itur des *Mesnilz* ad dictam Magnam Boucleriam.

[Item, unum] closellum terre continentem unam busselletam terre vel circa, contiguum [ex uno latere prato] Parvi Mesnil, de alio latere Magne Boucleric, et ex uno buto itineri per quod itur de Meslay à Laval, et ex alio buto terre dicti Magni Mesnil.

Item, unum clausum continentem septem busselletas terre vel circa, contiguum de uno latere terre dicti Magni Mesnil, de alio latere terre Boucleric *aux Bocez*, ex uno buto itineri per quod itur de illa Boucleric ad stangnum de Vasto, et ex alio buto terre dicti Parvi Mesnil.

Item, unum alium clausum continentem unam busselletam vel circa, contiguum de uno latere terre dicte Boucleric *aux Bocez*, ex alio latere itineri per quod itur de Comitatibus ad dictum stangnum . . . . et ex alio buto ad dictum iter per quod itur . . . . jus comitatus in viis . . . . ante dictum . . . .

Item, jornellum terre vel circa . . . . ex uno buto itineri per quod itur de Boucleric . . . . coscis de la Douardière gallice.

Item, sextarium frumenti . . . . ad mensuram . . . . Goupil et ejus uxore.

Item, unum aliud sextarium siliginis . . . . Le Roy gallice . . . . parrochiano de la Crote . . . . in parrochia de la Basoge . . . . unum aliud sextarium siliginis redditus annui ad mensuram Sancti . . . . Cenomanensis per me acquisitum a Michaele Militis, situatum supra . . . . *four Rouge* in dicta parrochia de la Basoge de Chemiré le Roy gallice, et . . . . supra omnia et singula quecumque alia hereditagia et bona sua mobilia et . . . . preterita, presentia et futura ubicumque existentia, solvendum quolibet anno . . . . Nativitatis Beate Marie Virginis.

Ad habendum, tenendum explectendum et perpetuis temporibus possidendum in puram elemosinam et donatio[nem] . . . . factam per me perpetuam, sollennem inter vivos irrevocabilem a dicta . . . . seu hospitali ac magistro et gubernatore ipsius suisque successoribus . . . . prefertur, sustituendum et ipsum convertandum in sustentacionem dicti hospitalis . . . . bonorum mobilium ejusdem necnon rectoris et magistri successorumque suorum [augm]entum, ac dicti hospitalis sive elemosinarie augmentum et elemosina . . . . pauperibus affluentibus continuacionem perpetuam ad eorumdem omnium . . . . alias utilitatem, ita quod dicti magistri et gubernatores hujusmodi teneantur et . . . . eorum quilibet res et bona mobilia et immobilia dicti hospitalis bene . . . . fideliter regere, administrare et conservare, ac posse suo accrescere pauperes . . . . infirmos et affluentes recipere et dirigere secundum dicti hospitalis ac bonorum don . . . . possibilitatem.

Insuperque singulis ebdomadis et annorum quibuslibet diebus.... unam missam bassam in dicta cappella Sancti Supplicii ad altare Sancti.... pro patris, matris, avie mee, fratrum suorum, amitorum et benefactorum.... animarum remedio et salute Deumque omnipotentem Sanctam Mariam ejus genitricem sanctosque et sanctas Dei pro me et ipsis exorare devocius.... celebrare vel celebrari facere.

Volo eciam et ordino litteras originales dictarum rerum donatarum et hereditagiorum fabrice procuratoribus.... et gubernatoribus.... successoribus suis tradi et dimitti in custodia in archa spectante dicto hospitali. Eciam dicte fundacionis et decreti fient plures littere vel vidimus ex quibus.... habebit partem, gubernator et fabrice procurator habebunt aliam et registrabuntur in libris episcopi vel ecclesie Cenomanensis ad perpetuam rei memoriam.

Quia vero propter viarum discrimina aliasque varias incommoditates tituli originales fundacionum sepissime perdi et consumi videmus, volo et ordino.... fidem adhibendam coppie collationnate seu vidimus hujus.... fundacionis sub sigillo regio vel auctentiquo quanta adhibentur....

Quod ut firmum et stabile perpetuis maneat temporibus, presentes litteras [sigillo] meo manuali et sutulo duxi roborandum in testimonium premissorum.

Datum et actum Turonis, in domo mee residencie canonialis, die prima mensis septembris, anno Domini MCCCCLX.

J. Eschart.

892. — 1460, v. s., 12 février, Rome. — BULLE PAR LAQUELLE LE PAPE PIE II, A LA DEMANDE DE L'ÉVÊQUE MARTIN BÉRUYER ET DU CHAPITRE DE LA CATHÉDRALE, RATIFIE LA CONSTITUTION DE LA CONFRÉRIE DE SAINT JULIEN. (Imprimé, dom Piolin, *Église du Mans*, V, 688, 689.)

(1) Voici une nouvelle preuve de la légèreté avec laquelle dom Piolin publiait des textes. Dans le même volume, dans deux pages qui se suivent, cette même bulle est publiée deux fois, d'après la même source, sous deux dates différentes 1460 et 1461, et qualifiée en outre pour la seconde fois de NOUVELLE BULLE.

893. — 1461, 16 octobre, Tours. — LETTRES PAR LESQUELLES LOUIS XI PREND SOUS SA SAUVEGARDE L'ÉGLISE SAINT-JULIEN DU MANS. (Imprimé, *Ordonnances des rois de France*, XV, 129.)

894. — 1465, 2 novembre. — ACTE PAR LEQUEL L'ÉVÊQUE DU MANS THIBAULT DE LUXEMBOURG APPROUVE LES DISPOSITIONS PRISES PAR JEAN ESCHART. (Bibl. du Mans, 245, 225 en partie détruit.)

Universis presentes litteras inspecturis Theobaldus, Dei et sancte sedis apostolice gratia Cenomanensis episcopus, salutem in Domino sempiternam . . . . . egimus tempora cum elapsu temporis elabantur, nisi memoriam . . . . . litterarum.

Eapropter noveritis quod quia nobis legitime constitit atque co[n]stat] . . . . . examinacionem ex parte nostra et supplicacionem et requestam . . . . . discreti viri magistri Johannis Eschart, presbiteri, de parrochia de Arqueneyo . . . . . , canonici prebendati ac seneseali ecclesie Beatissimi Martini . . . . . et depositionem testium fide dignorum omnia et singula in litteris . . . . . contente, narrata et declarata fuisse et esse vera . . . . . expresso personarum quibus fieri dignoscitur, eo modo quo in . . . . . continetur nostrum super hoc prebentes assensum, litteras predictas . . . . . contenta, ut prefertur, laudamus, ratificamus confir[mamus] . . . . . ipsaque decernimus valitura et nunc decreti interponere . . . . . communimus per presentes,

In cujus rei testimonium sigillum nostrum . . . . apponendum.

Datum et actum Cenomanis, die secunda mensis novembris, anno Domini MCCCCLXV.

895. — 1467, 21 novembre, Le Mans. — LETTRES D'AMORTISSEMENT ACCORDÉES AUX DOYEN, CHAPITRE, VICAIRES ET CHAPELAINS DE LA CATHÉDRALE DU MANS. (Imprimé, *Ordonnances des rois de France*, XVII, 46.)

896. — 1467, décembre, Le Mans. — LETTRES PAR LESQUELLES LOUIS XI CONFIRME CELLE DE JUILLET 1368 ET DÉCEMBRE 1390, RELATIVES AUX DROITS DE LA CATHÉDRALE DU MANS SUR LES VENDEURS DE CHANDELLES DE CIRE. (Imprimé, *Ordonnances des rois de France*, XVII, 54.)

897. — 1470, 9 septembre, Rome. — BULLE PAR LAQUELLE THIBAULT DE LUXEMBOURG, ÉVÊQUE DU MANS, EST INVESTI PAR LE PAPE PAUL II DE L'ABBAYE DE LA TRINITÉ DE VENDOME A LA SUITE DU DÉCÉS DE L'ABBÉ COMMENDATAIRE, LE CARDINAL RICHARD OLIVIER, ÉVÊQUE DE CONSTANCE[1]. (Imprimé, *Gallia*, VIII, *Instrumenta*, 447.)

898. — 1472, 13 avril et 6 mai, Le Mans et Angers. — ACTE PAR LEQUEL LES CHAPITRES DU MANS ET D'ANGERS ÉTABLISSENT ENTRE EUX UNE COMMUNAUTÉ DE PRIÈRES[2]. (Imprimé, dom Piolin, *Église du Mans*, V, 692.)

899. — 1488, 6 septembre, Le Mans. — ACTE PAR LEQUEL LE CHAPITRE DU MANS CONSTATE QUE LE DUC PIERRE DE BOURBON EST VENU SE DÉCLARER HOMME DE CORPS DE SAINT-JULIEN ET A PAYÉ EN CETTE QUALITÉ CINQ FLORINS. (A. N., P 1365², 1413.)

A tous ceulx qui ces présentes lettres verront chapitre de l'église du Mans, le doyen absent, salut.

Savoir faisons que aujourduy, date de ces présentes, très haut et très puissant prince et très doubté seigneur monseigneur Pierre, duc de Bourbon et d'Auvergne, conte de Clarmont, de Forez, la Marche, l'Isle en Jourdain, de Villars, seigneur de Beaujeu, Annonay, Roche en Renier, per et chamberier de France, s'est personnellement présenté et exhibé en ceste église du Mans davant l'autier de monsieur saint Julian, sur lequel repose le glorieux corps sainct Julian ; lequel, après sa dévote oraison par luy faicte davant le chef dudit glorieux corps saint estant sur ledit autier, en ensuivant les bonnes voluntez et ordonnances louables de ses très nobles progéniteurs, a confessé estre homme de corps dudit glorieux sainct monsieur sainct Julian, et, en signe de ce, a très dévotement baisié ledit chef et a prié et mis sur ledit autier cinq florins et a faict tout ainsi et en la forme et

---

(1) Cette investiture fut sans effet : Aimery de Cosdun, élu abbé le 21 novembre 1461, ne s'était pas effacé devant le commendataire qui cherchait à s'emparer de l'abbaye.

(2) Le texte de dom Piolin n'est pas édité avec soin : le E. decanus Cenomanensis est une faute de lecture ; la date 1572 mise dans le texte est démentie au titre, qui porte 1472.

manière que ont faict le temps passé sesdits très nobles progéniteurs et prédécesseurs. Desquels cinq florins nous tenons pour content et pour paiez et en quictons ledit seigneur et tous autres.

En tesmoing de ce nous avons faict signer ces présentes du seing manuel de nostre secrétaire et seler de nostre seel.

Le sixiesme jour du moys de septembre l'an MCCCCLXXXVIII.

Par Chapitre : ROGIER, PACIER.

900. — 1488, 3 décembre, Paris. — LETTRES PAR LESQUELLES CHARLES VIII PRESCRIT AU PARLEMENT DE PARIS DE PROCÉDER A L'ENTÉRINEMENT DES LETTRES DE LOUIS XI DU 1er JUIN 1482 EN FAVEUR DE L'ÉVÊQUE ET DU CHAPITRE DE LA CATHÉDRALE DU MANS. (Imprimé, *Ordonnances des rois de France*, XIX, 211.)

901. — 1492, 27 juin. — ÉTAT DE L'USTENSILE D'UNE MAISON PRESBYTÉRALE AU MANS. (Imprimé, dom Piolin, *Église du Mans*, V, 695.)

902. — 1492, 13 août. — ACCORD ÉTABLI ENTRE LES CURÉS DU CRUCIFIX ET LE MAITRE DES ARDENTS AU SUJET DES FUNÉRAILLES FAITES DANS LA CATHÉDRALE. (Bibl. du Mans, 245, 234, en partie détruit.)

[In] nomine Domini. Amen.

Tenoris præsentis publici instrumenti cunctis [pateat] evidenter et sit notum quod, cum nuper venerabiles et circumspecti viri . . . . capitulo ecclesiæ Cenomanensis ad Romanam ecclesiam nullo medio pertinentis . . . . prosequente eorum procuratore generali ex suo officio mero coram eis . . . . . ssent magistrum Ambrosium Maupeu et Claudium Le Royer, presbiteros [capellanos] curatos curæ parochialis Crucifixi ecclesiæ prædictæ Cenomanensis ex et . . . . licet ipsi capellani nullum jus habeant, ut dicebant dicti domini de . . . , faciendi aliquod servitium obitum seu aliud servitium mortuorum in predicta [ecclesia] Cenomanensi pro parrochianis ejusdem parrochiæ defunctis, imo hujusmodi. . . . defunctorum facere et decantare debebant ipsi capellani in capella domus [Arden]tium Cenomanensis, et pro ostentendo quod dicti capellani illud jus non . . . . nec habent in prædicta Cenomanensi ecclesia, ipsi capellani semper illud . . . . uerant in capella prædicta, et cum alias tam super hoc quam super non . . . . iis juribus per capellanos dictæ curæ vendicatis Ard[entium] ratione servitii divini dictæ curæ mota fuisset controversia inter tunc [capel]lanos dictæ curæ, ex una parte, et magistrum ac fratres dictæ domus Ardentium, ex altera.

Finaliter inter eos facta fuit quædam concordia seu [tran]sactio per quam fuit expresse conventum inter eos quod dicti magister et [frat]res de cætero admitterent et admittere . . . . tenerentur præfatos capellanos . . . . dictorum suorum parrochianorum defunctorum in capella antedicta dum . . . . contingeret ad faciendum servitium obituum eorumdem parrochianorum . . . . entque idem capellani curæ antedictæ oblationes quæ in dictis . . . . secundum limitationem et declarationem in eadem transactione . . . . ntam.

Et nihilominus cum à paucis diebus citra Catherina La Bretaille . . . . , magistra et gubernatrix pauperum dictæ domus Ardentium ab humanis [dec]essisset, dicti capellani Crucifixi, relicta eadem capella et intercapere . . . . tendo super et contra jura dictorum de capitulo et dictæ Cenomanensis ecclesiæ, fecerant et decantaverant servitium obitus ejusdem magistræ in præfata ecclesia Cenomanensi ad altare parrochiæ dicti Crucifixi in præjudicium et [con]temptum dictorum de capitulo suæque ecclesiæ prædictæ et servitii illius . . . . quibus et per quæ multum deliquerant et ostenderant, pro quo petiisset idem procurator capituli ipsos capellanos per eosdem de capitulo pro tanta . . . . sa et interprisia puniri et emendari, et ne de cætero id facerent eis inhiberi . . . . Parte vero dictorum capellanorum dicebatur et respondebatur quod bene . . . . se non posse asportari facere corpora dictorum suorum parrochianorum . . . . defunctorum in eadem ecclesia nec in ipsa præsentibus iisdem corporibus . . . . facere seu decantare servitium obituum ipsorum parrochianorum nisi . . . . cum licentia et permissione dictorum de capitulo. Attamen dicebant capellani quod quandoque tempore pestis vel alia ex causa, ipsi in . . . . in quibus erant ipsi parrochiani tumulandi eos tumulabant et . . . . et differebant facere servitium post inhumationem, et in eo . . . . et consueverant facere dictum servitium in eadem ecclesia Cenomanensi . . . . [ad] altaria parrochialia vel in antedicta capella Ardentium, prout volebant ipsi capellani.

Dicebant insuper quod ipse etiam facere ..... in eadem ecclesia Cenomanensi servitium septimii pro eisdem parrochianis nec illud commode facere poterant in capella antedicta, maxime quia ..... et fratres dictæ domus impediebant eosdem capellanos ne oblationes ..... eadem capella in servitio dictorum septimiorum caperent et haberent, et hinc inde plures aliæ rationes dicebantur.

Tandem anno ejusdem ..... mccccxcii, die vero undecima mensis [augusti], indictione decima, pontificatus sanctissimi in Christo patris et domini ..... domini Innocentii, divina providentia papæ octavi anno octavo, in mei [notarii] publici testiumque infrascriptorum præsentia, fuerunt præsentes et ..... constituti venerabilis et discretus vir magister Ambrosius placie ..... utroque jure licentiatus, canonicus ecclesiæ prædictæ ac procurator ..... et nomine procuratorio dictorum dominorum de capitulo, promittens infra .... per eosdem dominos de capitulo, ac magister Alanus Perruchay, pres[biter] ..... magister dictæ domus, promittens etiam habere ratum et per fratres [domus] Dei Ardentium ratificari facere, ex una parte, et præfati magister A[mbrosius] Maupeu et Claudius Le Royer, presbiteri, capellani curati curæ [parrochiæ] Crucifixi ecclesiæ prædictæ Cenomanensis, ex altera, supponentes nominibus prædictis ..... se et universa bona sua quæcumque juridictioni dictorum dominorum capi[tuli] ..... et omnibus aliis, si opus sit, quo ad ea quæ sequuntur, qui sponte conf[essi] fuerunt et per præsentes fatentur de et super præmissis omnibus ..... connexis et dependentiis, in hunc modum concordasse et composuisse : v[idelicet] quod dicti capellani Crucifixi et eorum successorum de cætero absque licentia et consensu dictorum dominorum de capitulo non facient aut .... tabunt, seu fieri vel decantari facient aliquod servitium defunctorum in præ[dicta] ecclesia Cenomanensi, sive in obitibus, sive in septimiis aut alias qualibet ..... nisi contingat aliquos de parrochianis dictæ parrochiæ Crucifixi ..... de licentia dictorum de capitulo sepeliri in ipsa ecclesia, quo casu si dictum .... capitulo non faciant servitium talis obitus et septimii, dicti capellani illud facere poterunt in dicta ecclesia ad altaria parrochialia absque imp[edimento] servitium dicta ecclesia, et percipient oblationes et funeralia quæ fient ..... tali obitu et septimo cujus servitium fecerint.

Si vero dicti de capitulo ..... servitium illius defuncti parrochiani Crucifixi dicti capellani curati solum ..... ent mediam partem oblationum funeralium et eorum quæ cum corpore offeri ..... consuetum est. Alia autem servitia pro defuncti quorum corpora inhum ..... alibi quam in præfata ecclesia, facient et decantabunt ipsi capellani in capella Ardencium totiens quotiens voluerint cum limitatione tamen et mo ..... tione contenta et declarata in prefata compositione, inter dictos c[apellanos] ac magistrum ac fratres facta et absque illis derogando in aliquo et ..... hujusmodi pro defunctis in ipsa capella per dictos capellanos ..... [par]rochianis ..... tam in obitibus quam septimis et aliis servitiis cap ..... capellani oblationis eo modo et ea forma quibus eas capere poss ..... [ser]vitiis obituum dictorum suorum parrochianorum in eadem capella ..... factis prout et quemadmodum in ipsa compositione inter eosdem ..... magistrum et fratres facta latius continetur, et cujus ut ad eam ..... propter hoc et alia in ipsa contenta habeatur recursus tenor [de verbo] ad verbum inferius est insertus et descriptus, nullum quoque ..... magistrum et fratres in his prestabitur impedimentum præfatis ..... curatis.

Ipsa etiam compositio inter eosdem curatos et ..... ac fratres facta remanebit et remanet, ponitur in suo ..... salva et sine aliqua derogatione. Poterunt tamen dicti ca[pellani] facere servitium parrochiale pro defunctis in eadem ecclesia Cenomanensi ad altaria parrochialia in die commemorationis defunctorum ..., in crastinum omnium Sanctorum, sicut fieri consuetum est.

Sequitur [tenor] dictæ compositionis de verbo ad verbum et est talis :

[Ici le texte de l'accord du 20 décembre 1388, n° 850.]

Et ego Johannes Tellaye, clericus Cenomanensis diocesis, et imperiali authoritate publicus notarius, dictarum partium pacificationi ..... requisitione decreti interpositioni lecturæ dictæ cedulæ et cæteris præmissis suprascriptis, dum sic ut permittitur agerentur et fierent, una cum dictorum dominorum appentione, in testimonium præmissorum requisitus et rogatus verbum superius inter .... appositum, scilicet corpus approbando.

De quibus omnibus .... se tenuerunt .... dictæ partes hinc inde pro contentis, adeo quod ad [premissa] omnia et singula tenenda obligaverunt et obligant una alteri, videlicet dictus procurator se et universa bona suæ procurationis et dicti capellani se successoresque suos ac universa bona sua et suæ curiæ antedictæ mobilia et immobilia presentia et futura, renunciantes prout renunciarunt .... in hoc facto omnibus exceptionibus sibi in contrarium valituris, et .... premissis adimplendis et tenendis ac de non veniendo contra se et [successores] dictæ partes per fidem et juramentum suorum corporum super hoc ... notarii manibus easdem partes ad observationem eorumdem adjudicantis et condemnantis corporaliter præstita. De quibus omnibus et singulis dictæ partes petierunt et petiit earum quælibet a me notario .... scripto instrumentum seu instrumenta unum vel plura sibi fieri ... eisdem concessi.

Acta fuerunt hæc in portalitio ecclesiæ Cenomanensis [die et] anno prædictis, præsentibus venerabilibus viris magistris Hel... artibus magistro, in sacra pagina baccalario, scholastico .... licentiato, canonicis ecclesiæ Cenomanensis, testibus ad præmissa vocatis ....

Nos autem capitulum ecclesiæ Cenomanensis ad Romanam ecclesiam nullo medio pertinentis, quia per relationem commissariorum nostrorum ad hoc specialiter deputatorum comperimus concordiam et transactionem ac .... singula supradicta cedere ad commodum et utilitatem dicte domus .... prædictorum Crucifixi ecclesiæ predictæ.

Idcirco omnia et singula præmissa laudavimus et approbavimus, laudamus et approbamus .... super hoc interponendo prout interponimus per presentes datas sub sigillo nostro die decima tertia mensis augusti, anno millesimo quadragintesimo nonagesimo secundo. Signatum : J. Rogier.

Ego Johannes Rogier, presbiter Cenomanensis diocesis, notarius publicus apostolica et imperiali authoritate curiarumque episcopalis et capituli Cenomanensis scriba et secretarius, prædictorum concordiæ et transactionis .... summissionibus, renunciationibus cæterisque omnibus et singulis præmissis, dum sic ut præmittitur dicerentur, agerentur et fierent, una cum prænominatis testibus præsens interfui eaque sic fieri vidi et [audivi]. Ideo hoc publico instrumento .... signum meum solitum apposui una cum appensione sigilli prædictorum dominorum de capitulo, in fidem et testimonium præmissorum requisitus et rogatus. Sic signatum : J. Rogier, et sigillatum sigillo magno dicti capituli...... duplici cauda.

Collation de ce que dessus a esté faict à son vray original en parchemin par Mᵉ Pierre Bouvier, l'un des curés du Crucifix, auquel il a esté rendu, par nous notaires royaulx demeurant au Mans soubzsignez, le vingtiesme jour de janvier, l'an mil cinq cens quatre vingtz troys, avant mydy.

TOUSCHARD.   ROULLIER.

903. — 1498, juin, Soissons. — LETTRES PAR LESQUELLES LOUIS XII CONFIRME LES PRIVILÈGES, DONS, EXEMPTIONS, ETC., DES DOYEN, CHANOINES ET CHAPITRE DE LA CATHÉDRALE DU MANS (Imprimé, *Ordonnances des rois de France*, XXI, 44.)

904. — 1505, 23 juin, Le Mans. — ACTE PAR LEQUEL FRANÇOIS DE ROHAN, LÉGAT DU SAINT SIÈGE, EN MÊME TEMPS QU'IL REMET LE PALLIUM AU CARDINAL PHILIPPE DE LUXEMBOURG S'ENGAGE A NE VIOLER EN RIEN LES PRIVILÈGES DU CHAPITRE[1]. (Imprimé, dom Piolin, *Église du Mans*, V, 606.)

905. — 1507, 1ᵉʳ mai. — COMPTE-RENDU OFFICIEL DE L'ENTRÉE AU MANS DE L'ÉVÊQUE FRANÇOIS DE LUXEMBOURG. (Imprimé, d'Espaulart, *Intronisation des Évêques*, 1848, in-8°, p. 21-31.)

906. — 1509, 6 juillet, Alençon. — ACTE PAR LEQUEL MARGUERITE DE LORRAINE, DUCHESSE D'ALENÇON, ACCORDE L'AMORTISSEMENT DES TERRES DONNÉES AU CHAPITRE PAR LE CARDINAL DE LUXEMBOURG. (Imprimé en partie, dom Piolin, *Église du Mans*, V, 219.)

907. — 1511, v. s., 29 mars, Rome. — BULLE DU PAPE JULES II

---

(1) On ne s'explique pas comment dom Piolin ayant à donner dans cet acte le nom du seigneur de Lucé, a transformé le nom de Coesmes en celui de Carasnes.

EN FAVEUR DE LA CONFRÉRIE DE SAINT-JULIEN ET DES GRANDS PARDONS QUI LUI APPARTENAIENT (Imprimé, dom Piolin, *Église du Mans*, V, 697.)

908. — 1516, 28 avril, Lyon. — LETTRES PAR LESQUELLES FRANÇOIS I DÉCLARE AVOIR REÇU DU CARDINAL PHILIPPE DE LUXEMBOURG LE SERMENT DE FIDÉLITÉ QUE CELUI-CI LUI DEVAIT EN QUALITÉ D'ABBÉ COMMENDATAIRE DE JUMIÈGES. (Original, A. N., P 265², n° 1564.)

909. — 1516, 13 août, Rome. — BULLE DE LÉON X CONSTITUANT LE CARDINAL PHILIPPE DE LUXEMBOURG SON LÉGAT A LATERE EN FRANCE. (Copie, A. N., X¹ᵃ 8611, 180 et Arch. de la Gironde, B 30, 177.)

910. — 1516, 8 novembre, Amboise. — MANDEMENT PAR LEQUEL FRANÇOIS I PRESCRIT AUX PARLEMENTS D'ENREGISTRER LA BULLE PAR LAQUELLE LÉON X CONSTITUAIT LE CARDINAL DE LUXEMBOURG SON LÉGAT A LATERE EN FRANCE. (Copie, A. N., X¹ᵃ, 8611, 180.)

911. — 1518, v. s., 21 avril. — TESTAMENT DU CARDINAL PHILIPPE DE LUXEMBOURG. (Imprimé, *Église du Mans*, V, 307-327.)

912. — 1519, 26 mai, Le Mans. — CODICILLE DU CARDINAL PHILIPPE DE LUXEMBOURG. (Imprimé, *Église du Mans*, V, 327-334.)

913. — 1519, 23 juin. — STATUTS DU CHAPITRE DE SAINT-MICHEL-DU-CLOITRE A LA CATHÉDRALE DU MANS. (Imprimé, *Revue du Maine*, XXVII, 50.)

914. — 1519, 21 août, Saint-Mathurin de Larchant. — LETTRES PAR LESQUELLES FRANÇOIS I CONSTATE LA PRESTATION DU SERMENT DE FIDÉLITÉ DU CARDINAL LOUIS DE BOURBON POUR LE TEMPOREL DE L'ÉVÊCHÉ DU MANS. (Original, A. N., P 348⁴, n° 1407²⁵.)

915. — 1519, 21 août, Saint-Mathurin et Larchant. — LETTRES PAR LESQUELLES FRANÇOIS Iᵉʳ CONSTATE LE RENOUVELLEMENT PAR LE CARDINAL LOUIS DE BOURBON DU SERMENT PRÊTÉ PAR LUI, COMME ÉVÊQUE DE LAON, DONT IL CONSERVE L'ADMINISTRATION TOUT EN DEVENANT ÉVÊQUE DU MANS. (Original, A. N., P 725¹, cote 238.)

916. — 1519, 21 août, Saint-Mathurin de Larchant. — LETTRES

DANS LESQUELLES FRANÇOIS I⁰ʳ CONSTATE LA PRESTATION DE SERMENT POUR L'ABBAYE DE SAINT-VALERY, PAR LE CARDINAL DE BOURBON, A LA FOIS ÉVÊQUE DE LAON ET DU MANS. (Original, A. N., P 725¹, cote 239.)

917. — 1521, 26 novembre, Paris. — LETTRES PAR LESQUELLES FRANÇOIS I⁰ʳ PRESCRIT AU JUGE DU MAINE DE DONNER ORDRE AUX NOTAIRES, GREFFIERS ET TABELLIONS DE FOURNIR AU SIEUR RONSART, CHANOINE ET ARCHIDIACRE DE LAVAL, LES COPIES ET EXTRAITS DONT IL A BESOIN DANS SON PROCÈS AU PARLEMENT, CONTRE JEAN ALLEGRET PRÉTENDANT AUDIT ARCHIDIACONÉ. (Original, A. N., J 905 ᵇ, n⁰ 11.)

918. — 1521, v. s., 13 février. — LETTRES DE FRANÇOIS I⁰ʳ RATIFIANT LE DON FAIT PAR LUI AU CARDINAL DE BOURBON DE L'ABBAYE D'AINAY, DONT L'ABBÉ S'EST RANGÉ AU PARTI DE CHARLES-QUINT, EN DÉDOMMAGEMENT DE L'ABBAYE DE SAINT-AMAND, AU DIOCÈSE DE TOURNAY, APPARTENANT AUDIT CARDINAL ET DONT L'EMPEREUR S'EST EMPARÉ. (Copie, B. N., français, 5085, 79 et 85.)

919. — 1522, octobre. — LETTRES PAR LESQUELLES FRANÇOIS I⁰ʳ, MOYENNANT LE PAIEMENT D'UNE SOMME DE SEIZE MILLE CENT SOIXANTE LIVRES SEIZE SOUS DIX DENIERS, PRONONCE L'AMORTISSEMENT GÉNÉRAL DE TOUS LES BIENS RELIGIEUX DU DIOCÈSE DU MANS QUI N'AVAIENT PAS ÉTÉ AMORTIS JUSQU'ALORS. (Bibl. du Mans, 245, 230, en partie détruit.)

Françoys, par la grâce de Dieu, roy de France, à tous présens et advenir salut.

Comme nous advertiz que plusieurs églises, cathédralles, collégiales, chapitres, abbayes, couvents, prieurés et aultres églises de notre royaume tenoient et possédoient à divers tiltres plusieurs biens, terres, seigneuries et possessions, tant nobles, roturières, que en franc aleu, sans avoir esté par nous ou noz prédécesseurs admortiz ou indemnez, ne nous avoir payé la finance ou indempnité pour ce deue, nous eussions par noz lettres patentes ordonné commandement leur estre faict de vuyder leurs mains dedans certain temps de telz biens et possessions comme estans tumbez en main morte, en ensuyvant noz ordonnances sur ce faites d'anciennelé, à quoy iceulx d'église et aultres de main morte n'eussent satisfaict ne fourny, et à ces moyens icelles terres, possessions et biens eussent estez saisiz en notre main et entre aultres ceulx du diocèse et évesché du Mans. A ceste cause l'évesque, chapitres, abbés, prieurs, collicaiges et aultres d'église et de main morte d'icelluy évesché, nous ayans faict remonstrer et supplier qu'il nous pleust admortir généralement tous et chacuns les biens, terres et seigneuries et possessions qu'ilz tiennent et possèdent non admorties de quelque nature ou qualité qu'ilz soient et à quelque tiltre que ce soit de tout le temps passé jusques à présent, nous offrans payer, pour l'amortissement et finance qui nous en pourroit estre deue pour lesdits biens non admortiz, une bonne somme de deniers et icelle nous faire bailler pour fournir aux grandes charges qu'il nous a convenu et convint supporter pour la tuition et défence de notre dit royaulme et résister aux dempnées entreprises et conspirations de noz ennemiz et adversaires, mesment du roy d'Angleterre qui, sans cause, raison ne occasion, nous a envoyé deffier et signifier la guerre contre notre royaulme, pays et seigneuries, en venant contre les traitez qu'il avoit avecques nous.

Scavoir faisons que nous, ces choses considérées, désirans favorablement traicter lesdicts évesque du Mans, chapitres, gens d'église et clergé dudit diocèse, afin qu'ilz soient plus enclins à prier et intercéder envers Dieu, notre créateur, pour la prospérité de nous et de notre royaulme, après avoir fait mettre leur dit offre en nostre conseil et eue pour aggréable, à icelluy évesque, chapitres, clergé et gens desdites églises, cathédrales, collégiales, abbayes, prieurez, prévostez, colleiges, dignités, parroisses, cures, chappelles, hospitaulx aultrement appellez hostez Dieu, léprosiers, aulmosnieries, qui sont comprises en la taxe de la décime, qui a esté levée oudit évesché pour l'année mil cinq cens dix huit, et aultres d'église séculières ou régulières, et aultres de main morte dudit diocèse du Mans de quelque estat ou condition qu'ilz soient, de notre certaine science, propre mouvement, grâce espécial, plaine puissance et auctorité royal, avons admortiz, indempnez, admortissons et indempnons, par ces présentes, en tant que à nous est, pour nous et noz successeurs, perpétuellement et à tousjoursmès, tous et chacuns les biens, terres, seigneuries et possessions, justiciers, jurisdictions, cens, rentes, dixmes, champarts, terraiges, droictz, fruictz, profietz, revenuz et émolumens quelconques soient nobles, roturières, en franc aleu, tenuz en fiefz ou arrièrefiefz, censive ou arrière censive, de nous ou de noz subjectz, appartenant ausdites églises, chapitres, abbayes, priorez, prévostez, colleiges, dignitez, paroisses, cures, chappelles, hospitaulx, léprosiers, comprins ou rolle du décime, comme dessus, et aultres biens d'église et de main morte dudit diocèse du Mans, qu'ilz tiennent de présent et possèdent par eulx ou leurs prédécesseurs par l'espace acquis, ou qui leur ont estez donnez, léguez ou aulmosnez à quelque tiltre que ce soit par grâce ou aultrement jusques à présent, non seulement pour les fiefz nobles et choses roturières assises ou dit diocèse, mays aussi pour ceulx qui sont hors icelluy diocèse du Mans, uniz toutesfois aux membres estans uniz et de la table des dits évesché, chapitres, abbayes, prieurez, prévostez, chappelles, hospitaulx, léprosies et aultres bénéfices et communaultez séculières ou régulières dessus dites. Réservé que si dedans ledit évesché ou diocèse du Mans s'ans trouvaient auchuns membres uniz et incorporez aux archeveschez, éveschez, abbayes, prieurez, prévostez et aultres bénéfices, chappelles, colleiges, hospitaulx et communaultez situez et assis en aultres diocèses que audit Mans, ilz ne seront comprins ou dit présent admortissement, et voulons que les dites choses ainsi de présent par nous admorties, iceulx évesque, chapitres, abbez, prieurs, curez, chapelains, maistres des hospitaulx ou aulmosniers et aultres gens d'église et de main morte dudit diocèse, ilz puisse tenir et posséder à jamais . . . . perpétuellement admorties et indempnées, sans ce qu'ilz puissent estre contrainctz d'en vuyder leurs mains ne que cy après ilz payent pour raison desdites terres, seigneuries, possessions, ne aultre chose de présent par eulx tenues et possedées auleun droict de francz fiefz et nouveaux acquestz, soubz umbre de noz ordonnances, ne aultrement aucune aultre finance ou indempnité.

Et laquelle finance ou indempnité, à quelque somme qu'elle puisse ou pourroit monter, nous leurs avons, moyennant la somme de sèze mil cent soixante-dix-sept livres, sèze solz, dix deniers tournois, à laquelle pour les choses susdites nous avons faict composer avecques eulx, quictez et quictans l'aultre plus, si en aucune chose nous estoit deue, par ces présentes signées de notre main en ce, non comprins les hospitaulx, hostelz Dieu, léproseries non quotisées ne comprises en ladite décime de l'an cinq cens dix-huit, confraries, margueleries, fabricques et aultres communaultez layes dudit évesché et diocèse du Mans, sauf l'interest et indempnité des aultres seigneurs directz.

Laquelle somme de sèze mil cent soixante et dix-sept livres, sèze soulz, dix deniers tournois mecteront entre les mains de notre aymé et féal notaire et secrétaire, maistre Jacques Ragueneau, par nous commis à recepvoir les deniers venans desdits admortissemens, ou de ses commis, par les quictances dudit Ragueneau, à deux termes poyemens ; scavoir est, la moytié de ladite somme dans le vingtiesme jour du moys de novembre prouchainement venant, et l'aultre moytié dedans le vingtiesme jour de décembre aussy prouchainement venant.

Et par ces présentes avons [mis] et mettons au néant toutes appellations, mainmises, saisissemens, procès ou procédeurs, si aucuns estoient sur ce [intervenuz] pour raison desdits francz flefz et admortissemens, lesquelles mainmises et saisissemens, si aulcunes y estoient, [nous] avons levez et ostez, levons et oustons par cesdites présentes à pur et à plain à leur prouflst.

Et si les dessusdits évesque, chapitres, couventz, prieurez, prévostez, dignités, chappelles, cures, églises, parroisses et hospitaulx et leprosies, comprins en ladite taxe et décime et a . . . . d'église et de main morte dudit évesché et diocèse du Mans pour . . . . . grande seureté, veulent en particulier avoir lettres desdits admortissement, lesquelz sont déclarez par le menu les flefz, terre, héritaiges, posses . . . . . choses qu'ilz tiennent et possèdent ès limites et confrontations . . . . , lesquelles déclarations, ensemble la valleur des choses admorties une fois payez, ilz pourront, si bon leur semble, vérifier davant le [sénéchal] et joux[te les] ordonnances de noz prédécesseurs sur ce faictes en soy retirant devers nous ou notre amé et féal chancelier, soit que lesdites d . . . . . soient vérifiées davant ledit sénéchal ou son lieutenant comme . . . . . ou non, leur ferons expédier ledit admortissement sans poyer . . . . . finance que ce que dessus.

Si donnons en mandement par . . . . . mesmes présentes à noz amez et féaulx les gens de noz comptes . . . . . Paris, trésoriers généraulx de noz finances, séneschaulx et juges du [Mans] et d'Anjou, baillifz de Chartres, Touraine, et à chacun d'eux ou à leur lieutenant, ou autres commissaires par nous ordonnez ou qui le sero[nt] . . . . . cy après par nous ou noz successeurs sur le faict des francz fiefz et nouveaulx acqetz, et à touz noz aultres justiciers et officiers ou à leurs lieutenans présens et advenir et à chacun d'eulx, si comme luy appartiendra, que de noz présens grace et admortissement, don et octroz, ilz facent, souffrent et laissent lesdits évesque, chapitres, abbayes, prieurs, curez, chappelains, hospitaliers ou aulmosniers et aultres gens d'église séculiers ou réguliers et de main morte de quelque qualité qu'ilz soient, dudit diocèse du Mans, et chacun d'eulx en droict soy, joyr et user plainement et paisiblement à tousjours perpétuellement cess . . . . . troubles et empeschemens qui leur ont esté ou pourront estre faictz, mis et donnez au contraire. Car tel est notre vouloir . . . . . nonobstant quelzconques usaiges, stilles, droict, coustumes . . . . . à ce contraires, mesmes noz ordonnances contenant admortissemens généraulx non valoir et estre prohibez et deffenduz. Ut . . . . . que les choses à admortir soient spécifiquement et par . . . . . et que apprétiation pour une foiz payez et la valleur . . . . . la finance qui nous en pourroit estre deue, information sur . . . . . par noz officiers, l'advis des officiers des lieux obtenu . . . . . faicte et exprimée, ausquelles ordonnances combien que , ... insérées, mays comme si elles y estoient de mot à mot . . . . . [ar]retez par nous, noz prédécesseurs ou noz cours et juridicions . . . . . aultres circonstances et conditions despendantes d'icelles requises . . . . . pour obtenir admortissement général ou particulier à nous . . . . . par ces présentes et lesquelles ne voulons avoir lieu . . . . , [pre]judicier à tout ce que dessus, mays de notre grace et auctorité . . . . . avons relevez et relevons, ensemble de toutes aultres . . . . . mandemens ou défenses ad ce contraires, en supléant . . . . faults et solemnitez requises et nécessaires soit de droict . . . . . ordonnance ou aultrement par lesquelles l'effect ..... pouvoit estre que nous ou noz successeurs empesché, et ..... admortissement ne sont comprins les commanderies de Rodes ..... en avons exceptez et exceptons par ces présentes.

Et pour [ce que de] ces présentes les parties pourroient avoir affaire à plusieurs ..... nous voulons que au vidimus d'icelles faictes soubz scel royal .... ouxtée comme à ce présent original, ausquelz affin que ce [demeure] ferme et estable à tousjoursmays, nous avons faict mectre ..... sauf en aultre chose notre droict et l'autruy en toutes.

Faict à Sainct Germain en Laye, ou moys d'octobre, l'an de grâce MDXXII, de notre règne le huytiesme.

920. — 1522, v. s., 25 février, Le Mans. — PROCÈS-VERBAL DES REMONTRANCES FAITES AU NOM DU CHAPITRE A L'ARCHEVÊQUE DE TOURS VENU AU MANS POUR FAIRE SA VISITE A LA CATHÉDRALE. (Imprimé, dom Piolin, *Eglise du Mans*, V, 702.)

921. — 1522, v. s., 26 février, Le Mans. — ACTE PAR LEQUEL L'ARCHEVÊQUE DE TOURS DÉCLARE RECONNAÎTRE L'EXISTENCE DES PRIVILÈGES DU CHAPITRE. (Imprimé, dom Piolin, *Église du Mans*, V, 701.)

922. — Vers 1523. — ACTE PAR LEQUEL JEAN DENIZOT ET VIMOND CLÉMENT SONT AUTORISÉS A METTRE UN CORBEAU A L'UNE DES MAISONS DU CHAPITRE, SISE RUE DES CHANOINES, AFIN DE FACILITER LA CONSTRUCTION DE L'IMMEUBLE QU'ILS BATISSENT A COTÉ [1]. (Bibl. du Mans, 245, 233.)

Sachent tous présens et advenir que en la court royal du Mans, par devant nous Méry Desboys demourant audit Mans, notaire [soubz les] contractz de ladite court, personnellement establiz chacuns de .... et discretz maistre Jacques Duboys et Florimont Ogier ....., chanoines prébendez en l'église du Mans, ou nom et comme .... ordonnez et députez par le chapitre d'icelle église en ceste ....., d'une part, et honorables hommes maistres

(1) La date enlevée au manuscrit peut être rétablie d'une façon approximative grâce à la mention du notaire Méry Desbois, qui figure aussi dans l'acte du 25 février 1523 (v. s.) donné par dom Piolin, V, 702.

Jehan Denisot et Vimont Clément, licencié ès loix, ledit Clément mari.... Denisot demourans en cette ville du Mans, d'une part, s.... lesdites parties, scavoir est lesdits commissaires ès dits noms.... et les biens et choses de leur dite commission et de chapitre.... lesdits Denisot et Clément eulx, leurs hers, avecques et.... biens moybles et immeubles présens et avenir ou pouvoir et ju[ridiction] de ladite court et de toutes autres, se mestier est, q.... tenir et acomplir ce que s'ensuyt, lesquelz sur certaine.... baillée par ledit Clément ausdits s^{rs} de chapitre pour avoir permission de mectre et apposer certains corbeaux ou pignon d'une des maisons desdits s^{rs} de chapitre, située en la r[ue] des Chanoines audit Mans, que de présent tient à ferme m[aistre] René de Sainct Franczois, chanoine de ladite église, et où de présent demoure maistre Alexandre Termeau. Lesdits commissaires, Denisot et Clément, ont convenus et accordé ce qui s'ensuit : c'est assavoir que lesdits commissaires ont permis et permectent ausditz Denisot et Clément mectre et tenir...... corbeaux dedens le pignon de ladite maison de chapitre pour porter les merrains de la maison que à present ilz baptissent, joignant ladite maison desdits de chappitre, pourveu et non aultrement que lesdits Denisot et Clément n'endommaigeront et ne déterior[eront] ledit pignon et qu'il répareront bien et deuement dès le fond[ement] jusques à la poincte, davant que mectre lesditz corbeaux [à la] muraille dudit pignon et qu'ilz ne la pouront entamer pour faire fenestres et en icelles apposer, afixer et mectre autre [chose] que lesdits corbeaux et feront mectre gouttières pour..... leur eaues loing de ladite muraille d'iceluy pignon en [sorte] que lesdites eaues ne pouront endomaiger ladite muraille.

Et en icelle feront mectre lesdictz Denisot et Clément......

923. — 1524, v. s., 15 janvier, Saint-Just-sur-Lyon. — LETTRES PAR LESQUELLES FRANÇOIS Ier FAIT DON AU CARDINAL DE BOURBON, ÉVÊQUE DU MANS, DE TOUS LES REVENUS DUDIT ÉVÊCHÉ ÉCHUS DEPUIS LA MORT DU CARDINAL DE LUXEMBOURG, SON PRÉDÉCESSEUR, JUSQU'AU JOUR DE SA RÉCEPTION. (Note, B. N:, français, 5779, 50.)

924. — 1524, v. s., 15 janvier, Saint-Just-sur-Lyon. — LETTRES PAR LESQUELLES FRANÇOIS Ier FAIT REMISE AU CARDINAL DE BOURBON DE DOUZE CENTS LIVRES TOURNOIS AUXQUELLES S'ÉLÈVE SA QUOTE PART DANS LE SUBSIDE DEMANDÉ PAR LUI AUX GENS D'ÉGLISE DU ROYAUME. (Note, B. N., français, 5779, 50.)

925. — 1527, juin, Paris. — LETTRES PAR LESQUELLES FRANÇOIS Ier ACCORDE RÉMISSION A FRANÇOIS ERMENAULT, QUI, LE 21 JANVIER 1527, AVAIT TUÉ EN PLEINE CATHÉDRALE UN NOMMÉ BERNIN BENOIST. (Imprimé, *Revue du Maine*, XXVII, 113.)

926. — 1531, v. s., février, Rouen. — ACTE PAR LEQUEL FRANÇOIS Ier ÉTABLIT DEUX FOIRES ANNUELLES ET UN MARCHÉ HEBDOMADAIRE A SAINT-LAMBERT DANS LES ARDENNES, EN FAVEUR DE JEAN DE JOYEUSE, ARCHIDIACRE EN L'ÉGLISE DU MANS, SEIGNEUR DU LIEU[1]. (Note 4444 des *Actes de François Ier*, d'après A. N., JJ 246, fol. 45.)

927. — 1535, 7 octobre. — PRISE DE POSSESSION DE L'ÉVÊCHÉ DU MANS AU NOM DE RENÉ DU BELLAY, PAR LOUIS DU BELLAY, SON FRÈRE. (Note, d'Espaulart, *Intronisation des Évêques*, 1848, in-8°, p. 33.)

928. — 1536, v. s., 20 février. — ACTE PAR LEQUEL LES CONFRÈRES DE SAINT-MICHEL-DU-CLOITRE S'ENGAGENT A RESPECTER LES STATUTS DE LEUR CHAPITRE. (Imprimé, *Revue du Maine*, XXVII, 62.)

929. — 1537, avril, Amiens. — LETTRES PAR LESQUELLES FRANÇOIS Ier CONFIRME LES PRIVILÈGES, DROITS, FRANCHISES ET IMMUNITÉS DES DOYEN, CHANOINES ET CHAPITRE DE LA CATHÉDRALE DU MANS. (Copie enregistrée, A. N., JJ 250, n° 58, fol. 21.)

930. — 1559, 29 juillet, Saint-Germain-en-Laye. — LETTRES PATENTES DU ROI FRANÇOIS II PRESCRIVANT AU CHAPITRE DE PROCÉDER A L'INSTALLATION DE L'ÉVÊQUE CHARLES D'ANGENNES, SANS L'OBLIGER A COUPER SA BARBE. (Imprimé, d'Espaulart, *Intronisation des Évêques*, p. 35.)

931. — 1559, 17 août, Saint-Germain-en-Laye. — SECONDES

---

[1] Il n'y a pas lieu de donner in-extenso cet acte étranger au Maine. Il suffit de prendre note de ce qu'il contient de relatif à la cathédrale du Mans.

LETTRES PATENTES PAR LESQUELLES FRANÇOIS II PRESCRIT AU CHAPITRE DE PROCÉDER A L'INSTALLATION DE L'ÉVÊQUE CHARLES D'ANGENNES, SANS L'OBLIGER A COUPER SA BARBE. (Imprimé, d'Espaulart, *Intronisation des Évêques*, p. 36.)

932. — 1560, 10 juin. — ACTE PAR LEQUEL PIERRE DE RONSARD EST POURVU DU POSTE D'ARCHIDIACRE DE CHATEAU-DU-LOIR, EN L'ÉGLISE DU MANS, VACANT PAR LE DÉCÈS DE JEAN ROBIN. (Imprimé, *Revue du Maine*, X, 231.)

933. — 1560, 16 juin, Le Mans. — ACTE PAR LEQUEL PIERRE DE RONSARD EST POURVU DE LA PRÉBENDE DE LA CATHÉDRALE DU MANS, VACANTE PAR LE DÉCÈS DE JOACHIM DU BELLAY. (Imprimé, *Revue du Maine*, X, 233.)

934. — 1560, 16 juin, Le Mans. — PROCÈS-VERBAL DE LA DOUBLE PRISE DE POSSESSION PAR PIERRE DE RONSARD DE L'ARCHIDIACONÉ DE CHATEAU-DU-LOIR ET DE LA PRÉBENDE DE FEU JOACHIM DU BELLAY. (Imprimé, *Revue du Maine*, X, 234.)

935. — 1562, 20 juillet au 28 septembre. — PROCÈS-VERBAL DRESSÉ PAR JACQUES TARON ÉTABLISSANT LES DÉGATS FAITS PAR LES PROTESTANTS DANS LA CATHÉDRALE. (Imprimé, dom Piolin, *Église du Mans*, V, 707-719.

936. — 1564, v. s., mars. — ARRÊT PAR LEQUEL LE PARLEMENT DE PARIS CONDAMNE LES RELIGIEUX DE SAINT-VINCENT A DIRE OU FAIRE DIRE A LA CATHÉDRALE DU MANS, LES MESSES D'OBIT NON SOLENNELLES DUES PAR EUX. (Bibl. du Mans, 245, 238 en partie détruit.)

Entre les religieulx, abbé et couvent de Saint Vincent lez Le Mans, ordre Sainct Benoist, appellans du séneschal . . . . . lieutenant, et demandeurs en sommation et requeste formelles, d'une part, et les doyen, chanoines et chapitre de l'église du Mans, inthimez, et maistre Mathurin Oudineau, chanoine prébendé en ladicte église, défendeur en ladicte sommation et requeste formelle, d'autre part.

Veu par la court la sentence dont est appellé, la demande en sommation et requeste formelle, l'appointement entre lesdictes partyes le quatorziesme janvier mil cinq cens soixante et deux, causes d'appel, défenses et réponses, répliques et dupliques, productions, contredicz et salvations desdictes partyes, et tout considéré ;

Dict a esté que la Court a mis et met l'appellation et sentence dont a esté appellé à néant sans amende et sans despens de la cause d'appel et en amendant et corrigeant ladicte sentence a condamné et condamne lesdictz abbé et couvent envoier l'un des religieulx de ladicte abbaye de Sainct Vincent en l'église cathédrale du Mans pour y dire et célébrer la messe des obitz non solennelz qui se dict et célèbre après prime en icelle, faire dire et célébrer par ceulx de la dicte église du Mans.

A ceste fin a ordonné et ordonne ladicte Court que lesdictz doyen, chanoines et chapitre seront tenuz envoier au commencement de chacun moys par l'un de leurs officiers auxdictz religieulx, abbé et couvent un roolle auquel seront les jours èsquelz se debvra dire et célébrer la messe desdictz obitz non solennelz.

Et faisant droict sur ladicte sommation et requeste formelle a mis et met les partyes hors de court et de procès, le tout . . . . . d'une part et d'aultre.

Prononcé à Paris en Parlement, le . . . . . jour de mars l'an MDLXIV.

937. — 1565, v. s., 18 mars. — ACTE PAR LEQUEL LE CHAPITRE, APPELÉ A DONNER SON AVIS SUR LE CHOIX DU SÉNÉCHAL DU MAINE, DÉSIGNE COMME POUVANT ÊTRE NOMMÉS LES SEIGNEURS DE RAMBOUILLET, DE VASSÉ ET PIERRE DE THOUARS, EN SAINT-MARS-SOUS-BALLON. (Imprimé, dom Piolin, *Eglise du Mans*, V, 729.)

938. — 1573, 29 novembre. — ARRÊT PAR LEQUEL LE PARLEMENT DE PARIS, DONNANT RAISON CONTRE LE CHAPITRE A UN NOMMÉ GAUTIER, DÉCIDE QUE LES BÉNÉFICES AU BAS CHŒUR DE LA CATHÉDRALE DU MANS SONT COMME LES AUTRES AFFECTÉS AUX GRADUÉS QUI LES RÉCLAMENT, POURVU QU'ILS AIENT EN PLAIN CHANT LES CONNAISSANCES SUFFISANTES POUR EN REMPLIR LES FONCTIONS. (Analyse, Georges Louet, *Recueil de plusieurs arrêts notables*, 2 in-folio, 1712, t. I, p. 725.)

939. — 1583, 12 mai, Le Mans. — LETTRE RELATIVE A L'INCEN-

DIE DU 5 MAI 1583, CAUSÉ PAR LA FOUDRE A LA CATHÉDRALE. (Imprimé, *Recueil K*, Paris 1709, p. 124.)

Nul ne peut douter que ce bas monde ne se gouverne entièrement par le supérieur et ne dépende entièrement de lui, et que les prodiges et signes merveilleux, qui quelque fois sont vus et apparoissent en l'air ne signifient les grandes calamités et misères qui quelque temps après adviennent en ce bas monde, auquel nous sommes constitués de Dieu pour quelques temps et comme étant en icelui en garde et sentinelle ne nous est loisible d'en partir sans son exprès commandement ; or personne n'ignore qu'iceux ne soient autant d'avant coureurs de la volonté de Dieu nous signifiant et donnant à entendre que si nous persévérons davantage dans nos fautes et si nous ne voulons nous amender que bientôt nous sentirons sa main vengeresse appesantie sur nous, en nous punissant plus grièvement qu'elle n'a fait jusqu'ici ; les fautes que nous comettons à présent étant plus énormes que toutes celles du passé.

Or ces prodiges desquels je vous parle sont bien plus merveilleux et plus étranges qu'aucun de ceux qui sont apparus depuis longtemps ; et toutes ces comètes de l'année dernière et même cette lance de feu tant célébrée pour s'être apparue devant le défunt roi Charles de bonne mémoire, que Dieu absolve ! ne sont rien au prix de ce qui est arrivé en la ville du Mans.

Je n'ai pas voulu manquer à vous écrire pour vous informer du grand malheur survenu le 5 mai 1583 en cette ville du Mans.

La veille de monsieur saint Jean l'évangeliste, il est advenu plusieurs grands éclats de tonnerre et sur les six heures du soir il en est advenu un si grand que le feu est tombé du ciel dans la grande église de monsieur saint Julien, qui est la cathédrale de cette ville, près du clocher. Le feu a pris son cours de telle façon qu'en moins d'une demie heure il a mis le clocher par terre tout ardant et est tombé en sablière et sur la maison de Hiérosme Olivier, libraire de cette ville. Le feu s'est jeté ensuite sur la croisée de l'église qui a été brûlée, toutes les vitres cassées, et a abattu les couvertures des maisons d'autour l'église de monsieur saint Julien ; de quoi les habitants furent tellement étonnés et eurent une telle peur qu'ils pensèrent assurément être arrivés à leurs fins estimans que le ciel se deust assembler avec la terre et croyoient que la fin du monde fut arrivée.

Le feu poursuivit de telle sorte qu'il alla jusqu'à la voute de telle manière que le plomb couloit par les goutières comme si c'eut été l'eau de la pluie, et n'a rien épargné de la couverture et de la charpente. Un pan de mur qui étoit près du clocher tomba et tua deux hommes et en blessa un. Et je crois que si Dieu n'eut eu pitié de son pauvre peuple qui donna courage aux hommes de résister contre la grosse tour où sont les cloches que le feu batoit de telle sorte à cause du vent elle eut été embrasée ; mais Dieu qui n'abandonne pas son peuple y mit remède, car le feu s'apaisa tout d'un coup, tant à l'église, qu'aux autres endroits de la ville [1].

Le dimanche suivant on fit un procession générale en action de grâces à laquelle on porta le chef de monsieur saint Julien et la chasse de madame sainte Escolave (Scholastique) [2].

.... Du Mans, ce 12 mai 1583.

940. — 1587, 28 novembre. — MANDEMENT PAR LEQUEL ANSELME TARON, OFFICIAL DU CHAPITRE, PRESCRIT L'ÉMISSION D'UN MONITOIRE DESTINÉ A FAIRE RÉCUPÉRER PAR LA CATHÉDRALE CEUX DES DOCUMENTS DE SES ARCHIVES QUI AVAIENT DISPARU DEPUIS 1562. (Imprimé, dom Piolin, *Église du Mans*, V, 729.)

941. — 1595, 17 juin. — BAIL A RENTE PASSÉ AU NOM DU CHAPITRE DE SOIXANTE ARPENTS DE LANDES EN LA SEIGNEURIE DE COURGENARD. (Bibl. du Mans, 245, 238, en partie détruit.)

Sachent tous présens et advenir qu'en la court du Mans par devant nous Estienne Touschard, notaire juré de ladite court du Mans, parroisse du Grand Sainct Pierre, ont esté présens et establiz ..... et discreetz maistres René du Tertre, Jehan

---

[1] Voici l'extrait du registre — journal de Pierre de Lestoile relatif à cet événement. « Le 6ᵉ jour de may, par un orage et tonnerre meslé de fouldre, gresle et tremblement de terre espouvantable, le comble de la grande esglise de Saint Julian fut brûlé et consommé d'une conflagration merveilleuse ».

[2] On ne reproduit pas ici le post-scriptum absolument étranger au Mans.

Hérault et Pierre Beaulté, chanoines prébendez en l'église du Mans, ou non et comme commissaires [députés] par le chapitre d'icelle église à l'effect de présenter, comme ils nous [l'ont] faict apparoir par leur commision signée : *Per Capitulum : Trouillet* ..... du jourd'huy audit Mans, d'une part, et maistres Jehan Robillard, receveur pour roy au grénier à sel de La Ferté, et Pierre Binet, marchand en la ville de La Ferté-Bernard, d'autre, soubzmettant, lesdicts commissaires ..... les biens dudit chapitre et lesdits Robillard et Binet chacuns d'eulx seul et pour le tout renonchant au bénéfice de division d'ordre et discussion de deux ou plusieurs promettans une mesme chose, qu'ils ont dict bien entendre, eulx, leurs hers, biens meubles et immeubles présens et advenir ou pouvoir de ladicte court, lesquels de leur bon gré ont volontairement accordé le bail à rente qui s'ensuit : c'est que lesdits sieurs commissaire, oudit nom, ont baillé et par ces présentes baillent à tousjoursmais à rente perpétuelle foncière et inféodée à maistres Robillard et Binet et chacuns d'eulx solidairement acceptant pour eulx, leurs hers et ayant cause, soixante arpens de lande à prendre en une pièce de landes dépendans du chapitre de ladicte église et apartenant aux dits sieurs à cause de leur baronnie de Courtgenard, joignant lesdits soixante arpens d'un costé aux grands chemins tendant de Montmirail à La Ferté et de Cormes audict Montmirail, d'autre costé à portion desdites landes, triée aux usaigers subjects de ladicte seigneurie de Courtgenard, d'un bout aux douze arpens retenuz par lesdicts sieurs pour la comodité du lieu de la Generaye dependant dudit chapitre et en continence dudit lieu, d'autre bout à douze autres arpens estans en proximité et joignans les terres de la Chauvelière .... aussi dependante dudit chapitre, lesdits douze arpens retenuz par lesdicts de chapitre pour la comodité dudit lieu de la Chauvelière, le tout selon l'arpentaige qui sera faict desdits soixante arpens retenuz et réservez par lesdicts de chapitre pour ..... des commissaires desdits sieurs, à la charge desdits preneurs de tenir lesdites choses baillées à foy et hommage simple [desdits] sieurs de Chapitre par leur fief et seigneurie de Courtgenard, au dedans duquel sont lesdites choses situées, et d'en payer oultre par lesdits preneurs et chacun d'eulx solidairement soubz les renonciations cy dessus, leurs hers et ayans cause, auxdits sieurs de chapitre, ès main de leur officier de l'argenterie, en ceste ville du Mans, la somme de vingt solz tournois de rente foncière et inféodée pour chacun arpent desdites landes au jour et feste de Toussainctz, premier terme commenchant de la Toussaincts prochain en un an, que l'on dira mil cinq cens quatre vingts seze, et continuer à tousjoursmais, et un denier de service pour chacun arpent audit jour de Toussainctz ès mains de l'officier de la prévosté et ancienne régale desdits sieurs.

Et quant au rachapt il est . . . . . bourné à la somme d'un escu sol payable audit officier de la prevosté . . . . . que rachapt aura lieu par la coustume du Mans . . . . . lesdites choses tombent en rachapt ou deport . . . . .

Cloront lesdicts preneurs les soixante arpens de fossez qu'ils entretiendront, ensemble les choses [tiendront] en bon estat à ce que ladite rente soit continuée, et les mettront . . . . . en labour ou autre nature suffisante pour le payement et continuation . . . . choses baillées et vous les . . . . . biens meubles et immeubles desdits preneurs leurs hers et ayans cause généralement et spécialement affectez, hypothequez, sans que par la génerralle obligation soit dérogé à la spécialle et par la spécialle à la génerralle, sans que leurs successeurs et héritiers universelz et singuliers puissent . . . . . exponse des dites choses, à quoy ils ont renoncé et à la coustume du Mans permetant ladicte exponse.

Accordé que ledict arpentaige sera faict dedans quinze jours prochains venans aux fraiz des preneurs.

Seront tenuz aussi de payer les commissaires députez à cet effect desdicts du chapitre avec leurs gens et chevaux mesmes que lesdits commissaires pourront mener pour les assister, ... salarier et délivrer grosse du procès-verbal dudit arpentaige à leurs fraiz auxdits sieurs et les presentes en forme huict jours ap[rès], sauf aux preneurs à diviser entre eulx lesdites choses selon leur . . . . . verballe, scavoir les deux dudit Robillard à prendre du costé du lieu de la Chauvelière et le tiers par ledict Binet du costé du lieu de Generays, sans que tel partaige altère l'obligation et hypothéque solidaire desdits sieurs de chapitre sur lesdits preneurs et chacun d'eulx, leurs hoirs et ayans cause, ne les autres conventions susdites. Et si [dans] ledit arpentaige, on trouvoit plus grand nombre d'arpens que les soixante arpens en entre la portion triée aux subjectz usaigers et lesdits vingt quatre arpens revenuz et reservez par lesdits sieurs de chapitre, lesdits preneurs et chacun d'eulx, leurs hers et ayans cause dessoubz les renonciation susdites, augmenteront la rente foncière et inféodée à la raison de vingt solz par arpent paiable chacun an au jour de Toussaincts et le service susdit à la raison d'un denier par arpent payable audit jour de Toussainctz. Aussi, si l'on en trouvoit moins, la rente et service seulement sera diminué au prorata sur chacun arpent qui se trouveront desfaillir. Ce qui a esté stipulé et arresté par chacunes des parties et en sont demeurées à un et d'accord. Et à ce tenir, garder et accomplir et aux cousts, mises, pertes, dommaiges, interests rendre et amender obligent les commissaires, comme dict est, et lesdits Robillard et Binet eulx, leurs hers, biens meubles et immeubles presens et advenir, renonciant à toutes choses à ces présentes contraires, et s'en sont abstrainctes par la foy et serment de leurs corps par eulx baillé en notre main, dont à leur requeste les avons jugiez et condampnez par le jugement et condampnation de ladicte court.

Faict et passé au . . . . de ladite église, le dix sept° jour de juin l'an mil cinq cens quatre vingts quinze, avant midi, ès présences de maistre Jehan Roger, practicien, et Pierre Chauvière, clerc, demeurant audit Mans, tesmoins ad ce requis. Et ont . . . . . Du Tertre, Herault, Beaulé . . . . Roger et Chauvière signez avec nous notaire en la minute ès présentes. Ainsi signé : Touschard.

942. — **1605, 10 septembre.** — ARRÊT PAR LEQUEL LE PARLEMENT DE PARIS MAINTIENT AUX ARCHIDIACRES LEUR DROIT DE DÉPORT. (Imprimé, dom Piolin, *Église du Mans*, VI, 581.)

943. — **1611, 14 avril.** — ARRÊT PAR LEQUEL DÉSIRÉ MALLET, PROCUREUR FISCAL DE LA BARONNIE DE TOUVOIE, EST MAINTENU DANS CES FONCTIONS, DONT IL AVAIT ÉTÉ INVESTI PAR

L'ÉVÊQUE EN RÉCOMPENSE DE DIVERS SERVICES, DONT IL FOURNISSAIT LA PREUVE. (Note, Louet, *Arrêts notables*, II, 234.)

944. — 1625, 7 août. — ARRÊT PAR LEQUEL LE PARLEMENT DE PARIS ANNULE L'ACTE CAPITULAIRE DE 1617, PAR LEQUEL LES CHANOINES DU MANS, DANS LE BUT DE FAIRE REVIVRE UNE MESURE PRISE EN 1236, AVAIENT PARTAGÉ ENTRE LES PRÉBENDES LA COLLATION DE TOUS LES BÉNÉFICES APPARTENANT AU CHAPITRE ; DENIS-ANTHOINE COHON, DEVENU DEPUIS ÉVÊQUE DE NÎMES, AVAIT EN JUILLET 1622, CONFÉRÉ UNE CHANOINIE VACANTE, ACTE QUI AVAIT ÉTÉ INCRIMINÉ COMME FAIT EN VIOLATION DES DROITS DES GRADUÉS. (Analyse, *Journal des principales audiences du Parlement*, 7 vol. in-folio, t. I, p. 38.)

945. — 1635, 12 mars. — ARRÊT PAR LEQUEL LE PARLEMENT DE PARIS DÉCIDE QUE LE CHAPITRE EN CORPS ET CHACUN DES CHANOINES QUANT AUX DROITS DE SA PRÉBENDE EST EN POSSESSION DU DROIT DE COMMITTIMUS ; LE DÉBAT ÉTAIT CAUSÉ PAR LE CHANOINE JEAN GOURDON TITULAIRE DE LA CURE DU GRAND-OISSEAU. (Analyse, Bardet, *Recueil d'arrêts du Parlement de Paris*, 2 in-fol., 1690, t. II, p. 282.)

946. — 1646, 11 janvier. — ARRÊT PAR LEQUEL LE PARLEMENT DE PARIS MAINTIENT LE CHAPITRE EN POSSESSION DE SA JURIDICTION SUR LES QUARANTE CURES ANCIENNES. (Imprimé, dom Piolin, *Église du Mans*, VI, 582.)

947. — 1647, 26 décembre. — DÉLIBÉRATION CAPITULAIRE AU SUJET DES LETTRES DE SAUVEGARDE DÉLIVRÉES PAR LE ROI EN FAVEUR DES CHANOINES DE PADERBORN. (Imprimé, dom Piolin, *Église du Mans*, VI, 593.)

948. — 1648, 30 avril. — LETTRE PAR LAQUELLE PHILIPPE-EMMANUEL DE LAVARDIN SOLLICITE DE MAZARIN SA NOMINATION A L'ÉVÊCHÉ DU MANS. (Imprimé, *Revue du Maine*, XVIII, 452.)

949. — 1650, 27 juin. — DÉLIBÉRATION CAPITULAIRE AU SUJET D'UNE PROCESSION ORDONNÉE PAR L'ÉVÊQUE POUR LE 29 JUIN. (Imprimé, dom Piolin, *Église du Mans*, VI, 594.)

950. — 1650, 24 septembre, Compiègne. — LETTRES PATENTES PAR LESQUELLES LOUIS XIV APPROUVE L'ANCIENNE CONFRATERNITÉ ÉTABLIE ENTRE LE CHAPITRE DE LA CATHÉDRALE DU MANS ET CELUI DE PADERBORN ET DÉCLARE PRENDRE CE DERNIER

SOUS SA PROTECTION SPÉCIALE [1]. (Imprimé, Bellée, *L'ancien Chapitre cathédral du Mans*, 1875, in-8°, 110.)

951. — 1658, 17 octobre. — ARRÊT PAR LEQUEL LE PARLEMENT DE PARIS PRESCRIT LA RÉSIDENCE DANS LEURS PAROISSES A CEUX DES CHANOINES DE LA CATHÉDRALE DU MANS QUI SONT POURVUS DE CURE. (Imprimé, *Journal des principales audiences du Parlement*, I, 758).

952. — 1659, 7 mai. — ARRÊT PAR LEQUEL LE PARLEMENT DE PARIS PRESCRIT LA RÉSIDENCE DANS LEURS PAROISSES A CEUX DES CHANOINES DU MANS QUI SONT POURVUS DE CURE. (Imprimé, *Journal des audiences du Parlement*, I, 776.)

953. — 1660, 24 juillet. — ARRÊT PAR LEQUEL LE PARLEMENT DE PARIS, MAINTENANT SES ARRÊTS DU 17 OCTOBRE 1658 ET 7 MAI 1659 SUR LA RÉSIDENCE DANS LEURS PAROISSES DES CHANOINES CURÉS, PRONONCE QU'IL Y A INCOMPATIBILITÉ ENTRE LA POSSESSION D'UNE CURE ET CELLE D'UN CANONICAT, ET DÉCIDE QUE CEUX QUI SONT POURVUS DE BÉNÉFICES INCOMPATIBLES DEVRONT RÉSIGNER L'UN D'EUX DANS LE MOIS ET QUE, PASSÉ CE DÉLAI, LA VACANCE DEVRA ÊTRE DÉCLARÉE D'OFFICE ET LE BÉNÉFICE POURVU SELON LES RÈGLES DU DROIT. (Imprimé, *Journal des audiences du Parlement*, I, 892.)

954. — 1675, 6 janvier. — ARRÊT PAR LEQUEL LE PARLEMENT DE PARIS PRESCRIT LA REDDITION A L'ÉVÊQUE DES COMPTES DE FABRIQUE, ET DES HÔPITAUX DE FONDATION ÉPISCOPALE; IL ORDONNE EN MÊME TEMPS QUE LES NOMINATIONS DES PROCUREURS FABRICIENS SE FERONT CHAQUE ANNÉE, OU AU MOINS TOUS LES DEUX ANS, SANS QU'ILS PUISSENT ÊTRE CONTINUÉS PLUS DE DEUX ANS DE SUITE. (Imprimé, Néron, *Recueil d'édits*, II, 772.)

955. — 1686, 27 juin. — ARRÊT PAR LEQUEL LE PARLEMENT DE PARIS DÉCLARE ABUSIFS LES PRIVILÈGES DU CHAPITRE DU MANS TOUCHANT SON EXEMPTION. (Imprimé, *Mémoires du Clergé*, 1716, t. VI, p. 652 et *Bibliothèque canonique*, I, 622 et II, 160.)

956. — 1717, 19 avril. — ACTE CAPITULAIRE PAR LEQUEL LE

---

(1) Voir deux autres lettres relatives au chapitre de Paderborn aux pages 106 et 107 de l'ouvrage de M. Bellée.

CHAPITRE ADHÈRE A L'APPEL CONTRE LA BULLE *UNIGENITUS*. (Imprimé, dom Piolin, *Église du Mans*, VI, 433.)

957. — [1761, août]. — LETTRE PAR LAQUELLE LE CHAPITRE DE LA CATHÉDRALE SUPPLIE LE DUC DE CHOISEUL DE PROCURER AU CHAPITRE DE PADERBORN L'AUTORISATION DE PROCÉDER A L'ÉLECTION D'UN NOUVEL ÉVÊQUE, A LAQUELLE S'OPPOSAIT LA MAISON DE BRUNSWICK. (Imprimé, A. Bellée, *L'Ancien Chapitre cathédral du Mans*, 1875, in-8º, 111.)

958. — 1761, 1er septembre, Versailles. — LETTRE PAR LAQUELLE LE DUC DE CHOISEUL ACCUSE RÉCEPTION AU CHAPITRE DU MANS DE SA DEMANDE EN FAVEUR DE L'ÉGLISE DE PADERBORN. (Imprimé, A. Bellée, *L'Ancien Chapitre cathédral du Mans*, p. 112.)

959. — 1763, 28 juin, Angers. — LETTRE PAR LAQUELLE LE CHAPITRE D'ANGERS INFORME CELUI DU MANS DE LA MORT DU CHANOINE DE BOSCARDON. (Imprimé, A. Bellée, *L'Ancien Chapitre cathédral du Mans*, 1875, in-8º, p. 114.)

960. — 1767, 5 février, Le Mans. — LETTRE PAR LAQUELLE LE CHAPITRE DU MANS INFORME CELUI D'ANGERS DU DÉCÈS DE L'ÉVÊQUE CHARLES DE FROULLAY, ADVENU LE SAMEDI PRÉCÉDENT. (Imprimé, dom Piolin, *Église du Mans*, VI, 600.)

961. — 1788, 16-17 avril. — TROIS COMPTES-RENDUS DE CE QUI S'EST PASSÉ AU SYNODE DU MANS. (Imprimé, dom Piolin, VI, 601-605.)

962. — 1778-1789. — FORMULE QUI DEVAIT ÊTRE REMPLIE PAR LES ARCHIDIACRES AU COURS DE LEURS INSPECTIONS DES PAROISSES. (Imprimé, A. Bellée, *L'Ancien Chapitre cathédral du Mans*, 16.)

963. — 1789. — ÉTAT DES DOMAINES DU CHAPITRE AVEC L'INDICATION DE L'ASSIETTE DES CENT QUARANTE-SEPT MILLE QUATRE CENT QUARANTE-CINQ LIVRES HUIT SOUS HUIT DENIERS DE RENTE, QUI LUI APPARTIENNENT. (Imprimé, Bellée, *L'Ancien Chapitre cathédral du Mans*, p. 44-62.)

964. — 1790, 19 novembre. — PROTESTATION DU CHAPITRE CONTRE SA SUPPRESSION. (Imprimé, Bellée, *L'Ancien Chapitre cathédral du Mans*, p. 118.)

TABLE DES NOMS
DE PERSONNES ET DE LIEUX

(Les chiffres désignent les numéros des pages.)

A

Anoisia, filia Hugonis, 43.
Accio (Garinus de), 147.
Aceyum, Acceium, Acccium, Aceyum Berengerii, Aceyum le Berengier, Accium Berengerius, Accium le Berenger, Asceium le Belengier, Acé, Ascé le Berengier, Assé le Berengier, 11, 27, 49, 50, 52, 101, 160-162, 179, 183, 184, 186, 187, 189. — *Assé-le-Bérenger* (Mayenne).
Adam Buret. Voir Buret.
Adam Chastelain. Voir Chastelain.
Ade (Guillelmus), miles, 54.
Ade dicti Albi (relicta defuncti), 70.
Adelea, relicta defuncti Guillelmi Flori, 103.
Adrien IV, pape, 9.
Advernensis (Willelmus), diaconus, 30.
Agatha, filia Gaudini de Prullelo, 183.
Agatha, filia Guillermi de Ruiliaco, 5.
Agnes, uxor Gervasii de Braclo, 55, 57.
Agnes, uxor Hugonis, 43.
Agnes, uxor Philipi de Lentobert, 112-114, 121-124, 127-129.
Agnès, vicomtesse de Beaumont, 164.

Agogue (Guillelmus), 60, 80.
Agullerius, 86.
Ahane (Heremus), medietaria, 69, 71.
Ahane (Petrus), dominus de Lamenaio, 69-71.
Ahuillé, 209, 210. — *Ahuillé* (Mayenne).
Ainay (l'abbaye d'), 301.
Albacle, 287.
Albericus, subdiaconus, 6.
Albigneio (Gaufridus de), 147.
Albus. Voir Ade.
Alençon, 243, 299.
Alençon (le comte d'), 243.
Alençon (duchesse d'). Voir Lorraine (Marguerite de).
Alexander [III], papa, 19.
Alicia, filia Gaudini de Prullelo, 183.
Alicia, regina Cypri, 35, 36.
Aliot (Gillet), 260.
Allegret (Jean), prétendant à l'archidiaconé de Laval, 301.
Alnedo (Johannes de), Jean de Launay, archidiacre de Laval, 281, 282.
Alonna (Thomas de), 147.
Amarricus Chaym. Voir Chaym.
Amboise, 300.

Ambreric, Ambrières, 132, 133, 138, 151, 163, 185. — *Ambrières* (*Mayenne*).
Amelinus. Voir Hamelinus.
Amneium, 46. — *Amné* (*Sarthe*).
Americus, frater Petri de Vindocino, 32.
Ameil, Amiel, archevêque de Tours, 248-250, 269-275.
Amiens, 308.
Amignoio (Johannes de), 37.
Amigneium, medietaria, 37. — *Amigné en Changé* (*Sarthe*).
Andegavensis ecclesia, 282.
Andegavensis (Gaufridus), 23.
Andegavensis (P.), presbiter, 30.
Andegavensis, seneschallus, 207, 215.
Andegavis (Radulphus de), capellanus in ecclesia Cenomanensi, 99-101.
Andreas de Cordoen. Voir Cordoen.
Andreas de Vegia. Voir Vegia (Andreas de).
Andreas Mith. Voir Mith.
Anerie. Voir Asinerie.
Angelus Romanus. Voir Romanus.
Angennes (Charles d'), évêque du Mans, 308, 309.
Angers, 13, 293, 318.
Angeu (le comte d'), 76.
Angeu (le roy de Sezile, conte de), 124.
Angleterre (roi d'), 302. — Voir Henricus II.
Anglia, 51, 53. — *L'Angleterre*.
Anisy (Léchaudé d'), 43.
Anjou, 209, 305.
Anjou (Louis I d'), Loys, duc d'Anjou et de Touraine et comte du Maine, roi de Sicile, 208, 209, 212-216, 235-237.
Anjou (Louis II d'), le roi Loys, roi de Jérusalem, fils de Louis I et de Marie de Blois, 250-252.
Anjou (duchesse d'). Voir Blois (Marie de).
Anjou (le bailli d'), 106.

Anmenesches (Julianus ...), 147.
Annonay (seigneur d'). Voir Bourbon (Pierre de).
Ansgerius, subdiaconus, 6.
Araldus Hosa. Voir Hosa.
Ardenaio (Petrus de), Petrus de Ardeneio, de Ardeneyo, canonicus Cenomanensis, 148, 153, 165, 166, 183.
Ardennes (les), 308.
Ardentes Cenomanenses, Domus Dei Ardentium Beatissimi Juliani, Domus Ardencium, l'église, la Maison-Dieu des Ardans, 70, 79, 221-225, 230, 288, 294-299.
Argentonio (Rogerus de), 70.
Argentré, 57 — *Argentré* (*Mayenne*).
Arnaldus, presbiter, 6.
Arnaud, évêque du Mans. Voir Ernaldus.
Arnault (Jehan), prêtre, curé, 249.
Aron (Gervasius de), 27.
Aronio (Nicholaus de), armiger, 111, 112.
Aroon, 96. — *Aron* (*Mayenne*).
Arquené, Arqueneyum, Arquené, 253, 254, 284-292. — *Arquenay* (*Mayenne*).
Arquené (le prieur d'), 253, 254.
Arqueneyo (dominus de), 288.
Arqueneyo (Lysiardus de), 3.
Asinerie, Asnerie, Anerie, Asnières, 2, 32, 42, 43, 49, 59, 60, 80-82, 102, 103, 155. — *Asnières* (*Sarthe*).
Asineriis (Fulcherius de), 3.
Asneriis (Gaufridus major de), 42, 43.
Asneriis (Johannes de), clericus, 63, 64, 82, 83.
Asoriern, in parrochia de Arqueneyo, 289.
Assé (Geoffroy d'), évêque du Mans, Gaufridus, episcopus, 102, 106, 107, 154.
Assé-le-Bérenger. Voir Acceyum.
Astillé (Johannes d'), 283.

Athenay (la chapelle d'), au diocèse du Mans, 226, 227. — *Athenay, ancienne paroisse* (Sarthe).
Ancherus, prior de Castellis, 22, 23.
Aude (Girardus), 37.
Aurel... (P.), 156.
Austroclorensis (Stephanus), subdiaconus, 30.
Auvergne (duc d'). Voir Bourbon (Pierre de).
Auvergne (Macé d'), chanoine du Mans, 227.

Anvilers (Guillelmus d'), 37.
Auxerre, 153.
Auxerre (Étienne d'), 154.
Avaleria (R. de), presbiter, 30.
Avasia, Avoisia, Avoie, Avoise, 170-173. — *Avoise* (Sarthe).
Avaugour (Henri d'), seigneur de Mayenne, 185, 186.
Avignon, 220, 221, 230, 232.
Avoise. Voir Avasia.
Aymericus de Naintre. Voir Naintre.
Azo, decanus Cenomanensis, 120.

B

Baigneux (Gontier de), Gonterus de Balneolis, episcopus Cenomanensis, 215-220, 230.
Baigneux (Lucas de), notaire du roi, chanoine du Mans et de Langres, 220, 226.
Baille (Auffray du), chanoine du Mans, 276, 277.
Balado, 212. — *Ballon* (Sarthe). — Voir Balon.
Balduinus, canonicus Beati Martini, 16, 17.
Balgenciaco (W. de), Willelmus de Beaugencé, subdiaconus, 25, 30.
Ballon. Voir Balado, Balon.
Balne (Symo), 186.
Balneolis (Gonterus de). Voir Baigneux (Gontier de).
Balon (Guillelmus de), conversus Beate Marie de Parco in Charnia, 141-143.
Banum Courre, apud Avoise (?), 171.
Barbate (la), 210.
Bardet, 316.
Barnay. Voir Bernay.
Baro (Petrus), baillivus regis, 47.
Barre (Jehanne de la), femme de Jehan des Escotaiz, 254-256.
Barre (Petrus), 15.

Bartholomeus Orillon. Voir Orillon.
Baruthensis episcopus. Voir Yvreio (Philipus de).
Basoge de Chemiré-le-Roy (la), 290. — *La Bazouge-de-Chemeré* (Mayenne).
Basogiers, Basogier (dominus de), 144-145.
Bassetel, 72. — *La Bantelle* (?) commune d'Épineu-le-Cherreuil.
Baube (Hugo le), 37.
Baugency, Baugenci (Jehan de), ancien official du Mans, avocat, 230, 232.
Baye (de), 253.
Bayeux, 34.
Bayle (Auffray du), chanoine du Mans, 248.
Beata Maria, altare Beate Marie, in ecclesia Cenomanensi, 223.
Beata Maria de Campania Dei. Voir Campania Dei.
Beata Maria de Cultura. Voir Cultura.
Beata Maria de Gordana. Voir Gordana.
Beata Maria de Meduana. Voir Meduana.
Beata Maria de Parco. Voir Parcus.
Beata Maria de Villavart. Voir Villavart.
Beata Maria Magdalena de Hellou. Voir Hellou.

Beatrix, uxor Silvestri de Rupperos, 27, 28.

Beatus Andreas, altare Beati Andree, in ecclesia Cenomanensi, 223.

Beatus Julianus, capitulum, ecclesia, etc. Passim.

Beatus Martinus, ecclesia Beati Martini Turonensis, 16, 17, 19, 284, 292.

Beatus Martinus de Burgo Novo. Voir Burgus Novus.

Beaugencé (Willelmus de). Voir Balgenciaco (W. de).

Beanjeu (seigneur de). Voir Bourbon (Pierre de).

Beaulieu, Biaulieu près le Mans, Bellus Locus, 69, 215, 282. — *L'abbaye de Beaulieu.*

Beaulté, Beauté (Pierre), chanoine du Mans, 313, 315.

Beaumont, Bellus Mons, 50, 278. — *Beaumont-sur-Sarthe (Sarthe).*

Beaumont (Jean I de), fils de Louis de Brienne et de la vicomtesse Agnès, 164.

Beaumont, Ludovicus, filius vicecomitis Bellimontis, 164, 165.

Beaumont (Raoul de), Radulfus, episcopus Andegavensis, 13.

Beaumont (vicomte de), vicecomes Bellimontis, Belli Montis, 50, 52, 165.

Beaumont-Pied-de-Bœuf. Voir Bellus Mons juxta Sanctum Lupum.

Beautemps-Beaupré, 209.

Beauvais, 246.

Beauvoir, 11. — *Bourg-le-Roi (Sarthe).*

Bec Colche (Gervasius), 146, 147.

Becquet (Guillaume), chevalier, 235-239.

Becquet (Jahan), Jehan Bequet, maistre escole de l'église du Mans, 227, 247.

Behart (Jehan), procureur, 268.

Belachuy (Martin), 250.

Belengerius. Voir Berengier.

Belesmo (Guillermus de), inferior ordine, 6.

Belin (Jehan), clerc, 271, 274.

Bellay (Joachim du), 309.

Bellay (Louis du), 308.

Bellay (René du), évêque du Mans, 308.

Bellée (A.), 317, 318.

Bello Visu (Julianus de), presbiter, 167-169.

Bellus Locus. Voir Beaulieu.

Bellus Mons. Voir Beaumont.

Bellus Mons juxta Sanctum Lupum, 119, 120. — *Beaumont-Pied-de-Bœuf (Mayenne).*

Belot, Beloti (Galcherus), canonicus Cenomanensis, 156, 182, 183.

Belotim (Guillelmus), miles, 40.

Belotus Geroesme, 168.

Benedictus, archidiaconus, 30.

Benedictus Boerel. Voir Boerel.

Benedictus [XIII], papa, Petrus de Luna, 281.

Benedictus, sacrista ecclesie Cenomanensis, 165.

Benevenuta, filia Philippi Forestarii, 88-90.

Benoist (Bernin), 308.

Beor (Guillelmus de), 127.

Bequenne (de la), écuyer, 248.

Bequet. Voir Becquet.

Berardus (Petrus), 79.

Beraudi, Beraut (Johannes), canonicus Cenomanensis, 125, 126, 165.

Berengerii (....), 74.

Berengier (Gervese), Gervasius Berengerii, Belengerius, 101, 102, 160, 161, 179, 180.

Berengier, Berengerius, Berengerii (Herbertus), miles, 29, 50-53.

Bernardus (Herbertus), 37.

Bernay, Berneium, 46, 60, 61, 63. — *Bernay-en-Champagne (Sarthe).*

Bernay (Guillemin de), Guilhmin de Barnay, 239-241.

Bernay (Jacques de), 239-241.
Berrays (Macé), 260.
Berruyer (Martin), évêque du Mans, 291.
Berthelot (Jehan), notaire de l'évêché, 274, 275.
Berthelotus Cordis. Voir Cordis.
Bertholius Coce. Voir Coce.
Beschière (Jehan de la), 258, 259.
Bethisy (Jehan de), 227.
Beudin (Jehan), 235-239.
Beyrouth, 31.
Biart (Johannes de), subdiaconus, 30.
Bibare (Johannes), bursarius Capituli, 195.
Bienna (Matheus de), 14.
Bigotière (Guillemette de la), 273.
Binet (Pierre), marchand à la Ferté-Bernard, 313-315.
Blanc Vilain, feodum in parrochia de Capella Horriei Booul, 104.
Blanchard (Johannes), presbiter, 190.
Blancius (Hubertus), 23.
Bloilin (Guillaume), chapelain de Fillé et notaire du doyen du Mans, 245.
Blois (Marie de), reine de Jérusalem et de Sicile, duchesse d'Anjou et comtesse du Maine, 234-239, 250-252.
Boberderie (la), à Arquenay (?), 287.
Bobers (les), à Arquenay (?), 288.
Bocelière (la), feudum et habergamentum, 167. — *La Bousselière, commune d'Izé (Mayenne).*
Bocellus de Chaarelis, 143.
Bocez (les), à Arquenay (?), 289, 290.
Bodart (Jehan), clerc, 230.
Boerel (Benedictus), 103.
Boguer (Hubertus), 62, 84, 85.
Bois (du). Voir Boys (du).
Boissouche (Gervèse), official du Mans, 232.
Bonchamp. Voir Malus Campus.
Bonesseau (Julien), chanoine du Mans, 232.

Bonnet (Pierre), chanoine du Mans, 283.
Bono volatu (Stephanus), 147.
Bononia, 129. — *Bologne (Italie)*
Bonumstabulum, 212. — *Bonnétable (Sarthe).*
Booul (Hamelinus), armiger, 67-69, 99-101.
Bordigalle (Petrus), 181.
Boscardon (le chanoine de), 318.
Boschus Roberti, 171. — *Bois-Robert, à Avoise.*
Bosco (Philippus de), canonicus Andegavensis, 13.
Botet (W.), capellanus Hamelini episcopi, 15.
Bouchard de l'Isle, seigneur de Floré, 256, 257.
Boucleria (Magna, Parva), 289, 290. — *La Bouclerie, commune d'Arquenay (Mayenne).*
Bouhoure (Jamet), sergent du chapitre, 248.
Bouju (Jacques), conseiller du roi, 232, 242.
Bouju (Pierre), 282.
Bouju de Courbeon (Jehan), clerc, 248.
Bouligou (Guillaume), chanoine de Tours, chapelain de Saint-Père en l'église du Mans, 276, 277.
Boullaye (Johannes de), 85.
Boullier (Isidore), 10.
Bourbon (Louis II de), Loys, duc de Bourbonnois, comte de Clermont et de Forès, per et chamberier de France, 233, 234, 264.
Bourbon (Louis de), évêque de Laon et du Mans, 300, 301, 307, 308.
Bourbon (Pierre II de), duc de Bourbon et d'Auvergne, comte de Clermont, de Forez, la Marche, l'Isle en Jourdain, de Villars, seigneur de Beaujeu, Annonay, Roche en Renier, per et chamberier de France, 293, 294.

Bourbonnois (ducs, duché de), 233, 234.

Bourges, 153.

Boutelou (feodum), in parrochia de Capella Horrici Booul, 104.

Bouteville (la mare de), à Arquenay (?), 288.

Bouvier (Pierre), curé du Crucifix, 299.

Bovonis (Nemus). Voir Nemus Bovonis.

Boys, Bois (Jehan du), chanoine du Mans, 227, 239, 248, 252, 256, 257, 268.

Boys (Jacques du). Voir Duboys.

Boz (Herbertus de), 10.

Boz (Mabo de), 10.

Brac (Gaudinus de), miles, 48.

Braeio (Gervasius de), miles, 55-57.

Brains (parrochia de), 194. — *Brains (Sarthe).*

Bray (Richardus de), 127.

Brechia (Michael de), episcopus Cenomanensis, 199-207.

Breil. Voir Brolio (de).

Bretaille (Catherina la), magistra et gubernatrix pauperum Domus Ardentium, 295.

Brin, 207. — *La Brie.*

Briant (dom), 1, 12, 62.

Brienne (Louis de), vicomte de Beaumont, 164.

Brient, chapelain d'Athenay, 226, 227.

Briscia (Guarinus de), 3.

Britannia, 35. — *La Bretagne.*

Brito (Yvonetus), 204, 205.

Britonis (Guillelmus), 157.

Broche (Johannes, Johan), 183-189.

Brolio (medietaria de), la metoerie dou Breil, en la parroisse de Ascé le Bérengier, 184, 186, 187, 189.

Brolio (Gaufridus de), 132-135, 139, 140.

Broussillon (B. de), 59.

Brucil (Jehan du), chanoine du Mans, 248.

Brulonium, 130, 131. — *Brûlon (Sarthe).*

Brunswick (la maison de), 318.

Buaret, 119, 120. — *Le Buret (Mayenne).*

Buaret (Raginaldus de), 119-121.

Buchardus, canonicus Beati Martini, 19.

Bunet (Raginaldus), 171.

Burellus (Guillelmus), 9.

Bures (Guillelmus de), miles, 46, 47.

Buret (le). Voir Buaret.

Buret (Adam), 162, 163.

Burgensis. Voir Burgondio.

Burgondia, relicta defuncti Gaudini de Prulleio, 54.

Burgondio (Egidius), presbiter... Sancti Martini de Sovigniaco, 164.

Burgondio, Burgondion, Burgondus, Burgensis (Stephanus), presbiter, 74, 165, 183.

Burgus Domni Guidonis, 176. — *Le Bourg d'Anguy, au Mans.*

Burgus Novus, Beatus Martinus de Burgo Novo, 31. — *Bourgneuf-la-Forêt (Mayenne).*

Buron (medietaria de), in parrochia de Monte Securo, 143-145. — *Le Haut et le Petit-Buron, commune de Montsûrs (Mayenne).*

Buron (Pierre de), 270.

Bussyaco (Johannes de), 281.

C

C., archidiaconus Cenomanensis, 24.

C. de Lusoriis. Voir Lusoriis (C. de).

Ca... (Hamelinus de), 73.

Cadulciis (Patritius de), miles, dominus de Brulonio, 130, 131.

Caen, 34.

Calanus de Taccio. Voir Taccio (Calanus de).
Calu (Guillelmus), miles, 40.
Campania Dei (Beata Maria de), 19, 20. — *L'abbaye de Champagne, paroisse de Rouez (Sarthe)*.
Cantor, clericus, 15.
Capella (Garinus de), Garinus, archidiaconus de Passaio, de Passeio, de Passays, 147, 156, 165, 183.
Capella (defunctus Johannes de), 36.
Capella (Johannes de), miles, dominus de Capella, 145, 146.
Capella de Prulleio (Richardus), 183.
Capella Gaugein, 41. — *La Chapelle-Gaugain (Sarthe)*.
Capella Horriei Booel, Orriei Boul, Orriei Booul, au Riboul, 103-105, 107, 111, 130. — *La Chapelle-au-Riboul (Mayenne)*.
Carnifex (Martinus), rector ecclesie Sancti Lupi, 155, 156.
Carnotensis (baillivia, ecclesia), 129, 199-202.
Carolus, rex Francie. Voir Charles V.
Carolus septimus. Voir Charles VII.
Carpentarius (Herbertus), 44.
Carta, 198. — *La Chartre-sur-le-Loir (Sarthe)*.
Castellis in Heremo (prior de), 99-101. — Voir Aucherus, Châteaux-l'Hermitage, M., cellarius de Castellis.
Castres (comtesse de). Voir Vendôme (Catherine de).
Castro Giraudi (Garinus et W. de), servientes Hamelini episcopi, 44.
Castrolidi (Julianus de), clericus, 183.
Castrum Lidi, Castrumlidi, Castrum Lith, Chasteau-du-Loir, 1, 2, 99, 100, 148, 156, 157, 165, 170, 176, 182, 183, 190, 220, 227-231, 235, 247, 248, 309. — *Château-du-Loir (Sarthe)*.
Cauchée (l'ostel de), en la rue Saint-Vincent, au Mans, 230.

Cauda Forti (Domus Dei de), 69. — *La Maison-Dieu de Coeffort, au Mans*.
Cauvin (Thomas), 1, 27.
Cecile. Voir Sicile.
Celestinus [III], papa, 17-19.
Cenomanensis comitis (feodum), 79.
Cenomanensis (ecclesia). Passim.
Cenomanum, Cenomani, le Mans. Voir Mans (le).
Cenomanum, le Maine. Voir Maine (le).
Cenomanum, Cenomani, 171, 172. — *Mans, commune de Noyen (Sarthe)*.
Cerge (Johannes de), anno 1258, 74.
Cergeio (Johannes de), anno 1205, 23.
Cergeium, 23. — *Sargé (Loir-et-Cher)*.
Chaareiis (Bocellus de), 143.
Chadelle (Jehan), prêtre, 220.
Chala (Johanna de), soror Radulphi de Ruperrous, uxor Johannis Broche, Johanne de Chale, 183-189.
Champagne (l'abbaye de). Voir Campania Dei.
Champaignes (Guyon de), chanoine du Mans, 219.
Changeium, Changé, 37. — *Changé-lès-le-Mans (Sarthe)*.
Changeium, Changé, 15, 115-117. — *Changé (Mayenne)*.
Chanlay (Jean de), Johannes, episcopus, archidiacre d'Orléans, élu évêque d'Auxerre, évêque du Mans, 153, 154.
Chanoines (la rue des), au Mans, 306, 307.
Chantrineyo (Sanctus Petrus de), Chantgueium, 24, 156. — *Chantrigné (Mayenne)*.
Chaorelis (Herveus de), miles, 60, 61.
Chapelle-au-Riboul (la). Voir Capella Horriei Booul.
Chappon (Jehan), 261.
Charbonnières, feodum, 174-176. — *Fief auprès du Mans (Sarthe)*.
Chardume de Conn (Lucas), 168.

Charles V, roi de France, Carolus, 204, 207-209, 212-214.
Charles VI, roi de France, 233, 244, 250, 251, 266.
Charles VII, roi de France, Carolus septimus, 282, 284.
Charles VIII, roi de France, 294.
Charles IX, roi de France, 311.
Charles de Valois, comte d'Anjou et du Maine, père du roi Philippe VI de Valois, 197.
Charles-Quint, 301.
Charneium, Charnea, Charné, Chimeriacus, 8, 27, 29, 30, 65. — *Charné, commune d'Ernée (Mayenne).*
Charnia, 141. — *La Charnie, contrée du Maine.*
Charcineyum, 99, 100. — *Charchigné (Mayenne).*
Chartre (la). Voir Carta.
Chartres, 305.
Chassillé (Herbertus de), 31, 32.
Chastelain (Adam), évêque du Mans, 244-282.
Chasteletz (les), in parrochia de..., in feodo abbatisse de la Perrigne, 203.
Chasteyo (Havardus de), 168.
Chat (Le). Voir Le Chat.
Château-du-Loir. Voir Castrum Lidi.
Châteaux - l'Hermitage, 22. — Voir Aucherus, Castellis (prior de).
Chaucèche (aqua de), in parrochia de Concha, 90, 91.
Chauvelière (la), 313, 314. — *La Chauvelière, à Saint-Jean-des-Échelles (Sarthe).*
Chauvière (Guillelmus, Guillermus), diaconus, capellanus Crucifixi, 221-225.
Chauvière (Pierre), clerc, 315.
Chaym (Amarricus), 42.
Chelou (Geffroy de), 273.
Cheloux (Pierre, Geffroy et Guillaume les), 272, 273.

Chemiré-le-Roy (la Basoge de). Voir Basoge.
Cherreau (Gervasius de), miles, 127.
Chesiraie (la), 171.
Chesnée (la), medietaria, 57. — *La Chesnaie, à Argentré, Louvigné ou Meslay (Mayenne).*
Chevalerie (la), terre, 57. — *La Chevalerie, à Argentré (?).*
Chevalière (la), 244.
Chimeriacus. Voir Charneium.
Choiseul (le duc de), 318.
Cholet, notaire, 263.
Cité du Mans (la), 236.
Clarel (Henricus), diaconus, 30.
Clarel (R., Raginaldus), canonicus, 25, 30, 42.
Clarmont. Voir Clermont.
Claviger, Clavier (Philippus), 88.
Clavion (Loys), notaire, 275.
Cléey (l'abbaye de), au diocèse de Bayeux, 34.
Cléey (Gilles de), 34.
Clemens [III] papa, 19.
Clément IV, pape, 98.
Clément VII, pape, Clemens septimus, 220, 221, 225, 232.
Clément (Vimont), licencié ès-lois, 306, 307.
Clerc (Robert le), 162, 163.
Clermont (Notre-Dame de), 209, 210. — *L'abbaye de Clermont, commune d'Olivet (Mayenne).*
Clermont, Clarmont (comtes de). Voir Bourbon (Louis et Pierre de).
Clinchamp (Gervais de), archidiacre du Mans, 154.
Clinchamp (Robert de), Robertus de Clino Campo, archidiacre, doyen, chanoine et évêque du Mans, 165, 171, 173, 183.
Cloux Flandrin (le), à Arquenay, 289.
Coce (Bertholius), 81, 82.
Cochelin (Jehan), 260.

Cochon (Michael), clericus, 166.
Coers (aqua de), in parrochia de Capella Horrici Booul, 104.
Coesmes (Brisegaut de), Brigaut de Coymes, chevalier, seigneur de Lucé et de Orte, 259-263.
Coesmes (Nicolas de), seigneur de Lucé, 299.
Coesnon. Voir Coisnon.
Cohon (Denis-Antoine), évêque de Nîmes, 316.
Coiche (Bec). Voir Bec Coiche.
Coignard (Guillelmus), 288.
Cointorius, archidiaconus, 30.
Coisnon (Guillelmus), Willelmus Coesnon, 45-47.
Colinus Collobaut. Voir Collobaut.
Colinus Corage. Voir Corage.
Collobaut (Colinus), 180, 181.
Comitates, in Arqueneyo, 200.
Commez, Comez, 108-110, 255. — Commer (Mayenne).
Compiègne, 316.
Conca, Concha, 78, 90-92. — La Croixille (Mayenne).
Condreto (habergamentum de), in parrochia de Asneriis, 82.
Congeio (Johannes de), miles, 148, 149.
Conn (Lucas Chardune de), 168.
Connæ (Guillon de), 168.
Connæ (Sanctus Martinus de), Connée, 157-160, 261. — Saint-Martin-de-Connée (Mayenne).
Constance (évêque de). Voir Olivier (Richard).
Contilli, 154. — Contilly (Sarthe).
Coq (Michiel), Michel le), bailli du Chapitre, 266, 267.
Corage (Colinus), 147.
Coranis (Johannes de), miles, 127.
Corbuon. Voir Courbeon.
Cordler (Philippus), 72.
Cordis (Berthelotus), 127.
Cordoen, feudum in parrochia de Izeio,

62, 73. — Cordouan, commune d'Izé (Mayenne).
Cordoen (Andreas de), miles, 62, 63.
Cormeilles (Bureau, Burellus de), doyen de Saonnois, 252, 253.
Cormes, Corme, 98, 127, 226, 313. — Cormes (Sarthe).
Cormis (Guillelmus Majoris de), miles, 98.
Cormis (Nicholaus de), 147.
Cormere, 19. — Cormery (Indre-et-Loire).
Cornart (Gervasius), 172.
Cornillel (Guillelmus), 133, 134.
Cornillel (Michael), clericus, 164.
Cornule (Matheus), 126.
Cortimont (Guillelmus, Guillaume de), 76, 77, 84.
Corulo (Julianus de), canonicus, 165.
Corvaisier (Gervasius le), 287, 288.
Cosdun (Aimery de), abbé de la Trinité de Vendôme, 283.
Cote (Hugo de), miles, 72.
Cou (Stephanus le), 194.
Couanier de Launay, 281.
Couchamp (Guillaume de), chevalier, 76.
Coulaines, 219. — Coulaines (Sarthe).
Coulenz, 194. — Coulans (Sarthe).
Courbeon, 248. — Corbuon, commune de Villaines-sous-Lucé (Sarthe).
Courgenard. Voir Curia Genaldi.
Courre (Banum). Voir Banum Courre.
Courtilagii (plancke), à Arquenay (?), 288.
Coustel (Guy), chanoine de Noyon, 248.
Coustart (Thomas), 108.
Couture (la). Voir Cultura.
Couvenant (Johannes), magister Ardenthum, 221-225.
Covron (nemus de), 19. — La forêt des Coëvrons (Sarthe et Mayenne).
Coymes. Voir Coesmes.
Cramaut (Guillermus de), canonicus Remensis et Cenomanensis, 101, 102.
Crapaut (vinea de), 70. — Vignes entre

le Mans et Coulaines, au bas du Baujean
Criagiis (Guillelmus de), presbiter, 23, 73.
Cripta (Yvo de), 2.
Crispus (Hugo), 3.
Croixille (la). Voir Conca.
Crolois (Gauguengnus), 37.
Crote (la), 290. — *La Cropte (Mayenne)*. — Voir Cripta (Yvo de).
Cruchet (Robertus de), clericus, 157.
Crucifixi Cenomanensis (capellani, ecclesia, parrochia), 224-225, 294-299. — *Le Crucifix, ancienne paroisse dans la cathédrale du Mans.*
Cu... (Robertus de), 21.
Cultura (Sanctus Petrus, Beata Maria de) 4, 46, 70, 106, 147, 170-173, 215. — *La Couture, paroisse et abbaye, au Mans.*
Curia (Enjoubaut de), 168.
Curia (Fulco Textor de), 168.
Curia (Mauricius de), 168.
Curia Cesaris (Hamelinus de), canonicus Cenomanensis, 69, 74, 98.
Curia Genaldi, Curia Genardi, Curiagenart, Corgenart, Courtgenard, 86, 127, 150, 180, 181, 312-315. — *Courgenard (Sarthe).*
Curia Genaldi (Petrus Major de), 150, 151.
Curiagenart (Thomas de), 117.
Custodia (Guillelmus de), 168.
Cypri (regina). Voir Alicia.

D

Dalibart (Galterus), 168.
Dalibart (Raginaldus, Raginardus), 157-160.
Dalphiné de Viennois (le), 208, 209.
Daniel, nepos Roberti de Follis, 7.
Davy (Jehan), 249.
Dazel (Johannes), diaconus, 30.
Debennier (Jehan) chanoine du Mans, 227.
Delisle (Léopold), 2-4, 9, 12, 20, 39, 40, 44-46, 98, 152, 155, 165.
Denis (abbé Louis), 35.
Denizot (Jehan), 306, 307.
Dentu (Regnault le), 264, 265.
Derue (Macé), sergent à Évron, 239.
Desbois (Méry), notaire, 306.
Dignami (dominus). Voir Meduana (Juhellus de).
Diguet (Gervaise), sous-chantre de l'église du Mans, 284.
Dionisii. Voir Dyonisius.
Dives (Hugo), miles, 83.
Dobert (Symo de), 60, 80.
Doillet (Richardus, Ricardus), 59, 60, 80, 81.
Doit (Radulphus de), 37.
Dolensis episcopus. Voir Johannes.
Dollet (Recherius), 155.
Dollet (Stephanus), 155.
Domfront (Robertus de), Robertus, decanus Cenomanensis, 43, 44, 50-52, 55-57, 66, 78, 83.
Domni Guidonis (burgus). Voir Burgus Domni Guidonis.
Donardière (la), la Douardière, pré à Arquenay, 289, 290.
Dorela, 58, 59. — *La Dorée (Mayenne).*
Douvre (Geoffroy de), abbé de Savigny, 19, 20.
Drapier (Guillelmus, Guillermus le), rector ecclesie de Vallonio, 171, 173.
Drean (Piere), Pierre Drian, religieux de Saint-Julien de Tours, prieur de la Milesse, 263-265, 268, 269.
Dubere (Jehan), procureur de la comtesse de Vendôme, 259.

Duboys (Jacques), chanoine du Mans, 306.
Dulanus, clericus, 15.
Dunensis (archidiaconatus), 199.
Durandus Enjobunt. Voir Enjobunt.

Durel, curatus ecclesie de Cormis, 226.
Dyonisia, uxor Petri Abane, 69-71.
Dyonisius Quentini. Voir Quentini.
Dyonisius, Dionisii (Raginaldus), 60, 80.

E

Ebrardus, testis, 2.
Ebrardus, cantor. Voir Rainardus, cantor.
Ebriacus, Yvré-l'Évêque, 44, 154, 219. — *Yvré-l'Évêque (Sarthe)*.
Ebronum, Ebronium, Everon, Eivron, Esvron, Evron, 16, 18, 19, 24, 94, 95, 146, 162, 238. — *Évron (Mayenne)*.
Egidia, uxor Guillelmi de Pauceit, 117.
Egidius Burgondio. Voir Burgondio.
Egidius de Ponçay, de Poçay. Voir Ponçay.
Egidius Le Roy. Voir Le Roy.
Eglis (Julianus de), 147.
Eglis (P. de), canonicus Cenomanensis, 127.
Elemosina (locus qui dicitur), apud Yzeium (?), 63.
Engoufer (le lieu appellé), au Mans, 236.
Enjobunt (Durandus), 168.
Enjoubaut de Curia. Voir Curia.
Épau (l'abbaye de l'), 63.
Épineu-le-Chevreuil. Voir Espinus.
Erchenulphus, pater Roberti, 3.
Erenburgis de Mirré. Voir Mirré.

Erenburgis, uxor Petri Grossi Pedis, 117, 118.
Ermenault (François), 308.
Ernaldus, episcopus Cenomanensis, 3, 4.
Erneia, Ernia, 44, 65. — *Ernée (Mayenne)*.
Eschart (Johannes), canonicus Turonensis, 284-292.
Eschart (Johannes), nepos Johannis Eschart, canonici, 285.
Escotaiz (Jehan des), 254-256.
Esgaretus, capellanus, 9.
Espaulart (d'), 196, 234, 299, 308, 309.
Espinoi (Petrus de), capellanus, 33, 34.
Espinus, Spinus, Espineou, Espineau, Espinoi, 25, 31-34, 39, 72. — *Épineu-le-Chevreuil (Sarthe)*.
Essartis (Johannes de), miles, 47.
Estienne..., chanoine du Mans, 283.
Estoile (Pierre de l'), 312.
Étampes (Guy d'), évêque du Mans, 6.
Étienne d'Auxerre. Voir Auxerre (Étienne d').
Évron. Voir Ebronum.
Exqueulx (Jehan des), 241.

F

F., scolasticus, 183.
Fabri (Ymbertus), 156.
Facey (P. de), 34.
Farias (Michiel), chanoine du Mans, 227.
Fay, 240-242. — *Fay (Sarthe)*.

Fennois (Gervaise), 239.
Ferceium, 53, 54. — *Fercé (Sarthe)*.
Feritas Bernardi, la Ferté-Bernard, 164, 313.
Fèvre (Jehan le), official du Mans, 264, 265.

Feyau (la Tour), au lieu appellé Engoufer, devant l'église aux Jacobins, 236, 237.

Feye (Johanna la Renaude de la), 168.

Fillé, 244, 245. — *Fillé (Sarthe)*.

Flament (Arnoul le), archidiacre de Montfort, 248.

Flandrensis (Galterus), serviens Hamelini episcopi, 14.

Flandrin (le Cloux), à Arquenay, 289.

Fléchart (Michel), 261.

Floré, 256.

Florencia, 193. — *Florence (Italie)*.

Florus (Guillelmus), 103.

Focogier, 23.

Foeye (Lucas de la), 168.

Follis (Robertus de), presbiter Beate Marie de Meduana, 7.

Fons Bliaudi, 44. — *Fontainebleau (Seine-et-Marne)*.

Fons Gehardi, 14. — *Fontaine-Géhart, prieuré de Marmoutier, à Châtillon-sur-Colmont (Mayenne)*.

Fonte (Petra de). Voir Petra de Fonte.

Fontenay, abbaye au diocèse de Bayeux, 34.

Foques de Mathefelon. Voir Mathefelon.

Foresta (Johannes de), canonicus Cenomanensis, 281.

Foresta (Symo de), servitor ecclesie Cenomanensis, 226.

Forestarius (Philippus), 88-90.

Forez, Forés (comtes de). Voir Bourbon (Louis et Pierre de).

Forges (Pierre de), maître des requêtes de l'hôtel du roi, archidiacre de Château-du-Loir, 220, 227, 231, 235-239, 247.

Forgils (Guillermus de), canonicus, 199-203.

Fougerolis (Vivianus de), 3.

Fouque de Sazé. Voir Saceyo (Fulco de).

Fournier (Thibaut), Thebaut Lefournier, Theobaldus Furnerius, canonicus et succentorius ecclesie Cenomanensis, 227, 236, 278-281.

Fovea (vinea de), in parrochia de Curia Genaldi, 180.

Frambaut (Jehan), 250.

Francia, la France, 97, 228, 233.

François Ier, roi de France, 300-308.

François II, roi de France, 308, 309.

Francus (Ivo), testis, 3.

Frapen (Jehan), curé de Fay, 240-242.

Freslon (Gaufridus), canonicus et episcopus Cenomanensis, 69, 85, 96, 97.

Fretes monseignor Saint Julien (les), entre les igleses de Seint Jorge sur Arve et l'iglese de Vontré et l'iglese de Acé et la forest de Evron, 162, 163.

Frette (la), en Saint-Martin-de-Connée, 261.

Froger (abbé Louis), 63.

Frogerius, inferior ordine, 6.

Frotinerii (de Monte). Voir Monte Frotinerii (de).

Froullay (Charles de), évêque du Mans, 318.

Fulcherius de Asineriis. Voir Asineriis (Fulcherius de).

Fulcherius, frater Hugonis de Orenga, 3.

Fulco de Landa. Voir Landa (Fulco de).

Fulco de Saceyo. Voir Saceyo (Fulco de).

Fulco de Vaccio, Vaccius. Voir Vaccio (Fulco de).

Fulco, decanus Cenomanensis, 4.

Fulco Textor de Curia. Voir Curia.

Fulcoinus Rufus. Voir Rufus.

Fulcoius, archipresbiter, 6.

Fulcolinus, testis, 2.

Fulcradus, cantor capituli Cenomanensis, 4.

Fulgerius, archidiaconus, 6.
Furcy (Enguerrant de), chanoine du Mans, 248.

Furnerius (Philipus), 181.
Furnerius (Theobaldus). Voir Fournier.

G

G., archidiaconus Cenomanensis, 98.
G., archidiaconus de Lavalle, 147.
G., cantor Andegavensis, 43.
G. de Lusoriis. Voir Lusoriis (C. de).
G. de Mota. Voir Mota (G. de).
G. de Sancto Lupo. Voir Sancto Lupo (G. de).
G., laicus, filius G. de Sancto Lupo, 24.
G..... Merienne. Voir Merianne.
Gabronensis, Gevronensis (decanus), decanus de Galbonio, 15, 112, 177. — Voir Ranulphus.
Galcherus Belot, Beloti. Voir Belot.
Galerne (terra de), in decimana de Spino, 32.
Gallicana (ecclesia), 225.
Galterus Dalibart. Voir Dalibart.
Galterus Flandrensis. Voir Flandrensis.
Galterus Ranulphus. Voir Ranulphus.
Garinus, archidiaconus de Passeio. Voir Capella (Garinus de).
Garinus de Accio. Voir Accio (Garinus de).
Garinus de Capella. Voir Capella (Garinus de).
Garinus de Castro Giraudi. Voir Castro Giraudi (Garinus de).
Garinus de Mellejo. Voir Mellejo (Garinus de).
Garinus, frater Ranulphi decani, 15, 16.
Garinus, Guarinus Menardi. Voir Menardi.
Garnerius, inferior ordine, 6.
Garnerius Perier. Voir Perier.
Gaste (la dime de la), 210.
Gaudinus de Brae. Voir Brae.
Gaudinus de la Praelle. Voir Praelle.

Gaudinus de Prulleio, de Prulliaco, de Pruillé. Voir Prulleio (Gaudinus de).
Gaufridus Andegavensis. Voir Andegavensis.
Gaufridus, archidiaconus Cenomanensis, 74.
Gaufridus, archidiaconus de Lavalle, canonicus, 64, 65, 81.
Gaufridus de Albigneio. Voir Albigneio (Gaufridus de).
Gaufridus de Brolio. Voir Brolio (Gaufridus de).
Gaufridus de Javanderia. Voir Javanderia (Gaufridus de).
Gaufridus de Lato Nemore. Voir Lato Nemore (Gaufridus de).
Gaufridus de Lauduno. Voir Lauduno (Gaufridus de).
Gaufridus de Lavalle. Voir Lavalle (Gaufridus de).
Gaufridus de Liboys. Voir Liboys.
Gaufridus de Monte Basonis. Voir Monte Basonis (Gaufridus de).
Gaufridus de Mota. Voir Mota (Gaufridus de).
Gaufridus de Nannetis, Nannetensis. Voir Nannetis (Gaufridus de).
Gaufridus de Radonraio. Voir Radonraio (Gaufridus de).
Gaufridus de Sancto Bricio. Voir Sancto Bricio (Gaufridus de).
Gaufridus de Torigné. Voir Torigné (Gaufridus de).
Gaufridus, decanus Ebroniensis, Ebroni, 18, 19.
Gaufridus episcopus. Voir Assé (Geoffroy d'), Freslon (Gaufridus), Lau-

duno (Gaufridus de), Lavalle (Gaufridus de).
Gaufridus, filius Ereinburgis de Mirré, miles, 24, 25.
Gaufridus Freslon. Voir Freslon.
Gaufridus Hubert. Voir Hubert.
Gaufridus le Valet. Voir Valet.
Gaufridus Major de Asneriis. Voir Asneriis (Gaufridus major de).
Gaufridus Mauveter. Voir Mauveter.
Gaufridus Morin. Voir Morin.
Gaufridus Senescalus, Seneschalus. Voir Senescalus.
Gaufridus Tholomei. Voir Tholomei (Gaufridus).
Gauguengnus Crolois. Voir Crolois.
Gauter (Yvo), 72.
Gautier, archidiacre de Lisieux, 44.
Gautier, de parrochia de Coulenz, 191.
Gautier (Guillaume), chanoine du Mans, 238, 248.
Gautier, 310
Ganzbertus, testis, 2.
Geffridus de Roselo. Voir Roselo (Geffridus de).
Geguet, pour Becquet, 239.
Gémarcé, 103.
Generaye (la), 313, 314.
Geoffridus, decanus, 37.
Geoffroy d'Assé. Voir Assé (Geoffroy d').
Geoffroy de Douvre. Voir Douvre (Geoffroy de).
Geoffroy de Loudun. Voir Lauduno (Gaufridus de).
Geoffroy de Saint-Brice. Voir Sancto Bricio (Gaufridus de).
Geoffroy le Meingre. Voir Meingre (Geoffroy le).
Georgius de Usaglis, d'Usages. Voir Usaglis (Georgius d').
Geré (Guillelmus), miles, Guillaume Geré, chevalier, 132-134, 138, 185.
Germani (Johannes), canonicus, 201-203.

Geroesme (Belotus), 168.
Geroyus, testis, 2.
Gervais de Clinchamp. Voir Clinchamp (Gervais de).
Gervaise de Mayenne. Voir Meduana (Johanna de).
Gervasius, archidiaconus, 6.
Gervasius Bec Coiche. Voir Bec Coiche.
Gervasius Berengerii, Belengerius. Voir Berengier.
Gervasius Cornart. Voir Cornart.
Gervasius de Aron. Voir Aron.
Gervasius de Bracio. Voir Bracio (Gervasius de).
Gervasius de Cherreau. Voir Cherreau (Gervasius de).
Gervasius de Logis. Voir Logis (Gervasius de).
Gervasius de Medietariis. Voir Medietariis (Gervasius de).
Gervasius de Prulleio, de Prulliaco. Voir Prulleio (Gervasius de).
Gervasius, episcopus Cenomanensis, Cenomannorum pontifex, 2, 3.
Gervasius, filius Hugonis, miles, 43, 47.
Gervasius, frater Ramulphi decani, 15, 16.
Gervasius Goyet. Voir Goyet.
Gervasius Ribole. Voir Ribole (Gervasius).
Gervasius Tholomei. Voir Tholomei (Gervasius).
Gervese Berengier. Voir Berengier.
Gevronensis. Voir Gabronensis.
Gilles de Clécy. Voir Clécy.
Ginart (Hamelinus), 168.
Giordana. Voir Gordana.
Giraldus, Girard (Julianus), canonicus Cenomanensis, 192, 193, 195.
Girardus Aude. Voir Aude.
Girardus Rubeus. Voir Rubeus.
Glogio, Glogio (Jehan de), chanoine du Mans, 219, 220, 248.

Gonterus de Balneolis. Voir Baigneux (Gontier de).
Gordana (Beata Maria de), Giordana, 70, 126. — *Notre-Dame de Gourdaine*, au Mans.
Gorron, 272. — *Gorron (Mayenne)*.
Goscelinus, senescalus, 3.
Gougeul (Pierre), évêque du Mans, 196.
Goupil (Perrin), 245.
Goupil, 290.
Gourdon (Jean), chanoine du Mans, curé du Grand-Oisseau, 316.
Goyet (Gervasius, Gervaise), canonicus Cenomanensis, 225, 226, 256, 281.
Goyet (Johannes), clericus, 222.
Gradulfus, archidiaconus, 6.
Grand-Oisseau (le), 316. — *Le Grand-Oisseau (Mayenne)*.
Grand Saint-Pierre (la paroisse du), au Mans, 312.
Grandmaison (de), 154.
Gravella, 10. — *La Gravelle (Mayenne)*.
Gregorius [IX], papa, 35.
Grenor, 115-117. — *Grenoux (Mayenne)*.
Grésille (G.), 263.
Gressus, 106, 107. — *Le Grez (Sarthe)*.
Grignon (Julianus), J. Gringnon, canonicus Cenomanensis, 166, 183.
Grillo (R.), canonicus Andegavensis, 13.
Grossay (Jehan de), ou plutôt Grassay, clerc, 258, 259.
Grosserie (la), à Arquenay (?), 287.
Grossus Pes (Petrus), 117, 118.
Guandalbertus, 4.
Guarinus de Briscia. Voir Briscia.
Guarinus de Mehodin. Voir Mehodin.
Guarinus Menardi. Voir Menardi.
Guarinus. Voir Garinus.
Guenart (Odo), 82.
Guérant (Jehan), 260.
Guerchia, 89. — *La Guierche (Sarthe)*.
Guerchia (Robertus de), capellanus, 21.
Guerchia. Voir Guirchia.

Guérin (Guillaume), 261.
Guerinus Rousart. Voir Rousart.
Guethin (Uncherus), 204.
Guiart (Richard), 88.
Guido de Lavalle. Voir Laval.
Guido de Maumouceaux. Voir Maumouceaux.
Guido, precentor, 6.
Guido, rector, 21.
Guido, subdiaconus, 6.
Guido, 23.
Guidonis (Burgus Domni). Voir Burgus Domni Guidonis.
Guihomardus, 10.
Guillaume de Cortimont. Voir Cortimont.
Guillaume de Couchamp. Voir Couchamp.
Guillaume de la Rosière. Voir Rosière (Guillaume de la).
Guillaume de Lomont. Voir Lomont.
Guillaume de Passavant. Voir Passavant.
Guillaume de Poillé. Voir Poilleio (Guillelmus de).
Guillaume de Sillé. Voir Sillé.
Guillaume des Vaus. Voir Vaus (Guillaume des).
Guillaume, doyen du chapitre, 1.
Guillaume Geré. Voir Geré.
Guillaume Messager. Voir Messager.
Guillaume Roil. Voir Roil.
Guillelmus, abbas Savigneii, 19.
Guillelmus Ade. Voir Ade.
Guillelmus Agogne. Voir Agogne.
Guillelmus archidiaconus, Cenomanensis, 49.
Guillelmus Belotini. Voir Belotini.
Guillelmus Britonis. Voir Britonis.
Guillelmus Burellus. Voir Burellus.
Guillelmus Calu. Voir Calu.
Guillelmus Chauvière. Voir Chauvière.
Guillelmus, claviger domini de Prulliaco, 181.

Guillelmus, clericus, 46.
Guillelmus Coisnon. Voir Coisnon.
Guillelmus Cornillel. Voir Cornillel.
Guillelmus d'Auvilers. Voir Auvilers.
Guillelmus de Balon. Voir Balon.
Guillelmus de Beor. Voir Beor.
Guillelmus de Bures. Voir Bures.
Guillelmus de Custodia. Voir Custodia (Guillelmus de).
Guillelmus de Cortimont. Voir Cortimont.
Guillelmus de Criagiis. Voir Criagiis (Guillelmus de).
Guillelmus de Moncuchet. Voir Moncuchet.
Guillelmus de Pauceit. Voir Paucet.
Guillelmus de Poilleio. Voir Poilleio (Guillelmus de).
Guillelmus de Pollet. Voir Pollet.
Guillelmus de Templo. Voir Templo (Guillelmus de).
Guillelmus de Vinea. Voir Vinea (Guillelmus de).
Guillelmus, decanus Cenomanensis, 127.
Guillelmus, decanus de Lavalle, 117.
Guillelmus, episcopus. Voir Passavant (Guillaume de), Rolland (Guillaume).
Guillelmus, filius Johannis de Congeio, 149, 150.
Guillelmus, filius Philippi Forestarii, 88-90.
Guillelmus Florus. Voir Florus.
Guillelmus Geré. Voir Geré.
Guillelmus Hurel. Voir Hurel.
Guillelmus Jovin. Voir Jovin.
Guillelmus Lebovereu. Voir Lebovereu.
Guillelmus, Guillermus le Drapier. Voir Drapier.
Guillelmus Louet. Voir Louet.
Guillelmus Major de Cormis. Voir Cormis (Guillelmus Major de).
Guillelmus Meriane. Voir Meriane.

Guillelmus Mocet. Voir Mocet.
Guillelmus Multor. Voir Multor.
Guillelmus Paucet, de Pauceit. Voir Paucet.
Guillelmus, Guillermus, persona de Conca, 77, 78.
Guillelmus, prior Beate Marie de Parco in Charnia, 141, 142.
Guillelmus, prior de Roizeio, 170, 171, 173.
Guillelmus, rector ecclesie de Lato Nemore, 90-92.
Guillelmus Ribole. Voir Ribole.
Guillelmus Roil. Voir Roil.
Guillelmus Rolland. Voir Rolland.
Guillelmus Ronce. Voir Ronce.
Guillelmus Vilicus. Voir Vayer (Guillaume le).
Guillelmus, 113.
Guillermus de Belesmo. Voir Belesmo (Guillermus de).
Guillermus de Cramaut. Voir Cramaut.
Guillermus de Forgiis. Voir Forgiis (Guillermus de).
Guillermus de Rulliaco. Voir Rulliaco (Guillermus de).
Guillermus de Sancto Lupo. Voir Sancto Lupo (Guillermus de).
Guillermus, diaconus, 6.
Guillermus, dominus Silinei, 49.
Guillermus Heusart. Voir Heusart.
Guillermus, inferior ordine, 6.
Guillermus le Roy. Voir Le Roy (Guillermus).
Guillermus, pater Guilelmi episcopi Cenomanensis, 8.
Guillermus. Voir Guillelmus.
Guillet (Johannes), 280.
Guillon de Conne. Voir Conne.
Guilloneau (relicta defuncti), 181.
Guiomeau (Jehan), 260.
Guirchia (Johannes de), 37.
Guirchia. Voir Guerchia.
Guiter, presbiter, 13.

Guy d'Étampes. Voir Étampes (Guy d').
Guy de Laval. Voir Laval.

Guyon de Champaignes. Voir Champaignes.

H

H., archidiaconus Montisfortis. Voir Hamelinus, archidiaconus.
H. de ...., 156.
H. de Tesval. Voir Tesval.
H., decanus Ebronensis, 16.
Haimericus de Sancto Aniano. Voir Sancto Aniano (Haimericus de).
Haimisia, Hamisia, relicta defuncti Johannis de Congeio, 148-150.
Haimo de Lavalle. Voir Laval.
Hainricus [I], rex Francie, 2.
Halbertus, testis, 2.
Halduinus. Voir Harduinus.
Hamelin (le privilège de), 247.
Hamelinus, H., archidiaconus Montisfortis, 74, 157.
Hamelinus, archipresbiter, 6.
Hamelinus Booul. Voir Booul.
Hamelinus, Hemmelinus, cantor Cenomanensis, 127, 148, 156, 157, 161, 165, 173, 174.
Hamelinus de Ca.... Voir Ca....
Hamelinus de Curia Cesaris. Voir Curia Cesaris.
Hamelinus de Plessiaco, de Plesseiaco, de Pleseyaco. Voir Plessiaco (Hamelinus de).
Hamelinus de Uxello. Voir Uxello (Hamelinus de).
Hamelinus de Visouart. Voir Visouart.
Hamelinus, episcopus Cenomanensis, 13, 14, 17-19, 24, 26, 27.
Hamelinus Ginart. Voir Ginart.
Hamelinus Hurtaut. Voir Hurtaut.
Hamelinus, presbiter de Changé, 15.
Hamelinus, rector ecclesie Sancti Dyonisii de Merleio, 124, 125.
Hameri Sarradin. Voir Sarradin.

Hamericus, archidiaconus Montisfortis. Voir Sancto Aniano (Haimericus de).
Hamericus, archipresbiter de Monteforti, 15.
Hamericus de Parcen. Voir Parcen.
Hamericus Quetron. Voir Quetron.
Hamisia. Voir Haimisia.
Hamon de Laval. Voir Laval.
Hantelle (la). Voir Bassetel.
Haois (Johannes), 168.
Harbertus, locum comitis obtinens, 3.
Hardenge (Johannes), 168.
Hardi (Nicholaus), clericus, 164.
Hardoinus, frater Guillelmi Ronce, 37.
Harduinus, Halduinus, decanus Cenomanensis, Hardouin, 6, 7, 9.
Hasnido (feodum de), 67. — *Le Hazay, en Saint-Christophe-du-Jambet (Sarthe).*
Hauréau (Barthélemy), 62, 91.
Havardus de Chasteyo. Voir Chasteyo (Havardus de).
Havre (Gieffroy le), 250.
Hel..., 298.
Hélie, prieur de la Roche-Beaucourt, 9.
Hellou (Beata Maria Magdalena de), 170, 173. — *Hellou (Orne).*
Hemmelinus. Voir Hamelinus.
Henri d'Avaugour. Voir Avaugour.
Henricus Clarel. Voir Clarel.
Henricus de Pruleio. Voir Pruleio (Henricus de).
Henricus de Tesval. Voir Tesval.
Henricus [II], rex Anglie, 44, 51, 53.
Henricus, subdiaconus, 30.

Hérault (Jehan), chanoine du Mans, 312, 313, 315.
Hérault (la rue), Héraud, au Mans, 199, 237.
Herbertus Berengerius, Berengerii, Berengier. Voir Berengier.
Herbertus Bernardus. Voir Bernardus.
Herbertus, canonicus, 9.
Herbertus Carpentarius. Voir Carpentarius.
Herbertus, clericus, 16-19.
Herbertus de Boz. Voir Boz.
Herbertus de Chassillé. Voir Chassillé.
Herbertus do Pas. Voir Pas.
Herbertus, Herbert Russel. Voir Russel.
Herbertus, 9.
Heremus Abane, medietaria, 69, 71.
Hermeniardis, filia Hugonis, 43.
Hersendis, uxor Haimonis de Lavalle, 3.
Herveus de Chaorciis. Voir Chaorciis (Herveus de).
Heusart (Guillermus), 203.
Hilbertus, monachus Sancti Martini, 4.
Hisbertus, testis, 2.
Horp (parrochia de), 177, 178. — Le Horps (Mayenne).
Hosa (Araldus), 3.
Hubert (Gaufridus), 168.
Hubertus Blancius. Voir Blancius.
Hubertus Boguer. Voir Boguer.
Hubertus Ribole. Voir Ribole.
Hubertus, testis, 2.
Huet (Radulfus), 186.
Hugo Crispus. Voir Crispus.
Hugo de....., 74.
Hugo de Cote. Voir Cote (Hugo de).
Hugo de Marceio. Voir Marceio (Hugo de).
Hugo de Momortier. Voir Momortier (Hugo de).
Hugo de Nandolio. Voir Nandolio (Hugo de).
Hugo de Orenga. Voir Orenga (Hugo de).
Hugo de Pratis. Voir Pratis (Hugo de).
Hugo, decanus Capituli Cenomanensis, 5, 6.
Hugo Dives. Voir Dives.
Hugo, filius Gaufridi Majoris de Asneriis, 42, 43.
Hugo, filius Haimonis de Lavalle, 3.
Hugo, frater Araldi Hose, 3.
Hugo le Baube. Voir Baube.
Hugo, nepos Ranulphi decani, 15, 16.
Hugo, pater Gervasii militis, 47.
Hugo Renel. Voir Renel.
Hugo, vicarius, 3.
Hugues de Saint-Calais. Voir Saint-Calais (Hugues de).
Hurel (Guillelmus), 128, 129.
Hurtaut (Hamelinus), 63, 64.
Hyldebertus, testis, 2.
Hyrebec (Thomas), 176.

I

Infans (Robertus), archidiaconus de Passeio, 98-101.
Infans (Vivianus), miles, 57.
Inguinus, testis, 2.
Innocens (l'évêque des), 229.
Innocentius [VIII], papa, 290.
Insula, 70.
Isle (Bouchard de l'), seigneur de Floré, 256, 257.
Isle en Jourdain (comte de l'). Voir Bourbon (Pierre de).
Iverny (Jehan d'), notaire de l'archevêque de Tours, 275.

Ivo Francus. Voir Francus.
Ivo, magister scolarum, 9.

Ivo, presbiter, 6.
Izcium, Izé. Voir Yzcium.

J

J. Grignon. Voir Grignon.
J., subdecanus, 16.
Jacobins (l'église des), au Mans, 236.
Jacobus, abbas Sancti Petri de Cultura, 170-174.
Jacobus Poideniers. Voir Poideniers.
Jaguemin (Jehan), chanoine de Saint-Pierre-de-la-Cour du Mans, 248.
Javanderia (Gaufridus de), 14.
Javron. Voir Gabronensis.
Jean de Chanlay. Voir Chanlay.
Jean, doyen du Chapitre du Mans, 161.
Jean, duc de Normandie et comte du Maine, plus tard Jean II le Bon, roi de France, le feu Jehan, 196, 199, 237.
Jeffray le Seneschal. Voir Senescalus (Gaufridus).
Jehan Bodart. Voir Bodart.
Jehan de Gliogio. Voir Gliogio.
Jehan, prêtre, 284.
Jehan (le feu roi), 237. Voir Jean, duc de Normandie et comte du Maine.
Jeremias, canonicus, 61.
Jérusalem, Jherosolima, Jherusalem, Jehrusalem, 1, 2. Voir Blois (Marie de), Anjou (Louis II d').
Jeudon (Jehan), 260.
Jofroy, Jouffroi des Roches. Voir Roches (Jofroy des).
Johanna de Chala. Voir Chala (Johanna de).
Johanna de Meduana. Voir Meduana (Johanna de).
Johanna la Renaude de la Feye. Voir Feye.
Johanna, relicta defuncti Lanberti de Nemore, 112.

Johanna, uxor Raginaldi Dalibart, 158.
Johanna, uxor Vincentii Mercenarii, 166.
Johannes, archiepiscopus Turonensis, 154.
Johannes, archipresbiter de Troo, 15.
Johannes Beraudi, Beraut. Voir Beraudi.
Johannes Bibare. Voir Bibare.
Johannes Blanchard. Voir Blanchard.
Johannes, Johan Broche. Voir Broche.
Johannes Couvenant. Voir Couvenant.
Johannes Dazel. Voir Dazel.
Johannes de Amigneio. Voir Amigneio (Johannes de).
Johannes de Asneriis. Voir Asneriis (Johannes de).
Johannes de Biart. Voir Biart.
Johannes de Boullayo. Voir Boullayo (Johannes de).
Johannes de Capella. Voir Capella (Johannes de).
Johannes de Cerge. Voir Cerge (Johannes de).
Johannes de Cergeio. Voir Cergeio (Johannes de).
Johannes de Chanlay. Voir Chanlay.
Johannes de Congeio. Voir Congeio (Johannes de).
Johannes de Coranis. Voir Coranis (Johannes de).
Johannes de Essartis. Voir Essartis (Johannes de).
Johannes de Guirchia. Voir Guirchia (Johannes de).
Johannes de Longue Esneite, de Lungue Esnaite, de Longue Esneyte. Voir Longue Esneite.

Johannes de Meldis, Meldensis. Voir Meldis (Johannes de).
Johannes de Nuilleyo. Voir Nuilleyo (Johannes de).
Johannes de Roez. Voir Roez.
Johannes de Roorta. Voir Roorta (Johannes de).
Johannes de Sancto Sansone. Voir Sancto Sansone (Johannes de).
Johannes de Susa. Voir Susa (Johannes de).
Johannes de Vegia. Voir Vegia (Johannes de).
Johannes de Vindocino. Voir Vindocino (Johannes de).
Johannes de Chanlay. Voir Chanlay.
Johannes, episcopus Cenomanensis. Voir Chanlay.
Johannes, episcopus Dolensis, 24.
Johannes, filius Hugonis, 43.
Johannes, frater Gaufridi de Lato Nemore, 92.
Johannes Germani. Voir Germani.
Johannes Goyet. Voir Goyet.
Johannes Haois. Voir Haois.
Johannes Hardenge. Voir Hardenge.
Johannes Jovel. Voir Jovel.
Johannes le Vallet, Valeti. Voir Vallet.
Johannes Meldensis. Voir Meldis (Johannes de).
Johannes Multor. Voir Multor.
Johannes Nepotis. Voir Nepotis.
Johannes Poupardi. Voir Poupardi.
Johannes Quarrel. Voir Quarrel.
Johannes Reimberti. Voir Reimberti.
Jousse (André), 260.
Jousse (Guillaume), 260.
Jousselin (Macé), 244.
Jovel (Johannes), 103.
Jovin (Guillelmus), 147.

Joyeuse (Jean), archidiacre du Mans, 308.
Jublens, Jublenz, 108-110, 255. — *Jublains (Mayenne)*.
Juhellus, archiepiscopus Turonensis. Voir Mathefelone (Juhellus de).
Juhellus de Meduana, Juhel de Mayenne. Voir Meduana (Juhellus de).
Juhellus de Novilleta. Voir Novilleta (Juhellus de).
Juhellus, decanus Cenomanensis. Voir Mathefelone (Juhellus de).
Jules II, pape, 299.
Julian (Robert), clerc, 248.
Julian (saint), 233, 234.
Juliana, relicta Guillon de Connæ, 168.
Juliana, uxor Gaufridi de Brolio, 139, 140.
Juliana, uxor Nicholai de Aronio, 112.
Julianus... Anmenesches. Voir Anmenesches.
Julianus, canonicus. Voir Pelé (Julianus le).
Julianus de Bello Visu. Voir Bello Visu (Julianus de).
Julianus de Castrolidi. Voir Castrolidi (Julianus de).
Julianus de Corulo. Voir Corulo (Julianus de).
Julianus de Eglis. Voir Eglis (Julianus de).
Julianus Giraldus, Girardus. Voir Giraldus (Julianus).
Julianus Grignon. Voir Grignon.
Julianus le Pelé. Voir Pelé (Julianus le).
Juliote (Richardus), 168.
Jumièges, 300. — *L'abbaye de Jumièges, (Seine-Inférieure)*.

L

La Bretaille (Catherina). Voir Bretaille (Catherina la).

Lacelle (Casinus de), cubicularius, 281.

Laczeur (Pierre le), 238.
La Feye, la Foeye. Voir Feye, Foeye.
Lalcerie, medietaria sita in parrochia de Argentré, 57.
Lamenaium, 69, 70. — *Lamnay (Sarthe)*.
Lanbertus de Nemore. Voir Nemore (Lanbertus de).
Landa (Fulco de), prepositus Burgondie, 54.
Landa (... de), servitor ecclesie Cenomanensis, 226.
Langevin (Stephanus), 70.
Langres, 220.
Languedoc (la), 208, 209.
Laon, 207, 300, 301.
Larchant (Saint-Mathurin de), 300. — *Larchant (Seine-et-Marne)*.
Larnète (vinea de), in prato de Aneriis, 81.
Lato Nemore (ecclesia de), 91, 92. — *Lesbois (Mayenne)*.
Lato Nemore (Gaufridus de), 91, 92. — Voir Liboys (Gaufridus de).
Lauduno (Gaufridus de), Gaufridus cantor et episcopus Cenomanensis, Geoffroy de Loudun, 43, 44, 62, 63, 66, 97.
Lauduno (O. de), subdiaconus, 183.
Launay (Couanier de), 281.
Launay (Jean de), Johannes de Alnedo, archidiaconus de Lavalle, 281, 282.
Launoy (Guillaume de), clerc, 271, 274.
Laval, Lavallis, Lavallis Guidonis, 2, 9, 10, 14, 56, 64, 65, 78, 81, 115-117, 147, 166, 281, 289, 301.
Laval (Guy I, seigneur de), Guido, Voido, 1-3.
Laval (Guy II, seigneur de), Guido, filius Haimonis, 3.
Laval (Guy V, seigneur de), Guido de Lavalle, 9, 10.
Laval (Guy VI, seigneur de), 22.
Laval (Guy de), évêque du Mans, 106.

Laval (Hamon, seigneur de), Haimo, filius Guidonis, 2, 3.
Lavalle (Gaufridus de), episcopus Cenomanensis, 38.
Lavalle (Michael de), canonicus Cenomanensis, 38.
Lavalle (dominus de), 49.
Lavalle Guidonis (decanus de), 166.
Lavardin (Philippe-Emmanuel de), évêque du Mans, 316.
Lavardinum, 58. — *Lavardin (Loir-et-Cher)*.
Layeul (Robertus dou), armiger, 129, 130.
Le Baube (Hugo), 37.
Lebovren (Guillelmus), 172.
Le Chat (Jehan), archidiacre de Sablé, 217.
Léchaudé d'Anisy, 34.
Le Clerc (Robert), 162, 163.
Le Coq (Michel), bailli du Chapitre, 266, 267.
Le Corvaisier (Gervasius), 287, 288.
Le Cou (Stephanus), 194.
Le Dentu (Regnault), 264, 265.
Le Drapier (Guillelmus, Guillermus), rector ecclesie de Vallonio, 171, 173.
Ledru (abbé Ambroise), 61.
Le Fèvre (Jehan), official du Mans, 264, 265.
Le Flament (Arnoul), archidiacre de Montfort, 248.
Lefournier (Thebaut). Voir Fournier.
Lehart (medietaria de), in parrochia de Novilla super Sartam, 89.
Le Havre (Gieffroy), 250.
Le Laczeur (Pierre), 238.
Le Meingre (Geoffroy), évêque de Laon, 207.
Le Mercier (....quet). Voir Merceriz.
Le Moyne, junior (Guillelmus), 288.
Le Moyne (Johannes), 287.
Leniobert (Philipus, Philippus de),

clericus, Phelipe de Leniober, 112-114, 118, 121-124, 127-129, 138-141.
Léon X, pape, 300.
Le Paige, 12.
Le Pelé (Julianus), canonicus Cenomanensis, 156, 164, 183.
Le Pelletier (Stephanus), 283.
Le Prévoust (Jehan), 261.
Lermite (Michiel), 260.
Le Roux (Guillaume), 260.
Le Roy (Egidius), 203, 204.
Le Roy (Guillermus), 204.
Le Roy (Jehan), chanoine du Mans, 248.
Le Roy, 290.
Le Royer (Claudius), capellanus curatus Crucifixi, 294-299.
Le Saunier (Perrot), 261.
Lesbois. Voir Lato Nemore (ecclesia de).
Lestoile (Pierre de), 312.
Le Triplier (Martinus), presbiter, 226.
Letruze (Guillaume), chanoine du Mans, 232.
Le Valet (Gaufridus), clericus, filius Johannis le Vallet, 192, 193.
Le Vallet, Valeti (Johannes), pater Gaufridi le Valet, 193, 195.
Le Vavasseur (Jehan), promoteur d'office de la cour de l'official, 232.
Le Vayer (Guillaume), escuier, Guillelmus Vilicus, armiger, 177-179.
Le Voyer (Jehan), prévôt de la duchesse du Maine, 250-252.
Liboys (Gaufridus de), 151, 152. — Voir Lato Nemore (Gaufridus de).
Lion (medietaria domini de), 171.
Lisiardus, 12.
Lisieux, 44.
Lochis (Simo de), 9.
Logis (Gervasius de), 74.
Lomont (la terre de), 242, 243.
Lomont (Guillaume de), escuier, 191, 192.

Longa Fuga (terra de), 130, 131. — *Longuefuye (Mayenne)*.
Longnes, Longne, Loongne, Loongnia, Loogne, Loognia, Looigne, Loengne, 33, 34, 112-114, 117, 121, 128, 138-140, 170, 177. — *Longnes (Sarthe)*.
Longue Esneite (Johannes de), de Lungue Esnaite, de Lungue Esneyte, 103-107.
Lonus, testis, 2.
Lorière (Guillaume de), chanoine du Mans, 283.
Lorière (Michiel), substitut du procureur du roi, 232.
Loriere (terra de), in Arqueneyo, 289.
Loriot, 244.
Lorraine (Marguerite de), duchesse d'Alençon, 299.
Lottin (abbé), 1-3, 7, 12, 20, 22, 45.
Loudon (prior de), 69.
Loudun (Geoffroy de). Voir Lauduno (Gaufridus de).
Louet (Georges), 310, 316.
Louet (Guillelmus), clericus, 86, 87.
Louis IX, roi de France, Ludovicus, rex Francie, Francorum, 38, 43, 66, 102, 103.
Louis XI, roi de France, 292, 294.
Louis XII, roi de France, 299.
Louis XIV, roi de France, 316.
Louis d'Anjou. Voir Anjou.
Louis, duc de Bourbonnais. Voir Bourbon.
Lourouer (l'abbaie du), 197, 198. — *L'abbaye du Louroux, commune de Vernantes (Maine-et-Loire)*.
Louvre (le). Voir Lupara.
Lovigné, 57. — *Louvigné (Mayenne)*.
Loys. Voir Anjou (Louis I et Louis II d').
Loys, duc de Bourbonnois. Voir Bourbon.
Loyselière (dominus de), 285.
Lucas Chardunæ. Voir Chardunæ.

Lucas de Baigneux. Voir Baigneux.
Lucas de la Foeye. Voir Foeye.
Lucé, 259-263, 299. — *Le Grand-Lucé (Sarthe)*.
Lucia, mater Guillelmi episcopi Cenomanensis, 8.
Lucia, uxor Patritii de Cadulciis, 130, 131.
Lucius III, pape, 10.
Ludovicus, filius vicecomitis Bellimontis, 164, 165.
Ludovicus. Voir Louis IX.
Lugdunensis primas, 4.
Lugis (Odo de), miles, 98.

Luna (Petrus de), Benedictus [XIII], papa, 281.
Lupara, 207. — *Le Louvre, à Paris*.
Lusoriis (C. de), 4.
Luxembourg (François de), évêque du Mans, 299, 300, 307.
Luxembourg (Thibault de), évêque du Mans, Theobaldus, 292, 293.
Lyon, 300, 307, 308.
Lysiardus de Arqueneyo. Voir Arqueneyo (Lysiardus de).
Lysiardus de Poilleio. Voir Poilleio (Lysiardus de).

M

M., cellarius de Castellis, 22.
M., magister scolarum Cenomanensium, 49.
Mabo de Boz. Voir Boz.
Mabilia, uxor Guillelmi Geré, 138.
Macé d'Auvergne. Voir Auvergne (Macé d').
Madré. Voir Maydreium.
Maenne. Voir Meduana.
Maenne (le saingnor de), 96.
Magdelaine (la Tour de la), Magdalaine, Magdelenne, entre la Cité et la Tennerie, au Mans, 236, 237.
Magnelum, Maignelum, 142, 143. — *Maigné-en-Champagne (Sarthe)*.
Maignen (Nicolas), procureur de l'archevêque de Tours, 250.
Maillet (Macé), boulanger, 266, 267.
Maine (le), Cenomanum, 27, 164, 197, 209, 215, 216, 301, 308, 310.
Maine (vicomtes du), 164.
Mainerius, abbas Sancti Florentii, 16, 17.
Major (Gaufridus). Voir Asneriis (Gaufridus Major de).
Major (Guillelmus). Voir Cormis (Guillelmus Major de).

Major (Petrus). Voir Curia Genaldi (Petrus Major de).
Majus Monasterium, prope Turonis, 4, 285. — *L'abbaye de Marmoutier (Indre-et-Loire)*.
Mallet (Désiré), procureur fiscal de la baronnie de Touvoie, 315.
Malus Campus, 5. — *Bonchamp (Mayenne)*.
Mans (le), la ville dou Manz, Cenomani, Cenomanum, Cenomanensis villa, civitas, 2, 10, 14, 15, 27, 45, 68, 89, 95-98, 123, 126, 130, 131, 136, 141, 160, 179, 188, 190-192, 197, 203, 205-215, 219, 228, 233-238, 245, 248, 250, 251, 258, 263-273, 276, 282, 283, 292-318.
Mans (les barres anciennes du), 235, 251.
Mans (le chapitre, la cathédrale, etc. du), passim.
Mans (comté du), 197.
Mans (le sénéchal, la sénéchaussée du), Cenomanensis seneschallus, senescallia, 205, 207-215.
Marceio (Hugo de), canonicus Cenomanensis, 73.

Marche (comte, comtesse de la). Voir Bourbon (Pierre de), Vendôme (Catherine de).
Marchegay (Paul), 5.
Marchus, canonicus Cenomanensis, 38.
Mareschalli (N.), canonicus Cenomanensis, 183.
Margarita, uxor Hamelini de Plesseiaco, 139, 140.
Margarita, uxor Hamelini de Visouart, 73, 74.
Maria, regina Francorum, uxor Caroli septimi, 284.
Mariane. Voir Meriane.
Marolium, 5. — *Mareil-sur-Loir (Sarthe)*.
Marmoutier. Voir Majus Monasterium.
Marques (Petrus), 21.
Martigniace (Raginaldus de), archiepiscopus Remensis, 8.
Martinus Carnifex. Voir Carnifex.
Martinus, diaco, 6.
Martinus, le Triptier. Voir Triptier (Martinus le).
Mathea, filia Hugonis, 43.
Mathea, uxor Johannis de Asneriis, 64, 82, 83.
Mathea, uxor Johannis de Lingue Esnaite, 107.
Mathea, uxor Johannis de Novilleta, 108-111.
Mathea, uxor Michaelis Cochon, 166.
Mathefelon (Foques de), chevalier, 181, 182.
Mathefelone (Juhellus de), decanus Cenomanensis et archiepiscopus Turonensis, 31-34, 38.
Matheus Cornule. Voir Cornule.
Matheus de Bienna. Voir Bienna (Matheus de).
Matheus de Pratis. Voir Pratis (Matheus de).
Matheus, filius Gervasii de Bracio, 57.
Matheus Maugier. Voir Maugier.

Matheus, miles, 16-18.
Matheus, notarius Hamelini episcopi, 14, 15.
Matheus Oliverii. Voir Oliverii.
Matheus Picart. Voir Picart.
Matheus Randan. Voir Randan.
Matheus Sutor. Voir Sutor.
Maucartier, à Arquenay (?), 288.
Mauclerc (Petrus), comes Britannie, 35, 36.
Maudet (Robertus), presbiter, 156.
Maugier (Matheus), filius Petri Maugier, 41.
Maugier (Petrus), 41.
Maumouceaux (Guido de), miles, 48, 49.
Maumouceaux (Guido de), filius Guidonis de Maumouceaux, 49.
Maupeou (Ambrosius), capellanus curatus Crucifixi, 294-299.
Mauricius de Curia. Voir Curia (Mauricius de).
Mauricius, episcopus Cenomanensis, 30, 31, 35.
Mautouchet (Robin de), mercier, 238.
Mauveter (Gaufridus), 153.
Maydreium, 85. — *Madré (Mayenne)*.
Mayenne. Voir Maenne, Meduana.
Mayenne (Gervaise de). Voir Meduana (Johanna de).
Mayenne (Juhel de). Voir Meduana (Juhellus de).
Mazarin, 316.
Medietariis (Gervasius de), 194.
Meduana, Maenne, 14, 96, 185. — *La ville de Mayenne*.
Meduana (Beata Maria de), 7, 48. — *Notre-Dame de Mayenne*.
Meduana (Johanna de), comitissa Vindocinensis, *alias* Gervaise de Mayenne, femme de Pierre, comte de Vendôme, 129.
Meduana (Juhellus de), dominus Dignanni, 15, 16, 24.

Meduana (Juhellus de), Juhel de Mayenne, 129.
Meduana, 10. — *La Mayenne, rivière.*
Mégret (le moulin du Pont), ès-barrières anciennes du Mans, 235.
Mehodin (Guarinus de), miles, 85.
Meingre (Geoffroy le), évêque de Laon, 207.
Meldensis (ecclesia), 207. — *L'église de Meaux.*
Meldis (Johannes de), Meldensis, et non Melodunus, canonicus et succentor Cenomanensis, 98, 147, 165, 183.
Mellaio (Sanctus Dyonisius de), de Merleio. Voir Sanctus Dyonisius de Mellaio.
Mellcio (Garinus de), 44.
Menardi (Garinus, Guarinus), 143-146.
Menart (Guillaume), 260.
Mercenarius (Vincentius), 166.
Mercennarius (Robinus), 75.
Merceyo (Milo de), persona de Chimeriaco, 26, 27.
Merceriz (Fouquetus), ...quet le Mercier, 288.
Merciers (les), 288.
Merderes (riparia de), 171.
Meriane (Guillelmus), Mariane, G..... Merienne, 165, 190.
Merleio (Sanctus Dyonisius de). Voir Sanctus Dyonisius de Mellaio.
Merlet (M.), 160.
Meslay, 289. — Page 55, n° 368, au sommaire, au lieu de *Meslay,* lire *Saint-Denis-du-Maine.*
Mesnil (Magnus, Parvus), les Mesnilz, à Arquenay, 289, 290.
Messager (Guillaume), abbé de Clermont, 209-211.
Michael Cochon. Voir Cochon.
Michael Cornillel. Voir Cornillel.
Michael de Brechia. Voir Brechia (Michael de).

Michael de Lavalle. Voir Lavalle (Michael de).
Michael de Ospitali. Voir Ospitali (Michael de).
Michael de Sabolio. Voir Sabolio (Michael de).
Michael, decanus de Erncia et vicarius ecclesie de Charné, 65, 66.
Michael, prior de Fonte Gehardi, 14.
Miles (Michael), 290.
Milesse (le prieuré de la), Milese, Milesce, Milée, 263-265, 268, 269. — *La Milesse (Sarthe).*
Milicia (Philippus de), miles, 89.
Milo de Merceyo. Voir Merceyo (Milo de).
Mimbré, 277, 278. — *Mimbré, commune de Saint-Ouen-de-Mimbré (Sarthe).*
Mirec, 203. — *Miré à Sargé? (Sarthe).*
Mirré (due medietarie de), 24. — *Miré à Sargé-lès-le Mans.*
Mirré (Erenburgis de), 24, 25.
Mirré (Gaufridus de), filius Erenburgis de Mirré, miles, 24, 25.
Mith. (Andreas), 168.
Mocet (Guillelmus), canonicus Cenomanensis, 98.
Momortier (Hugo de), 66, 67.
Monceio (Willelmus de), 22, 23.
Moncuchet (Guillelmus de), 33.
Moncuchet (Robertus de), 47.
Moncuchet (Robinus de), 39.
Mons Securus, Monseur, 10, 143-146. — *Montsûrs (Mayenne).*
Monstre (Gervaise de), clerc, 249.
Montaillé, 161. — *Le prieuré de Montaillé, commune de la Milesse (Sarthe).*
Montblanc (Yvon de), 260.
Monte Barbato (mota de), 79. — *Le Mont-Barbet, au Mans.*
Monte Basonis (Gaufridus de), 19.
Monte Frolinerii (Vivianus de), 3.
Monte Raginaldi (prebendarii de), 83.

Montfaucon (la terre de), 196. — *Montfaucon, commune d'Auvers-sous-Montfaucon (Sarthe)*.
Montfort, Monsfortis, Mons Fortis, 15, 31, 74, 127, 156, 157, 212, 248. — *Montfort-le-Rotrou (Sarthe)*.
Mont Franchet (Jehanne de), 249.
Montmirail, 313. — *Montmirail (Sarthe)*.
Mont Saint-Michel (le), 247.
Morandi (terra defuncti), 32.
Morin (Gaufridus), 37.
Mota, 13. — *Saint-Jean-de-la-Motte* (?) *(Sarthe)*.
Mota (G. de), 57.
Mota (Gaufridus de), miles, 13.
Mota (Gaufridus de), de parrochia Sancti Dyonisii, 124, 125.
Mota (Robertus de), rector de Chantrigneio, 156.
Mota (W. de), clericus, frater Gaufridi de Mota militis, 13.
Mouchet (Jehan), sergent du roi, 256.
Mouchet, Mouschet (Pierre), 272.
Moyne junior (Guillelmus le), 288.
Moyne (Johannes le), 287.
Multor (Guillelmus), filius Petri Multoris, 103.
Multor (Johannes), filius Petri Multoris, 103.
Multor (Petrus), 103.
Muret (Jehan), chanoine du Mans, 248.
Mureti (Johannes), archidiaconus de Passayo, 281.
Murre (decima de), 34.
Musengière (la), feodum in parrochia de Capella Horrici Booul, 104.

N

N., decanus Cenomanensis, 98. Voir Nicholaus, decanus.
N. Mareschalli. Voir Mareschalli.
Naintre (Aymericus de), canonicus Cenomanensis, 98.
Nandolio (Hugo de), 25.
Nannetis (Gaufridus de), Gaufridus Nannetensis, canonicus Cenomanensis, 98, 147, 148.
Nato, testis, 2.
Nazei, medictaria sita in parrochia de Argentré, 57.
Nemore (Lambertus de), 112.
Nemus Bovonis, feodum in parrochia de Capella Horrici Booul, 111.
Nepotis (Johannes), clericus, filius Rolandi Nepotis, 194.
Nepotis (Rolandus), 194.
Néron, 317.
Neuve (la Tour), darriere le chief de l'église du Mans, 236, 237.
Neuvy-en-Champagne. Voir Novus Vicus.
Nibolion, 171, 172. — *Lieu près d'Avoise (Sarthe)*.
Nicholaus, canonicus Cenomanensis, 46.
Nicholaus, clericus, filius G. de Sancto Lupo, 24.
Nicholaus de Aronio. Voir Aronio (Nicholaus de).
Nicholaus de Cormis. Voir Cormis (Nicholaus de).
Nicholaus de Rosperos, de Rosperres. Voir Rosperos (Nicholaus de).
Nicholaus, decanus Cenomanensis, anno 1210, 25.
Nicholaus, N., decanus Cenomanensis, annis 1264, 1265 et 1267, 98, 172.
Nicholaus Hardi. Voir Hardi.
Nicolai (Philippus), canonicus Carnotensis, 199.

Nicolas III, pape, 153.
Nigro Fonte (Thomas de), 75.
Nimes, 316.
Noemium, Sanctus Germanus de Noento, 53, 54, 156. — *Noyen, la paroisse Saint-Germain de Noyen (Sarthe)*.
Nohes (les), à Arquenay, 283.
Normendie (la duchié de), 196. Voir Jean, duc de Normandie.

Novilla super Sartam, 80. — *Neuville-sur-Sarthe (Sarthe)*.
Novilleta (Juhellus de), miles 108-111.
Novus Vicus, 46. — *Neuvy-en-Champagne (Sarthe)*.
Noyen. Voir Noemium.
Noyon, 217, 218. — *Noyon (Oise)*.
Nuilleyo (Johannes de), clericus, 125, 126.

O

O. de Lauduno. Voir Lauduno (O. de).
Odelina, uxor Philippi Forestarii, 88-90.
Odo, archidiaconus Cenomanensis, 166.
Odo de Lugis. Voir Lugis (Odo de).
Odo Guenart. Voir Guenart.
Odo, nepos Hamelini episcopi, 14.
Ogier (Florimont), chanoine du Mans, 306.
Ogne (Petrus de), 47.
Oisseau (le Grand), 316. — *Le Grand-Oisseau (Mayenne)*.
Oliverii (Matheus), presbiter prebendatus in ecclesia Cenomanense, 204, 205.

Olivier (Hiérosme), libraire au Mans, 311.
Olivier (Richard), évêque de Constance, abbé commendataire de la Trinité de Vendôme, 293.
Orbrindelle (la Tour), au Mans, 237.
Orenga (Hugo de), 3.
Orillon (Bartholomeus), 44.
Orléans, Orliens, 153, 210, 211.
Orricus, archipresbiter, 6.
Orte, 259-263. — *Orthe, commune de Saint-Martin-de-Connée (Mayenne)*.
Ospitali (Michael de), capellanus, 147.
Oudineau (Mathurin), chanoine du Mans, 309.

P

P. Andegavensis. Voir Andegavensis (P.).
P. Aurel.... Voir Aurel.... (P.).
P. de Eglis. Voir Eglis (P. de).
P. de Plesseit. Voir Plesseit (P. de).
P., decanus Cenomanensis, 83, 91.
Pacier, secrétaire de l'évêché du Mans, 294.
Paderborn, 316-318. — *Paderborn (Allemagne)*.
Paganus, archipresbiter, 6.

Paganus, presbiter, 6.
Paganus, subdecanus, 17.
Paien l'aisné (Gervaise), 265.
Paien le jeune (Guillaume), 264, 265, 268, 269.
Pantinière (pratum de la), in parrochia de Ascrio le Belengier, 101.
Papinière (feodum de la), in parrochia de Capella Herrici Booul, 101.
Parcen. (Hamericus de), cancellarius Hamelini episcopi, 14.

Parcus Beate Marie in Charnia, Beata Maria de Parco, 141, 142. — *La Chartreuse du Parc, à Saint-Denis-d'Orques (Sarthe).*

Paris (Jehan), procureur, 277.

Paris, Parisii, 207-209, 244, 246, 266, 267, 277, 294, 301, 305, 308, 310, 315-317.

Parrigneium, 48. — *Parigné-sous-Braye (Mayenne).*

Passavant (Guillaume de), évêque du Mans, Guillemus, Willelmus, episcopus, 6-10, 12, 15, 29, 30.

Pas (Herbertus de), 25.

Passays (le), Passais, Passaium, Passayum, Passeium, 98, 99, 106, 107, 138, 147, 156, 165, 183, 281.

Passayo (archidiaconus de), 106, 107.

Passayo (decanus de), 138.

Pastill. (Robertus), 147.

Patritius de Caduleiis. Voir Caduleiis. (Patritius de).

Paucet (Guillelmus), Guillelmus de Pauceit, 114-117.

Paul II, pape, 293.

Peiretis (vinea de), in parrochia de Asneriis, 82.

Pelé (Julianus le), canonicus Cenomanensis, 156, 164, 183.

Pelletier (Stephanus le), 288.

Perceyo (molendinus de), 28.

Perier (Garnerius), 62.

Périgord (le clergé du), 9.

Perrière (la), à Arquenay, 288.

Perrigaudière (la), in parrochia de Ambreriis, 133.

Perrigne (la), 203. — *L'abbaye de la Perrigne, commune de Saint-Corneille (Sarthe).*

Perruchay (Alanus), presbiter, 296.

Perusii, 86. — *Pérouse (Italie).*

Pes (Petrus Grossus), 117, 118.

Pesche (J.-R.), 12, 70.

Petra de Fonte (decima de), la desme de Pierre Fonteine, assise en la paroisse de Sainte-Jame jouste Everon, 94, 95.

Petrus Ahane. Voir Ahane.

Petrus, archidiaconus Castrilidi, Petrus Rotarius, 148, 156, 157, 165, 170, 176, 177, 182, 183, 190.

Petrus Baro. Voir Baro.

Petrus Barre. Voir Barre.

Petrus Berardus. Voir Berardus.

Petrus Bordigalle. Voir Bordigalle.

Petrus, cantor, Petrus de Vindocino, filius Petri, comitis Vindocinensis, cantor ecclesie Cenomanensis, canonicus Carnotensis et Turonensis, Pierre de Vendôme, 12, 14, 25, 30, 32, 129.

Petrus, comes Vindocinensis, Pierre Ier, comte de Vendôme, 129.

Petrus de Ardenaio, de Ardeneio, de Ardeneyo. Voir Ardenaio (Petrus de).

Petrus de Espinoi. Voir Espinoi (Petrus de).

Petrus de Ogne. Voir Ogne (Petrus de).

Petrus de Rideio. Voir Rideio (Petrus de).

Petrus de Soligneio. Voir Soligneio (Petrus de).

Petrus de Vallibus. Voir Vallibus (Petrus de).

Petrus de Vindocino. Voir Vendôme (Pierre de).

Petrus, decanus de Lavalle, 78.

Petrus, decanus Sabolli, 15.

Petrus, diaconus, 6.

Petrus Grossus Pes. Voir Grossus Pes.

Petrus Major. Voir Curia Genaldi (Petrus Major de).

Petrus Marques. Voir Marques.

Petrus Mauclerc. Voir Mauclerc.

Petrus Maugier. Voir Maugier.

Petrus Multor. Voir Multor.

Petrus, precentor. Voir Petrus, cantor.
Petrus, rector ecclesie Beate Marie de Cultura, 147.
Petrus Rotarius. Voir Rotarius.
Pezeyum, 106, 107. — *Pezé-le-Robert (Sarthe)*.
Philippe [VI] de Valois, roi de France, 196, 197.
Philippus, abbas de Cormere, 19.
Philippus Claviger, Clavier. Voir Claviger.
Philippus Cordier. Voir Cordier.
Philippus de Bosco. Voir Bosco (Philippus de).
Philippus de Milicia. Voir Milicia (Philippus de),
Philippus de Valetes. Voir Valetes (Philippus de).
Philippus Forestarius. Voir Forestarius.
Philippus Nicolai. Voir Nicolai.
Philippus Romanus. Voir Romanus.
Philipus de Leniobert. Voir Leniobert.
Philipus de Yvreio. Voir Yvreio (Philipus de).
Philipus Furnerius. Voir Furnerius.
Philipus, ... Sancti Germani de Noento, 156.
Picart (Matheus), 172.
Pictavense (concilium), 4.
Pidalet (Benoît), procureur, 257, 275 277.
Pie II, pape, 291.
Pierre (Guillaume de la), 234.
Pierre, abbé de Saint-Calais, 61, 62.
Pierre, abbé de Saint-Éloy de Noyon, 247.
Pierre abbé du Mont-Saint-Michel, 247.
Pierre Ier, comte de Vendôme, 129.
Pierre de Forges. Voir Forges.
Pierre de Ranczon. Voir Ranczon.
Pierre de Savolsy. Voir Savolsy.
Pierre de Vendôme, chantre du Mans. Voir Vendôme (Pierre de).

Pierre Fonteine. Voir Petra de Fonte.
Pierre Gougeul. Voir Gougeul.
Pineau le jeune (Jean), curé de Savigné-l'Évêque, 282-284.
Piolin (dom Paul), 2, 12, 92, 99, 153, 190, 216, 220, 221, 232, 244, 250, 282, 291, 293, 294, 299, 300, 306, 309, 310, 312, 315, 316, 318.
Piquetière (le moulin de la), 261.
Piretum, 126. — *Perai (Sarthe)*.
Pirmir (feodum de), in parrochia Beate Marie de Prato Cenomanensi, 143.
Pistorienses (mercatores), 190.
Plana (medietaria de), in parrochia de Argentré seu de Lovigné, 57.
Planques (les), les Plantes, pecia vinee in parrochia de Asneriis, 60, 80.
Plesseit (P. de), subdiaconus, 30.
Plessinco (medietaria de), in parrochia de Monte Securo, 145. — *Le Plessis, commune de Montsûrs (Mayenne)*.
Plessiaco (Hamelinus de), de Plesseinco, de Pleseyaco, 136, 137, 139, 140.
Plessinco (Robinus de), 83.
Poçay. Voir Ponçay.
Poideniers (Jacobus), presbiter, 203.
Poilleio (Guillelmus de), archidiaconus de Sabolio, Guillaume de Poillé, archidiacre de Sablé, 154, 189.
Poilleio (Lysiardus de), miles, 44.[1]
Poillelum, 44. — *Poillé (Sarthe)*.
Poitevin (Jehan), 244.
Pollet (Guillelmus de), 127.
Pommeraye (la), les prez d'Arguené des Pommerays, 188.
Ponçay (Egidius de), de Poçay, canonicus Cenomanensis, 147, 153.
Ponciacus, 41. — *Poncé (Sarthe)*.
Ponderoux (Pierre), chanoine du Mans, 227.
Pont Ysouart, 141. — *Le Pont-Ysoir, au Mans*.

Pont-de-l'Arche, 199. — *Pont-de-l'Arche (Eure).*
Pont Mégret (le moulin du), ès barres anciennes du Mans, 235.
Porrié (decima de), 32.
Port (Célestin), 13.
Porti (R.) persona de Charnea, 29, 30.
Poupardi (Johannes), clericus, 204, 205.
Praelle (la), 36.
Praelle (Gaudinus de la), 36, 37.
Pratis (Hugo de), armiger, 167-169.
Pratis (Matheus de), subdiaconus, 30.
Prato (Beata Maria de), 142, 143. — *Notre-Dame-du-Pré, au Mans.*

Prato (abbatissa de), 147.
Prévoust (Jehan le), 261.
Prulleio (Henricus de), miles, 54.
Prulleio (Gaudinus de), miles, 54.
Prulleio (Gaudinus de), de Prulliaco, de Pruillé, 182, 183.
Prulleio (Gervasius de), miles, dominus de Prulliaco, de Prulleio le Gaudin, 148, 174, 176.
Prulleium, Prulleium le Gaudin, Prulliacus, 148, 176, 182, 183. — *Pruillé-le-Chétif (Sarthe).*
Prunier (Guillaume), 250.
Puiz (Guérin du), chanoine du Mans, 248.

Q

Quentini (Dyonisius), canonicus cenomanensis, 65.

Quetron (Hamericus), 70.
Quinte du Mans (la), 264, 265.

R

R..., 74.
R. Clarel. Voir Clarel.
R., clericus, 164.
R. de Avaleria. Voir Avaleria (R. de).
R., doyen de Contilly, 154.
R. Grillo. Voir Grillo.
R. Porti. Voir Porti.
Radonraio (Gaufridus de), civis Cenomanensis, 70.
Radulfus de Andegavis. Voir Andegavis (Radulfus de).
Radulfus, episcopus Andegavensis. Voir Beaumont (Raoul de).
Radulfus Huet. Voir Huet.
Radulfus, inferior ordine, 6.
Radulphus de Doit. Voir Doit.
Radulphus de Ruperrous. Voir Ruperrous.
Raginaldus Bunet. Voir Bunet.
Raginaldus Clarel. Voir Clarel.

Raginaldus, Raginardus Dalibart. Voir Dalibart.
Raginaldus de Buaret. Voir Buaret.
Raginaldus de Vegia. Voir Vegia (Raginaldus de).
Raginaldus, decanus Ernie, 14.
Raginaldus Dionisii, Dyonisius. Voir Dyonisius.
Raginaldus, episcopus Cenomanensis, Raginaldus, precentor, Renaud, chantre et évêque du Mans, 11-13, 19.
Raginaldus, precentor. Voir Raginaldus, episcopus.
Raginaldus, rector ecclesie Sancti Petri de Inter Nemora, 93, 94.
Raginaldus, testis, 2.
Raginaudus [de Martigniaco], archiepiscopus Remensis, 8.
Ragottus (Ysembardus), 3.

Ragueneau (Jacques), notaire et secrétaire du roi, 304.
Raherius, testis, 2.
Rainardus (et non Ebrardus), cantor, 3.
Ralael (aqua de), in parrochia de Capella Horrici Buoul, 104.
Ralet (Dreux), bachelier en théologie, 248.
Rambouillet (le seigneur de), 310.
Ranezon (Pierre de), prêtre, recteur d'Ahuillé, 210.
Randan (Matheus), clericus, 164.
Ranulphus, vicarius, 3.
Ranulphus, decanus Gevronensis, 15, 16.
Ranulphus (Galterus), 82.
Raolete, uxor Egidii Le Roy, 203.
Raul de Ruperrous. Voir Ruperrous.
Rausec (clausus de), in parrochia de Curia Genaldi, 180.
Ravenel (Robert), chapelain de Gorron, 272.
Ravinel (Jacques), 252, 253.
Recherius Dollet. Voir Dollet.
Reimberti (Johannes), 147.
Remensis archiepiscopus. Voir Martigniaco (Raginaudus de).
Remensis canonicus. Voir Cramaut.
Renaud, chantre et évêque du Mans. Voir Raginaldus episcopus.
Renaude (Johanna la), de la Feye, 168.
Renel (Hugo), 53, 54.
Renel (W.), clericus, 15.
Restout (Jehan), prêtre, 220.
Retif (Jehan), sergent du Chapitre, 266, 267.
Ribole (Gervasius), canonicus Cenomanensis, 143-146, 150.
Ribole (Guillelmus), presbiter, 183.
Ribole (Hubertus), canonicus Cenomanensis, 165.
Ricardus. Voir Richardus.
Ricaulays (Guillaume), chanoine du Mans, 248.

Richard Guiart. Voir Guiart.
Richardus Capella. Voir Capella.
Richardus de Bray. Voir Bray.
Richardus, Ricardus Doillet. Voir Doillet.
Richardus, filius Philippi Forestarii, 88-90.
Richardus Juliote. Voir Juliote.
Richardus Tyoul. Voir Tyoul.
Richeudis, uxor Thome de Nigro Fonte, 75.
Richilde, abbesse du Ronceray, 5.
Ricordeau, 63.
Rideio (Petrus de), clericus, notarius curie Cenomanensis, 125, 126.
Rioloys (aqua, pressorium, vince de), 89. — Le Riolays, alias le Ricou, à Neuville-sur-Sarthe (Sarthe).
Robert, abbé de Saint-Aubin d'Angers, 6.
Robert le Clerc. Voir Clerc (Robert le).
Robert le Pieux, roi de France, 1.
Robertus, abbas Sancti Vincentii, 9.
Robertus, archidiaconus de Passeio. Voir Infans (Robertus).
Robertus, archipresbiter Montisfortis, 31.
Robertus, canonicus Cenomanensis, 21.
Robertus de Clino Campo. Voir Clinchamp (Robert de).
Robertus de Cruchet. Voir Cruchet.
Robertus de Cu... Voir Cu... (Robertus de).
Robertus de Domfront. Voir Domfront.
Robertus de Follis. Voir Follis (Robertus de).
Robertus de Guerchia. Voir Guerchia (Robertus de).
Robertus de Moncuchet. Voir Moncuchet.
Robertus de Mota. Voir Mota (Robertus de).

Robertus, de Sancto Germano super Anxuram, 14, 15.
Robertus, decanus. Voir Domfron- (Robertus de).
Robertus dou Layeul. Voir Layeul.
Robertus, filius Erchenulphi, 3.
Robertus, filius Guillermi domini Silinei, 49.
Robertus, frater Ranulphi decani, 15, 16.
Robertus Infans. Voir Infans (Robertus).
Robertus Maudet. Voir Maudet.
Robertus Pastill. Voir Pastill.
Robertus, pater Ranulphi decani, 15.
Robertus Sciton. Voir Sciton.
Robillard (Jehan), receveur au grenier à sel de la Ferté-Bernard, 313-315.
Robin (Jean), archidiacre de Château-du-Loir, 309.
Robinus de Moncuchet. Voir Moncuchet.
Robinus de Plessiaco. Voir Plessiaco (Robinus de).
Robinus, Robin, filius Guillelmi de Cortimont, 76, 77.
Robinus Mercennarius. Voir Mercennarius.
Roche-Beaucourt (la), 9. — *Prieuré, canton de Mareuil (Dordogne).*
Roche-en-Renier (comte de). Voir Bourbon (Pierre de).
Roches (Jofroy, Jouffroi des), chevalier, 181, 182.
Rochier (Gervaise du), escuier, seignour de Lomont, 242-244.
Rodes (commanderies de), 300.
Roez (Johannes de), miles, 47.
Roezeium, Roizeium, Rozeium, 148, 149, 170, 171, 173. — *Roezé (Sarthe).*
Rogeleire (la), medietaria sita in parrochia de Capella Gaugein, 41.
Roger (Jehan), Johannes Rogier, presbiter, secretarius et notarius capituli, 294, 298, 299, 315.
Rogerus de Argentonio. Voir Argentonio (Rogerus de).
Rogerus, decanus Meduane, 14.
Rohan (François de), légat du Saint-Siège, 299.
Roil (Guillaume, Guillelmus), decanus Cenomanensis, 148, 153.
Roizeium. Voir Roezeium.
Roland (Symon), sergent du doyen du Mans, 240, 241.
Rolandus Nepotis. Voir Nepotis.
Rolland (Guillaume), évêque du Mans, Guillelmus, episcopus Cenomanensis, 76, 81.
Rollart, à Arquenay (?), 288.
Romani (villa), manerius Gaufridi, episcopi Xantonensis, 170.
Romanus (Angelus), canonicus Cenomanensis, 190.
Romanus (Philippus), presbiter, canonicus Cenomanensis, rector ecclesie de Yzcio, 23, 62, 63, 73-75, 84, 85, 87, 88.
Rome, Roma, 154, 206, 207, 259, 281, 291, 293, 300.
Ronce (Guillelmus), 37.
Ronceray (l'abbaye du), à Angers, 5.
Ronsard (Pierre de), archidiacre de Château-du-Loir, 309.
Ronsart (Guerinus), 194.
Ronsart (Jean de), chanoine du Mans et archidiacre de Laval, 301.
Roorta (Johannes de), diaconus, 25, 30.
Roschelinus, frater Hugonis de Orenga, 3.
Roseto (Geffridus de), 3.
Rosière (Guillaume de la), de la Rousière, chanoine du Mans, 219, 227.
Rosperos (Nicholaus de), de Rosperres, miles, 74, 98.
Rotarius (Petrus), Petrus, archidia-

conus Castrilidi, 148, 156, 157, 165, 170, 176, 177, 182, 183, 190.

Rouen, 308.

Rouen (l'abbé de Saint-Oen de), 241.

Rouge (four), paroisse de la *Bazouge-de-Chemeré*, 290.

Roullier, notaire royal, 299.

Roux (Guillaume le), 260.

Roy (Egidius le), 203, 204.

Roy (Guillermus le), 204.

Roy (Jehan le), chanoine du Mans, 248.

Roy (le), 290.

Royer (Claudius le), capellanus curatus Crucifixi, 294-299.

Rozeium. Voir Roezeium.

Rualem (Jehan), 250.

Rubeus (Girardus), miles, 41.

Ruellomus, 10.

Rufus (Fulcodius), 3.

Ruiliaco (Guillermus de), 5.

Ruperrous (Radulphus de), armiger, Raul de Ruperrous, escuier, 183-189.

Rupes, bordagium in parrochia Sancti Gervasii in Belino, 88.

Rupperos (Silvester de), miles, 27, 28.

Russel (Herbert, Herbertus), 11.

Rychardus, filius Goscelini senescali, 3.

S

Sablolium, Sabolium, Sibolium, Sablé, 4, 15, 45, 68, 112, 113, 117-120, 128, 131, 139, 140, 147, 189, 247, 256. — *Sablé-sur-Sarthe (Sarthe)*.

Sabolio (archidiaconus de), l'archidiacre de Sablé, 139, 140, 147, 256.

Sabolio (Michael de), 25.

Saceyo (Fulco de), armiger, Fouque de Sazé, escuier, 94, 95.

Saicheterre (André), procureur, 232.

Saint-Amand (l'abbaye de), au diocèse de Tournay, 301.

Saint-Aubin d'Angers (l'abbaye de), 4, 6.

Saint-Brice (Geoffroy de), doyen de Bourges, Gaufridus de Sancto Bricio, archidiaconus de Sabolio, episcopus Xantonensis, 112, 113, 117, 118, 128, 153, 170, 176, 177.

Saint-Calais (abbé de). Voir Pierre.

Saint-Calais (Hugues de), évêque du Mans, 6.

Saint-Chrysogone (l'église de), à Rome, 281.

Saint-Corneille, 206. — *Saint-Corneille (Sarthe)*.

Saint-Éloy de Noyon, 247.

Saint-Franczois (René de), chanoine du Mans, 307.

Saint-Germain-de-la-Coudre, 12. — *Saint-Germain-de-la-Coudre (Orne)*.

Saint-Germain-en-Laye, 306, 308.

Saint-Gervaise (le moulin de), au dedans des barres anciennes du Mans, 235.

Saint Jorge le Gautier, Sanctus Georgius le Gautier, Sanctus Georgius Galterius, 76, 77, 83. — *Saint-Georges-le-Gaultier (Sarthe)*.

Saint Jorge sur Arve, Sanctus Georgius super Arvam, 16, 17, 162. — *Saint-Georges-sur-Erve (Mayenne)*.

Saint Julien (l'autel), en l'église du Mans, 293.

Saint-Julien (la confrérie de), 291, 300.

Saint-Julien de Tours, 265, 268.

Saint-Just-sur-Lyon, 307, 308.

Saint-Lambert, dans les Ardennes, 308. — *Saint-Lambert et Mont-de-Jeux (Ardennes)*.

Saint-Marcel, 277. — *Saint-Marceau (Sarthe)*.

Saint-Mars-sous-Ballon, 310.
Saint-Mathurin de Larchant, 300. — *Larchant (Seine-et-Marne).*
Saint-Michel-du-Cloître (le chapitre), à la cathédrale du Mans, 300, 308.
Saint Oen de Rouen, 241.
Saint Pere (la chapelle de), en l'église du Mans, 276.
Saint Pere de la Court, Sanctus Petrus de Curia, 167, 261. — *Saint-Pierre-de-la-Cour, canton de Bais (Mayenne).*
Saint Pere de la Court du Mans, le chapitre de Saint-Pierre-de-la-Cour, 98, 248.
Saint-Pierre (le Grand), ancienne paroisse du Mans, 312.
Saint-Tugal (le chapitre de), à Laval, 10.
Saint-Valery (l'abbaye de), en Picardie, 301.
Saint-Victeur du Mans (le prieuré de), 30, 31.
Saint-Vincent, Sanctus Vincentius, 1, 5, 9, 215, 309, 310. — *L'abbaye de Saint-Vincent, au Mans.*
Saint-Vincent (la rue), au Mans, Sanctus Vincentius vicus, 79, 192, 195, 198, 230, 250, 251, 266.
Saint-Vincent-des-Prés. Voir Sanctus Vivencianus.
Sainte-Cécile (cardinal de). Voir Simon.
Sainte Jame jouste Everon, Sancta Gemma juxta Ebronium, 94, 95. — *Sainte-Gemmes-le-Robert (Mayenne).*
Saintes, 170. — *Saintes (Charente-Inférieure).* — Voir Sancto Bricio (Gaufridus de).
Saltu Leporis (vinea de), in feodo episcopi, 79.
Sancta Gemma juxta Ebronium, Sainte Jame jouste Everon, 94, 95. — *Sainte-Gemmes-le-Robert (Mayenne).*
Sancta Katherina, à Arquenay (?), 288.
Sancta Trinitas de Lavalle Guidonis,

10, 78, 115-117, 166. — *La Trinité, paroisse de Laval.*
Sancto Aniano (Haimericus, Hamericus de), archidiaconus Montisfortis, 127, 183.
Sancto Bricio (Gaufridus de), archidiaconus de Sabolio, episcopus Xantonensis, Geoffroy de Saint-Brice, doyen de Bourges, 112, 113, 117, 118, 128, 153, 170, 176, 177.
Sancto Germano super Anxuram (Robertus de), 14, 15.
Sancto Lupo (G. de), miles, 24.
Sancto Lupo (Guillermus de), 155, 156.
Sancto Sansone (Johannes de), archidiaconus Castri Lidi, 99-101.
Sanctorum Sulpicii, Supplicii et Anthonii (capella), loci de Arquencyo, 285, 287, 291.
Sanctus Anianus, 126. — *Saint-Aignan (Sarthe).*
Sanctus Audoenus Cenomanensis, 73. — *Saint-Ouen du Mans.*
Sanctus Baudellus, 48. — *Saint-Baudelle (Mayenne).*
Sanctus Christoforus in Jambeto, 67. — *Saint-Christophe-du-Jambet (Sarthe).*
Sanctus Dyonisius de Mellaio, de Merleio, 55, 124, 125. — *Saint-Denis-du-Maine (Mayenne).*
Sanctus Florentius, abbatia, 16, 17. — *L'abbaye de Saint-Florent-de-Saumur Maine-et-Loire).*
Sanctus Georgius de Roseto, 97. — *Saint-Georges-du-Rosay (Sarthe).*
Sanctus Georgius Galterius, le Gautier, Saint Jorge le Gautier, 76, 77, 83. — *Saint-Georges-le-Gaultier (Sarthe).*
Sanctus Georgius super Arvam, Saint Jorge-sur-Arve, 16, 17, 162. — *Saint-Georges-sur-Erve (Mayenne).*
Sanctus Germanus de Corbaif, 173. — *Saint-Germain-de-Corbie (Orne).*
Sanctus Germanus de Nocnto, Noc-

mium, 53, 54, 156. — *Noyen, la paroisse de Saint-Germain de Noyen (Sarthe)*.

Sanctus Germanus super Anxuram, 14, 15. — *Saint-Germain-d'Anxurre (Mayenne)*.

Sanctus Gervasius in Belino, 88, — *Saint-Gervais-en-Belin (Sarthe)*.

Sanctus Julianus de Terreto, 15, — *Saint-Julien-du-Terroux (Mayenne)*.

Sanctus Julianus, terra Sancti Juliani quam Asinerias nominant, 2.

Sanctus Lazarus, 70. — *La maladrerie Saint-Lazare, au Mans*.

Sanctus Lupus, 119, 120, 155. — *Saint-Loup-du-Gast (Mayenne)*. — Voir Sancto Lupo (G. et Guillermus de).

Sanctus Martinus, parrochia Sancti Martini...., 73.

Sanctus Martinus, 4. — *L'abbaye de Marmoutier, près Tours*.

Sanctus Martinus de Connæ, de Connée, 157-160, 261. — *Saint-Martin-de Connée (Mayenne)*.

Sanctus Martinus de Sovigniaco juxta Feritatem Benardi, 164. — *Souvigné-sur-Même (Sarthe)*.

Sanctus Martinus Majoris Monasterii, feodum prioris Sancti Martini Majoris Monasterii, Cenomanis, 126.

Sanctus Michael, capellania in ecclesia Cenomanensi, 205.

Sanctus Paduinus, 194. — *Saint-Pavin, paroisse du Mans*.

Sanctus Petrus de Chantrineyo, Chantgneium, 24, 156. — *Chantrigné (Mayenne)*.

Sanctus Petrus de Cultura, Beata Maria de Cultura, 1, 46, 70, 106, 147, 170-173, 215. — *La Couture, paroisse et abbaye, au Mans*.

Sanctus Petrus de Curia, Saint Père de la Court, 167, 261. — *Saint-Pierre-de-la-Cour, canton de Bais (Mayenne)*.

Sanctus Petrus de Inter Nemora, 93, 94. — *Saint-Pierre-des-Bois (Sarthe)*.

Sanctus Petrus, 207. — *Saint-Pierre de Rome*.

Sanctus Vincentius, Saint-Vincent, 1, 5, 9, 215, 309, 310. — *L'abbaye de Saint-Vincent, au Mans*.

Sanctus Vincentius, vicus, la rue Saint-Vincent, au Mans, 79, 192, 195, 198, 230, 250, 251, 266.

Sanctus Vivencianus, 97. — *Saint-Vincent-des-Prés (Sarthe)*.

Saonnois (le), 252.

Sargé, Cergeium, 23. — *Sargé-sur-Braye (Loir-et-Cher)*.

Sarradin (Hameri), 182.

Saunier (Perrot le), 261.

Savigné-l'Évêque, 282, 284.

Savigneii (abbas). Voir Guillelmus, Douvre (Geoffroy de).

Savigny, Savigné, 258, 259. — *Savigny-sur-Braye (Loir-et-Cher)*.

Savoisy (Pierre de), évêque du Mans et de Beauvais, 221, 227-232, 234, 239-242, 244, 246, 247, 277.

Sazé (Fouque de), escuier, Fulco de Saceyo, armiger, 94, 95.

Sciton (Robertus), 173.

Scolastica, filia Philippi Forestarii, 88-90.

Sedis Apostolice (legatores), 97.

Sées (l'abbaye de Saint-Martin de), 230.

Ségrie, 191, 230. — *Ségrie (Sarthe)*.

Senescalus, Seneschalus (Gaufridus), clericus, Jeffray le Seneschal, 121, 123, 140, 141.

Seneschal (Michiel le), 258, 259.

Sibolium. Voir Sablolium.

Sicile (la reine de), regina Sicilie, 186, 282. — Voir Blois (Marie de).

Sicile (le roi de), le ray de Sezile, conte de Angeu, 121. — Voir Anjou (Louis I d').

Siliacus, Silliacus Guillelmi, 49, 158, 167, 196. — *Sillé-le-Guillaume (Sarthe)*.
Siliacus. Guillermus, dominus Siliaci, 49.
Sillé (Guillaume de), 196.
Silliacus. Decanus de Silliaco, 158, 167.
Silvester de Rupperos. Voir Rupperos.
Simo de Lochis. Voir Lochis (Simo de).
Simon, cardinal de Sainte-Cécile, légat de Clément IV, 98.
Soissons, 299.
Solacius, Solas. Voir Soulas.
Solesmes (les Bénédictins de), 1.
Soligneio (Petrus de), miles, 54.
Sougeyum, 68. — *Soulgé-le-Bruant (Mayenne)*.
Soulas (Jehan), Soulaz, Solas, Solaz, Johannes Solacius, canonicus et decanus Cenomanensis, 232, 239-242, 244-247, 268, 269, 281.
Soulas (Pierre), Soulaz, Solas, procureur, 220, 239, 242, 246, 252, 265, 269.
Sourches. — Voir Caduleiis (Patritius de), Chaarciis (Bocellus de), Chaorciis (Herveus de).
Souvré (Jehan de), chanoine du Mans, 227, 248.

Sovigniaco (Sanctus Martinus de), 164. — *Souvigné-sur-Même (Sarthe)*.
Spinus. Voir Espinus.
Stephana, filia Hugonis, 43.
Stephanus Austrodorensis. Voir Austrodorensis.
Stephanus Bono Volatu. Voir Bono Volatu (Stephanus).
Stephanus Burgondio, Burgondion, Burgondus, Burgensis. Voir Burgondio.
Stephanus Dollet. Voir Dollet.
Stephanus, inferior ordine, 6.
Stephanus Langevin. Voir Langevin.
Stephanus le Cou. Voir Cou (le).
Stephanus Sutor. Voir Sutor.
Suarez, 206.
Susa (Johannes de), miles, 54.
Sutor (Matheus), 168.
Sutor (Stephanus), 168.
Suzanne (Jehan), chanoine du Mans, 227.
Symo, archiepiscopus Turonensis, 206.
Symo Galne. Voir Galne.
Symo de Dobert. Voir Dobert.
Symo de Foresta. Voir Foresta (Symo de).
Symon, de parrochia Sancti Martini, 73.

T

Taccio (Calanus de), 172.
Tacelum, 150. — *Tassé-en-Champagne (Sarthe)*.
Taillay, 277, 278. — *Teillé (Sarthe)*.
Tallevaz, à Arquenay (?), 288.
Tannière (la), à Arquenay (?), 287.
Taron (Anselme), official du Mans, 312.
Taron (Jacques), 309.
Teillaye (Guillaume), Guillelmus de la Teallaye, canonicus Cenomanensis, 256, 281.

Tellaye (Johannes), clericus, notarius publicus, 297.
Templo (Guillelmus, Willelmus de), archidiaconus de Sabolio, 42, 45-47.
Tennerie (la), au Mans, 236.
Termeau (Alexandre), 307.
Terra Sancta, 46. — *La Terre-Sainte*.
Tertre (Guillaume du), chanoine du Mans, 248.
Tertre (René du), chanoine du Mans, 312, 315.

Tesval (H., Henricus de), subdiaconus, 147, 183.

Tesvale (hospitalis de), 289. — *La commanderie de Thévalle, à Avesnières (Mayenne).*

Tetburgis, abbesse du Ronceray, Theburgis, abbatissa Sancte Marie Caritatis, 5.

Textor (Fulco), de Curia, 168.

Tharente (le prince de), fils de Louis I, d'Anjou et de Marie de Blois, 250.

Thebart (Guillaume), chanoine du Mans, 248.

Theobaldus, episcopus. Voir Luxembourg (Thibault de).

Theobaldus Furnerius. Voir Fournier.

Theophania, uxor Geudini de Pruillé, 183.

Theophania, uxor Petri de Rideio, relicta defuncti Johannis de Nuilleyo, 125, 126.

Theszelinus, testis, 2.

Tholomei (Gaufridus), 47.

Tholomei (Gervasius), clericus, 47.

Thomas Coustart. Voir Coustart.

Thomas de Alonna. Voir Alonna (Thomas de).

Thomas de Curiagenart. Voir Curiagenart (Thomas de).

Thomas de Nigro Fonte. Voir Nigro Fonte (Thomas de).

Thomas de Varia, de Vario, de Verio, de Vere. Voir Varia (Thomas de).

Thomas Hyrebec. Voir Hyrebec.

Thomas, persona de Doreta, 59.

Thouars, en Saint-Mars-sous-Ballon, 310.

Thouars (Pierre de), 310.

Thoavaia (manerius de). Voir Touvoie.

Tillou (Olivier), 235, 239.

Tirepoche, à Avoise (?) 171.

Tiron (l'abbaye de), au diocèse de Chartres, 161.

Tollevio (castrum de). Voir Touvoie.

Torigné (Gaufridus de), 19.

Tormelière (la), la Tumeliere, 145, 146. — *La Turmelière, commune de Montsûrs (Mayenne).*

Touche (Jehan de la), de la Tousche, sergent royal, 264, 271.

Touraine (la), 209, 220, 256, 276, 305. — Turonensis ecclesia, 129, 154. — Turonensis, provincia, 97.

Touraine (le bailli de), 256, 276.

Touraine (duc de), Turonensis dux. — — Voir Anjou (Louis I d').

Tournay, 301.

Tours, Turones, 17, 18, 38, 45, 97, 129, 154, 190, 196, 221, 248, 265, 268, 270-276, 281, 285, 291, 292, 306.

Tours (l'archevêché de), 190.

Tours (l'archevêque de), Séguin d'Anton, 221 ; Martin de Beaune, 306. — Turonenses archiepiscopi, 97.

Touschard (Estienne), notaire royal, 299, 312, 315.

Touvoie, Thoavaia (manerius de), Tollevio (castrum de), 204, 206, 211-214, 315. — *Le château de Touvoie, à Saint-Corneille (Sarthe).*

Treanna (Guezenot de), archidiacre du Mans, 283.

Tréhet, 12. — *Tréhet (Loir-et-Cher).*

Trinité (la), abbaye à Vendôme, 1, 12, 293.

Trinité (la), Sancta Trinitas de Lavalle Guidonis, 10, 78, 115-117, 166. — *La Trinité, paroisse de Laval.*

Triptier (Martinus le), presbiter, 226.

Troo, Trou, 15, 41, 58. — *Troo (Loir-et-Cher).*

Trotet (Pierre), prêtre 270.

Trouillet, 313.

Trudé (Perrot), pannetier, 260.

Truncheto (abbatia de), 21. *L'abbaye du Tronchet, au diocèse de Dol (Ille-et-Vilaine).*

Trunco Martini (prata et terre de), 28.

Tucé (Beaudoin de), 282.
Tufflère (la), 260.
Tumelière (la), la Tormelière, 145, 146. — *La Turmelière, commune de Montsûrs (Mayenne).*

Turonenses, Turones. Voir Touraine, Tours.
Tusseyo (dominus de), 194.
Tyoul (Richardus), 141.

U

Uncherus Guethin. Voir Guethin.
Urbanus [V], papa, 206.
Usagiis (Georgius de), d'Usages, presbiter, capellanus Crucifixi, 221-225.
Uxello (Hamelinus de), nepos Hamelini episcopi, 14.

V

Vaccio (Fulco de), Fulco Vaccius, 50-52. Voir Vassé.
Vacqueresse (Egidius de la), canonicus Cenomanensis, 281.
Vairy (Jehan de), Vary, Wairy, Wary, Wari, procureur, 220, 242, 245, 250, 254, 259, 265, 275.
Val-Coquatrix (le), 196. — *Résidence royale près Corbeil (Seine-et-Oise).*
Valet (Gaufridus le), clericus, filius Johannis le Vallet, 192, 193.
Valetes (Philippus de), 79, 80.
Valières (les Granz et Petites), in parrochia de Coulenz, 194.
Vallegonderia, 35. — *Le prieuré de la Vaugonderie, près Beaumont-sur-Sarthe (Sarthe).*
Vallet (Johannes le), Valeti, pater Gaufridi le Valet, 193, 195.
Vallibus (Petrus de), 190.
Vallonium, Valionnium, 171, 173. — *Vallon-sur-Gée (Sarthe).*
Valois (Charles de), comte d'Anjou et du Maine, père du roi Philippe VI de Valois, 197.
Valois (Philippe VI de), roi de France, 196, 197.
Varennla (aqua de), in parrochia de Ambreriis, 132.

Varia (Thomas de), de Vario, de Verio, de Vere, canonicus Cenomanensis, 153, 156, 166, 183, 190.
Vary. Voir Vairy.
Vassé (le seigneur de), 310. Voir Vaccio (Fulco de).
Vasto (stagnum de), in parrochia de Arqueneyo, 290.
Vaulx (Gervaise de), 270.
Vaus (Guillaume des), 95, 96.
Vavasseur (Jehan le), promoteur d'office de la cour de l'official, 232.
Vayer (Guillaume le), escuier, Guillelmus Vilicus, armiger, 177-179.
Veau (Jehan), chapelain de l'église du Mans, 227.
Vegia, Vegya, Veyge, 132-140. — *Vaiges (Mayenne).*
Vegia (Andreas de), 198.
Vegia (Johannes de), filius Andree de Vegia, 198.
Vegia (Raginaldus de), miles, 53, 54.
Vendôme, Vendosme, 1, 12, 257-259, 293.
Vendôme (Aimeri de), Americus, frater Petri de Vindocino, cantoris, 82.
Vendôme (Catherine de), comtesse de la Marche, de Vendôme et de Castres,

dame de Savigny-sur-Braye, 257-259.
Vendôme (comtesse de), comitissa Vindocinensis. Voir Meduana (Johanna de).
Vendôme (Jean de), Johannes de Vindocino, dominus de Carta, miles, 198, 199.
Vendôme (Pierre Ier, comte de), Petrus, comes Vindocinensis, 129.
Vendôme (Pierre de), Petrus de Vindocino, illius Petri, comitis Vindocinensis, cantor ecclesie Cenomanensis, canonicus Carnotensis et Turonensis, 12, 14, 25, 30, 32, 129.
Verio (de), de Vere. Voir Varia (Thomas de).
Versailles, 318.
Verseio (.... de), 176.
Veteri Villa (abbatia de), 24. — *La Vieuxville, abbaye, (Ille-et-Vilaine).*
Vicus Episcopi, 13. — *Villévêque (Maine-et-Loire).*
Viennois (le), 208, 209.
Vieuxmont (Jehan), Viexmont, appariteur de l'évêque du Mans, 227-232.
Vilieus (Guillelmus), armiger, Guillaume Le Vayer, escuier, 177-179.
Villa Romani, manerius Gaufridi, episcopi Xantonensis, 170.
Villars (comte de). Voir Bourbon (Pierre de).

Villavart, Beata Maria de Villavart, 40, 58. — *Villavart (Loir-et-Cher).*
Villeneuve près Avignon, 220.
Villévêque. Voir Vicus Episcopi.
Vincennes (bois de), 209.
Vincentius Mercenarius. Voir Mercenarius.
Vincentius, Vincencius, rector ecclesie Sancti Georgii Galterii, 83, 84.
Vindocinensis, de Vindocino. Voir Vendôme.
Vinea (Guillelmus de), 168.
Viromandensis (baillivia), 200.
Visouart (Hamelinus, Amelinus de), 73, 74.
Viterbe, 98, 153.
Vivianus de Fougerolis. Voir Fougerolis (Vivianus de).
Vivianus de Monte Frotinerii. Voir Monte Frotinerii (Vivianus de).
Vivianus Infans. Voir Infans.
Vivoin, 35.
Voido. Voir Laval (Guy 1 de).
Voutreyum, Voutré, 27, 162. — *Voutré (Mayenne).*
Vouvour (Jehan), conseiller du comte d'Alençon, 243.
Voydo, testis, 2.
Voyer (Jehan le), prévôt de la duchesse du Maine, 250-252.
Vulgrin, évêque du Mans, 3.

W

W. Botet. Voir Botet.
W. de Balgenciaco. Voir Balgenciaco (W. de).
W. de Castro Giraudi. Voir Castro Giraudi (W. de).
W. de Mota. Voir Mota (W. de).
W., decanus Lavallis, 14.
W. Renel. Voir Renel.

Wary, Wari, Wairy. Voir Vary.
Willelmus Advernensis. Voir Advernensis.
Willelmus Coesnon. Voir Coisnon.
Willelmus de Beaugencé. Voir Balgenciaco (W. de).
Willelmus de Moncelo. Voir Moncelo (Willelmus de).

Willelmus de Templo. Toir Templo (Willelmus de).
Willelmus, decanus Andegavensis, 13.

Willelmus, episcopus Cenomanensis. Voir Passavant (Guillaume de).

X Y

Xantonensis episcopus. Voir Sancto Bricio (Gaufridus de).
Ymbertus Fabri. Voir Fabri.
Ysabella, uxor Gaudini de Brac, 48.
Yscium. Voir Yzcium.
Ysembardus Ragottus. Voir Ragottus.
Ysembart (Gervaise, Gervèse), procureur, 232, 254, 256.
Ysouart (pons), 141. — *Le Pont-Ysoir, au Mans.*

Yvo de Cripta. Voir Cripta (Yvo de).
Yvo Gauter. Voir Gauter.
Yvonetus Brito. Voir Brito.
Yvré-l'Évêque. Voir Ebriacus.
Yvreio (Philipus de), episcopus Baruthensis, 31.
Yzcium, Yscium, Izcium, 62, 73, 75, 84, 87, 167. — *Izé (Mayenne).*

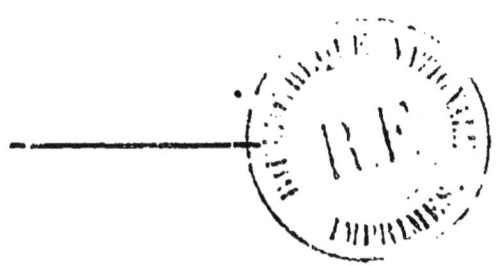

CORRECTIONS

Page 3, ligne 12, après Hugo de Orenga, lire : Odo de Bor, Gaulinus de Valereio.

Page 5, n° 35, sommaire, lire: *Bsnchamp* au lieu de: *Beauchamp* ; *du Ronceray*, au lieu de : *de Ronceray*.

Page 5, note 1, ligne 2, lire : *du Ronceray*, au lieu de: *de Ronceray*.

Page 6, note 3, ligne 3, lire : *1140-1160* au lieu de : *1040-1060*.

Page 13, ligne 16, lire : *G[aufridus]* au lieu de: *G[uillelmus]*.

Page 15, ligne 21, lire : DU TERROUX au lieu de: DU TENET.

Page 15, ligne 31, lire : *de Terreto* au lieu de: *de Teneto*.

Page 18, ligne 14, lire : *dictus episcopus* au lieu de : *dictuse piscopus*.

Page 20, ligne 22 et dans tout le volume, chaque fois que le manuscrit de la Bibliothèque du Mans est donné comme source, lire : 259 au lieu de : 245.

Page 25, ligne 9, lire : *J[ohanne] de Roorta* au lieu de : *J[ohannis], de Roorta*, en supprimant la virgule avant : *de Roorta*.

Page 25, ligne 10, lire : *M[ichaele]* au lieu de : *M[ichaël]*.

Page 42, ligne 26, lire : *Majoris* au lieu de : *majoris*.

Page 53, ligne 25, lire : *Gaudin de Pruillé* au lieu de : *Renaud de Vaiges*.

Page 55, n° 368, sommaire, lire : *Saint-Denis-du-Maine* au lieu de : *Meslay*.

Page 58, ajouter : 369 *bis*. — 1244, 28 avril, Latran. — Bulle par laquelle le pape Innocent IV confirme le concordat passé entre l'évêque du Mans et le chapitre de Saint-Pierre-de-la-Cour (Imprimé, dom Piolin, IV, 594).

Page 68, ligne 2, lire : *Soulgé-le-Bruant* au lieu de: *Sougé-le-Ganelon*, qui faisait partie du doyenné de Fresnay.

Page 69, ligne 6, lire : *pro quo Richardo* au lieu de : *pro quo Richardus*.

Page 98, ligne 21, lire : *N[icholao]* au lieu de : *N*. (Voir page 172 à la note).

Page 98, ligne 29, lire : *22* au lieu de : *23*.

Page 99, ligne 22, lire : *23 juillet*.

Page 99, ligne 27, lire : *17754* au lieu de : *177754*.

Page 100, ligne 5, lire : *Charcineyo* au lieu de : *Chartineyo*.

Page 125, nº 640, lire : *10 juin* au lieu de : *14 décembre*.

Page 136, ligne 31, ajouter une *virgule* après *doli*.

Page 145, avant-dernière ligne, lire : *Guarini* au lieu de : *Gaufridi*.

Page 151, nº 694, sommaire, lire : *Geoffroy* au lieu de : *Gervais*.

Page 164, lignes 14 et 15, lire : *Sancti Martini de Sovigniaco* au lieu de : *sancti Martini de Sovigniace*.

Page 165, note 1, ligne 2, supprimer la *virgule* à la fin de la ligne.

Page 169, ligne 17, lire : *Hugonis* au lieu de : *Hugnis*.

Page 170, ligne 1, lire : *765* au lieu de : *265*.

Page 176, ligne 8, lire : *domuum* au lieu de : *domunm*.

Page 183, ligne 22, lire : *Sancto* au lieu de : *sancto*.

Page 186, ligne 15, lire : *259* au lieu de : *269*.

Page 194, ligne 26, lire : *Medietariis* au lieu de : *medietariis*.

Page 203, ligne 25, lire : *tenoreque* au lieu de : *tenorque*.

Page 205, ligne 19, lire : *vel qui* au lieu de : *vel qu*.

Page 205, ligne 24, lire : *condampnaretur* au lieu de : *cendampnaretur*.

Page 227, ligne 6, lire : *Jehan* au lieu de : *Jean*.

Page 233, ligne 9, mettre une *virgule* au lieu d'un point après : *Loys*.

Page 235, ligne 35, lire : *Saint* au lieu de : *saint*.

Page 239, ligne 14, lire : *Becquet* au lieu de : *Gequet*.

Page 242, ligne 16, lire : *A. N.* au lieu de : *B. N.*

Page 242, ligne 20, lire : *terre* au lieu de : *tour*.

Page 251, ligne 27, lire : *Parlement* au lieu de : *Parlement*.

Page 258, ligne 16, lire : *Grassay* au lieu de : *Grassay*.

Page 260, ligne 35, lire : *le Coq* au lieu de : *de Coq*.

Page 276, ligne 8, lire : *Saint* au lieu de : *saint*.

Page 288, ligne 14, lire : *guet le Mercier* au lieu de : *guet le Mercier*.

Page 291, nº 892, ajouter l'appel de note : (1) à la fin du sommaire.

Page 300, nº 915, lire : *de Larchant* au lieu de : *et Larchant*.

MAMERS. — TYP. G. FLEURY ET A. DANGIN. — 1900.

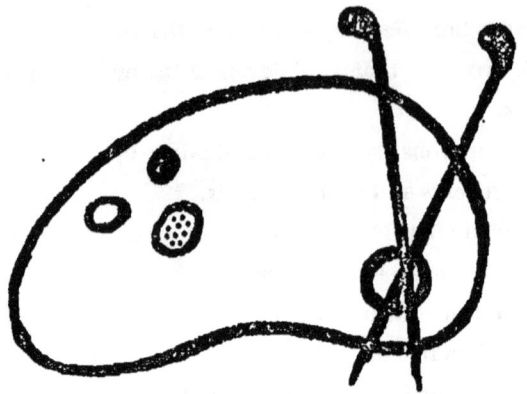

Original en couleur
NF Z 43-720-8

www.ingramcontent.com/pod-product-compliance
Lightning Source LLC
Chambersburg PA
CBHW070450170426
43201CB00010B/1276